U0031660

VITA　LIFE IN A ZONE OF SOCIAL ABANDONMENT

author
JOÃO BIEHL
photographer
TORBEN ESKEROD

卡塔莉娜

關於生命療養院，以及人們如何被遺棄的故事

作者——朱歐．畢尤　攝影者——托本．埃斯可拉德　譯者——葉佳怡

目錄

III

第三部 醫療檔案 PART THREE THE MEDICAL ARCHIVE

IV

第四部 家庭 PART FOUR THE FAMILY

V

第五部 生物學及倫理 PART FIVE BIOLOGY AND ETHICS

VI

第六部 字典 PART SIX THE DICTIONARY

導讀

書寫是為了介入，閱讀是為了不遺忘

陳嘉新

一

第一次接觸畢尤這本書，是在十多年前研究所的課堂上，當時這本書才出版沒多久。課堂的討論內容我現在都忘了，但是閱讀時的迷惑感卻還鮮明不已。記得授課教授下課後問我對於此書的感想，我只能語焉不詳地回答：「不知道，我總覺得太詩意了，而且某些地方我深受震撼，包括他如此為民族誌的個案投入努力。我還沒讀過這樣的民族誌。」

這次因為審訂此書的中譯本，我又重讀了一次。我覺得當年所謂的「詩意」是對的，但是更印象深刻的，則是人類學家企圖串連起當事人的主觀聲音、民族誌學者的批判敘事，乃至於田野之間人我相逢且互動的主客體關係。某種程度上來說，這需要揉合幾種文類的特色：報導文學、社會分析、心理筆記，要能鎔鑄於單一作品，的確非常困難。

令人大呼過癮的民族誌或許都有這些文類的綜合特徵，但這本民族誌的特色還不限於此，其文字與圖像結合起來的強大感染力，帶領讀者如我們進入一個巴西的貧窮角落，體會一個被認為是精神病患者的生命歷程，然後在追溯這個主角淪落到生命療養院的歷程中，也鋪陳出巴西數十年來的政治經濟轉型與醫療衛生狀況。

畢尤現在是普林斯頓大學人類學系的教授。他的研究許多環繞在以巴西為核心的拉丁美洲。這是他成長並接受初級教育的地方。他的第一本學術著作*Will to Live: AIDS Therapies and the Politics of Survival*，中文翻譯為《求生意志：愛滋治療與存活政治》（交通大學出版社，二〇一五年出版）。該書以巴西的愛滋病治療政策下的患者為對象，描述巴西如何成為第一個將愛滋病治療用藥普及化的發展中國家，以及這個創新措施如何被諸多因素影響而難以真正實施在貧窮且邊緣的病毒感染者身上。該書也是和本書同一個攝影師埃斯可拉德合作，運用了大量的照片，與文字相輔相成。其中主角所面臨的困境跟本書描述的老弱精神病患所面臨的處境，頗有許多相近而可參照之處。

二

《卡塔莉娜》這本書鋪陳了畢尤進入巴西南部大城阿雷格里港（或有中譯為愉港）一個叫作生命療養院的療養機構的經過。畢尤為這個處所的名稱（「生命」）與處所當中居民無時無刻不在面對的死亡威脅之間的矛盾對比，深感著迷。他尤其關注其中一位叫作卡塔莉娜的院民，並且被她努力書寫的詩樣般詞句（卡塔莉娜口中所謂的「字典」）所吸引。在深入訪談她身邊的人後，畢尤開始在卡塔莉娜的同意下，進入她曾經接受治療的處所調出病歷，訪談接觸過她的治療人員、親疏遠近關係互異的家人與相關領域的專業人士，並由此拼湊出卡塔莉娜如何由一個家庭主婦流落到凋敝殘破的生命療養院。

這樣的分析若往微觀方向看，就成為卡塔莉娜的個人生命史，可以探討卡塔莉娜在現世生活當中被親人逐漸推出日常生活的社會圈，而逐漸移向人類廢棄場般的收容機構的巨大苦痛與深沉哀傷。若向巨觀方向走，就成為針對巴西國家社會之批判，針對該國近年政治經濟轉型過程當中的藥療化問題（指涉以藥物治療處理某些社會問題。在巴西的例子中，這種趨勢的興起有其特定的社會政治背景，尤其是針對貧窮族群中的某些難以照護乃至於「不值得存活」的人）提出深入剖析。這樣的分析甚至可能推演到其他近年的新興國家或者是政經轉型後的社會與健康不平等現象。

然而，如果只是這樣，此書還不會讓我有那麼難以陳述的震撼力。《卡塔莉娜》一書的特殊處，在於作者畢尤如何在貼近被書寫者的生命歷程之後，也實際地參與了卡塔莉娜的人生變遷。他並沒有保持中立觀察者的距離，以凸顯民族誌敘述與其書寫者的潔淨與客觀，而是實際地切入卡塔莉娜的生活，帶著她的病歷去找尋專家，也讓長久以來被認為是精神病患者的卡塔莉娜終於獲得了一個神經學診斷。儘管這是個遺傳性的神經疾患，且無藥可治，但這個新的醫療分類畢竟洗刷了她與家族成員蒙受的汙名。當然，這樣的例子或許更說明了醫療診斷作為一種社會分類的決斷性效果，但是更令人動容的，是人類學家貼身介入被觀察者的生活，去改變被觀察者所蒙受的不公不義。

三

這讓人想到曾經引起諸多討論、由人類學家舍柏-休斯所提出的「戰鬥人類學」（militant anthropology）。她認為人類學家與人類學著作不能僅止於記錄各種形式的暴力，而每每以人類學的文化相對論作為自我限縮的理由，稱人們不應該以我族中心的思維作為評斷他者文化的依據。相反地，她主張在面對明顯侵害人權的行為或現象面前，人類學家也應該勇敢發聲，去改變當事者的命運。

畢尤對於卡塔莉娜所做的一切，或許沒有如同舍柏-休斯舉出的例子那麼緊急且極端，但仍是戰鬥人類學所強調的一種貼身介入（engaged）的態度，而早已脫離了馬凌諾斯基那樣的孤單觀察者、記錄者與理論家的形象。當然，畢尤的介入，也不是另一位人類學家法默爾那種籌組國際組織「健康夥伴」（Partners in Health）、提供資源人力的系統性社區改造，而是較為個人式的探訪追查、動員資源、建立連結。這樣的介入，看起來更像是一位社工的所作所為。

然而，與其說畢尤在進行民族誌工作時跨界去做社工的事，不如把這樣的介入選擇看成是反映民族誌書寫者倫理處境的討論範例，而且這種倫理處境往往會發展成道德的兩難；不僅在「要不要介入幫助當事人」如此，在「要怎麼書寫被研究者才算合宜」也是。

這樣的倫理兩難，雖說在民族誌寫作中並不算少見，但對於以社會邊緣為對象的民族誌書寫者來說，特別需要斟酌拿捏。例如，以使用或買賣毒品的都會遊民為研究對象的人類學家布赫札就曾提過書寫的倫理兩難：對於這些備受歧視的族群來說，如何讓自己的書寫既能誠實地反映看似不堪的現實，讓讀者也能夠體驗那些民族誌的片刻，但又要不致成為讀者窺視欲的滿足，或被保守主義者詮釋成這些族群咎由自取的敗德證據，往往是書寫者的極大困難。只是，在畢尤的情境下，這個問題並不在於挑起道德對立的風險，而是反覆書寫卡塔莉娜是否耗竭了這個個案的潛在意義。在本書二〇一三年新增的後記當中，畢尤提到某個知名的人類學同行曾經發出一個讓他措手不及的評論：「他為什麼就不能讓卡塔莉娜好好安息呀？」好像這個案已經沒有什麼可以激發創見的地方，而畢尤對此個案的反覆書寫與述說，便顯得像是不斷加工的自我複製。這當然是個非常苛刻的批評。

我時常好奇著，有哪種以人為對象的學科會如此執著地對於相遇的倫理（ethics of encounter）保有探索的興趣，並且把這種相遇的倫理演變成理解自我與他者的技術。在某種意義上，這更像是精神分析式心理治療的堅持。而畢尤描述這種聆聽他人時的人我關係，則是比擬為讀者與作家，因為他認為那是一種「慎重的開放心態」。很多時候在要不要介入，要如何書寫等問題上面，民族誌方式的田野研究者都需要不斷地琢磨拿捏，因為朝向他者的姿勢，同時也是形塑自我的方式。

四

導讀的目的眾多，但基本的功能在於引介本書內容給潛在的讀者。我想像這本書可能的讀者會是哪些人：對於社會邊緣現象感興趣的社會人文學者與學生？那是當然。也許還包括對於社會醫學、精神醫療、衛生政策或者全球衛生的研究或臨床人員，乃至於對於巴西乃至於拉丁美洲感興趣的人，要說這些人是可能的讀者，也非常合理。然後呢？然後還有誰呢？

我在開始書寫這篇導讀時，一度有著惘惘的迷惑，不知道到底要跟哪些人描述這些事情。我甚至想到台灣也有個龍發堂，曾經收容著數百名也是這種被家屬在無計可施的情境下委託代管的「病患」。在這個被認為是諸多原因形成的集體歷史共業當中，總該也有幾個卡塔莉娜吧，我想。只是沒有人幫他們寫一本民族誌，他們也就因而消音，終究渺不可尋。儘管背後成因的可能條件差異甚遠，不能相提並論，但是要說完全沒有借鏡之處，倒也過於武斷。不幸的被棄之人雖有千百種原因與過程，但相對那個「不被棄」的條件，卻往往在不同情境下令人訝異地相近。

然而這樣就夠了嗎？最後我想到這本書的主角卡塔莉娜，在剝除了疾病錯解與汙名、家庭驅逐與社會拋棄、過度治療與藥物約束的各種去人化的舉措後，還是一個堅持不停書寫、發聲、創作的生命，以畢尤的話來說，是一個具有未來的民族誌主體。畢尤曾經給卡塔莉娜一個概念化的名稱「前人類」

（ex-human），用以強調前述的各種因素，導致了她的社會性死亡。然而僅僅作為讀者，當我們閱讀卡塔莉娜的字典當中的詩句，閱讀畢尤幫她重新描繪的生涯路徑，閱讀本書分析中導致她生命如此下場的社會政治經濟情境，我們也就在這些閱讀當中，重新經驗了她的生命，讓她不再是前人類，而是可以被我們記得的那個曾經美麗過的身影。

這樣做有什麼意義嗎？根據我四歲多的小女兒印象深刻且念念不忘的《可可夜總會》裡面的亡靈節儀式，當死去的「骨頭人」還能夠有許多陽間的人看著照片、記著他們，他們就不會真正的消失，不會真正的死去。

也許僅只為了這個，我們必須繼續閱讀這些生命，一如我們也希望這樣地被閱讀、被記憶、被存活著。

給雅德利安娜和安德烈

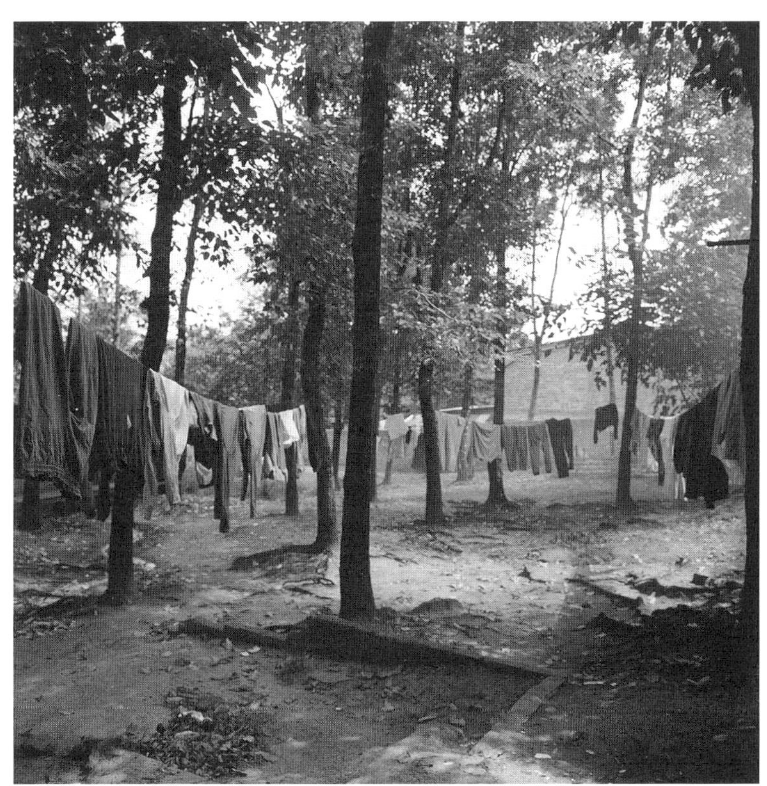

後院，生命療養院，2001

序

「死一般地活著；外表死了，內裡活著。」

Introduction: “Dead Alive, Dead Outside, Alive Inside”

「在我看來，大家都已經忘記我了。」

卡塔莉娜對我這麼說，一邊腳踩一台老舊的健身腳踏車，手上還拿著一個洋娃娃。這名女子態度和善，眼神能看透人，年紀大約三十出頭，口齒有點不清楚。我是在一九九七年的三月初次見到她，就在巴西南部一間名叫「生命」的療養院。我記得當時還在腦中自問：她到底以為可以騎著那台腳踏車去哪裡？生命療養院就是她的終點了。卡塔莉娜就跟此地的許多其他人一樣，都被留在這裡等死。

生命療養院的生命是拉丁文中的「vita」，這間療養院位於阿雷格里港市，這個相對富裕的城市，人口大約兩百萬。生命療養院成立於一九八七年，創辦人是奇伊・達斯・德洛加斯，他是個在街頭長大的小孩，賣過毒品，在改信五旬節教派之後看到一個異象，有位聖靈要他開設一間公共機構，好讓像他一樣的人也能尋得上帝救恩並重獲新生。奇伊和他的教友占用了靠近鬧區的一塊私人產業，想辦法湊合出一間收容毒癮及酒癮患者的康復中心。然而沒過多久，生命療養院的這項使命擴大了守備範圍。有愈來愈多被家人斷絕關係的人——包括精神疾病患者、病人、失業和無家者——被親戚、鄰居、醫院和警方留在那裡。生命療養院的團隊於是加開了一間醫療站，好讓這些被棄者在那裡**跟死亡一起**等待著。

我從一九九五年三月開始和生命療養院的人一起工作。當時的我正在巴西的幾個地區旅行，記錄社會邊緣人及窮人應付愛滋病的方式，以及這些人如何被納入基於全新管制措施而產生的防治計畫當中。在阿雷格里港，我訪問了人權運動者哲森．威恩克勒，他當時負責統籌這座城市的愛滋病防治計畫。他堅持要我去生命療養院看看：「那裡是人類的垃圾場。你一定得去一趟。在那你會親眼目睹人能對人做出什麼，以及在這個時代，『身而為人』究竟代表什麼意思。」

我成長的家鄉距離阿雷格里港不遠。我在這個國家遊歷過很多地方，也在北邊及南邊幾個貧窮地區工作過。我以為我對巴西很熟了。但目睹生命療養院中的淒涼，之前的見聞完全無法幫助我做好足夠的心理準備。

生命療養院沒有被標記在任何一張城市地圖上。整體來說，官員及大眾都認可這個地方的存在，但卻沒有提出任何與這間療養院有關的補救計畫或政策。

威恩克勒說的對。生命療養院是窮困之路的終端站，是活著的人不再被當作人時去的地方。生命療養院的醫療站大約有兩百人，其中大多數都被家庭生活及醫療照護系統排除在外，也沒有正式的身分證件，完全生活在受賤斥的被棄狀態。大多數情況下，生命療養院的工作人員就是院民，這些院民心理健康已經有所改善，足以照顧新進者及那些看似徹底沒救之人。這些志工缺乏資金、訓練，也沒有合宜的設備和藥物，他們根本沒準備好應付這些療養院院民，就跟這間機構本身一樣。

大約有五千萬巴西人（超過總人口的四分之一）的生活水準低於貧窮線；兩千五百萬人被視為赤

貧。[1]就許多方面而言，生命療養院都是這種悲慘現象的縮影，但又另外呈現出某些特殊面向。療養院中部分院民來自勞動及中產階級家庭，他們曾是擁有自己家庭的勞工。其他人之前曾是醫療或國家機構的院民，但卻在某個時間點遭到驅逐並扔到街上，或是被直接送進生命療養院。

生命療養院表面看來是個獨立謀生的三不管地帶，但其實無論就歷史或營運角度，它都跟數個公共機構有著糾纏難解的關係。而且就許多層面而言，生命療養院並非獨一無二的存在。實質上來說，阿雷格里港內就有超過兩百間類似機構，其中大部分被委婉地稱為「老人院」。這些單位的營運很不穩定，通常是靠著收容被棄者以取得他們的福利津貼；其中有許多機構也接受政府補助及慈善捐款。

我開始把生命療養院及其他類似的機構當作一種「社會遺棄區」。[2]

*

生命療養院中的許多人要不躺在地上，要不蹲在角落。跟那些人相比，卡塔莉娜光是動個不停這點就非常顯眼。她很想跟人溝通。我的妻子雅德利安娜當時也在場。這是卡塔莉娜跟我們說的故事：

「我有一個名叫安娜的女兒，她八歲。我的前夫把她給了他的老闆厄巴諾。我來這裡是因為我的腿有問題。如果想要回家，我得先去醫院。去醫院讓我感覺很複雜，如果真要去，情況會惡化。我不想這樣，因為我已經習慣在這裡了。我的腿不太好。因為來了這裡，我一直都沒再見過我的孩子。」

「是我的弟弟們和妹夫把我帶來這裡的，亞德瑪爾和阿爾曼多……我運動……這樣才有可能走路。不。現在我沒辦法離開了。我得等一段時間。我問過一個私人醫生的意見，大概問過兩、三次。如果有需要，他們這裡也會給我藥。所以人在這裡總是依賴藥物，會變得很依賴。然後常常就會變得不想回家。也不是說真的不想……在我看來，大家都已經忘記我了。」

之後，我問那裡的志工是否知道卡塔莉娜的事，任何資訊都可以。他們對她在生命療養院以外的人生一無所知。我把她提到的一些人名和事件複述一遍，但他們說她老是胡說八道，說她瘋了（*louca*）。她顯然是個缺乏常識的人，她的發言也因精神科診斷而被認為無效。沒人知道她的出身，她也就形同沒有生命療養院以外的命運。

我所擁有的只有卡塔莉娜看似支離破碎的種種描述，也就是她針對過往遭遇說的那些故事。在她看來，她沒有瘋。卡塔莉娜正努力改善自己的處境，她想要靠自己。她堅稱自己擁有生理方面的問題，而她之所以身處生命療養院，是許多無法控制的人際關係及情勢造成的結果。

卡塔莉娜透過前夫、老闆、醫院、私人醫生、弟弟和被送走的女兒這些角色，來回憶導致她入院的情勢。「要能回家，我得先去醫院。」她如此推測。她的女兒現在住在別人家，而唯一能讓女兒回到她身邊的方法，就是她得先去診所。在回家這條路上，她得先去趟醫院，然而家已不再。

但卡塔莉娜卻指出，想得到適當的醫療照護是不可能的。她已經在尋求治療的過程中了解自己需要藥物，也暗示藥物使自己的情況惡化。同樣的照護邏輯也在生命療養院中運作：「如果有需要，他們這裡也會給我們藥。」她指的是療養院為了控制混亂而採取的藥療化手段，這讓療養院院民「總是依賴藥物」。

*

有些原因讓卡塔莉娜回不了家，但她仍擁有那樣的渴望：「也不是說真的不想。」

無論是生命療養院的實際狀況，還是一開始認識卡塔莉娜的場景，都在我心中留下了深刻印象。在我針對巴西愛滋病防治的論文（Biehl 1999b）中，我不停意識到死亡在家庭及城市生活中占據的位置，至於眼前這個透過自身的被棄來進行思考的人，我也意識到死亡在她身上占據的位置。多年來，生命療養院和卡塔莉娜成為我工作中的關鍵角色，在我思考著政治及醫療體制的變化，以及巴西都會空間中出現全新人觀體系的過程中，他們也持續為我提供新的養分。我長年記錄的愛滋防治工作，其中負責執行的英勇的政府及非政府機構為了控制疫情，嘗試了聚焦於安全性行為的大膽防制計畫，也努力透過愛滋療法普及化來減緩死亡人數的增加。但我也看到的是，除了這項傑出的工作成果，以及面對不是常規性列為必須介入的老殘窮人口而新建立的各種照護機構，巴西的大城市內也到處出現了「社會遺棄區」——這些地方就像生命療養院，管理者在不人道的環境內收容了精神病患、無家者、愛滋病患、沒有生產力的年輕人，以及許多老去的身體。

無論是執法單位還是社福及醫療機構，都不會直接插手這類區域的運作。然而，也就是這些執法單位及機構將不要的人**直接**丟到這些區域。這些人肯定無人聞問，沒有人權，也沒有人需要為他們的處境負責。我感興趣的是，這些遺棄區的建立是如何和家庭型態的轉變，以及當地的政府、醫療及經濟型態之間產生了千絲萬縷的關係。我想知道的是，在許多機構為了防治愛滋而進行提升生活品質動員工作的同時，公共單位又怎麼會允許死亡人數激增。

遺棄區凸顯了透過正式治理框架之內及之外而存在的可見現實，而沒被政府掌握到的窮人愈來愈多，他們的人生軌跡，也受到這些現實問題所主導。我努力想搞懂的是，生命療養院這種地方的存在，以及人在這類遺棄區中根本性的曖昧存有，兩者之間所出現的矛盾關係；而之所以曖昧，正是因為這些人被困在接納與遺棄、記憶與非記憶，以及生存與死亡之間。

在生命療養院的一片停滯中，卡塔莉娜努力運動及回憶的身影深深留在我的腦海。我被勾起了興趣，我想知道她的故事是如何將過往的人生、此刻被遺棄在生命療養院的處境，以及未來想回家的欲望揉雜在一起。我試著不把她當作一位精神病患，而是儘管受到拋棄，卻仍排除萬難，希望用自己的語彙去陳述過往經驗的一個人。她知道自己是怎麼落得如此下場——但我要怎麼驗證她的說法？

當卡塔莉娜反思著人生是如何受到拒斥時，她的思想及話語難以理解的程度不只在於她自己的表達，而是我們這些志工和人類學家也缺乏了解它們的手段。若要分析卡塔莉娜謎一般的語言及欲望，必須能將人作為一個獨立個體來處理，畢竟任何人都無法被完全吸納入體制及群體的運作之中。

*

兩年過去了。我參與了一個文化及心理健康的計畫，並從中開始博士後研究的工作。一九九九年十二月底，我回到巴西南部，希望進一步觀察生命療養院內的生活情況；托本・埃斯可拉德和我計畫針對這類遺棄區的生活出版一本攝影集，而這些田野工作為其蒐集了足夠的材料。

生命療養院近期想辦法拿到了一些政府補助，基礎建設因而有所改善，尤其是「恢復區」（此處復健中心的名稱）。醫療站的情況大體上沒有改變，不過收容的人數少了一些。

卡塔莉娜還在那裡。不過此刻的她坐在一張輪椅上。她的健康狀態不停惡化，並堅稱自己有風濕病的問題。卡塔莉娜跟大部分其他院民一樣，能隨時拿到志工想發就發的抗憂鬱劑。

卡塔莉娜告訴我，她已經開始寫她所謂的「字典」。她這麼做是為了「不忘記文字」。她的手寫字顯示她有最基本的識字程度，筆記本中充滿了提及不同人物、地點、機構、疾病、事物，和意向的一串串文字，其間的關聯性充滿想像力，有時候我根本覺得那就像詩。我將一開始讀到的部分文字節錄如下：

電腦
書桌
傷殘
作家
勞動正義
學生法
坐在辦公室內
做愛者的法律
公證人
法律，關係
亞德瑪爾
伊皮蘭加區
蓋撒拉鎮
南大河州
……
醫院

手術
缺陷
復原
偏見
……
嚇壞的心
情緒抽搐

我造訪療養院時跑去找她聊過好幾次。卡塔莉娜總是花很長的時間回憶療養院外的生活，她每說一次，都替我們在一九九七年初次會面談的內容加上更多細節，故事內容於是逐漸扎實起來。她解釋自己一開始生長於郊區，接著為了鞋工廠的工作移居到新漢堡市。她提到自己生了不止一個孩子、跟前夫的爭吵、幾位精神科醫生的名字、住在精神隔離病房的經歷，但使用的語言全都很破碎。「我們分開了。兩個人之間的生活幾乎從來不會壞。但你得知道怎麼去過好（這種生活）。」

一次又一次，我聽見卡塔莉娜傳達她的主體性：她的主體性既是一座戰場，她的生命在其中受到了官方的隔離及排除，但她的主體性也是她自己希望重新進入社會世界的工具。「我前夫統治了這座城市……我得提醒自己保持距離……但我知道他跟其他女人做愛時，心裡還是想著我……我永遠不會再踏入他的房子。我去新漢堡市只會是為了看我的孩子。」她也會話語不清地提到一些取悅他人或被取悅的快感。有些時候，她會開始一連串的字詞聯想，而我完全跟不上——但到了最後，她總是會把焦點放回「家」。卡塔莉娜總是寫個不停。

我原本沒有打算特別記錄卡塔莉娜這個個案，也沒打算聚焦於單一主體的人類學。[3]不過到了一九九九年第二次碰面的時候，我無論是感性及知性面都深受她吸引。卡塔莉娜也一樣。她表示跟我說話很開心，也喜歡我問她問題的方式。每次到了探訪的尾聲，她總會問，「你什麼時候回來？」

我對她說的話及不停漫溢的書寫感到讚嘆。她的文字對我來說不全然是空想，但也不是直接反映生命療養院施加在她身上的權力，以及她所進行的反抗。這些文字訴說的是真實的奮鬥，是那個將卡塔莉娜放逐之後，轉而成為她心靈生活的日常世界。

牙醫
健檢站
郊區勞工工會
環境協會
烹飪藝術
廚房和餐桌
我上了堂課
食譜
相片
精液
……
驗明身分

身分
展現出一個人內在的身分
健康
天主歌詞（Catholyric）[1]宗教
幫助
理解
風濕

她從哪裡來？她之前到底發生了什麼事？卡塔莉娜總在回想自己被遺棄及精神惡化的過程。這樣做不只是在美化或忍受那難以承受的現實，而是讓她保有足以離開此地的可能性。「如果我能走，我就會離開這裡。」

我很熟悉卡塔莉娜回憶中的那個世界。我就是在新漢堡市長大的小孩。我的家人也是從郊區移居到城市，就為了尋找一個新的、也更好的生活。我讀的是「島民角落」公立小學，一年級的班上有五十個同學，但到了五年級時，大部分人都輟學去當地的鞋工廠工作了。我是少數持續升上六年級的學生，但很怕自己也會走上那條路。我的家長堅持讓小孩讀書，我也終於靠著讀書找到一條出路。而卡塔莉娜讓我回到了我人生的開端，也讓我開始迷惑，到底是什麼讓她和我的命運如此不同。

本書檢視了卡塔莉娜的命運內涵、她逐漸死去的過程，以及存在於生命療養院中的思考及希望。基於我針對生命療養院及卡塔莉娜個人奮鬥的縱向研究，本書詳述了存在其中的欲望、痛苦及知識。「死一般地活著；外表死了，內裡活著。」卡塔莉娜寫道。在我理解卡塔莉娜，以及試圖解碼她編纂字典中的那些謎樣、詩意文字的旅程中，我也重新回溯了她的遺棄處境及病狀逐漸成形時，她所身處的家族、醫療、政府及經濟的複雜網絡。自始至終，卡塔莉娜的人生訴說的是一個規模更大的故事，也就是像生命療養院這樣的地方，是如何在貧窮家庭及城市生活中扮演了不可或缺的角色，以及各類社會過程（social processes）影響生物學及死亡進程的方式。

*

我想特別提出在與卡塔莉娜合作時，我從初期對話中濃縮出的三個問題：人的內在世界會如何在經濟重擔的影響下被重塑？藥物作為道德技術的國／家內角色？以及，是哪種「常識」把這些不健全、沒生產力且死不足惜的個體歸為一類？正如卡塔莉娜簡略地寫道：「想把我的身體當成一種藥，我的身體。」又或者正如她所反覆指出：「當我的想法跟我的前夫及他的家人一樣，一切都沒問題，但只要我不同意他們，我就是瘋了。彷彿我得忘掉我的某個面向。有智慧的那個面向。他們不願對話，疾病的科學已被遺忘。」

卡塔莉娜認為，她之所以遭到現實驅逐，是因為在全新的國內經濟脈絡加上她所受的藥物治療等條件調節下，「思考」以及創造意義的方式有所改變。這種強制抹消「我的一個面向」讓她無法在家庭生活中找到自己的定位。「我的弟弟都是很努力工作的人。有一段時間，我跟奧塔彌爾還有他的家

1 譯註：卡塔莉娜常會將一個字詞中的字母代換掉，比如基於個人獨特的邏輯，偶爾會將自己的名字 CATARINA 代換為 CATAKINA，推測這裡應該是將 Catholic 改寫為 Catholyric。

人住在一起。他是我年紀最大的弟弟；我有四個手足……我總是很累。我的腿走得不太好，但我不想吃藥。為什麼只有我得吃藥？我也跟阿爾曼多住過，我的另一個弟弟……然後他們就把我帶來這裡。」

我想搞清楚的是，當卡塔莉娜被視為「不正常」並遭受現實驅逐時，她的主體性如何成為這一切得以被鞏固的管道。哪些調節作用導致卡塔莉娜背離現實，並被重新建構為「瘋子」？又是什麼保證了這些調節作用成功奏效？根據我的理解，新形式的判斷及意志在這個擴大家庭（extended-household）中生根，而這些轉變不只影響了苦難的內涵，也影響了人們如何去理解「正常」，以及最後由她所體現的那種病狀。卡塔莉娜的存在感，以及對別人具有的價值之所以出現改變，精神藥物似乎扮演了關鍵性的角色。而正是透過這些改變，家庭紐帶、人際關係、道德及社會責任的內涵才得以重整。

我問卡塔莉娜，為什麼你覺得這麼多家庭和醫生要把人送來生命療養院？

「他們說最好把我們安置在這裡，我們才不會被獨自留在家，孤零零的……他們說這裡有更多和我們一樣的人……我們全部聚在一起，我們形成一個社會，一個全是身體的社會。」

卡塔莉娜堅稱她的遺棄背後有其歷史及邏輯。而我試著搞清楚的是，她被認定為荒謬的思想及文字，和某個此刻已消失的世界之間存在的關係，以及讓她的人生變得不值得活的經驗條件（empirical condirions）。在此同時，我發現紀爾茲討論「常識」的著作非常具有啟發性。「常識把世界描述成一個熟悉的世界，那是每個人都能夠、也應該可以指認的世界，而在這個世界中，每個人都自食其力，或者說應該要自食其力。」（Geertz 2000a:91）常識是思想展現的日常領域，幫助「可靠的公民」在面對日常問題時能有效地做出決定。沒有常識的人就是「有缺陷」的人（91）。

「常識帶有一種『失竊信效應』：因為目標物毫無矯飾地躺在你眼前，反而讓你幾乎無法看見它。」（2000a:92）這是人類學門非常獨特的任務：人類學得嘗試去理解一般人對於「真實」所做的評估及判斷

（且大多早在尚未分析前，就已被假定為真），因為是它們決定了「社會支持哪些形式的生活」（93）。這個化多重為整體的思想框架把生命療養院裡的那些被棄者包裹在一個無從解釋自我的處境當中，而跟卡塔莉娜合作能幫助擊破這種框架。畢竟，常識「認為此中並無可議之案，簡單來說，**不過就是人生常態**，因而就此結案。而整個世界就是其部門」（93，重點為筆者所加）。

對我來說，卡塔莉娜的話語和文字捕捉到了她所處的世界改變後的樣貌——那是一個亂糟糟的世界，其中充滿她解不開的結，但她非常急著想解開，因為「如果我們不去細究，身體裡的疾病就會惡化」。紀爾茲非常清楚常識的眾多心理學面向。他寫道，常識作為關於「真實」的故事，首先就是立基於自然性（naturalness）和自然範疇（natural categories）的概念之上（2000a:85）。

就卡塔莉娜的案例而言，她的心智究竟是清楚還是不清楚，本質上依循的是她親人及鄰居的預設，不然就是受他們使用的藥療手段及科學真理價值（scientific truth-value）所掌控。據我推測，針對卡塔莉娜的精神狀態，這些親屬及醫療人員所做的判斷及後續行動，導致了她幾乎無可能生活。而在生命療養院，無論是親屬、醫療人員，還是一個人的心理及身體，都必須被放在一個跟「常識」緊密相連的語域加以理解。透過追蹤單一個體訴說的話語及故事，能幫助我們辨認出許多並置的脈絡、路徑，及其交互作用——也就是「中間性」（in-betweenness）——而正是透過這種「中間性」，社會生活及倫理才能在經驗上可行；也就是說，「把他們早已知道的事再提醒一遍……那座思考和語言的特殊城市，而他們作為公民委身其中。」（Geertz 2000a:92）

*

在我於一九九九年前去造訪時，卡塔莉娜透過口頭及書面允許我將她當作這場研究的對象。一開始，我並沒有組織化的研究方法，只是不停重複回去探訪，並依照卡塔莉娜開出的條件與她接觸。她拒絕被當作受害者，也不想躲在文字背後：「我就是說出真心話。我的嘴巴沒有閘門。」顯然，我們之間不是由我來幫助她發聲，相反地，我必須想辦法適當地理解發生過的事，並找出足以將其表達出來的方法。❹唯一能夠通往他者的道路是語言。然而，語言不只是一種溝通或誤解的媒介，用達斯和凱博文的話來說，語言是一種經驗，不只容許「訊息，也容許向外投射的主體／題」(Das and Kleinman 2001:22)。

在達斯的文章〈語言及身體〉中，她觀察到，因為印巴分治而受到巨大創傷的婦女無法從傷痛中昇華——就像希臘悲劇中的安蒂岡妮一樣——她們反而會將傷痛納入日常經驗（Das 1997）。根據達斯的說法，主體性會以一種具有爭議的領域突現，也會以一種針對創傷性的大規模事件與改變中的家庭與政治經濟系統而生的策略性歸屬手段突現。人的內在與外在狀態因而難以避免地被縫合起來。傳統、集體記憶及公共領域被組織成一個個充滿幽靈的場景，因其成長茁壯仰賴的是「死者的能量」，但這些死者在數據及法律中卻仍下落不明。人類學家仔細檢視這些銘刻及隱而不見的官僚和家庭機制，因為正是這樣的機制准許了何謂「真實」，而人們在日常生活尋求安身立命之地時，也被迫參與其中。在達斯有關暴力及主體性的著作（Das 2000）中，比起現實如何架構出人的心理狀態，她更在意的是個體足以生產的真相，以及透過發聲帶來的力量：有多少機會能讓自己的心聲被聽到？訴說又帶有哪種足以創造真相或化為行動的力量？

在生命療養院，院民們身而為人所面對的處境，是不再有辦法將話語化為行動，因為足以使話語化成行動的客觀條件並不存在。人們被孤立無援地丟在那裡，他們知道不會有人回應，而且沒有能讓他們看到未來的一絲曙光。卡塔莉娜在思考自我及自身歷史的同時，也得承認自己早已在回憶中一切缺席的事實。「我的家人仍記得我，但不想念我。」在生命療養院，「缺席」是最迫切、也最堅實存在的事物。如果一個人不再被標記於肯認的動力或者時間性中，還可能擁有怎樣的主體性？卡塔莉娜不停擴張的、身為一個人的思想的極限在哪裡？隨著研究不停推進，我嘗試幫卡塔莉娜重新和家人取得聯繫，也想讓她重新進入醫療照護系統，但每一步都遇到現實的致命阻力，而這種致命現實的處境需要被安上一個人類學的名字。

為什麼我選擇卡塔莉娜作為合作對象，而不是其他人？因為她在那個意圖殲滅主體性的環境中相當突出，因為她拒絕被簡化為生理問題，也不希望自己經歷的一切被化約為「命運」兩字。她想跟外界產生連繫，我有一種直覺，她的作為中有些我不想錯過的重要元素，不但能幫助人了解生命，也具有知識價值。她的話展現出這裡的院民被遺棄及被迫消音的日常，然而，儘管經歷了各種漠視，卡塔莉娜仍展現出驚人的能動性。只要我跟她站在同一邊，兩人就能一起緊貼著語言之牆。語言不再會是分離我們的隔閡，反而成為一種連繫——其中也包含了對彼此的理解。

我們開始進行的工作，不是要透過我的思想去建構出一個人，也不是要討論如何不可能為其代言，或者如何不可能成為理解其精神形式的重要角色。我們的工作是透過話語的偶然性（contingency）及受過訓練的聆聽技巧，讓人與人之間的接觸成為可能，並在此同時讓我們兩人各自得到一些足以追尋的線索。「我有點像是過著躲藏的生活，像動物，」卡塔莉娜告訴我，「但之後，我開始跟你一起一步步分析，釐清那些真相。」透過將自己說成是一種動物，卡塔莉娜重新接觸到曾將她排除在外的「身而為人」的可能性。「我開始釐清科學和智慧。把自己釐清很好，把想法釐清也很好。」這段發言對我來說太重要了。我希望這項工作也能對卡塔莉娜產生價值。在她想方設法回到家庭世界的路上。對我來說，和她一起合作也是一種人類學的**陶冶**（bildung）。沒錯，田野教育中必定會產生位階關係，但也能彼此影響，正如拉比諾寫道：「就算有位階關係，也需要關懷；就算只是一段過程，也需要花時間；就算是實作調查，也需要進行概念工作。」（Rabinow 2003:90）[5]

在這裡，人類學不只是單純從集體的角度去處理個人問題。卡塔莉娜在此被當作瘋子對待，大家也預設她的作為不是基於真實的記憶，而事實上，我們並沒有任何證據能判定她所訴說的回憶是真是假，畢竟沒有近身的人能證實她的說法，我手邊也沒有關於她院外生活的可用資訊。她被丟在這裡，只能獨自去解決關於自身的「社會可理解性」（social intelligibility）問題，而我要怎麼去擴大她能被社會理解的可能性？我必須找到方法去解碼她生命及語言中的真實，然後把這些語言重新連接回特定的人物、地域，以及她所參與過的事件——也就是她無法擁有象徵性權威的那段經驗。

透過針對單一他者的實地研究，我們能發現，社群、家庭及個人生活是透過特定方式組裝與評價，而這些特定方式被內嵌在規模更大的創業過程及機構重組中，並廣泛影響著每個人。不過，面對卡塔莉娜把事物從一個語域移到另一個語域（包括過去的人生、此刻在生命療養院的生活，以及對未來的欲望的三種語域）的方式，我還是有些難以理解之處。我想，這種移動是專屬於她的「被棄語言」，我的概念工作也因此始終處於懸而未決的開放狀態。

*

過去四年裡我拜訪了卡塔莉娜好幾次，最後一次是在二〇〇三年八月。我總是專注聽著她翻來覆去地講這些故事。除了將我們的對話錄音、製作成筆記，我也讀了許多冊她持續書寫的「字典」，並且持續和她討論這些字典。我非常享受和卡塔莉娜合作的過程——我看進她的眼睛裡，大方地說著一些人們不了解的話，和其他人一起探究、尋找真相——這種方式稱不上完美，但確實是一種認識的手段。每一個人都該找出各種方法，把你在田野中透過單一個體及歷史近貌尋得的知識，貢獻於照護自我及他人（Rabinow 2003; Fischer 2003）。當我跟許多朋友及同事談起和卡塔莉娜之間的對話——還有她本人及她的書寫——更是把研究帶入新的脈絡並發展出更多可能性。我思考的不單單是她詩意的想像力擁有觸動他人生活的力道，還有部分醫療專業人士及行政官員採取了體貼的互動方式，來面對卡塔莉娜的社會及醫療處境，以及她隨著調查進行所發展出來的批判思想。

我有時會像個偵探，希望找出卡塔莉娜被日常生活排除、身體狀況加速惡化，以及她語言思維從何而來的確切軌跡。我照著字面理解卡塔莉娜的話語及書寫內容，去了許多她持續間接提到的醫療機構、社區和家庭。在她的同意下，我取回她在多間精神病院及全國健康照護體系之地方單位的檔案。我也找到了她在附近新漢堡市某座小鎮內的家人——她的弟弟、前夫、前夫的家人，還有她的小孩。她之前描述讓她進入生命療養院的家庭及醫療路徑，確實符合我在各種檔案及田野工作中蒐集到的資訊。透過不停回訪、保持耐心、近距離接觸、大費周章將沒人覺得有必要存在的資料建檔，以及鉅細靡遺將一個人的生命描述出來，所謂「現實」的某塊拼圖終於得以展現在我們眼前。

追蹤卡塔莉娜在各個醫療機構間移動的路徑時，我不是把她視為一則例外，而是一個展現出特定模式的實體。也就是說，她面臨的心理健康治療體系往往充滿不確定性及風險，而這正是都會勞動窮人所面對的宿命。各種醫療技術被盲目地加諸在這些人身上，完全沒有針對她的特定症狀進行精準微調。她跟許多人一樣被理所當然地認定具有攻擊性，所以被過度地施以鎮靜劑，好讓機構在不用提供適當照護的情況下持續運作。她曾被診斷出各種病名，從思覺失調、產後憂鬱症、未明示的精神病、情緒障礙到貧血都有。我不只和管理她治療方針的健康專業人士互動，也和希望改革這些服務制度的人權運動者及行政官員互動。她此刻的狀態已非常棘手，但我希望能將直接導致這種結果的每個迴路（circuit）點出來，也就是那些看似獨立於法律及契約關係兩者之外的迴路（Zelizer 2005）。

跟卡塔莉娜家庭世界中的每一方談過之後，我理解到，由於卡塔莉娜出現了某些生理徵狀，而這讓她的前夫、她的弟弟，以及他們各自的家人相信，她之後會像她母親一樣，成為無法自理的病人。他們完全不想在這份遺傳腳本中參上一角。卡塔莉娜「有缺陷的」身體在當時成為某種戰場，在地的家庭／鄰里／醫療網絡都在針對她的身體做出各種判斷，他們想判斷她的心智健全與否，以及說到底如同她婆婆所說，「她到底有沒有辦法表現得像個人。」卡塔莉娜被去人化、被過度施以藥物，但仍有些什麼在她身上揮之不去——她再也無法放下的生命鬥志。

不過，這項研究不只找出卡塔莉娜人生故事的「真相」，也促成了一些事件的發生。透過幾位醫生的協助，我們排定了幾項醫療檢查及腦部造影，發現卡塔莉娜的小腦正快速退化。為了確認她的病因，我們展開了一場就醫之旅，並希望針對足以改善她病情的手段做出決定。她正在跟時間賽跑，從她身上獲取知識的工作也因此變得更加急迫。這個田野不只將卡塔莉娜和生命療養院連結起來、將她和她的過去連結起來、將她的被棄和她的生理狀況連結起來，也非常短暫地進一步將卡塔莉娜重新推進家庭和醫療世界，以及她身為一個公民的身分當中。透過這些事件，我逐漸熟悉了那個將卡塔莉娜困入社會性死亡狀態的機制，也更有辦法了解，為了在死亡狀態外創造出其他可能性得耗費的心力。當遺棄的**現實政治**（realpolitik）樣貌逐漸清晰，關於個人及體制必須負起什麼責任這個議題，也開始出現全新的、不同的提問角度。

我在生命療養院中非常仰賴志工奧斯卡的洞見及照料，尤其是跟卡塔莉娜有關的事，而隨著田野工作到了尾聲，他告訴我，就是要出現類似這樣的研究，「機器中的各個零件才終會有辦法被組裝起來。」卡塔莉娜和我的對話，以及她自己的書寫，常常指涉到真實世界的事物。如果我只聚焦於她在生命療養院中說的那些，那麼，存在於她的家庭、醫療體系及政府機構之間那一整個場域的張力及關聯性，也就是塑造出她之所以存在的那一整個場域，直到現在仍不會有人看見。❻

卡塔莉娜不只是從各種家庭及公共系統的縫隙掉下來。她的被棄是透過數個社會脈絡的新奇互動及並置才得以實現，也才因而如此戲劇化。在各種家庭及體制的改變過程中，深埋了針對「真實」進行科學評估的價值觀（透過生物知識，以及精神診斷和治療等種種形式），而此價值觀發展出的非正式思想及行動也導致她無可避免地受到驅逐。追蹤卡塔莉娜的話語及其中情節，就能勾畫出家庭是如何在這種強而有力、非體制的民族誌空間中，擺脫掉他們不想要的成員。這個社會生產出像卡塔莉娜這樣的「死者」，其源頭不可能只有單一意圖。卡塔莉娜在生命療養院逐漸死去的成因曖昧難解，但仍能追溯到幾股特定的力量。

人一旦被困入這個空間，就會成為機器的一部分，奧斯卡如此暗示。但我告訴他，若想讓這架機器的部件真正組裝起來，你還得額外多走幾個步驟。「因為如果沒這麼做，」他回答，「那些零件這輩子就永遠遺失了。然後他們會在那裡生鏽，再帶著那些鏽一起走上末路。」卡塔莉娜不是完全不受機器掌控，但命運也不全然受其決定，她透過書寫擴展身而為人的想像力，然後定居在其中一個發著微光的失落邊角。透過探索這些邊角，以及足以致命的隱密「真實」，我們找到一條理解當下人類處境的道路，而人類處境正是民族誌探問的核心主題。

*

我們通常會讀很多書，會借用自己的語言去理解所處世界，同時也會將這些知識帶入田野。在田野中，我們所抱持的看法不見得那麼管用，但總是都能幫助生產出各種思想輪廓（figures of thought）。這正是人類學及其生產的知識的好處之一：它的開放性歡迎各種理論、它帶有強烈的經驗主義性格，以及它在面對各種事件及生活經驗（lived experience）之變動，並嘗試為其賦予形式時，仍抱持著存在主義。在本書中，我寫出和卡塔莉娜、醫療體系，及她家人合作後的發現，並把理論融入其中。同樣地，我也把她的想法及寫作，和那些機構運用在她身上的理論連結起來（例如他們所操作的病理、正常性、主體性，及公民身分等概念），也將其和人們對她的普遍認識連結起來。理性在他們所謂的「真實」中扮演了重要角色。這些理性形成了傅柯口中「真實的戲劇法」（the dramaturgy of the real）（Foucault 2001:160）的一部分，而在人們評價生命和人際關係，以及為自己和旁人「啟動他們所預見的可能性」時，這些理性也成為不可或缺的一部分（Rosen 2003:x）。我希望本書能傳達我透過田野工作所捕捉到的理智、生命及倫理活躍的騷亂性，畢竟人類的存有正是受其形塑，也是因其佚失。

我曾在研究初期引入並短暫探索過一組概念，其內容主要是在討論一個人的「可塑力」（plastic power）。「我的意思是，」尼采曾在《歷史對於人生的利弊》寫道，「那種可以為了特定目的擺脫自我，將過往與此刻融為一體，並將陌生與親近融為一體的力量……那種可以療癒傷口、彌補失落，並修復破損性格的力量。」（Nietzsche 1955:10, 12）尼采談的不是一種本質上的個體性，也不是一種意識上的全知主體，他要我們轉移注意力，去看主體形式及理智在面對歷史過程時進行的修正，以及人們在面對過往及一個變動中的世界時，與這兩者建立全新象徵關係的可能性。

這種可塑性——看你要想成是一種被塑形的潛能，或是有機體面對環境變動的適應力都行——是你會在人類學、心理分析、心理學和文化史中不停閱讀到的主題。這種可塑性曾出現在佛洛伊德某位透過幻想改變現實的神經官能患者身上，也就是所謂「異體形塑」（allo-plastic）的能力（此處相對的是「自體形塑」〔auto-plastic〕的精神病）（Freud 1959b:279），你也能在馬凌諾斯基關於文化影響下「本能的可塑性」（plasticity of instincts）論述中看到這種可塑性（在此是相對於「群體心靈」〔mass psyche〕的一種替代方案）（Malinowski 2001:216），同時也能在牟斯將社會、心理，及生物元素在「身體技術」（body techniques）中「混在一起且無法消解的整體」看到（Mauss 1979:102），在歐碧斯克立視為「文化工作」的社會內及主體間辯論中看到（Obeyesekere 1990），在凱博文從個體抑鬱症狀解讀出社會及道德動盪之固定模式中看到（Kleinman 1981; Kleinman and Kleinman 1985），在舍柏-休斯提到身體隨飢餓感而來的「緊張感」（nerverso）被醫療化的描述中看到（Scheper-Hughes 1992），根據柯恩的論證，老年人的身體在家庭及老年科學之間的中介空間（liminal space）成為一種「神祕難解的分身」（Cohen 1998:269），而我們也能在這種身體中看到這種可塑性；另外也如巴特勒在《權力的精神生活》（一九九七）中指出，受含混性（ambiguity）支配之人透過自我培力得到的也是這種可塑性。「自我」作為一種延展性材料的概念，在以上所述及其他各種不同的論述中隨處可見；我們在理解社會文化的網絡是如何形成，以及這些網絡是如何受到身體效應及內在世界調節時，此概念也處於關鍵之核心。[7]

有份相關文獻進一步擴張「延展性」這項主題，然後發現所謂的延展性，與其說是出現在個體身上，其實更展現於現實的可塑性——也就是說，是眾多人造框架傳達了社會控制的力量，並重鑄出普遍人性（common humanity）的概念。舉例來說，阿多諾將佛洛伊德的團體心理模式（group psychology model）政治化，並指出現代集權主義紐帶之形成，不只因為人憑藉著原始本能與過去經驗而重蹈覆轍，而是因為這些紐帶「**在文明內部被文明本身不停複製出來**」（Adorno 1982:122，重點為筆者所加）。根據阿多諾所言，納粹的科學及宣傳創造出一種新的認同機制，而德國公民正是因此被連結在一起，並在一種道德盲的狀態下團結抗外。現代主體的重新組裝，通常跟理性技術政治及國家暴力攜手前進。

在〈殖民戰爭和心理障礙〉（一九六三）一文中，法農點出並批判阿爾及利亞人在法國帝國主義統治下受殖民的主體性。在法農看來，帝國控制的討論核心不必然在於殖民者帶來的政治及經濟體制，而是受殖民者保持清醒及自我反思的能力。[8]主體性是政治的一項材料，而關於「存有」的論爭正是以此為平台激烈進行著。他表示：「因為殖民是系統化地抹消他者，並且激烈、堅決地否認他者擁有人性的所有特質，於是，殖民主義逼迫被統治的人們不停自問一個問題，『在現實中，我是誰？』」（Fanon 1963:250）法農則對此給了一個解構性的答覆：誰的現實？

佛洛伊德歸納了精神病經驗的特徵，他認為那是人被切斷與現實之間的關係，而且沒辦法達成移情作用；[9]法農則重新思考了這個說法。比起擔心精神病患者被剝奪了接受治療的可能性，法農更在意的是，精神病患者看似無法理解的現實，是如何產生。在處理精神病議題時，拉岡也呼籲精神科醫生及精神分析學家不要急著下判斷，而是質疑自己對現實秩序的信任（Lacan 1977:216），讓患者自己下定義。

「有一種直覺智慧是沒辦法透過語言傳遞的，」一名患者在跟拉岡對話時這麼說，「我在**邏化**（logify）時遇到很多困難……我不知道法文中有沒有邏化這種說法，那是我自己發明的詞彙。」（Lacan 1980:27）我們看到的是，這名病患試圖在這個臨床診療世界中建構意義，然而負責給定意義的通常是這個世界（Corin 1998; Corin, Thara, and Padmavati 2003）。我們也看到拉岡一項相當重要的獨到見解（不只基於病患理智化的過程，也基於他自身精神分析的實作），[10]此見解指出，無意識立基於理性，以及人際之間的口語向度：「找上我們的無意識源自結構性需求，它非常謙卑，誕生於最低層次的交流，以及所有前行大眾的話語……也誕生於那些講得結巴、笨拙，但仍避不開束縛的語言。」（Lacan 1978:47, 48）對拉岡而言，主體性是嘗試獲取自身真相，而這項太過於人性化的嘗試早已失敗，但又可不停重來。⓫在聆聽卡塔莉娜說話時，我看到一幅社會生活的畫面浮現，那幅畫面令人心痛，充滿不確定性，其中有秩序有混亂，而她彷彿就活在那幅畫面裡。

透過在主體回憶的內外穿梭，以及經由檔案反映出來的真實，我的民族誌工作逐漸接近卡塔莉娜種種執拗（雖然內容曖昧不清）、確切，又難以化約的經驗，其中包括卡塔莉娜的存有與他人之間的關係、他們為了讓她從現實中消失所必須冒上的風險，以及現在對她而言具有價值的事物（Kleinman 1999; Das 2000）。用她自己的話來說是這樣：

> 我知道因為我曾穿越
> 我得知了真相
> 而我試著洩漏真實的內涵

重點不是要為卡塔莉娜的心理狀態尋找根源（我並不認為那種東西存在），也不單單是想追溯她的過往經驗後找出論述的樣板。我將心理內在性的感受理解為一種民族誌，也理解為個體的整體行為和他／她所處環境之間的關係，以及和定義出種種界線的手段之間的關係，而這些手段可以含括法律、醫療、人際關係，還有情感層面。心理內在性存在於家庭情結（family complexes）中，存在於技術及政治領域中，而正是以上這些領域決定了人的生命可能性及表徵條件（conditions of representation），人類的行為及其矛盾也才因此能在這個世界中歸屬於某種存在秩序。⓬

時至今日，一個人究竟是如何變成另一個人的呢？這麼做要付出什麼代價？這種個人生活的改變如何變成了個人及集體記憶的一部分？透過卡塔莉娜的話語、無意識，以及由她體現的眾多知識及權力發展史，我們可以看見，她試圖在與以上這一切互動時，讓自己的過往及此刻人生在思想及書寫中變得「真實」，而在此過程中具有一種可塑力。

在和卡塔莉娜合作的過程中，我發現古德處理當代印尼如同傳染病一般蔓延的精神病（Good 2001）的研究，特別有啟發性。他關注的是那些短暫出現的急性精神病，及其與國家政治現況和經濟動盪之間緊密交纏的關係；他也關注這個國家後殖民歷史的幽魂，以及正在擴張的全球精神醫療體系。但除此之外，古德也強調，所有為精神病患之主體代言的嘗試，都伴隨著意義上的模稜兩可、想法分歧，以及終究有其極限的風險。他提出三個分析步驟：第一步，透過文化現象學向內探索，找出一個人的經驗及建構意義的過程，是如何被編織入國家空間及其帶有強制意味的一致性；第二步，找出代言精神病及主體性帶來的情感衝擊及政治意涵，放到檯面上來討論；第三步，針對參與創造主體性的近期經濟、社會，及醫療的權力過程進行向外詮釋。[13]古德堅持抗拒為他的分析作結，他挑戰我們，他要我們在做研究時關注議題的後續動態及其未完成性。

卡塔莉娜和我嘗試釐清她存在的事實，其中包含她被棄這件事的稀鬆平常，以及她的被棄是如何在家庭、精神醫療及其他於過程中出現的公共服務機構間，透過難以解釋的交互作用，一步步成形。在合作的過程中，我也得知，通常若有人被當作精神病患並受到相應對待，其讓人無法忍受的現象不在於精神病患者的發言（Lacan 1977），而是那個人真正奮鬥著、想在變動現實中找到面對眾人的定位時，大家卻早已不再費心解讀他們的話語及行動中的意義。事實上，卡塔莉娜這座人型廢墟同時和數個社會過程共生：她的移民家庭刻苦地配合「進步」的要求而終致分崩離析，醫療實作的自動化運作（automatism），處理情感崩潰時逐漸增加的藥療化現象，以及生命療養院作為一個死亡腳本艱困的政治真相。我開始把卡塔莉娜的處境視為一種社會精神病，並將之當成是一種繼續工作所需的概念。我之所以說社會精神病，是因為在各種社會型態中，人要透過各種物質、機制和關係，去維持所謂「正常」及最低限度效能之秩序——也就是相對於這樣的「現實」，病患看起來是有精神病的——而當這樣的秩序確實有效，卡塔莉娜就成了多餘的人。

卡塔莉娜不停回憶導致她被棄的事件。但她不只是想搞懂，我認為她還想找出自己在歷史上的定位。透過討論事件中的所有元素及偶發事件，她在其中找回了自己的位置，以德勒茲的話來說，就是「彷彿在一種變化中，同時（在他們之中）變成年輕以及老年的自己。變化並不是歷史的一部分；歷史只意味著一組先決條件，然而無論是多麼接近此刻的過去，人一定要先丟在腦後才有辦法『變化』，也就是說，創造出某些新的事物」（Deleuze 1995:170–171）。隨著卡塔莉娜重新思考那個讓被排除的感受得以可能的字面意義，她要求得到重啟人生的機會。

*

這是一本對話的民族誌，而本書的推進也反映了我們共同合作的進程。卡塔莉娜的付出有其迫切性，也相當有創意，她想將自己重新寫回其他人的生命中，而身為人類學家的我，則嘗試支持她去尋求沒有斷裂的生命敘事，並在書中記錄的生命療養院生活之外，堅持替她尋求一種不同的可能性。本書敘事的建構以我和卡塔莉娜的對話內容為中心，隨著研究及相關事件的推演，敘事中也會出現其他與我們有互動的角色——包括生命療養院中的其他被棄者及照護者、卡塔莉娜的家族成員、公衛及醫療專業人士，還有人權運動者。我個人執行了所有構成本書主要內文的訪談，並將內容盡我所能翻譯成英文。這些訪談在書中依時間順序出現，除非是為了讓意思更清晰、準確，不然不會進行任何編輯。[14]我希望本書的質地盡可能接近卡塔莉娜的語言、接近她對自身處境的全面性思考，並接近生命療養院的現實，那個包裹了卡塔莉娜，以及她語言的現實。

田野工作和檔案研究，則進一步指出了這些文字及思想被交纏在一起的迴路及行動——也就是那些動詞，如果你願意這麼想的話——這些工作闡明了這些迴路及行動的世俗性（worldliness），以及種種社會實作中的物質性如何影響了卡塔莉娜。本書遵循的是發現的邏輯（logic of discovery）。在橫跨全書的敘事中，我針對歷史提供評註，也區分造成卡塔莉娜被棄的各方勢力之規模。正如我希望卡塔莉娜能對讀者說話，我也希望讀者能更熟悉那片將她的命運設定為缺乏理智、毫無價值的，更為廣闊的社會地域。本書以一種回還反覆的模式寫就，因為無論是這個世界，還是卡塔莉娜及其親族被捲入的真實困境，都非常凌亂，而我想傳達出那種感覺。敘事每到一個關卡，就會添加上一個新的意義效價（valence of meaning），也就是會出現一樁新的事件，來針對牽涉其中的每個人的生命做進一步的說明。長期民族誌式的參與能讓複雜性及系統性明朗化：這些通常被戲劇化闡述的細節，揭露的是偶發事件巧妙交織產生的紋理，以及在其背後確保一切穩定不變的邏輯。這種民族誌式的模稜兩可、重複及開放性，和我試圖描繪本書中主要角色的理性方式彼此衝突：這些活在頁面上的人擁有各自被中介的主體性，其行動早已受到設定但也充滿不確定性，他們被困在一個受限且難以忍受的宇宙中，只能仰賴這個宇宙中的有限選擇來構築其可能的人生。

追蹤卡塔莉娜人生中各種互相牽連的關係，似乎能稍稍解答她字典中一串串謎語般的詞彙組合，而這些謎語正是本書的試金石。第六部節選的文字只是她豐富創作中的一小部分。隨著我對卡塔莉娜實際的人生了解愈多，似乎就愈能解碼她筆下部分尚未雕琢的詩句。我希望透過民族誌表現出卡塔莉娜及她的人生，藉此幫助讀者聽到藏在她話語之下的絕望，並回應她將那種絕望改頭換面為藝術形式的獨特潛能。

身為民族誌學者和詮釋者，我勢必會出現在每一段敘述中。每次踏出一步，我多認識了生命療養院、卡塔莉娜，及與他們所共生的世界，同時我也得面對自己擁有人類學家獨特權力的事實；生命在不同領域及不同的特定條件內被形塑、被排除各種可能性（在一定程度上兩者是同時發生的），而我的權力在於能透過並置這些領域及條件來進行工作。我發現在建構社會理論時，這種民族誌式的另類手段是一種強而有力的資源。書中各種關於理論的論爭都穿插在人物及民族誌材料中。在本書中，隨著主體性、真實及理論的層層展開，讀者會發現，正是卡塔莉娜這個人物及她的思想，讓我們有機會帶有批判性地理解這個創造出生命，卻也容許死亡在國家及家庭中確切運作的價值體系，以及同樣如此運作但往往不為人所見的各種機制。因此，本書也展現出一位人類學家的倫理之旅：除了辨識出人類在包容及排外過程中某些常見的、暴力的，而且往往難以逃躲的限制，還要在面對像卡塔莉娜這類人，及其足以反映出自身處境及盼望的含糊不清的理論時，學習將其納入自身的思考體系。

*

卡塔莉娜身處其中的現實充滿死結，這些死結是在本書中才被逐漸解開——誤診、過度用藥、衛生專業人士及家庭成員一氣同聲地將她的狀態視為精神病——也是因為這本書，她才被發現她的病因其實在於基因，而非精神出了狀況。她始終被當成心理有缺陷並因此缺乏社會生產力的人，本書記錄了造就此種結果的家庭事件及體制環境，同時也正是透過這些事件及環境，她的親戚、鄰居和醫療專業人士才能毫無疑義地接受她的被遺棄。用來治療卡塔莉娜的精神藥物介入了將她丟棄在生命療養院的決定，使之合乎成本效益，但也創造出道德距離。像生命療養院這樣的遺棄區加速了這些被棄者的死亡。在這本由官僚及人際關係默許的社會死亡筆記簿上，人、心靈，和化學藥物同聲一氣：三者彼此交纏後表達出一種「常識」，而正是此「常識」在裁決哪些人值得活，哪些人不值得活。

卡塔莉娜所體現的不只是她一個人的處境。⓯她的生命力非常獨特，但形塑出她命運的種種人為及體制強度，其實生命療養院中的許多人早就有類似體驗。在字典中，卡塔莉娜常談到崩解了國家與個人的政經元素，也把自己說成是「不搭調」：

幾塊錢
真的／雷亞爾[2]
巴西破產了
不是我的錯
沒有未來

透過追蹤卡塔莉娜的被棄及使其病狀逐漸成型的社會脈絡，本書反思的是，政府在造就人類苦難時所持續扮演的角色，以及當社會上有愈來愈多被視為無價值的人，在走投無路後被丟進這類遺棄區，而且這些區域根本上就是在確保他們情況不會改善時，又是怎麼樣的政治及文化基礎造就這類政府及社會。本書昭示了政府及家庭結構透過生產出社會性死亡而有了改變，彼此之間的關係也重新受到設定。畢竟政府和家庭是被交織入同樣的親族、繁衍及死亡的社會關係網絡。卡塔莉娜的身體及語言無法承受這些過程帶來的衝擊，她的人觀（personhood）被打破後又被重建：「沒有人要我成為生命中重要的人。」

就許多方面而言，卡塔莉娜被困在一段政治及文化的轉型期中。巴西總統卡多索自從一九九五年繼任以來，就一直努力推行國家改革，希望讓巴西能在這場無可遁逃的經濟全球化浪潮中生存下來，也希望能透過和公民社會的另類合作關係，將國家內部的公共利益最大化（Cardoso 1998, 1999）。⓰不過在這段過程中，那些生活在社會最底層的人（尤其是都會窮人）到底有什麼辦法生存、甚至富裕起來？而巴西政治組織及社會關係究竟出了什麼問題？

巴西當代學者指出，都會暴力現象的大幅飆升，以及健保和警方保安系統的部分私有化，都加深了「有市場價值者」和「被社會排除者」之間的隔閡（Caldeira 2000, 2002; Escorel 1999; Fonseca 2000, 2002; Goldstein 2003; Hecht 1998; Ribeiro 2000）。在此同時，新開始運作的病患團體持續要求國家履行其生命政治之義務（Biehl 2004; Galvão 2000）。由於經濟負債，偏鄉地區的情況更為嚴重，社群型態出現變化，家父長式的政治思維重新興起（Raffles 2002），而對更大部分的人口來說，公民權逐漸在消費者文化的領域中被闡述著（O'Dougherty 2002; Edmonds 2002）。由於這些大規模的改變，地方開始出現實際上資源、權力及責任的重分配（Almeida-Filho 1998）。負擔過重的家庭及個體被這些過程中的物質、模式，以及其中的矛盾所滲透，整體而言，所有人在試圖解決這些問題時都是孤軍奮鬥。

正如本書中的民族誌所顯示的，家庭逐漸成為國家的醫療單位，它不只提供照護，有時也負責檢傷工作，而在這類有賴謹慎進行的行動中，藥物已成為其中的關鍵工具。⓱巴西正在尋求一種合算的、

2 譯註：這裡Real有兩個意思，一個是真實的，另一個是指巴西的貨幣單位「雷亞爾」(real，複數reais)。

有效益的普及性健康照護系統（這是在一九八〇年代末期隨民主而來的好處），而免費發送藥物正是其中最核心的措施。愈來愈多人呼籲將這類服務去中心化、將治療個體化，最典型的例子就是心理健康運動，伴隨發生的還有醫療照護基礎建設的資金被砍掉大半，以及藥物治療氾濫的問題。隨著這類公共衛生體系的出現，再加上必須分配自身早已不堪負荷的微薄資源，家庭開始學習代理精神科醫生的角色。疾病成為實驗場，親密的家庭關係也可能破損。家庭可以拋棄家中多餘、沒有生產力的成員，有時甚至無須受到正式准許，只要個體不遵照他們規定的治療流程就能作數。在這樣特定的社經轉型時刻，關於人們的生活是如何被重鑄，又是如何藉由現有的官僚及醫療資源替人生創造機會的故事中，精神藥物占據著中心位置。[18]人們在面對擁有／無法擁有特定人類生活形式的可能性時，還得面對性別歧視、市場剝削，以及讓國家離統治人民愈來愈遠的經營風格等問題。

我得用補藥來換掉我的血
藥局買來的藥得花錢
活著好貴

仍然很少有人針對這類評價、裁決誰的生命值得活的國家行動進行反思，比如很少有人會像統籌醫療站工作的志工奧斯卡在日常生活中提起這類問題，而在民主化及社會不平等的脈絡下，那些關於轉型經濟、國家及公民社會的文獻中也很少出現相關討論。隨著研究推進，我面臨到的挑戰是去處理這個決策機制未曾考慮過的基礎，以卡塔莉娜的話來說，這個機制是在「正義之外」運作——意思是在正義的邊界之外——而且這說法正中痛處。至於我的田野工作，則是將這些在決策過程中的各種點狀事件，以及各個公共機構之間的互動，透過組裝重現其原貌。

這樣的民族誌能釐清原本混雜在一起的日常實作及關係、各種體制發展的歷史，以及論述結構，這些因素以瘋狂、精神藥物、移民家庭，以及解組的醫療服務等類別限縮了「正常」，並將卡塔莉娜移到社會性死亡的筆記簿上；在那兒，卡塔莉娜一切處境似乎也就是「自然發生的」。透過這一連串事件，她知道了，動詞「殺害」（to kill）會根據不同主詞出現詞形變化[3]；而身為人類學家的我在與她建立關係後，則詳細記錄、反思了她的處境得以成立的背景，甚至是她的處境成為尋常的過程。因此，本書描述的也是當人類學進入田野，試圖驗證一個生命被逐出家庭及社會的各種源頭，並想在不將此個體及其主體性拋在腦後的前提下，去描繪一個特定地區的密度時，所會遭遇的方法論、倫理，及概念上的各種限制。

從生命療養院這個地方，以及單一個體的生命被視為棘手瘋子的角度出發，讀者可以了解到，在經濟全球化、國家和醫療遭遇改革，以及人們加速追求人權和公民權的同時，也會導致在地生產出社會性死亡。讀者也能看到的是，當一個人受苦痛折磨、出現生理問題，以及在技術及政治上被重鑄了「存活意義」時，心理障礙又是如何被賦予了形貌。

*

3 譯註：這裡的雙關意思是，卡塔莉娜不只在文法上理解了to kill的詞型變化，也了解殺戮一事可能由不同主詞執行、甚至共謀而成。

如何重建被棄者生活經驗的脈絡及意義？如何生產出主體性立基於民族誌的被棄主體理論？

卡塔莉娜受制於
一個貧窮的國家
阿雷格里港
沒有子嗣
夠了
我結束

在卡塔莉娜的這段詩中，她把個人及集體放入同樣的空間進行分析，正如國家及城市交會於生命療養院。受制（他國）跟缺乏金錢有關，也跟屬於某個出錯的想像國度有關。這裡的主體是一具被丟在生命療養院的身體，不再跟她有任何連繫，也與她宣稱「統治這座城市」的男子創造出來的生命沒有連繫，而她正是遭到那座城市放逐。她沒有辦法在身後留下什麼給任何人，但卡塔莉娜的主體性仍存在——透過主體性這個媒介，出現了一種根據匱缺形成秩序的集體，而她在其中找到了方法，將自己從變得一團亂的世界中釋放出來。在她的書寫中，她面對了一個人類可承受的極限，並從這些極限中創造出意義的分歧——「我去的地方的就是，我，就是我這樣的人。」

卡塔莉娜的主體性，是從她努力溝通、記憶、回憶及寫作的嘗試中被發掘出來的，也就是說，她努力保留了一些專屬於她的事物，而在這個她與我相遇的遺棄區內，她留下的一切展現了全新的特殊意義。在一個總是被規定要沉默，而且永遠忽略被棄者的聲音，他們的身體也只在需要大眾關注其垂死狀態時才會出現政治用途的地方，卡塔莉娜奮力將她對世界及自己的感受發送出去，並藉此揭露了她及其他人被遺棄的矛盾及曖昧之處。在此，人類處境挑戰著任何分析與政治的嘗試，不管這些嘗試是要把倫理與道德奠基於普世性術語，又或者是並立於系統的例外。生命療養院創造出一種困在可見與不可見、生命與死亡之間的人類——我後來為這種人取了有點令人憂傷的名字：「前人類」（ex-human）——而我除了必須想辦法釐清生命療養院是如何做到這點，也必須想出辦法讓卡塔莉娜採取的存在策略變得可行，並讓她的努力得到支持。

於是在生命療養院——超越了親屬關係、超越了生存權，也超越了殺戮的禁忌——卡塔莉娜的社會性角色由是出現。她的語言棲居於詩歌邊緣，不但尖銳剖析了人類，還確立了一種倫理的基礎：

我指間的筆就是我的作品
我被判了死刑
我從未判人有罪而我有這個權力
這是我的大罪
是一個無從補救的判決
而小罪
是我想要分開
我的身體和我的心靈

本書把藏在這個「我」背後的真實帶了出來，並一路深入生命療養院的最深處。本書另外想探討的是在生產出對話形式的知識，並確保其在這個最孤絕的環境下，還能拉開一道有所盼望的縫隙時，會遇到什麼樣的困難。這樣的人類學成果如何能確保故事繼續進行下去，未完待續？

生命療養院，1995

生命療養院，1995

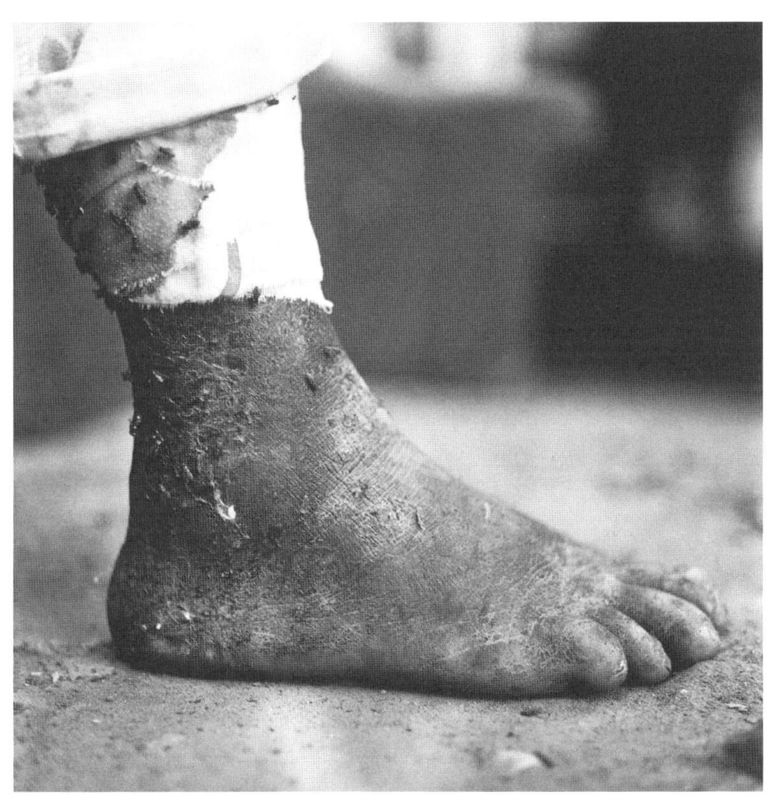

生命療養院，1995

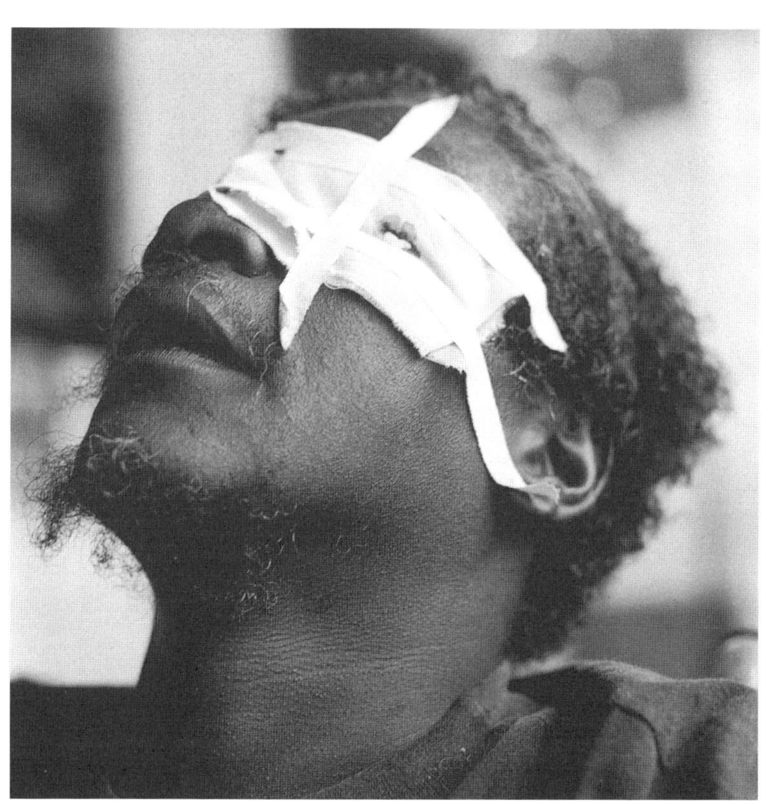

生命療養院，1995

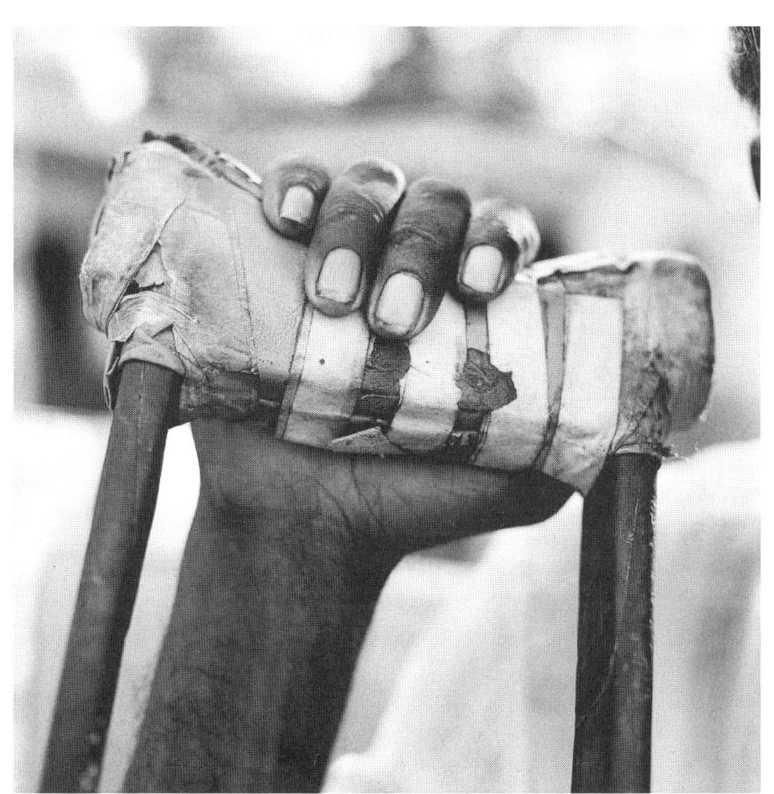

生命療養院，1995

生命療養院，1995

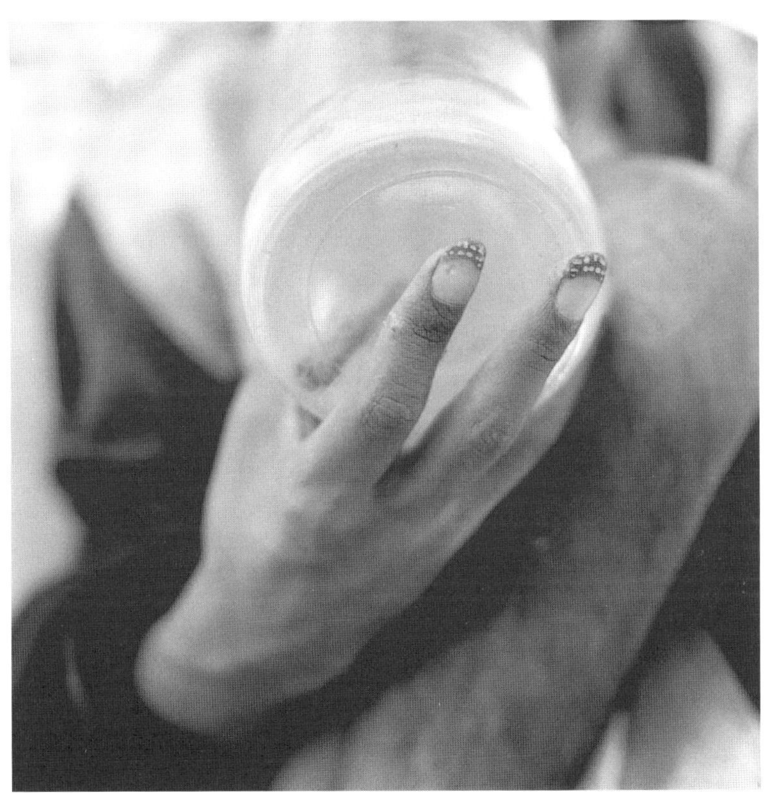

生命療養院，1995

第一部　生命

PART ONE　VITA

社會遺棄區

A Zone of Social Abandonment

生命療養院坐落在一座看來無比悲慘的小丘上。人權運動者威恩克勒在一九九五年三月帶我來到此地，隨行的還有一位丹麥攝影師托本・埃斯可拉德。接待我們的是療養院的創辦人奇伊・達斯・德洛加斯。「生命療養院是實踐愛的地方，」他告訴我們，「這些人已經沒人要了，但付出關懷是我們的使命。」

整個院區擠了太多人，地面上搭滿帳篷。院內只有少數幾棟永久性建物，其中包括一棟木造教堂，和一間沒有熱水的臨時廚房。大約有兩百人住在恢復區，另外還有兩百人待在醫療站。每區都只有一座浴廁站。醫療站和恢復區之間用門隔開，由志工負責看守，以確保那些生理或心理問題最嚴重的人無法在整座療養院中到處遊蕩。這裡的每個人都在各自的骯髒地盤內閒晃、在地上打滾，又或者蹲在自己的床上或床底下——如果有床的話。

他們都是孤身一人在此，大多不說話。院內氣氛遲滯，有種隨著等待而來的自棄感，畢竟他們等待的也是一片空無，而且是比死亡還強悍的空無。我想，此地唯一可能擁有的獨處就是閉上雙眼，但即便這麼做了也無法跟現實保持距離，因為你的思緒一定會被垂死氣味無止盡地入侵。那是一種難以言喻的氣味。

就拿那名體型像小孩子的婦女來說好了，她整個人蜷縮在一張搖籃中，雙眼失明。她開始衰老並再也無法為家裡工作後──「更糟的是，」替我們導覽的志工凡德賴說，「她還會消耗家裡的食物。」──親戚就把她藏在陰暗的地下室裡，藏了好幾年，只勉強讓她留下一條命。「現在她是我的寶寶了。」曾是靜脈注射藥癮者的安潔拉說。她幾乎可以確定患有愛滋病。安潔拉很久以前就輸掉了兩個孩子的監護權，現在整天都在照顧這名衰老的婦女。「我在生命療養院找到了上帝。剛來這裡時，我只想自殺，現在我覺得自己是個有用的人。直到今天，我還是不知道這個奶奶的名字。她只會大叫一些我聽不懂的話。」是的，一切都令人驚恐。不過在這些生命被摧毀的方式當中，似乎仍有一些尋常且令人感到熟悉的元素。我該如何取回這段歷史？又該如何描繪在此地出現的出人意料的人際關係，以及院民之間的關懷？這一切互動之中存在什麼樣的潛能？這樣的潛能又是如何被反覆耗蝕？

沒過多久，上帝的救贖話語瀰漫了整個空間。音量非常大。聲音是從現在擠滿復健治療者的教堂內傳來，他們低垂著頭，安靜聆聽幾位神召會的牧師發言。「你們正在跟上帝對抗，但祂的話語會協助你戰勝世界，也戰勝肉體的誘惑。」隨手拿來當大聲公的器材放大了上帝話語的音量，使之充滿了整個環境。為了獲得食物，這裡的人每天都得參與這種布道會；他們必須做出皈依上帝的證言，還得背誦聖經金句。

布羅諾先生正在講台上說話：「弟兄們，對上帝的信仰能讓你戰勝世界。我來這裡時狀況很差。我在這世上做了很多最糟糕的事。十六歲時，我離家，想要自由。我開始喝酒、用藥。我在毀滅我自己。現在我四十八歲了。我失去了家人。我的三個小孩不想跟我有任何關係。行乞後連朋友也離開我了。只有生命療養院對我敞開大門，而在這裡，上帝的話語開啟了我的心靈……我開始看到自己的價值。」

結束復健區療程的男人占據了附近一片土地，在上面搭建小屋。這個被稱為「小村」（*vila*）的貧民窟在生命療養院的外圍逐漸形成，彷彿生命療養院正在往外輻射擴張。街頭上的經濟模式仍在此處運作。雖然生命療養院作為一個復健中心，還是有藥物在療養院的設施及小村間自由流通。有人告訴我，有罪犯會利用小村當作躲避警方追捕的藏匿處。而城市官員及醫療專業人士之間也早有共識：沒人能真正在生命療養院中痊癒。怎麼可能痊癒呢？生命療養院代表的是以死亡語言訴說的生命。[1] 有謠言指出，奇伊．達斯．德洛加斯和他身邊親近的同事會侵吞慈善捐款，甚至還有流言說樹林中藏有一座祕密墓地。

對奇伊而言，生命療養院儘管雜亂無序，仍是「必要的存在……總有人得試著做些什麼」。這個療養院之所以存在，政府、醫療機構及家庭都參了一腳，而且還持續把各種年齡的人帶到生命療養院來等死。奇伊的說詞充滿怒氣。他引用《舊約聖經》來為自己的先知身分提供充分理由：「當我們在奮鬥時，其他人卻沉睡，而且什麼都沒做。他們明明見到這麼多難以言喻的不公義。」

早已有數百萬家庭聽過生命療養院的悲劇故事。許多幫助生命療養院營運的慈善捐款都是透過魯凱奇的運作，他是一名國會議員，也是著名的脫口秀廣播節目主持人。他可以透過「南大河州廣播電台」及超過二十個地方分支電台影響超過本州百分之五十的聽眾（大約九百萬人）。魯凱奇常把**被棄**

1　譯註：這句話有另一層涵義：vita雖意味著生命，卻是一個死掉的語言（拉丁文）。這說明了生命療養院名實不符的實況。

者找上他的晨間節目，然後對聽眾又是懇求又是責備：「有人認識這個人嗎？到底是誰對他做出這種事？」他針對被棄者的命運憤怒地進行道德譴責，不只吸引了很多人捐獻食物和衣物，也連帶進行自己的政治宣傳。然而，除了這種成效良好的宣傳，造訪生命療養院的訪客大多都是信徒（*crentes*），也就是來自附近五旬節教派教堂的貧窮志工，他們會帶來善款，同時試圖要被棄者皈依他們的信仰。另外偶爾會有少數健康專業人士造訪，例如艾里伯托醫生就會每週花兩小時來這裡發派外界捐獻的藥物，並撰寫醫療報告。

只有少數幾位院民在我們進入醫療站時望向我們。他們移動或被移動時的身體看來都很乖順被動，八成是受到藥物影響。但我們還是認定他們勢必計畫要離開這個地方。不過我們後來得知，有些人就算想辦法逃走了，之後仍會備受羞辱地回來，乞求療養院讓他們回去。他們沒有其他地方可去。畢竟怎麼可能有人聽了廣播上的故事後「認出裡頭說的人就是我」？

有名中年男子正尖叫著：「我被閹割了！」（*Sou capado*）他在我們接近他時伸出左手臂，假裝正為自己注射。「有誰知道他發生了什麼事嗎？」一名志工聳聳肩。那名男子繼續尖叫，「我被閹割了！我被閹割了！」他們屬於生命療養院：這些純樸的人仍記得自己身為父親、母親、兒子、女兒、叔舅、姨嬸和祖父母的時光——但現在卻只是身處致命孤絕的無主生命。如果人類學家赫茨沒說錯，已故者不只是一種生物實體，還是「一種銘刻在生理個體上的社會性存在」（Hertz 1960:77），那麼，你一定會想知道，究竟是什麼樣的政治、經濟、醫療及社會秩序，可以在不自我譴責的情況下容許這種拋棄他者的行為發生。

*

在生命療養院的第一天，我和托本就遇到一位坐在地上的中年女性。她蹲在一道尿上面，陰部糾纏了一大團沙土。我們接近時能看見她頭上滿滿的小洞：許多小蟲正在她的傷口外及頭皮內鑽來鑽去。「有數百萬隻**小動物**（*bichinhos*）從她的肉體及沙土中長出來，」奧斯卡說，他之前是一名用藥者，受到奇伊訓練後成為醫療站的統籌者之一，「我們有試著清乾淨。」托本完全看不下去。他整個人驚癱了一陣子，口中不停說著「太沉重了，實在太沉重了」。生命療養院中的現實也讓拍照變得難以承受。這是社會批准的垂死狀態，尋常可見、無人負責，而無論是外國人或本地人，都是抱持著習得的冷漠心態及無法忍受的感覺，透過凝視，參與其中。然而，我們並沒有一直因道德憤慨而無所作為，反而覺得有必要處理生命療養院內的生存問題，以及讓此種處境出現的**現實政治**。畢竟不將此地的境況描繪出來也同樣是種失敗。

牟斯在他的文章〈集體性暗示的死亡意念對個體的生理效應〉中指出，在許多所謂「較低等」的文明中，當沒有明確的生物或醫療成因時，以社會為根源的死亡能毀滅一個人的心靈及身體。人一旦被社會移除，就只會想到自己勢必已走上死亡之路，而這種心態也是許多人的主要死因。牟斯指出，這種命運在「我們自己的文明中」並不普遍，或者可說不存在，因為在其所仰賴的體制及信念中，巫術及禁忌「已從社會的各階層中消失」（Mauss 1979:38）。然而正如我們在生命療養院中所見，此地持續作為當代城市中的一個等死之地，正實踐著牟斯口中的「原始」生活方式，也就是透過排除、不承認及遺棄來運作。人的身體面對在經濟和生物醫學上逐漸惡化的不平等問題，以及家庭結構的解體，已常態性地失去原本正常的政治地位，並在遭到遺棄後面對最極端之不幸：成為活死人（death-in-life）。[1]

這個女人從哪裡來的？是什麼讓她淪落至此？

據說是警察在街上發現她，送去醫院，但那間醫院拒絕為她清理傷口，更別說讓她入院。所以警察把她帶來生命療養院。她在定居於市中心的公共廣場之前，曾合法住在聖保羅精神病院內，但因為「被治癒」而送出院，換句話說，她已經過量用藥治療且不再具有暴力傾向。那麼，再之前呢？沒人知道。她的足跡遍及警方系統、醫院、精神病院的監禁及治療，以及城市的中心地帶——而到了最後，她甚至在死之前就已經腐爛了。顯然，這類垂死案例是國家、醫療體制、公眾，以及缺席的家庭所共同造就的結果。這些體制及它們的處理程序與生命療養院共生，並讓死亡更容易發生。我之所以用「死亡更容易發生」這種不帶感情的描述，是想指出，沒有任何機構直接造就生命療養院院民的垂死處境，也沒有人必須為此付起法律責任。

發生在這位無名女子身上的事絕非例外，而是遵循著某種模式。一旁角落有個女子的房間，床上蹲著的喜達（Cida）看來才二十多歲。一九九五年初，她遭診斷患有愛滋病，然後就被干斯卡奧醫院的社工留在生命療養院。志工在她剛來生命療養院沒多久後開始叫她戲達（Sida），也就是西班牙文中「愛滋」的意思。後來有人告訴我，他們現在之所以把她名字的第一個字母換成「喜」，就是要「讓喜達的發音聽起來像阿帕雷喜達聖母，以免別人繼續嘲笑她、歧視她」。我很驚訝地得知，這些志工相信生命療養院中只有喜達和另一位年輕男子患有愛滋。然而在我目光所及之處，太多瘦弱身體的皮膚上都能看到相關病灶及肺結核的症狀。奧斯卡告訴我，喜達來自一個中產階級家庭，但從沒有人來探望她。她不跟任何人說話，他說，有時候甚至三、四天不進食。「我們得把放了食物的碗留在走廊上，有時候，沒人在看的時候，她會從床上下來吃，」志工向我們解釋，「就跟小貓一樣。」

在這裡，動物並不是一種比喻。正如奧斯卡指出：「醫院覺得我們的病患根本就是動物。醫生把他們視為赤貧者，假裝他們無藥可醫。前幾天，我們得把老瓦萊利歐送去急診。他們把他切開，卻把一些手術材料留在他身體裡。那些材料害他發炎，然後他就死了。」到底是什麼讓這些人類成為動物，而且不值得任何關愛及照護呢？因為他們沒錢，另外一位志工路奇亞諾說：「所謂醫院的介入就是把這些病患丟出去。如果他們有點感情，就會為他們做得更多……也就不會有這麼多靈魂在此地浮沉。缺乏愛導致這些人遭到遺棄。如果你有錢，你就能接受治療；如果沒有錢，你就會淪落到生命療養院。**噢，頌揚生命的生命療養院**（*O Vita da vida*）。」

*

據我的觀察，奧斯卡和路奇亞諾使用「人類」這個詞彙的方式，不像人權論述中強調共享身體性（shared corporeality）或共享理性（shared reason）的概念。他們口中的「人類」也不是相對於「動物」的概念。他們指稱的不是人類之中的動物性，而是人類透過醫療及社會實踐架構出來的動物性，以及一種凌駕道德與倫理的價值觀，這種價值觀形塑出這些人在所謂「更高等」人類型態口中的樣貌。「老瓦萊利歐根本沒家人，我們是自己把他帶去埋的。孤苦無依的人最悲慘了。比做動物還糟糕。」奧斯卡和路奇亞諾會強調人們在生命療養院「動物化」的過程，但話語間也依舊會傳達出對「人」及「動物」兩個詞彙之間是互相依賴的，以及「人」這個概念中仍存在階級之分的潛在認知。這些關於人與動物之間界線的協商，特別是在醫療領域，導致某些型態的人類／動物被認定為不適合生存。❷

面對第一次世界大戰，佛洛伊德寫了一篇標題為〈對戰爭及死亡時期的思考〉的文章。他在其中談到一種他自己也有的普遍性迷惘及幻滅，此外也談到其他看不到未來一絲光芒的人。「我們面對各種逼壓而來的印象，卻不知如何判斷其重要性，也對我們所做的判斷有何價值感到迷失……世界（在我們看來）變得陌生。」（Freud 1957b:275, 280）導致這類「無助」公民在倫理及政治上體驗到空缺感的原因在於「擺出一副道德標準守護者姿態的國家，其所展現出的道德低落」，以及眾多個體所展現出的殘暴，而且這些個體明明「是最高人類文明的一分子，沒人想到他們有辦法做出這種事來」（280）。根據佛洛伊德的說法，最關鍵之處不是公民無法同理那些受苦的同胞，而是他／她跟那些出錯的想像（imaginaries）有了隔閡。民族國家或本該勢不可擋之人類進步的想像都不再可靠，隨之產生的焦慮意味著人們確實無法在現實及思想的組織中，系統化地表述「他者之死」的作用。

根據我對這位憂鬱的佛洛伊德的解讀，我們現代人是透過一種「人」的工具概念在運作，而且常面臨人性本質（humanness）結構出現空缺的問題。一個人存在的價值、生存的資格，及與所謂世界真實之間的關係，必須在每個特定時刻受到「如何能被算作一個人」的檢視。而此概念本身又極度受到科學、醫療、法律糾紛，及政治和道德結構的支配（Kleinman 1999; Povinelli 2002; Rabinow 2003; Asad 2003）。關於人性本質概念的舊有運作仍未完全失效，新的運作模式卻又尚未組建完成，因此在生命療養院，院民體驗到的是一個陌生、正在消失的世界。我在這裡指的不是「人」的普遍性範疇，而是當這個概念在其所屬之地構造、重構時所展現出的可塑性，以及「人」這個詞彙的語意學邊界如何因此顯得模糊不清。最重要的是，本文中「人」的概念早已在其所屬的世界中**被使用**，無法為了建立抽象的倫理基礎而人為地預先確立。[3]

生命療養院的「生命」（*vita*）代表的是一段社會性死亡的人生，是一種集體性的死亡命運。「這些人都有各自的過去，」奇伊堅稱，「如果醫院收容他們，他們會瘋掉；如果留在街上，他們會成為乞丐或行屍走肉。社會任由他們腐朽，因為他們不再有任何回饋社會的能力。而在這裡，他們是人（persons）。」奇伊在許多方面都沒說錯：所有規訓性的監禁地點正在瓦解，包括傳統結構下的家庭及體制內的精神醫療設施；國家的社會領域不斷萎縮；社會愈來愈透過市場動力運作——也就是說，「你必須成為一個市場需要的人」(Beck and Ziegler 1997:5; Lamont 2000)。[4] 沒錯，透過把這些被棄者當成「動物」，或許能將眾多個體及機構從必須提供某種同情心及照護的義務中解放出來。但我覺得奇伊話語間的矛盾非常有意思：這些生物——顯然沒有祖先、名字，以及任何屬於自己且具有交易價值的東西可言——在這個等死的地方還真的取得了某種「人觀」(personhood)。根據奇伊的說法，人觀可以等同於在被拋棄時仍有個得以公開死去的地方；這種概念可作為一個例子，用以解釋今日巴西所謂社會死亡機制如何運作——此地的運作機制不僅限於控制窮人中那些最窮的，也不只是把他們維持在視線難以企及之處。不過這種「等死的人觀」(personhood in dying)的概念也挑戰了身為民族誌學者的我，要求我去調查人是如何身陷這種處境，以及他們努力試圖超越的方式。

*

生命療養院的醫療站沒有金錢流通——反正也沒什麼可以買賣的——但許多院民仍抓住一些東西不放：一個塑膠袋、一個空瓶、一塊甘蔗、一份舊雜誌、一個娃娃、一架壞掉的收音機、一條線，或一條毯子。有些人照護一枚傷口，或者就是數算自己的手指。有個男人每天都帶著大量垃圾袋走來走去。那是他唯一擁有的財產。只要有人試圖把他的垃圾拿走，他就咬人。「有時候會有食物在裡頭腐爛，甚至還會有糞便。」路奇亞諾說。「我們會給他鎮靜劑，讓他睡著，再把袋子裡的東西換掉。」這位志工又補充，「所有機構都必須管控才有辦法存續。」但他沒解釋鎮靜劑的處方是哪裡來的。

一開始，我認為這些被棄者攜帶的物件，代表的是他們和療養院以外的世界缺乏連繫，也代表著那些已經距離他們極度遙遠但仍未遺忘的過往經驗。根據這種解讀，這些人靠著這些物件抵禦著所有讓他們被放逐於世人視野與計畫之外的事物，抵禦將他們建構為社會性死者的一切。隨著我不停回訪生命療養院，我也開始將這些物件視為等待的象徵，那是他們一息尚存的內在世界。話語也是；雖然沒有改變他們處境的力量，但在此地，話語仍是某種真相的來源。無論是物件還是顛三倒四的話語，都能在這些人的內在維持一種仍在搜尋些什麼的感受，若他們想重新發現某種與外界的連繫，或者用僅剩的存有去做些什麼，也能因此留下最後一絲可能性。這是身而為人不會放棄的欲望，但有可能遭到剝奪。

我們在一九九五年初次造訪生命療養院時，攝影師托本就拍了不少照片，再加上他之後於二〇〇一年十二月拍的，能夠幫助我們大概了解，這些人所面臨的是什麼樣的賤斥。❺「照片是一種工具，能讓權勢者及僅能安全存活者寧願忽略不看的事情變得『真實』（或者更為真實）。」桑塔格寫道（Sontag 2003:7）。說托本的照片讓生命療養院中的遺棄處境顯得真實，那又太過頭了，頂多只能說他的照片初步逼近了這種處境，是將這種悲劇經驗得以為人所見的誠懇嘗試。面對這些身體遭到遺棄的人，以及他們隨著社會性死亡而來的覺醒，這些照片是屬於他的個人證詞。

如果這些照片令人震驚，是因為攝影師試圖鎖定我們早已習得的冷漠，希望激起一些倫理上的反應。如果這些照片的畫面在你腦中揮之不去，是因為這個持續存在的現實離我們每個人並不遠。我們設法不去看見那些在家裡及鄰里間的貧窮（或富有的）被棄者。而在這種無知之下，我們對自我知覺及行動的優先順序設定，會如何受到影響？

凱博文和凱博藝指出，苦難影像的全球化將那種經驗商品化、稀釋，而且扭曲掉了，再搭配上這個時代人人都有「複雜問題無法被理解，也無法被解決」的感受，進一步促成了「道德上的疲憊、同理心耗盡，以及政治上的絕望」（Kleinman and Kleinman 1997:2, 9; Boltanski 1999）。這裡的關鍵詞是「理解」，還有「希望」——人們的命運因此才可能有所不同。凱博文夫婦所面臨的挑戰是必須透過民族誌，記錄當地的歷史及興衰史與各方大規模影響力之間的關係，好讓藝術家捕捉到的這些苦難生活經驗，能重新恢復其脈絡及意義。

該如何讓人們看清摧毀掉一個人的現實？

班雅明（Benjamin 1979）指出，照片說明將成為照相最重要的一部分，也就是產生意義的基礎，此說法表示藝術作品的功能開始從藝術轉向政治。[6]在我們初次造訪生命療養院後好一段時間，我以為這些照片已經夠了，也以為這些照片已完成它們的工作：將隱於暗處的現實暴露出來，並放到公眾眼前。這些一直陪在我身邊的照片也點燃了我回去探訪的欲望——不是為了尋找照片的說明，而是試圖進一步跟某些被棄者接觸，去聆聽、去記錄他們的想法及苦難，以及他們曾擁有的身分。透過聆聽他們的故事並追蹤他們一路走來的軌跡，我希望阻止他們僅被描繪為無力者，直指出排除他們生命可能性的，那些在家庭及公共之間例常發生的交互作用。民族誌可以幫助解開這些複雜的結，凸顯出那些將人類存有化為棘手現實的確切條件及空間。不過在更認識這群人之後，我所面臨到的挑戰，是要以充滿期盼與可能性的態度，來思考生命療養院內的生活。

我們在二〇〇一年十二月回去完成了拍攝工作，在此之前，我向托本簡報了我透過研究在療養院內外發現的結果。在得知了卡塔莉娜的人生歷程，也稍微理解了其他一些被棄者的生活之後，他的拍攝手法有所改變。在拍攝院內生活的早期照片中，他瞄準的大多是人們身體的局部，傳遞出的是他們的「活死人」處境，以及整體而言與一個更大社會體的分離狀態。至於這一次，根據我的觀察，托本在得知某些被棄者的部分人生歷程之後，開始在拍攝時和被棄者保持一段距離。照片中能看到一種封閉性、毗鄰他人的關係，以及內省的質地。於是我們能看到生命療養院的人比自己身體看起來的樣子更老，但人生尚未走到終點，於是，照片中每個人比之前的照片更令人感到親近，但也能保有屬於自己的隱密性，以及一種隱遁、深思的姿態。

醫療站，生命療養院，2001

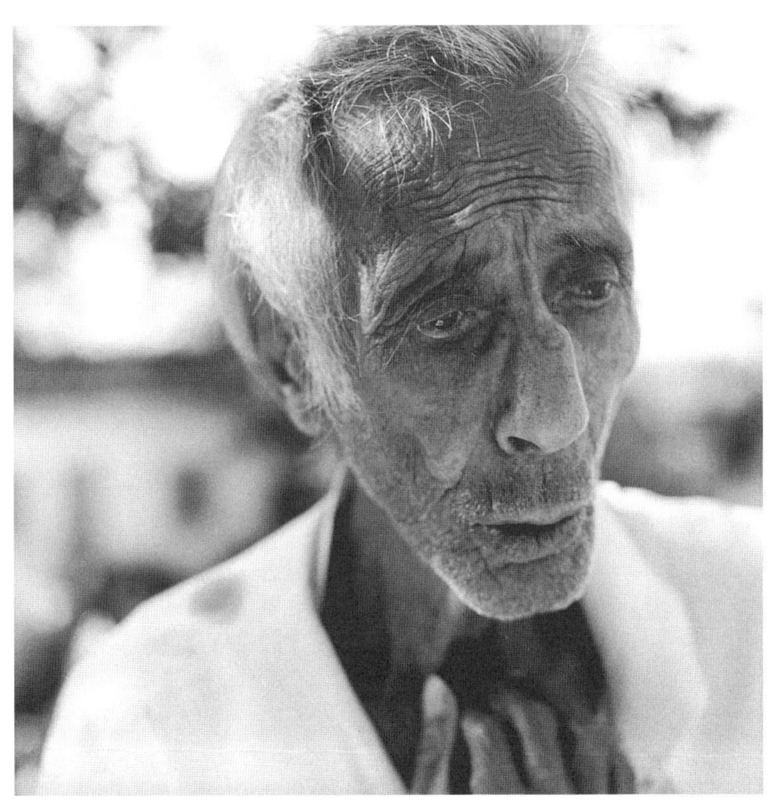

佩卓羅，生命療養院，1995

巴西
Brazil

就拿那個目光低垂的老先生來說吧，他的雙手顫抖，身體骨瘦如柴。家人直接把他留在生命療養院的大門口。志工說他不知道自己的名字，但我還是問了，他低聲地說，「佩卓羅」，然後微笑。他也知道自己之前住的地方：「沙爾克阿達斯。」接著他抓住自己的喉嚨。「咕啦哈哈哈……喝兒喝兒啊啊咕兒兒兒嘶嘶……啊兒嘎啊咕兒咕咖……」我聽不懂。但他不是缺乏語言，而是正在訴說一種**非**語言（nonwords）。

奧斯卡跟其他志工告訴我，佩卓羅八成患有喉癌，但他們也無法確定。他們曾把他帶到附近醫院，但醫生沒法看他——有份文件遺失了——只是叫他三個月之後再來。診所不會拒絕看他，但會把他放入候診名單，為他預定回來看診的時間，而等到醫生終於有空看佩卓羅時，情況八成為時也晚。然後診所就能像之前無數次一樣宣稱：他們也無能為力。

生命療養院的院民不只是無助，不只是喪失「存在」所需之象徵性支持的孤立個體，相反地，這些被棄者乘載、見證了最貧窮、最病重的那些人，他們社會命運成形的過程。這些個體活在這種死亡空間／語言中的經驗，受到國家的結構重整、失業、失能的公衛系統，以及惡名昭彰的財富分配不均的多方影響。❼

就歷史而言，巴西福利系統的建構邏輯，能讓政府隨著不同人口所需的社會保障而進行不同干預。「公民權」對少數有錢人來說是普遍擁有的權利；對勞工階級及中產階級，則是依他們的市場力量而調整給予；對大量貧窮及邊緣化的巴西人，則根本拒絕給予這項權利。根據符婁利的看法，那些「非公民」手上擁有的選票，讓他們能得到最低形式的社會救助及慈善支援——這是他們的「倒轉公民身分」（inverted citizenship）（引自Escorel 1993:35）。而那些占據社會較高階層的人不只活得比較久，官僚及市場機制也會確保他們得以長壽的權利。

當我跟市府官員、公衛官員及人權運動者談話時，我有辦法辨認出一些讓生命療養院得以出現的體制網絡，而且這些網絡被整合納入治理的在地形式，以及幫助建構出院民「不存在」的每日實踐。隨著巴西在一九八八年進入民主憲政體制，健康照護成為公共權利。新的《巴西聯邦共和國憲法》（Constitution of the Federative Republic of Brazil 1988）宣稱，「健康是所有個體擁有的權利，是政府的責任，此權利必須透過社會及經濟政策受到保障，而這些政策必須想辦法降低疾病及其他傷害的風險，並讓人普遍、平等地取得促進、保護，及重獲個體健康的服務資源。」健康服務的普遍性、平等性及完整性原則（Fleury 1997）本該為新的巴西健康照護系統帶路。但實際上，試圖建置這些原則的努力，卻和早已在歷史上根深蒂固的醫療權威主義相牴觸（Scheper-Hughes 1992），也跟財政撙節的現實、中央權力下放，以及以社區及家庭為中心的初級照護計畫產生衝突，在此同時，私人性的健康照護計畫也正快速侵蝕原有的照護模式。舉例來說，在一九八九年，聯邦政府花在照護每個人的健康費用是八十三美金，但在一九九三年，這個金額卻慘跌到只剩三十七美金（*Jornal* NH 1994b）。

這個國家在一九九〇年代許多關於公民的論述及實踐，大多是在經濟及政府歷經重要改組的當下，同時保障國民關於健康照護的普遍權利。[8] 其中，心理健康工作者的行動可說具有示範性效果（Tenorio 2002）。他們積極參與立法，推動漸進式關閉精神醫療機構，代之以社區及家庭的在地網絡為基礎發展的心理社會照護模式（Amarante 1996; Goldberg 1994; Moraes 2000）。[9] 這種精神病患的去機構化（deinstitutionalization）首先在南大河州（阿雷格里港市即是其首都）執行，到了一九九〇年代初期其實已上路了好一陣子。然而在現實中，心理健康運動的訴求及策略，開始和當地政府針對公共健康事務採取的新自由主義行動糾纏不清，甚至加速了新自由主義化的進程：瘋人直接從過度擁擠且效益不彰的機構中被趕出去，至於那些曾被提出的其他服務方案，也很少有新的資金挹注其中。

另一方面，這種在地精神醫療改革，確立了勞工黨成為宣揚「社會包容」（social inclusion）的新政治代表地位——這個在葡萄牙文中為「Partido dos Trabalhadores」（PT）的政黨已在首都掌權。此外，這項改革也推行了幾項具有示範效應的服務，治療的是「受到精神苦難負累的公民」，並實現一種自我治理的社會化形式（儘管只有非常小一部分）。但另一方面，這項改革將照護的重擔從國家機構轉移到家庭及社區，卻又無法達到當初在改革運動論述中的理想化目標。畢竟人們應該要先學習新技能，才有資格提供服務，整體而言，也才有辦法忍受各種新的意識形態及機構所帶來的限制。愈來愈多精神疾病患者開始住在街上，命運相同的還有因為國家帶有排除性的不平等社會計畫而被丟下的其他人。許多人最後都淪落到類似生命療養院的地方。

一九八〇及九〇年代，這個區域的日常生活特徵就是移民及失業者的比例很高，毒品經濟開始在最貧窮的外圍區域興起，還有普遍出現的暴力行為（Ferreira and Barros 1999）。警方開始投入掃蕩城市中的悲慘景象、乞討文化，及地下經濟，而宗教及慈善機構儘管有其選擇性，但仍得承擔起照護者的角色。在此同時，家庭必須頻繁回應全新照護責任帶來日趨沉重的負擔，每個人的就業選擇也由於功能範圍及價值體系的重新定義而受到限縮。這一切體制、經濟及家庭進程所帶來的必然結果，就是失業的健康專業人士開始設立自己的照護中心（遵循生命療養院的模式），來收容那些擁有社福津貼或還剩一些資產的病患。在一九七六年前後，阿雷格里港市約有二十五間「老人之家」在營運（Bastian 1986）。現在已超過兩百間，其中約有百分之七十都是檯面下經營，主要收容老人、精神病患，以及情況最難處理的殘疾人士（Ferreira de Mello 2001; Comissão de Direitos Humanos 2000）。

既然有這麼多人被視為多餘人口，證明了這個國家的道德結構確實在進一步崩解。舉例來說，在歷史上，巴西中產階級擔任的是菁英及窮人之間的緩衝角色，他們一方面是道德的保衛者，一方面擁護進步主義政治。但隨著國家民主化，以及步調快速的新自由主義路線，這種道德敏感度及承擔政治責任的特質早已消失得差不多了，取而代之的是對外界純然的輕蔑、對社會的畏懼，或者偶一為之的善舉，例如維繫生命療養院的那些捐獻（Freire Costa 1994, 2000; Kehl 2000; Ribeiro 2000; Caldeira 2002）。

生命療養院的被棄者知道死亡是怎麼一回事，此外，若你仔細聆聽，他們會針對這個結構提出獨到見解。他們的被棄是規模更大的人類生活情境（life-context）的一部分——他們的被棄發生於家庭及公共場所之內，也透過錯綜複雜的醫療交易，以及同時僵固存在的非干預政策而成為事實。私人生活及公共領域共構出一種任人死去的關係，而針對生命療養院所進行的民族誌研究想闡明的，就是這種顯然不為人知的關係。[10]

*

「（現代）人不再是受限的人，而是負債的人。」德勒茲這麼寫時，闡述的是他對人類身處晚期資本主義的命運的想法。德勒茲談的是規訓及福利體制被逐步削弱的現象，以及在此同時，於社會整體較為富裕的背景下所產生的全新形式的控制手段——「控制是一種調節，就像一種隨不同時刻持續改變的自我塑形手法，或者像一把隨地點不同而改變網眼大小的篩子。」（Deleuze 1995:178）家庭、學校、軍隊和工廠愈來愈像「單一目標下能隨時轉換的編碼化結構，其中唯一剩下的『人』只有管理者」（181）。他解釋道：「提供家庭照護的開放式醫院及團隊已存在一段時間了。我們可以預見的是，教育愈來愈不會像以前一樣，只是相對於工作場所這個封閉空間之外的另一個封閉空間；現在，教育及工作的空間都在消失，取而代之的事物則令人害怕：持續不斷的訓練，以及『工人-學童』或『官僚-學生』所受到的持續不斷的監控。」（174, 175）根據德勒茲的論點，「我們所處理的不再是大眾及個體之間的二元性。個體已成為『複體』（dividual），大眾則成為樣本、數據、市場，或者『（資料）庫』。」（180）

不過市場仍持續生產出財富及慘劇，還有階級流動及不流動性。「這是真的，有件事始終沒有改變——資本主義仍將四分之三的人維持在極端貧窮的狀態，他們窮到連債都揹不起，人又多到無法被關起來，因此，往後的控制手段需要處理的問題不只是正在消失的前沿地區，還有如雨後春筍般冒出的棚戶區和貧民窟。」（Deleuze 1995:181）人實在太多了，市場及其流動無法把所有人含納進來。究竟該怎麼處理這些沒有明確價值、無法生存及成功的多餘身體？然而，無論是國家的統治政策，還是其採用的過時民粹性福利論述，這個問題都早已不是其中的核心議題。時至今日，這些人的命運受到一組全新的網絡左右，而且隨著正式機構的消失或步向衰亡，政府也更具體地與這些人保持距離，家庭於是成為更政治化的場域。

我在巴西國內旅行時，隨處都能看到類似生命療養院這類機構存在的跡象：死亡及垂死之人出現在巴西各大城市，而生命療養院象徵的正是一種社會性的命運。沒錯，根據數據顯示，嬰兒死亡率及識字率的情況都有所改善，而在此同時，卡多索政權正在實驗一種全新的治理形式，也就是讓病患團體在國內動員，並提出落實延命治療的訴求（截至目前為止，愛滋治療是在這個改革國家中能見度最高、也最成功的運動）。⓫不過到了現在，儘管連最窮的人也能在普及性健康照護系統的地方單位（即使常常運作不佳）得到藥物及基本的醫療照護，我還是在這些人身上發現一種無比沮喪的情緒，原因通常是缺乏住處、工作、安全的生活，另外就是日益嚴重的警察暴力。我採訪過的人幾乎都散發出一種辜負孩子及自己的情緒。

尤瑟．杜亞齊和妻子及四個孩子棲身的小屋是用塑膠袋搭蓋的，他們住在巴西東北大城薩爾瓦多的外圍地帶。我在某場為無家者舉辦的早餐聚會上見到他，那是一個由天主教志工團體組織的活動，而尤瑟是來為他的家人拿食物的。他們從城市中的歷史街區被趕了出來，那裡已經重新規畫為旅客服務中心。

「政府把我們踢出來。他們給的一點點補償金只夠我們在沼澤地旁買一小塊土地。我在市中心工作，賣冰淇淋，但現在得坐兩小時公車才能到那裡。冬天就更難過了。我該怎麼賺錢？孩子們要吃什麼？」他開始啜泣。

「孩子們全都病了；雨會從塑膠袋縫隙打進來。誰有健康的身體？誰都沒有……我們每天都生病，各種病，從來沒好過。沒有任何醫療援助。除非你有錢搭公車，而且得一大早就去排隊，還得一直等到晚上。然後你會因此少掉一天工作。根本浪費時間，就是這樣。在家，身體一塌糊塗，看著孩子，又餓，又沒有拖鞋，沒有衣服……我好生氣。」——他沒有足夠語言去描述自己身為勞工的失敗，以及身為一位父親的絕望。

「政府說想幫忙。但最後你只是在這個、那個辦公室不停跟各種人談話，然後簽各種表格——然後就沒有然後了。他們根本不聽我們說。他們什麼都不做。他們把窮人的生活變得更艱困。只有總統能解決巴西的問題。他是唯一有可能做點什麼的人。但像我這樣的人沒辦法跟他說到話，而他不知道城市裡發生了什麼事。唯一能讓總統知道的方法，就是讓我上電視。但要想上電視，你得有資源，而我們有的只有人們不想聽的故事。我們能怎麼辦？」

尤瑟的話呼應了哲學家西貝多對巴西政經文化的強烈批判：「在巴西，真的有可能想像出一種為了解放社會，而打算終結社會性的論述。」會被歸類在「社會性」（social）及被歸類在「社會」（society）兩種範疇中的不是同一種人，擁有的權利也不同：「『社會性』指的是那些窮困者，『社會』指的是那些有產能的人。」（Ribeiro 2000:21）各種國家及市場論述都傳遞出一種信念：社會和經濟一樣是主動而活躍的，但與社會性生活方面一樣是消極被動的。「社會性行動的客體被預設其無法成為社會中必要、有產能的一分子。」（22）總而言之，根據西貝多的說法，主流論述「已將社會私有化」（24）。

尤瑟的生存充滿困境，他與政府提供的服務不停交涉，但身陷此泥沼的結果還是一場空。他其實很清楚，他和家人處在一座重複運轉的機器內，但這部機器只管問責，公民在實務上面臨的只有冷漠，而他也失去了話語權。在此同時，尤瑟也學會利用他的痛苦及主體性，去激發別人的道德情緒，以確保至少能得到他迫切需要的最低限度的實際幫助。

下面這個例子告訴我們，生命療養院之外的人，以及其他類似機構，在被逼入更貧窮、絕望的處境時，必須怎麼做才能生存下去：在一九九〇年代晚期，大約有二十名無家者，其中也包括孩童，闖入了靠近阿雷格里港市附近某座城市內的廢棄動物園。這群占居者在籠子裡過活。「路伊斯．卡羅斯．亞皮歐是動物園的新成員，」《科學新聞》通訊報這麼寫道，「他身體有殘疾，是一名失業的汽車工人。路伊斯居住在之前用來養兔子的地方。為了進去，他得鑽過一扇不到半公尺高的小門。」（Sociedade Brasileira para o Progresso da Ciência 1998:24）對於沒錢的人而言，社會性生活是為了活下去而進行的生理性奮鬥。而在一個仰賴行動、效益及現代性等圖像才得以繁榮的經濟中，本質上就存在這種苦難，正如西貝多所做出的結論——「我們活在某種思覺失調中」（Ribeiro 2000:24）。

那些被棄者——例如生命療養院中的院民——的身體不屬於往生者的世界，但在他們的身體中，政治及社會性生活的形式及隨之而來的主體性，直接與死亡進入共生關係。[12]

科技及政治曾造就了亞諾馬米人的衰敗，而我們對這種現代生命／消失形式的視而不見，紀爾茲針對此提出令人心驚不已的反思：「既然他們的價值就是作為對照組，而這個（被想像出來的）『自然』、基因方面的『遠古族群』——『在地球其他地方都找不到……的最後一個重要的原始部落』，已經逐漸消亡或消失；對他們做的實驗已停止，實驗者也已離開，那麼，他們在我們心中是以何種方式在場（presence）？此刻的他們擁有什麼樣的本質（whatness）？一個『前原始人』（ex-primitive）在世界上又占有什麼樣的位置？」（Geertz 2001:21, 22）

生命療養院是一個「前人類」居住的世界。我之所以勉為其難使用這個概念，是為了表達一個艱困事實：這些人實質上被致命地排除在遭到算作現實的世界以外。我一開始會想到「前人類」這個詞彙，是因為卡塔莉娜告訴我「我是個『前』（ex）」，而且總是將自己稱為「前妻」，也將她的親屬稱為「前家人」。這些住在生命療養院中的靈魂並沒有因為被抽空了人性及人觀，而失去理解、對話，及繼續奮鬥的固有能力。相反地，當我使用「前人類」這個詞彙時，我想強調的是，面對用來確認、促進人性本質的體制時，這些人想建立自己生活的努力被視為毫無益處的行為；以及外人將他們預設為「無人性本質」的選擇，在合理化他們的被棄處境時扮演了關鍵性的角色。到了最後，有太多「窮到連債都揹不起」的人——甚至是窮到連家都沒有的人——被簡化為沒有獨自存活能力、只能艱難謀生的人。於是像生命療養院這樣的遺棄區到處出現，它們不但是國家政治經濟及家庭結構調整下的衍生物，也反映了這段過程中的問題。這些遺棄區讓**被棄者**不可能重生，也讓他們快速逼近死亡。於是早在他們的生理性死亡來臨之前，就已先遭逢了社會性的死亡。

*

在巴西的政治及醫療體制中，社會性死亡及生命的移動是並存的，而決定誰該死、誰該活，以及各自該付出什麼代價的決策機制，已經愈來愈常成為家務事（Biehl 2004）。[13] 在人權和公民權論述逐漸擴張的同時，我們卻在另一方面遇上問題：協助實現這類權利的基礎建設有其生物性的限制，不過只會選擇性地影響到特定種類的人。正如我在生命療養院中看到的現實，這些無法達到市場競爭力及獲利能力標準，也因此無法達到「正常」標準之人，唯一能被納入新興社會及醫療秩序的方法，就是透過公開展現垂死的姿態——而且彷彿他們幾近死亡的處境全是自找的。

我之所以說「自找的」，是指整體而言，這些非公民沒有得到政府及非政府的介入，唯有垂死之際才能在公衛系統內稍微得到一些能見度。在沒有法律身分的前提下，他們被標記為「瘋子」、「藥癮者」、「賊」、「妓女」、「不守秩序的傢伙」——他們的人觀就在這些標籤中鑄造成形，人們也透過這些標籤去解釋他們垂死的原因，並將深陷此處境的責任推到他們身上。到了最後，個體的生命軌跡不復存在。將他們拋棄在此的家人及鄰居也無處可尋。那些似乎使傷口加劇發炎、免疫系統弱化的全面性貧窮問題，以及複雜的社會及醫療互動關係，也在論述中消失無蹤。此外，生命療養院的環境負擔過重，病重之人和瘋人之間總是彼此傳染疾病，也就是說，最後他們只能毫無選擇地「彼此死亡」（to die each other）。我不知道自己在使用「彼此死亡」這個說詞時，究竟是想精確表達什麼意思，但我見過在生命療養院內的複雜處境，包括其中的體制面及實驗面，而我想努力理解的是「垂死」這件事，以及讓「生」與「死」的關係如此緊密的原因。沒人哀悼這些被棄者的處境，他們已遭人遺忘。

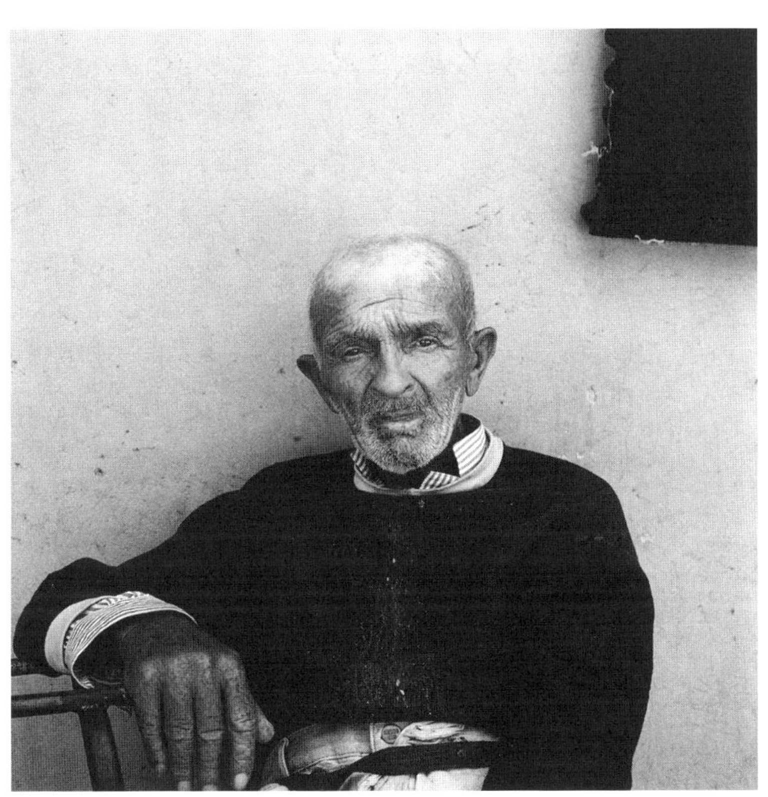

未知姓名的男子，生命療養院，2001

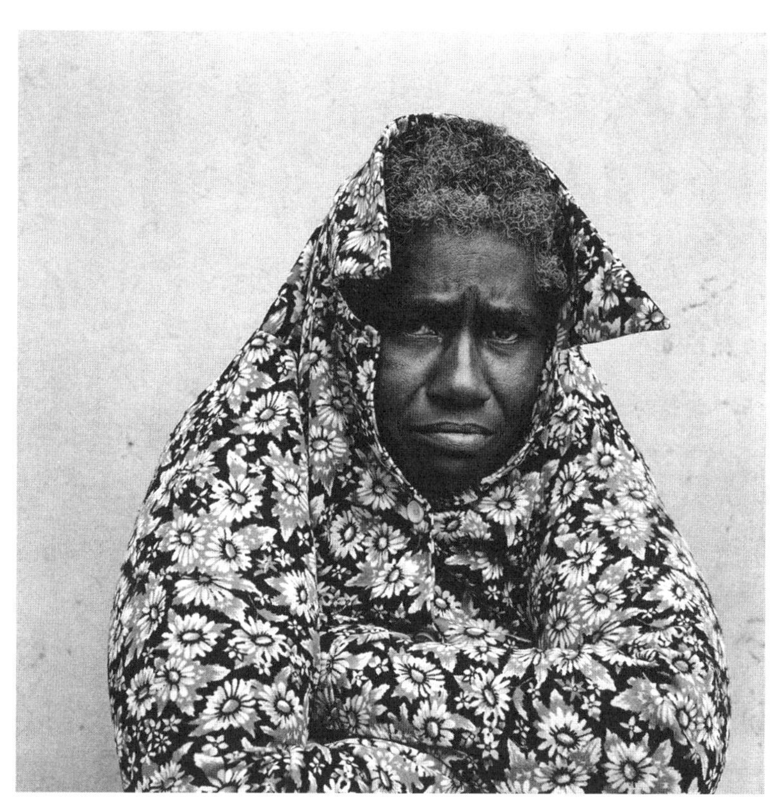

未知姓名的女子，生命療養院，2001

公民身分
Citizenship

我在一九九七年三月回到生命療養院，當時距離我、人權運動者哲森．威恩克勒和攝影師托本．埃斯可拉德的初次造訪，已過去了兩年時間。這次我已經能觀察到，儘管社會性死亡的狀況持續發生，但也開始有少數人拿回了公民身分[2]。生命療養院中的部分院民復健有成，他們的未來開始有了可能性。恢復區的人開始有紀律，不再用藥，並被訓練為未來能夠上場的勞工；其中一部分人甚至拿到了政府資助的愛滋殘疾補助津貼，並獲得專門的醫療照護及免費的抗愛滋病毒治療。然而，醫療區的人們卻仍活在徹底被遺棄的狀態中，而卡塔莉娜正是其中之一——這些人和死亡一起等待著。

去年十一月，奇伊．達斯．德洛加斯被一個由魯凱奇議員領導，名字叫作「生命朋友」（*Amigos do Vita*）的慈善聯盟趕出這座機構。接替奇伊開始

2 譯註：citizenship此處譯為「公民身分」，但當此詞指涉這種身分所應享有的權利時，則譯為「公民權」。

管理生命療養院的是一位南大河州的警官，奧斯瓦多隊長。在此地工作的志工現在變得比較謹慎，通常也拒絕談論引發這場「政變」的原因。隨時間過去，我得知奇伊早已被古柯鹼藥癮所吞噬，他和他身邊親近的同事其實是在利用生命療養院賺錢。「這個地方愈衰敗，進來的捐款就愈多。」一名內部人士勉為其難地告訴我。一名當地的人權協調代表則影射指出，魯凱奇及其同事有政治利益上的考量：生命療養院不但能作為他們譴責執政當局的基地，還能宣傳他們所推崇的家父長式政治（paternalistic politics）。

除了得負責生命療養院及警察局的工作，奧斯瓦多隊長也是魯凱奇議員保安隊的一分子，晚上還會去進修法律相關課程。他驕傲地將自己當作生命療養院的「市長」。「在這裡，我們要處理財政、健康、食物配給、建立維修流程等問題，其實就像管理一座城市。」隊長指出，這座城市中的人「不繳稅，那要怎麼運作下去呢」？他解釋新政府立法鼓勵公民負起責任，協助提供福利功能，生命療養院因而受惠，也正式成為一個所謂的「公用事業體」（entity of public utility）。因為有了這樣的新地位，生命療養院現在可以使用政府資金進行基礎建設，接受到的企業捐款也能免稅。

生命療養院確實正在經歷驚人的結構性改變——隊長將其描述為「環境變身」。恢復區進行著大量的建設（醫療站卻沒有）：屋宇和棚屋取代了原本的帳篷，許多新的行政辦公室在這波建設中出現，還有空間是要用來當作藥房和醫療暨牙醫診所，另外還有一棟巨大建築是政府資助的職業訓練所。每個月都會有來自「生命朋友」和各大企業的捐款支應生命療養院的每日開銷。療養院也會透過自家的烘焙坊來籌錢。這裡的院民每天會消耗掉大約一千五百條小麵包，除此之外，烘焙坊還會製作四百個甜麵包賣到附近的鄰里街區。仍舊有大量的個人捐款，主要來源是魯凱奇的電台聽眾。

「身處權勢社會的人不捐款。他們唯一會做的是打來電台，然後說，『有個遊民在我家前面，把人行道都弄髒了。』我說，那你把人帶過來吧，然後他會說，『不要，他會讓整個車子都臭掉，很髒。』你能想像嗎？如果我們每次接到電話都把人帶回來還得了？」隊長強調，「我們現在已經太多人了。」在管理方式改變之前，每個禮拜約有十到十五個人來此希望取得某種協助。然而根據此地祕書的說法，現在的生命療養院已設立確保院內人口數「穩定」的檢傷系統。

負責檢傷工作的是達爾娃，她是一名社工，也是隊長的妻子。她本來在聖麗塔醫院工作，但在普及性健康照護系統改制之後被派去急診單位服務。「我的角色是決定誰能得到治療，誰不能。去決定誰有機會走下去真的很可怕，對吧？」她已經在生命療養院義務服務超過一年，「但奇伊・達斯・德洛加斯一直在妨礙我工作。他似乎對我掌握的權力感到害怕。」她暗示院內確實正在進行某個精巧的陰謀，且意圖改變整間機構的營運方向。「之前的生命療養院沒有復健的功能。但現在不一樣了。為了把工作做好，我們得進行診斷，並了解我們的對象。這些人的組成非常多樣化。我們必須針對團體及個人採取不同策略，處理所有問題，並嘗試把家人帶入復健過程當中。」

隊長和他的妻子都想建立一個幫助人類重生的模範計畫，並對此感到非常興奮。用隊長的話來說：「我不相信人們能在醫院因為更多藥物而好起來。把人丟進這裡，再把宗教信條塞給他們，也不能解決問題。最重要的是食物、工作，和住屋。只有這三項條件同時成立，才會有人『為什麼』要活的問題。我們可以拯救他們的公民身分。」這座生命之城現在進行的是救援任務。我不停在思考，這類計畫性的改變會在經濟及政治層面帶來什麼樣的立即性好處？長遠看來，這項工作又會對此地居民的人生造成什麼樣的影響？

有好幾位恢復區的院民將此地發生的轉變稱為「現代化」。路易斯表示：「我們能像個人一樣的吃飯了。在此之前，我們只能用大碗配著兩隻手吃，但現在有托盤了。」路易斯曾是一位藥癮者，一九八七年首次來到生命療養院的他只有十八歲。「看到這些疤了嗎？只要能找到靜脈的地方，我都注射過。」他指著雙臂、雙腿和額頭向我坦承。「就連頭也打。看，還有喉嚨，我都直接刺進去。我之前真的很瘋。」路易斯曾從生命療養院逃出去好幾次，但總是會回來。他的家人就住在附近的城市卡諾阿斯，但不想跟他有任何牽扯。「我從十二歲開始用藥。我不尊重我母親。我搶了家裡的錢，我失去品格，我變成了垃圾。然後他們把我帶來這裡。」

路易斯說，奇伊管理下的療養院「太自由了」，沒有任何管控措施可言：「我們就算是喝醉了，或者用藥用到嗨了，都還是可以回來。但現在嚴謹多了。這樣對我們這些有癮頭和生病的人很有好處。」之前居民「從沒見過捐款。帳篷都破破爛爛的，裡頭滿是蟑螂和老鼠。而現在我們能看到有建築物正在興建中」。

生命療養院外的路易斯是個小偷。一九九〇年，他在店裡偷東西被抓到，被判在阿雷格里港市中央監獄服刑兩年。「我見過最糟的。但很冷靜地撐過來了。有一次，他們拿一把掃帚塞進某個傢伙的屁眼，一路塞到嘴巴。但我安安靜靜地活下來了。」路易斯在一九九二年決定接受愛滋篩檢。當時他已有三個用藥的朋友死於愛滋。結果檢查出血清反應陽性，「我聽到消息時大受打擊。」但他決定面對現實。「如果對自己做出這種事的我能像個男人，那面對結果的我也得像個男人。」一九九三年，路易斯在魯凱奇的廣播電台遇見了妻子奈兒，當時才十五歲的她已經是個小女孩的媽。奇伊允許他們在生命療養院的帳篷內共同生活。他們很快又生了兩個孩子，愛滋病毒篩檢全是陽性：「這是很自然的事，我欣然接受。」根據路易斯的觀察，恢復區有很多人的愛滋病毒檢測結果一定都是陽性，「只是他們不想承認而已。」

因為他表現良好，生命療養院保證會支持他努力為自己及家人爭取醫療及社福補助。他告訴我，生命療養院「現在是我的家了」。我也從許多其他院民口中聽到類似的話。這個現在供養他們的半國營機構已取代了他們生物學上的家庭，也成為他們暫時工作的地方。「我很弱。我喜歡依賴這個地方。我的想法是要一直待在這裡。在這裡，我覺得安全。我工作，我正在學製作椅子。社工會幫我登記愛滋津貼。我希望這輩子剩下的時間都能待在這裡。」

在由奇伊管理生命療養院的那段時間，恢復區的日常生活都圍繞在禮拜及聖經研究。現在的焦點則在於個人衛生、公民價值、吃得好、全面禁菸禁酒、工作療法，及訓練人自省的團體治療。每天晚餐後有集會，那時會有人宣讀每日的工作紀錄。根據隊長所說，「這是公義的時刻。用名字去叫那個人是在拯救他的人觀，也是讓他覺得自己很重要，覺得有所歸屬。我們會提到之後幾天的工作班表，以及內部晉升的名單。如果有人犯錯、做了壞事，我們會向大家報告，並施以嚴厲的懲罰。規則是三振出局，犯了三次錯誤就得永遠離開——不得回來。那是我們執行工作的展演場：他們是有用的、他們是重要的。他們必須拯救自己。」現在院民住在這裡的生活是有期限的：「我們期望他們在六到八個月內痊癒。我們會幫助他們在市場裡找到一個位置——那才是他們的歸宿。那麼，之後，他們就得過自己的人生了。」

這個全新的管理時代也會頻繁檢查院民是否用藥，或者是否有性行為（儘管隊長堅稱「酒精已抹滅了他們的性欲」）。在新管理階層接手的第一個月（一九九七年的二月中到三月中），他們的每日工作紀錄中全是抓到有人抽菸、吸古柯鹼，以及喝酒的敘述。至於違反規定的性行為，則是委婉地寫成有人被抓到在「不適當的地點擺出不適當的姿勢」。社會性重生也代表進入更廣泛的法律系統。其中幾條紀錄指出曾有警方傳喚了數位院民，要求他們對自己的作為提出解釋。另外還有各個「監管人委員會」（*Conselhos Tutelares*）所留下的紀錄。這些委員會是公民組織，目的為改善家庭及社區內的人權處境，並密切關注政府及醫療機構的運作方式。這些委員會和巴西公共部攜手合作，這是個挑戰政府決策的市民法律平台。此外，這些紀錄也顯示，在二十四天內，醫療站內有三人被登錄上死亡名單。

*

我問隊長對醫療站及其中院民的未來有什麼想法。「真的很難，」他回答，「這個地方代表的正是街頭的腐敗現況。他們的存在並不具有法律事實。他們有愛滋病、肺結核，然而這一切都不存在於統計數據當中。」他告訴我，光是醫療站就有大概十五個愛滋病例，約占總人口的百分之十，而這些病患只有在遇到非得急診的問題時才能獲得治療。

「在那裡還有精神病患、老人、被棄者。他們再也無法有所貢獻。你能對他們有什麼指望？什麼都沒有。簡單來說，他們之後只會跟現在一樣。那裡就是個人類的儲藏室。我們無法把他們帶回社會。聽起來很恐怖，但眼前的真相就是如此。」

隊長不只點出被棄者的棘手處境，話語間也巧妙暗示被棄者自己除了死亡之外無法有所期待，以及人生除了死去之外沒有其他目標的處境：「他們認為自己擁有的事物大多跟死亡有關，跟存活有關的反而比較少。一個正常人會想要什麼？想爭取更好的生活，想站上人生的更高峰……而他們又能為自己的人生期待些什麼？沒有。」隊長認為生命療養院的處境就像一根溫度計，足以測試外在世界「政治根本不在乎人命」的程度，他批判這種冷漠，卻又透過他對被棄者的「現實面」思考，成為任人在院內死去的共犯：「他們的未來已經死了；他們只能被世界拋在後頭。」

社工則對院內處境抱持比較樂觀的態度，不過我實在不知道她要如何落實自己的想法。「有個老男人已經絕食三天了，他要抗議家人遺棄他，」她嘆氣，「我偶爾會在離開這個地方時感覺快要發瘋了。」到處都是駭人的故事，就像布蘭達奶奶，她是一位只能靠輪椅行動的七十五歲「奶奶」。老鼠吃光了她的腳趾。「我們的棚屋太老舊了，」她在達爾娃介紹我們兩人認識後這麼說，「老鼠跑到毯子底下，啃我的腳。」她堅稱自己那位酗酒的丈夫是個好人。「我們過了五十年幸福快樂的生活。」但他從不帶她去醫院。「他得工作，他沒時間。」這名女子悲傷地向我解釋。丈夫死後，布蘭達奶奶的兒子無法（或者不願意）照顧她，所以把她留在生命療養院。

「他們都有一段過往，也有個名字。」達爾娃說。她開始為所有案例建檔，只要有機會，她就會努力在當地登記的檔案及醫院紀錄中搜尋所有無名院民的足跡，並嘗試聯絡他們的家人。她向我解釋，很多時候，「這些家庭會利用在阿雷格里港市就醫的機會遺棄家人。」達爾娃指的正是醫療站內未接受精神醫療照護的大約四十名精神病患。「他們不該在這裡的。」醫療站內大多案例中的主角都「曾有過體面的人生」。

他們的人生「模式都一樣」，她跟隊長一樣指出這一點，並強調正是這些個體的作為有效導致了他們被遺棄的結局。「他們就是那種總是喝得醉醺醺，或者一天到晚用藥，然後再也無法工作的人，終於有一天，家人再也不願意給他們機會了，於是關上大門……他們流落各地，不停換工作，然後開始變老，開始睡在街上。全都是因為在人生中的某一刻，他們先決定拋棄了自己的家庭。然後他們孤身一人，必須靠陌生人或警察幫忙把他們帶去醫院，不然就是丟來這裡。」

究竟是什麼支持他們繼續撐下去？

「有些人會期待某個家族成員來把他們帶出去。他們把家庭想像得很完美，但現實從來不是那樣。」

我後來得知，若是有家人出現，通常都是需要被棄者簽名搞定遺產問題，或者確保家裡能繼續收到福

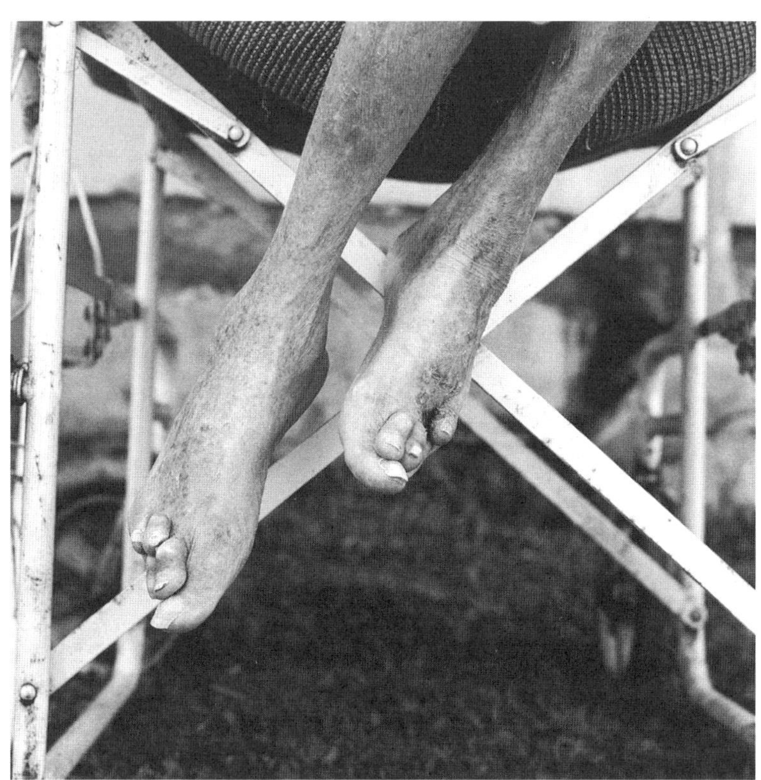

布蘭達奶奶，生命療養院，2001

利津貼。布蘭達奶奶兒子也來過，達爾娃告訴我，他是為了確保自己能在她死後接收她所住的棚屋。這位社工在院民普遍「缺乏法律文件及記憶」的情況下工作，但仍努力想描繪出這群人的樣貌。她也努力和精神及綜合醫院建立合作關係，同時協調福利津貼的申請。不過，眼前最迫切的目標，是為醫療站的人找到床，並確保環境衛生。

奧斯卡現在是醫療站的統籌者。我覺得像他這樣的人不常見，因為他總是待在療養院，而且真正關心這個地方。其他志工顯然只是偶爾出現一下，此外，根據我得到的資訊，他們也常虐待被棄者。一九九〇年代初期，奧斯卡離開了他在聖卡塔琳娜州的妻子和兩名青春期的女兒，來到了生命療養院。他已從靜脈注射藥癮中恢復，改信五旬節教派，也在療養院附近的村莊找了個新的妻子。他領養了這位妻子的兩個兒子，兩人後來也生了個女兒。他們把生命療養院當成自己的家。

奧斯卡統籌分配醫療區的工作，但沒拿薪水，畢竟有個遮風避雨的地方、免費食物，院區內還有車可開，對他來說已經很開心了，「我甚至還有一支手機呢。」他對療養院正在發生的改變也很興奮。「新來的管理者有很多計畫。他們有很棒的想法，也嘗試用最快的速度解決問題。但一切總需要時間。情勢還在發展。」之後幾年，每次我去生命療養院記錄當地的發展，並特別關注卡塔莉娜的人生歷程時，這名帶有奉獻精神又努力工作的男子總會在那裡歡迎我。隨著時間過去，我變得非常喜歡他。「我們是朋友。」我們兩人總是這麼說。

奧斯卡也把他那晚期肝硬化父親一同帶進生命療養院的特別隔離間，「我負責餵他吃飯。他並不是被家人拋棄才來到此地，而是因為我能在此為他提供更好的照顧環境。我的手足也會幫忙提供食物。」奧斯卡憑藉己力形成一個照顧體系。他對生命療養院的院民有明確的照護願景，只是沒有實施能力，不過仍持續對外說明他的想法：「人們需要品質更好、更多樣化的食物，也必須獲得某些治療，像是去聆聽他們說話……如果家人能至少一個月來一次，帶給他們一些特別的食物，我就能開心地為療養院內的這些爺爺和奶奶備餐了。」

但現實情況完全相反。「這裡的人就只是待著，如果生病了，我們就帶去醫院，但他們很快又會被醫院送回來。我們總是為此疲於奔命，而他們通常會在這無數次來回奔波中的某一次死去。」奧斯卡指的特別是那些愛滋病患，「我不認為他們還有很多時間。」無論是隊長的理性思維或社工的盡心奉獻，常敵不過現實而潰散，因為正如奧斯卡所說，「一點回報都沒有。」

根據我對這座城市流行病監控系統的研究，在生命療養院這種地方，即便當地醫院會留下死亡紀錄，你仍無從追蹤其中的死亡人數。到頭來，這些人的死亡無法溯源到他們被拋棄的事實。診所也好，國家也好，都象徵性地被承認曾經照顧過這些人了。

隊長口中的兩難，剛好對此地複雜的死亡政治學提供了一種發人深省的視角，但他將重點放在生命療養院的機構本身，而非其中的人。「我們自問，如果知道問題在哪裡，為何不去嘗試解決？但這是一種家父長式的思維。可是，就算本來該提供照護的機構失職了，我們也不可能眼睜睜看著這些人死後爛在街上……所以，我們是該採取家父長式的做法嗎？還是就任由這些人死去？」

儘管如此，隊長仍開始務實地思考生命療養院的未來。「我們不會把這裡變成醫院。頂多是有人離開醫院後無家可歸的時候，可以來這裡的醫務室待一陣子。」如果維持此路線，除非有極少數院民的家人在社工施壓下救他們出來，不然，療養院內的院民只會隨時間慢慢死去。

我開始了解不將生命療養院設定為「促進健康」機構的策略性價值。當時阿雷格里港市的勞工黨政府正在重新定義公衛的檢查系統，療養院的統籌者透過將這裡正式登記為「公用事業體」，能避免市政府干涉他們管理療養院的方式。如果將生命療養院定位為診所或醫院，幾乎等同邀請市政府介入，他們可能會要求療養院遵守特定衛生法規，或派出保健專家依法前來訪查。換句話說，統籌者希望將生命療養院留在自己手中管理，我們也因此了解，他們之所以認定被棄者的死亡命運擁有不可逆的自發性質，功能正是在此。其中少數康復的人設定了界線，認定誰才能值得具有生物性的存在（biological existence），而這項措施也形塑了在地檢傷國家（local triage state）的公衛機構及延伸的牧養機構。

*

多去了幾次療養院，我發現這些**被棄者**雖然只是靠著每日配給的麵包、豆子湯及熱水活下來，但他們的生命並非毫無意義。即便在生命療養院是個垂死之身，他們仍能提供最後的社會功能。在新的領導階層管理下，每個人若想入院復健，都得先在醫務室待上幾天，作為加入療養院的入院儀式。此外，他們也得在住院期間定期到醫務室照顧被棄者，處理他們的排泄物，並幫忙在必要時搬動他們的身體。生命療養院一位新的統籌者表示，醫務室可以成為「來此幫忙者的資訊交換站，也能幫助上癮者重新面對現實，因為若他們不改變，結局就是這樣」。隊長說得更直接，他把這群被棄者稱為**實驗天竺鼠**（*cobaias*），「反正他們已經完了，就讓年輕人看看可能會落得什麼下場吧。」

奧斯卡和路奇亞諾曾告訴我，無論是醫務室的醫療環境，或病患家人能提供的支援，都不利於**被棄者**生存。現在很明顯地，被棄者作為「人」或「動物」的界線是經由協商而來，而這些製造出被棄者的協商過程已經成為一種主體技術。我在生命療養院遇見羅洛時，他已來此三個禮拜。這個三十歲的男人身邊坐著盧卡斯，盧卡斯之前被稱為「小牛」（*Vaquinha*），沒人知道他的背景。羅洛說他領養了盧卡斯，還幫這個「可憐的小東西」受洗。「現在他有名字了。他話很少，腦子有毛病。我負責照顧他。

他現在就像我的孩子一樣。我們會一起玩。」盧卡斯看來跟他的照顧者年紀差不多。他們的關係有一種溫暖的感覺。

羅洛說他之前是工廠工人，但被解僱了。「我開始對酒精和藥物上癮，接著人生就墜入了地獄。我甚至睡在街上。」他和妻女早已失聯。「我終於理解，如果不停止這種生活，我死定了……我請上帝給我改變人生的機會，祂算是答應了。至少我已經踏出第一步，也就是來到這裡……遠離了酒精及藥物。」初期復健治療中的一個要求，就是得照顧盧卡斯。羅洛必須為他洗澡、換衣服、照看他到處爬來爬去，或者就是讓他安靜坐在自己身邊。與人產生關係填補了他內心的空洞。「只要我幫助他，自然地，他就能幫我。」

怎麼幫？

「我是透過幫助他在幫助我自己。」接著，羅洛以複數代名詞來描述盧卡斯及自己，彷彿他們屬於兩種截然不同的群體，「**他們**能給**我們**力量。光是看著他們，**我們**就有往前走的動力，因為不想跟**他們**一樣停滯不前。」接著他就事論事，彷彿不帶情感地說，「任何人面對他都會心軟。他真的很乖，對吧？」

羅洛表示，在完整目睹這些人無可避免的衰亡宿命之後，他開始感激自己擁有健康身體，並決心要維持下去，「沒錯……看到這種場面，我又多了一個不再向下沉淪的動力，我不想走到無法回頭的地步。感謝老天，我竟然能找到這個地方。在這裡能幫上一點忙，還能保有健康，光是這樣我就覺得很棒。環顧四周，太多人無法享有健康，身體傷殘……這一切真的對我很有幫助。」他接著要求盧卡斯說點話。「讓他知道你能講話。」在這種最令人不安的遭遇下，那名男子成為一種奇觀，他開口不是為了被聆聽，也不是為了被提起。無論就社會或醫療層面，他幾乎沒有作為一個人類的價值，小牛

／盧卡斯只是維持一種動物的樣子，讓還有救的人類用以建構自我。[14]

這些被拋棄的男女除了身上的傳染病、寄生蟲，以及靜默的苦難，他們幾乎毫無生產力，但正因如此，他們成為了教學用的角色。他們的社會性死亡是一種對未來的負面印象，於是到了最後，這些負面印象成為其他潛在公民的教材；更理想地說，是為某種特定「公民身分概念」（concept of citizenship）的出現打好基礎。我之所以使用「公民身分概念」一詞，是因為在這些人重獲公民身分的路上，當地政府並沒有提供必要工具來幫助此事在結構上得以實現。生命療養院這類慈善機構讓邊緣人可能在個體層面重生，至少活得下去，有時確實也能維持一段時間，但有時終究只能停留在虛構的幻想中。這種看似普遍且提升生命品質的公民身分概念讓國家的形象活躍起來。不過，經驗上來說，公民身分議題仍是個檢傷與錢（當然！）的議題。不然，某些人就算在既「軍事化」又慈善的機構被治好了，他們清醒過來，身邊圍繞的也全是一些已經社會性死亡、眼盲、沒有名字、不知背景，或是毫無親友的人。就拿大家口中的喜達來說吧，她是一位患有愛滋的無名年輕女子，根據志工的說法，「她時不時就想殺掉自己，每次想死就要我們把她綁在床上……然後，過了幾個小時，她又囁嚅著要我們把她解開。你要怎麼去理解這樣的人？」

於是在生命療養院，你能看到死亡如何造就生命，儘管過程牽涉不少道德的灰色地帶及暴力元素。透過個體彼此建立關係，或與政治實體建立關係，人與非人的協商也形成這組複雜關係中的一部分。透過他者的死亡，一個人有可能屬於某個類似家庭的機構、新的群體以及主體經濟。而民族誌學者所面臨的挑戰，就是去找出這些經驗性的關係及連結，無論就技術、政治、概念，還是感情層面，我們都得把這些關係與連結從過往的輕忽中整理出來。幸好也因為與卡塔莉娜偶遇，又碰上由她引發的事件，才讓我重新尋獲一個原本可能早已失落的世界。

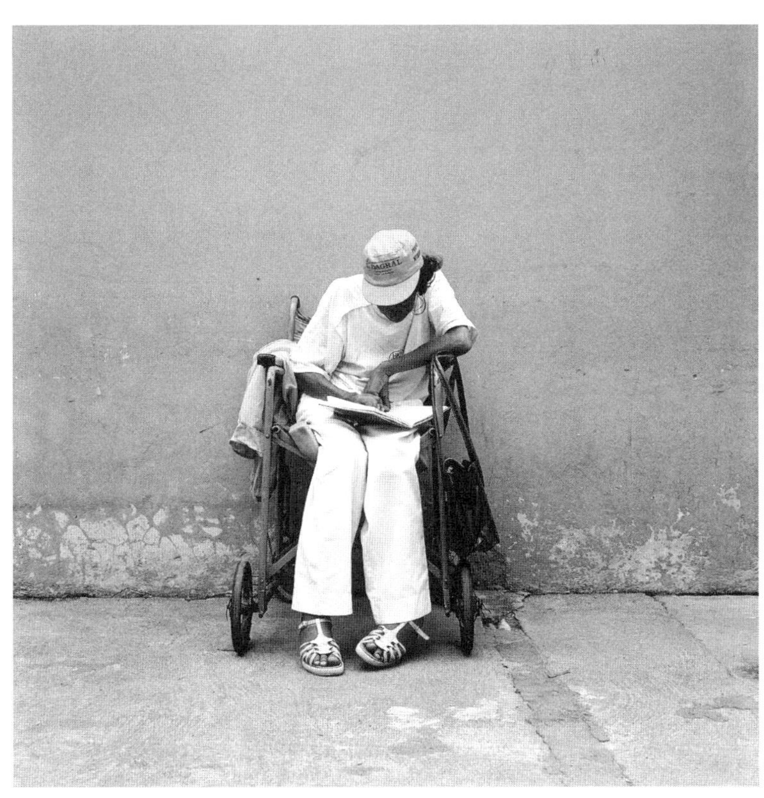
卡塔莉娜，生命療養院，2001

第二部　卡塔莉娜及她的字母

PART TWO　CATARINA AND THE ALPHABET

心智生命
The Life of the Mind

才走進醫療站的大門，我的雙眼立刻望向陰影裡那個坐在輪椅上的女人。她正在寫些什麼。「那是卡塔莉娜。」我告訴妻子雅德利安娜。這一次，卡塔莉娜沒在騎腳踏車了。死亡正逼近她，我想。

卡塔莉娜的頭垂著，手上握著一枝筆，她得花上很大力氣才有辦法在紙面塗寫。我們喊了她的名字，她抬頭看，認出我們。「朱歐和雅德利安娜。」她說。

卡塔莉娜看起來有點茫然；她說話速度很慢、很艱辛，彷彿中風。我們問她過得還好嗎。「我的腳再也不幫忙了。」她回答，還說會有毛病是因為「風濕病」，不過她沒在吃任何風濕病的藥。「有時志工會給我藥丸，但我也不知道是什麼藥。」

你在寫什麼？

「這是我的字典，」她說，「我得寫下來，才不會把字都忘記。我寫身上現在有的所有病，還有小時候得過的所有病。」

卡塔莉娜把手上的書遞給我。她的筆跡大小不一。所有字都以清晰的正體字書寫，沒有草寫，只有少少幾個動詞，偶爾有幾個完整的句子。我對其中的文字力量及粗糙質樸的詩意感到讚嘆：

離婚
字典
紀律
診斷
免費結婚
付費婚姻

手術
現實
為人注射
身體抽搐
在身體裡
腦部抽搐

你為什麼說這是一部字典？

「因為我不需要為此做任何事，完全不需要。如果這是數學，我得想辦法找出解法，算出答案。

但這個，只有一件事要做，從頭到尾……我寫下來，然後我讀。」

雅德利安娜開始跟卡塔莉娜聊天，我則開始瀏覽這本「字典」。「在痛苦的子宮內，」她寫道，「我把生命奉獻給你。」「此刻存在的意義。」除了重複提及醫療諮詢、醫院，和公證人，卡塔莉娜也會寫到一些勞動婦女和漫遊者、跟性有關的情緒、精神困擾、給嬰兒的醫療及食物、貧窮及富裕、官員及負債，另外還有一些「正義之外」的事。

她將各種典故揉入抽搐、月經、癱瘓、風濕、妄想症，還列出各種從麻疹、潰瘍到愛滋等可能的疾病，彷彿它們是像亞德瑪爾、尼爾森、阿爾曼多、安德森、雅莉珊卓、安娜之類的名字。她時不時會提起身為母親這件事、提起離婚、提起充滿播種及蟲害的鄉村生活、素食者，和鄉村工人協會，也會提起渴望。這個不復存在的世界時常發出驚人之語。

問題、答案、待解決的麻煩，頭
意見衝突的人被定罪
各種身體的不一致

然後就會出現跟渴望有關的描述：

恢復我失去的動作
一個找到靈魂的解方
匱缺的月亮守護我

我用L寫愛

我用R寫記得

卡塔莉娜是為了活著而寫，我告訴自己。❶正是這些文字從內在形塑了她。這些文字有哪些面向？

我該如何陳述這件事？我們又該如何處理這項發現？

DIVORCIO DICIONARIO

DICIPLINA DIAG-NOSTICO

CAZAMENTO PAGO

CAZAMENTO GRATIS

CAZAMENTO

CAZAMENTO GRAÇA

CAGINTÁRIO BENPAGO

MASSAJUZEN

MATRIMONIO

MATRIZ AMOR

IGREJA GUARIDOR

CAPELA

CONFORTO

SALEI KATARINA INXIS j J

SEJA-MOVA

字典

身體組成的社會

Society of Bodies

我在一週後回到生命療養院，這次只有我一個人。卡塔莉娜立刻報以鄰居般的關懷，「雅德利安娜呢？」她提到之前跟我們兩人聊天很開心。我在她的話語中注意到一種正直的情懷，她不但沒遺忘人與人之間的情感連結，也不忌妒他人擁有的情感連結，我相信曾有一段時間，她的這項特質足以為她贏得尊敬，就算政府機構及雇主不把這當一回事，至少家族成員和鄰里也會因此尊敬她。雖然聽起來簡單，但這種社群性（sociality）正是生命力的泉源。

卡塔莉娜的左臉瘀青了。「我想去廁所，但從椅子上摔下來。」有名志工聽見我們的對話立刻反駁她的說法，表示她是一時氣急攻心，才故意摔倒在地上。

你為什麼今天沒在寫？

「我已經把字典填滿了。」

我問能否再看看那本字典。卡塔莉娜叫了坐在附近凳子上的印地亞，要她把床底下行李箱內那本包了塑膠袋的筆記本拿來。印地亞是名具有印度血統的女性，年紀大約二十出頭。她向印地亞保證，「箱子沒上鎖。」正如其他類似的故事，印地亞「心智遲緩」。大家說她的兄弟是名五旬節教派牧師，常在廣播節目上提起她，但從沒來看過她。

我問卡塔莉娜是否想繼續寫下去。她回答「想」之後，我立刻把自己筆記本內做了田野紀錄的那幾頁撕下來，遞給她空的本子。「把你的名字和地址寫在這裡。」她要求。

「我想離開，我想離開。」一位名叫馬賽羅的年輕黑人闖入我們的對話。就像生命療養院中的大多數人一樣，沒人知道他的真名及來歷，或者說，沒人把這當一回事。他持續地直盯著我，雙手抓著一只小行李箱：「帶我走，把我帶走。」

許多**被棄者**都沒有正式的身分文件，例如跛腳的伊拉夕，但他們都能回顧過往曾有過的一棟房子、一個家、一段童年，又或者純粹是在街上擁有過的自由生活。「我也想離開。」他告訴我。「我來自拉熱斯，那是聖卡塔琳娜州的一個市鎮。我在內陸長大，比起這座城市，我更喜歡那裡。我的爸媽都走了。我們以前養牛、養豬，還種玉米跟豆子。我有十個手足，全都四散各地。我的姊妹把我送上開往阿雷格里港市的一班巴士。沒人想照顧我。我那時候已經癱瘓了。一歲半就癱瘓了。我在街上生活了五年。現在我四十一歲，已經在這裡待了超過五年。但這輩子剩下的時間，就連在街上過活都好過待在這種地方。」

生命療養院，「讓我緊張。」伊拉夕說。「人在這裡會死。」他見過太多人死在這裡了。「冬天情況挺糟的。我去年有在算，但算到最後都搞不清楚死幾個人了。很嚴重。這個地方就是悲傷。我想離開這裡。這根本算不上人生。這是人生的盡頭。生病的人會病得更慘，也有人變得更緊張。我就是個緊張的人。」

死掉的人會怎麼樣？

「每當有人死掉，管理階層會叫太平間的人來。他們會來載走屍體，把它放進機器裡。」

什麼意思？

「他們在屍體上潑油，然後點火。然後屍體變成灰，然後灰被撒進瓜伊巴河。就算有人被埋進墳墓，也只會埋上幾天，因為還有其他人得被埋進去。我聽說是這樣。」

在生命療養院無所事事的漫漫長日，伊拉夕和他的朋友，包括他宣稱是約會對象的印地亞，「會記錄時間……我們會告訴彼此今天是某年某月某日，剛剛過去的是哪一年，即將開始的又是哪一年。我們彼此提醒。今天是一九九九年十二月三十日；明天是一九九九年十二月三十一日，對吧？瞧我有多聰明？感謝上帝，我的腦袋還很清醒。我沒病。」

我問伊拉夕，他大腿上的塑膠袋裡有什麼？

「上帝的話語。」

所以你識字？

「不，但我能理解那些話。」

上帝的話語講了些什麼？

「上帝說，『耶和華是我的牧者，我必不致缺乏。』」

塑膠袋裡還裝了什麼？

「麵包。我把找到的麵包屑裝在裡頭，白天時才能吃。先生，跟你談話非常愉快。你有筆嗎？」

有。

「那麼，我要你把我的名字寫進你的書裡。我的名字是伊拉夕．蒲雷拉．德．摩洛耶斯。我是跟著過世的母親姓。她的名字是多蜜莉亞．密李雅．蒲雷拉．德．摩洛耶斯。我過世的父親名叫勞迪諾．

蒲雷拉・德・奧利維拉。」

為什麼你沒有跟著父親姓？

「不知道為什麼。我被推到我過世母親的那一邊。我猜是因為這樣做比較好吧。」

你出生時有登記嗎？

「有，但我把文件丟在街上了。我得整個重辦一次。」

伊拉夕接著又再次總結了自己的命運：「我把真相告訴你。我沒有父親，也沒有母親。我有十個手足。我們當時十一歲，有個小孩死了。我們散落世界各地。所以我想看看是否有機會回到內陸。我有一個熟人，他是家族友人，就住在名叫阿爾弗利諾・卡爾佛的小鎮附近。」

卡塔莉娜聽著。我們繼續剛剛的對話。我問她，你覺得為什麼這麼多家庭、鄰居和醫院會把人送來生命療養院呢？

「他們說最好把我們安置在這裡，我們才不會被獨自留在家，孤零零的……他們說這裡有更多和我們一樣的人……我們全部聚在一起，我們形成一個社會，一個**全是身體**的社會。」然後她又補充：「或許我的家人仍記得我，但不想念我。」

社會將卡塔莉娜視為多出來的人，而她用簡單幾句話說明了這個推論過程。我想知道她一路走來發生了什麼事，想知道她跟家庭之間的關係是如何被切斷，也想知道她被安置到生命療養院的過程。她是在怎麼樣的思維邏輯以及社會性中，被定義為一個不再有資格受到關愛的對象呢？明明還有人記得他們呀。對於我們之間的親密互動，若不是信任她，並透過她的語言及經驗去分析，我又怎麼能搞懂？

印地亞找不到字典，所以直接把整個行李箱拿了過來。我打開箱子時，一股混合了尿味、濕氣及某種甜香的氣味飄蕩上來。箱子裡頭是卡塔莉娜人生中的一切：幾件老舊衣物、幾張仔細收整好的糖果包裝紙、假珠寶、一瓶廉價的蜜粉、一枝牙刷、一把梳子，還有幾本包了塑膠袋的雜誌、書籍和筆記本。「我的工作證被醫院收去保管了。」她特別提到。

我拿起字典，大聲讀出她透過自由聯想寫下的筆記。

文件，現實
疲憊，真相，唾液
貪求，消費者，儲存，經濟
卡塔莉娜，心靈，藥丸
婚姻，癌症，天主教堂
分開身體，分割遺產
伴侶的孩子們

這些語彙為卡塔莉娜的存有奠定了索引式的基礎；她的身體被隔離在原本社會的交易之外，並成為某個新社會的一分子。

當你說「分開身體」是什麼意思？

「我的前夫得到了孩子。」

你們什麼時候分開的？

「很多年前。」

發生了什麼事？

「他有了另一個女人。」

她又開始講身體上的痛：「我有這些抽搐的問題，還有，我的腳感覺很重。」

你什麼時候開始有這種感覺的？

「生了第二個孩子雅莉珊卓之後，走路就有困難……前夫把我送去精神病院。他們給我注射了很多藥。我不想回去他家。他統治了新漢堡市。」

醫生有告訴你那些藥的名字嗎？

「沒有，他們什麼都沒說。」

應該是想否認「精神病」這個診斷或感到抗拒吧，我想。但她不停描述的身體沉重感又是怎麼回事？就像我們一九九七年三月初次見面時，卡塔莉娜說的話就顯示，她在被社會排除之前就已經出現了某種生理問題，而或許這種問題就跟心理問題一樣，造就了她遭受排除的結果，而且還在反覆的治療過程中不停惡化。「我對醫生過敏。醫生想表現得很博學，但他們根本不懂什麼是受苦。他們只是給藥。」

醫療站負責統籌工作的志工奧斯卡剛好路過，也來看一看。每次這個好人見到我，總會叫我「噢，活著的人」（*O vivente*），而這個稱謂總在當下環境中令我感到悚然。等我們走到另一邊，奧斯卡才向我解釋，就他所知，醫院之所以把卡塔莉娜送來生命療養院，是因為她的家人不想照顧她。但他也沒有確切的資訊能證明這個說法。

「她很沮喪。就跟其他人一樣，她覺得受人排斥，覺得被監禁在這裡。他們被丟在這裡，也沒人會來探訪他們。」他把卡塔莉娜的肢體癱瘓歸因於分娩的併發症，「女人的問題。她似乎有個孩子出生時就死了。我們不確定是在哪間醫院；我們沒找到任何報告。我們有聽到別人這樣說，但沒人真正清楚狀況。事實是，大家就是說好要擺脫掉這個人，所以才會有生命療養院這類機構出現。現在情況就是這樣。」

奧斯卡強調，在醫療站一百一十位院民當中（這人數已比奇伊管理時期大幅減少），大約有八十位是「精神病案例」。但他也同意卡塔莉娜是個「神智清醒的人」。一個沒人再願意聽她說話的人，我補充。

「當我的想法跟我的前夫及他的家人一樣，一切都沒問題，」卡塔莉娜在我們繼續談話時回憶道，「但只要我不同意他們，我就是瘋了。就像是我得忘掉我的某個面向。有智慧的那個面向。他們不願意對話，疾病的科學已被遺忘。我的腿不對勁。醫生只會一直給藥、給藥。他們根本不碰你痛的地方……是我的弟媳去衛生站幫我拿藥回來。」

根據卡塔莉娜的說法，她之所以生理退化，並從現實中被逐出，是受到詞語意義改變的影響，而這項改變的根源正是全新的家庭動態、經濟壓力，以及她所受的藥物治療。她的種種疾患似乎跟家人安排照顧她的方式極度相關。「是我的兩個弟弟把我帶來這裡。有一段時間，我跟他們住在一起……但我在那裡不想吃藥。我問：為什麼只有我得吃藥？我的弟弟想看到我的生產力，想看到我進步。他們說，我跟和我處境類似的人待在一起，感覺會比較好。」

但卡塔莉娜拒絕接受自己的人生就這樣結束，而且，她用了一種我一開始無法完全理解的方式，做出一段精巧的本體論發言，在這段發言中，內在與外在狀態被緊緊綁在一起，另外還伴隨一種想將其全面解開的盼望：「科學是我們的意識，有時很沉重，因為你承擔著無法解開的死結。如果我們不去細究，身體裡的疾病就會惡化……科學……如果你的良心有愧，就沒辦法分辨事理。」

卡塔莉娜說，她之所以書寫，是為了「之後能了解」，彷彿一直以來，在確立她存在走向的各種環境中，她都不在場。無論是她的口語描述或書寫，都內含著一種迷惘，彷彿身體正在發生某種怪事——「大腦抽搐、肉體抽搐、情感抽搐、恐懼的心」。更何況之前有那麼多人在她的房子進進出出，她也在自己的家、醫院及其他人的家之間不停移動，她的身體似乎因此面臨一種彷彿變得太多、太陌生的危險。「一個人必須維護自己。我也知道人生中懂得享樂很重要，跟**他人**[1]的身體一起享樂。我覺得人會害怕自己的身體。」

書寫幫她撐過生命療養院中的漫漫時光，卡塔莉娜又說。「有些時候，我們也會跟彼此說話。但最艱難的是晚上，因為那時的我們都是孤身一人，欲望會彼此推擠。我有欲望。我有欲望。」

我走去向伊拉夕道別，他又提起自己正在和印地亞約會。「我們彼此照顧。昨天晚上，我夢到我們的婚禮，我們正在吃蛋糕。然後我醒了……感覺好餓。」但實際的狀況其實更複雜。我後來才知道，志工有時候得把印地亞綁在床上，才能阻止她在公開場合自慰。我也聽到有謠言指出，恢復區負責幫女性洗澡的志工曾性侵過印地亞。

我去向卡塔莉娜道別，並說希望能跟她借字典來研究。她同意了。我跟她說我會在八月時把字典帶回來，到時候我們還能繼續聊。她微笑，然後說她已經沒有墨水能用了。「我還需要一枝筆。」

我讀了她試圖寫完的那個詞：**聯繫**。

1　譯註：此處卡塔莉娜說的「他人」（other），在作者的解讀下，有了「他者」（Other）的意涵。

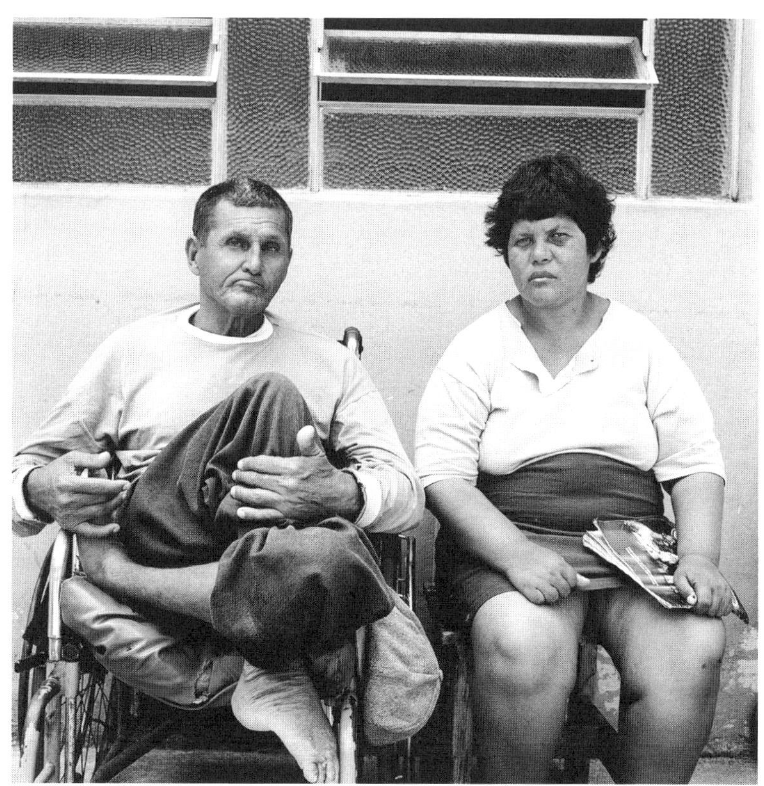

伊拉夕和印地亞，生命療養院，2001

不平等
Inequality

「一座傷殘的雕像」（*Estátua entrevada*），卡塔莉娜在她的字典裡如此形容自己的處境。Entrevada意味著動彈不得，也有變暗、變朦朧，或逐漸被遮蔽的意思。她接在這段描述之後的聯想非常驚人——從傷殘的雕像眼裡看去，是卡塔莉娜和兒子一同對抗官員，同時，也是直視著一座機器的眼睛：

出生證明
卡塔莉娜和安德森
本人出席
警察
民選官員
眼對眼
機器
製造意義

在字典的下一頁，卡塔莉娜重複了「雕像」這個詞，接著，她用祈使句告訴別人該怎麼稱呼

她：「你們可以叫我：巴西、布蘭索、疤傷、爆燒煤。」（*Brasil, Brancil, Brecha, Brasa*）

生命療養院或許是她在巴西的居所或目的地，布蘭索則是卡塔莉娜捏造出來的詞彙；在我聽來很像某種處方藥的名字。疤傷代表裂隙或傷口，以及卡塔莉娜變成的那種虛空狀態。爆燒煤則是灼熱燃燒的煤炭，也可能暗示她的焦慮、怒氣或性張力。

卡塔莉娜用來寫字典的筆記本，是阿雷格里港市地方政府幾年前發送的，無論是在國內或國際上，這都被視為一種受歡迎的施政措施（Pont and Barcelos 2000; Abers 2000）。這座城市是舉辦國際社會論壇的地點，也因其社會包容的政策而聞名，其中最為人所知的就是「參與式預算決策」。在筆記本的內封，「寫作組織人生」（Writing [Dis]Organizes Life）的標題之下，簡單解釋了勞工黨提升人民意識的哲學：「你們人民，在我們執行的工作中，是最主要的行動者……各種資訊早已不請自來地入侵我們的生活。各種寫下的文字都是城市日常生活的一部分，公民卻已逐漸被排除在此內容之外。這樣的現實不停地變動，模糊了識字者及文盲之間的分界。我們需要多少時間才能學會透過寫下的文字去批判地介入呢？」

在官方文獻中，阿雷格里港市教育部長的觀察指出，巴西國內至少有兩千萬人是文盲（大約占總人口的百分之十五），此外他還提到，推動人民識字及受教育的「政治計畫」，其實正在對這個國家及地方所執行的新自由主義提出質疑。民主且受歡迎的阿雷格里港市政府，其在跟公民社會的合作下，確保了人民能接受高品質的教育，也保證了人民能享有健康照護、就業、娛樂、衛生，及住屋」。這位教育部長在作結時解釋了這個名叫「知識整體」（totalities of knowledge）的計畫，表示主要的靈感來自弗雷勒的論述，也就是**閱讀文字之前得先閱讀世界**：「我們的識字計畫培養出來的，是具有批判性的公民，他們能為自己做選擇，也擁有改變自己生活及世界現實的潛能。」

卡塔莉娜使用這些被丟棄的教材，來當作自己書寫「字典」的載具，諷刺地暴露出所謂「社會改變」的虛幻性及選擇性。事實是，卡塔莉娜和生命療養院的院民仍像大多數人一樣，被這個「全民計畫」排除在外。

「所謂的公民，已經變成了那些懂得尋求服務的人。」一位名叫瑪麗安娜．葛羅斯的記者兼人權運動者解釋道，她在阿雷格里港市的保安辦公室工作，對於所謂「社會包容」的實務執行面抱持批判態度。她指出，勞工黨的主政者非常有效率地創造出許多新的「服務櫃檯」，並在有限的能力範圍內，透過這些櫃檯處理各種醫療及社會需求。隨之出現的，是一種全新的公民文化，以及她口中的「民主專家」。「想要資源的人得先去登記、排隊，想辦法親身參與。但若你沒讀到那份資料呢？如果沒有朋友告訴你哪裡有申請資源的可能管道呢？更別說還有人會在他們的社區內利用這種結構累積自己的權力。」在此同時，「在走向這些櫃檯的路上，尤其是年輕、失業的那些人，其中有一部分則會被另一種平行於商業及政府而存在的類似形式所吸收——也就是犯罪組織。」

一九九七年，我在阿雷格里港市地方政府組織的一場愛滋工作坊，發表了一些從生命療養院中得到的初步民族誌發現。我認為，有跡象顯示生命療養院中有許多未受治療的愛滋病患，隱性的愛滋病正在其中流行，這顯示了在阿雷格里港市的街頭及貧民窟很可能也正發生類似的狀況（Biehl 1999b）。就在當時，一名來自衛生部的代表對於「這麼泯滅人性」的情況大表震怒，要求出席的當地官員考慮「基於公衛理由關閉生命療養院」。阿雷格里港市的衛生部長保證她會指揮手下人員調查此事。

不過，阿雷格里港市的另一位高級官員也承認，由於進步政府有快速做出成果的壓力，結果通常就是弄出一大堆委員會，或寫出一堆報告：「其實都有找出問題，但沒有解決事情。」整體而言，最貧窮的都會居民仍身處「訴求得不到回應的真空狀態」。而在這樣的匱缺中，為了照顧這些不被看見的人，新的社會單位及經濟活動隨之興起。其中最能悲劇性地反映出這種現象的，正是市內如雨後春五歲……我的身體得了某種病，真的很癢。所以我父親帶我去看藥師，然後我就好了。我小時候只去看過藥師。去看那種真正能開處方的醫生，也就是精神科醫生，是後來的事了。」

她所說的其實超越我當時能理解的範圍，那是她經由痛苦而學會的一種象徵秩序、一種人觀，而且兩者都已不再具有價值（一如她被丟掉的本子）。她在提到這段過程時，總能一一辨認出其中出現的藥物，彷彿在透過另一種書寫主張她與世界的疏遠。

「我的前夫先把我帶去看精神科的吉爾森醫生，在新漢堡市，他要他幫助我，要他找出我的病。但他對醫生說謊，說我有攻擊性，還說我打小孩。我太生氣了，結果真的在醫生面前揍了他。那個醫生只會開藥。護士給我打了一針。我老是有藥得吃。他們說想治好我，但如果連是什麼病都不知道要怎麼治？……如果我得靠醫生來知道自己的感覺，我就會永遠失去行為能力，因為他們不知道我是怎麼走到這一步的，不知道我為何生病，也不知道我為什麼痛。他們什麼都不知道。」

就在此時，有個始終在一定距離外觀察我們的女人終於走過來了。

「這是我的朋友莉莉。」卡塔莉娜說。「她會在晚上說話。」

「沒錯，我是她的朋友。」莉莉回答時直視著我的眼睛，臉上掛著一個大大的笑容，手上拿著一本《新約聖經》。

我還沒來得及問莉莉任何問題，她就先問我了：「你知道『再也不要仰賴肉體欲望過活』是什麼意思嗎？」

我因為這個問題呆住了，不知如何回答。我琢磨著她這段發言的表面含意，然後說，就我所知，這是使徒保羅說的話，但我會再深入查查看。我問莉莉從哪裡來，在這個地理及社會移動都十分罕見的世界裡，我逐漸學會提出這個問題。

「我來自卡諾阿斯，但現在就住在這裡。我以前是天主教徒，但後來改信神召會。我離家後逃到教堂。我的丈夫打我。我在街上住了一陣子，但後來跟我兒子一起住。我的兒子把我帶來這裡。我的媳婦想殺我。我沒做錯任何事。她叫他『爹地』，我就跟她說我不喜歡她這樣。然後她試圖用一把菜刀殺我。」

我又再次得到一段「瘋子」詮釋自己人生際遇的精簡版描述。我聽過類似的描述，在一九九七年初次遇見卡塔莉娜的時候，還有上次在生命療養院遇見伊拉夕的時候。在三人一開始的說詞中，都描述了被家人禁止回家的處境、關係破裂的痛苦，以及曾為他們帶來危險，但現在已經不可能達成的回家渴望。這些並不是為了追尋意義而導引出的疾病敘事（Kleinman 1988; Good 1994; Mattingly 1998）。也不是德勒茲和伽塔利眼中，「從來沒有一天給出相同解釋」的，對立於或諧擬「社會符碼」（social codes）的「思覺失調的紀錄符碼」（schizophrenic recording codes）（Deleuze and Guattari 1983:15）。也不是德斯加萊在波士頓收容所的無家者身上觀察到的，那種標記出他們在世間存有的「如同外在雨水般漫漶的消遣活動」（Desjarlais 1994:897）。

隨著時間過去，我逐漸意識到，生命療養院裡許多所謂的「瘋子」並沒有不停改變他們的說詞。相反地，這些說詞始終穩定不變，敘事脈絡也能保持前後一致（我在追蹤卡塔莉娜的過往時也有同樣的發現），只有照護者會反覆堅稱他們是在「胡言亂語」。於是，我不只把這些濃縮後的描述視為「避世」的證據（Desjarlais 1994:897），也開始將它們看作真相的拼圖——就讓我把它們稱為生命符碼（life codes）——透過這些符碼，被棄者試圖緊抓住真實。而在聆聽的同時，我所面臨的挑戰，是要將這些描述當作證據——不但證明了那個封鎖被棄者的世界中的真實，也證明了他們試圖重新進入那個世界卻失敗的事實。就此而言，此刻由這些人所體現的驅逐，終究能因為這些拼圖，得到足以表達的語言。

此外，對於被棄者本身，這些描述成為他們重新思考命運及重構渴望的空間。❸

就拿這位光腳靠在牆邊的年邁黑人男性來說吧，看看他如何將一個人的社會性死亡轉化為語言。每當我經過時，他總會不停稱呼我為「主人」(*senhor*)，同時雙眼低垂地向我乞求：「主人，你可不可以，拜託，把你的妻子借給我，我才能帶她去見上帝，就是降臨在阿雷格里港市的上帝？」我知道他見過我和雅德利安娜一起出現，但實在搞不懂這段話的意思。

某天，我問了他關於這個頓悟的事。

「上帝就在巴士站附近。」這名老人回答。

你怎麼知道？

「我不知道。是有人告訴我的。我也有在廣播上聽到。我已經聽一陣子了。是的，主人，我只是想到那裡看看上帝——如果你願意借我妻子，我就能去見上帝了。」

你為什麼想見上帝？

「見上帝是好的，去見祂，去認識祂。」

一陣沉默之後，我問他從哪裡來。

「我現在在這裡。」

你在這裡多久了？

「我的家人不想讓我去見上帝，祂就降臨在巴士站那邊。」

是你的家人把你留在這裡的嗎？

「我的家人不想讓我去見上帝。他們說我對誰都沒價值。我一點價值都沒有，我就是個非常糟糕的黑鬼。真的，他們就是這樣說的。」

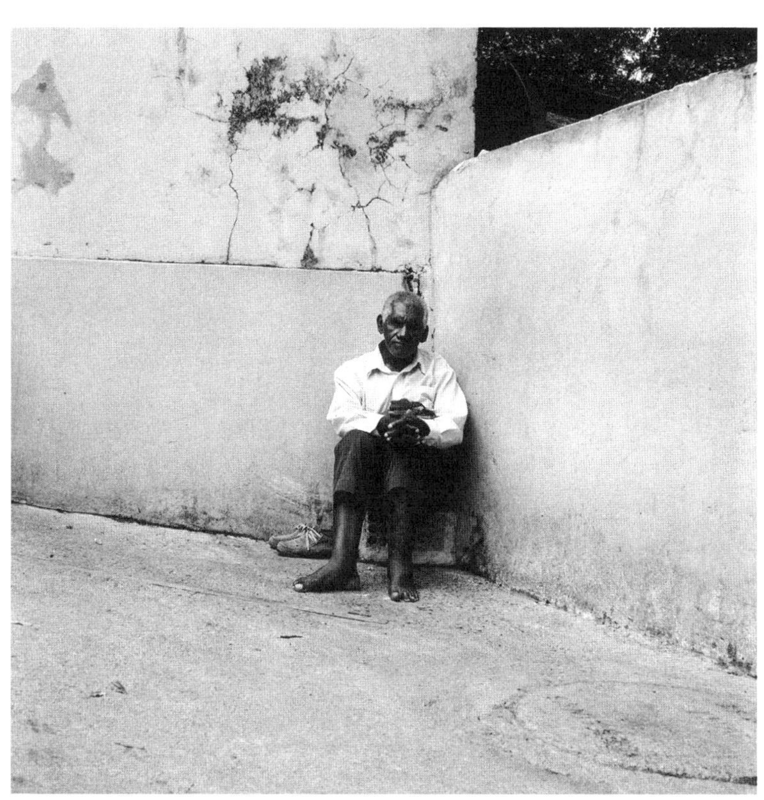

奧斯馬，生命療養院，2001

他們為什麼把你留在這裡？

「我不知道，我沒有辜負任何人。」

你來生命療養院之前在做什麼？

「我一直在大農場工作……（作物）要賣去市場那種。」

你幾歲？

「我不知道。我沒有出生證明。」

他確實有想起自己的名字：「奧斯馬．德．穆拉．米朗達。」奧斯馬說他一直一個人，從小就對自己的父母「一無所知」。之後有位志工告訴我，那個「大黑鬼」（Negão，他們在生命療養院就是這樣叫他的）其實是被「他老闆」帶來這裡的。

換句話說，現在的奧斯馬是個無用的僕役了，而他的家人始終不存在；至於上帝，根據我的解讀，則是他身為巴西非洲後裔，始終沒機會理解的尊嚴及自由。「他們把我帶來這裡，那裡沒有工作可做了，他們總是不放我自由……主人，你有辦法安排讓我離開嗎？」

我向他解釋自己無法這麼做，但我問他若是離開會去哪裡。

「去待在街上，因為我也沒地方住。」

為什麼住在街上會比待在這裡好？

「在街上不會有人命令我做這做那的。」

卡塔莉娜、奧斯馬和他們鄰居的說詞都代表了能動性（agency）。這些片段及拼圖為他們存活過的**前人性**（ex-humanness）賦予了語言，也成為被棄者闡述經驗的資源及工具。根據《牛津英文字典》，「前」（ex）這個形容詞意味著「之前的、過時的」，而當作介係詞的「ex」則用來當作指稱貨物直接從哪裡「出貨」，至於名詞的「ex」指的則是「根據前後脈絡指稱曾占據某身分位置或職位的人」，例如前夫或前妻。「ex」也有「用叉叉劃掉、刪除之意」，另外還能表示某種未知之事物。

二〇〇〇年的八月和十二月，我花了兩個月在生命療養院和卡塔莉娜一起工作。我們談了無數個小時，我也持續訪談她的鄰居和照護者。在我幾次造訪及中間沒來療養院的期間，卡塔莉娜又完成了兩部字典，我對她將內在生命具象化的潛力愈來愈感讚嘆，即便其中充滿了被粉碎的希望。「我渴望能夠存在」——我能聽見她反覆這麼訴說，一次又一次。

該如何透過方法論，去處理她在追尋歸屬感時的奮力搏鬥？對我來說，最簡單的做法就是先暫時停止診斷，找出聽她說話的時間，讓卡塔莉娜把故事來回反覆地說，並把她說的話當作與一個現已消失之生活世界有關聯的證據，然後，從頭到尾都必須尊重她、信任她。

屋子及動物

The House and the Animal

「就算是悲劇也可以嗎？一場出自人生的悲劇？」

隔天，我問了卡塔莉娜之前人生故事的細節，而她就是這麼回答我的。

「我什麼都記得。我的前夫和我住在一起，然後我們生了小孩。我們以男女關係的狀態住在一起。一切都是你能想像的樣子；我們和鄰居也處得很好。我在鞋廠工作，但他說我不需要工作。他在市政廳工作。他以前會在工作結束後喝一點酒，在酒吧打撞球。我對這點完全沒意見。」

「不過有一天，我們為了一件很蠢的事吵架，他覺得我該抱怨他的壞習慣，但我沒有。毫無意義的一場架。之後，他又挑了另一件事來吵。終於，某天他說他有了另一個女人，然後就和她一起搬進來了。她的名字是羅莎。」

「我能怎麼辦？」安德森說，『媽，爸有了另一個女人，難道你不該想點辦法嗎？』但我能怎麼辦？『雅莉珊卓和我必須有個清楚的未來。』他說。『如果這女人要我的父親，他就該待在那裡，因為一個男人不可能有兩個家、兩個家庭……他對這裡只有害處。』我一直在想該怎麼做……他想把自己分給我們兩個人。」

我想起在卡塔莉娜的字典內有「分開身體」這個詞，而在我看來，她的病狀正存在於那種斷裂中，以及想奮力重建其他社會連結的嘗試中。❹在生命療養院，「家庭」在這類他們曾經活過的斷片中被記住了。她所聯想出的字句都是以那個持續變形的家庭為主題，而家庭也是讓她痛苦及迷惘的主要原因。

「我的母親跟我們住在一起。我得照顧我母親。她再也不能走了；她有風濕問題，需要治療。我也有風濕。我父親在我小時候就有了另一個家庭；他一直待在鄉下。我父親也想好起來，他是因為種菸草而中毒。我前夫也想像我父親一樣，但我無法接受那種安排，我說『不行』。所以我們的婚姻結束了。我最後一次懷孕時，他把我一個人留在醫院，也沒去看寶寶生出來了沒。我得同時做母親和父親。」

根據卡塔莉娜的說法，她的丈夫重複了她父親的作為。在婚姻中，她發現自己再次身處一個沒有父親的家庭。她的父親身體中毒；他為一間大公司工作，也為另一個家庭工作。她的母親和這對年輕夫妻住在一起，而讓她癱瘓的疾病現在也開始在卡塔莉娜的體內萌發。當卡塔莉娜要生出最後一個孩子時，她被孤單地留在醫院，成為那個沒人要的孩子的母親及父親。她所提及的一切都呼應了字典內的許多片段，其中描述了一個沒有氣息的孩子使母親窒息：

早產
在預定時程之外出生

上。回到家後，人們開始叫我『瘋女人』——『嘿，瘋女人，來這裡呀。』他們以前會這樣說。」

她口中的現實散發著精神醫學的氛圍。

你的意思似乎是說，你的家人、醫生，還有藥物，在把你變「瘋」的過程中扮演了積極的角色，我說。

「我的前夫沒有讓人生往前走，反而是向後退。他帶我去看的醫生全站在他那一邊。我永遠都不想再住在新漢堡市了。那裡根本是他的地盤；他統治那塊領土。在生命療養院這裡，至少我還能傳遞些什麼給其他人，讓他們知道他們很重要。我試著誠懇對待每個人。他先是把我送到卡里達迪醫院，接著是聖保羅——總共送醫七次。等我回家之後，他很讚嘆我還沒忘記什麼是盤子。他以為我應該什麼都認不得了，無論是盤子還是鍋子，腦中只會記得吃過的藥。但我還記得怎麼使用那些物品。」

我是這樣詮釋卡塔莉娜的陳述：她的處境是一個全新家庭困境帶來的結果，而此困境則是透過日常的經濟壓力推動所致，這些壓力不只支配著醫療及藥療手段的實踐方式，也造就了這個國家中的歧視性法條。這些技術性過程及道德行動掌控了她：她經歷了這一切，如同置身一座沒有出口的機器之中，而她的精神生活也在這座機器中出現衰退的現象。❺

隨著殘疾的情況愈來愈嚴重，所有她強迫自己習得的社會角色——女兒、姊姊、妻子、母親、移民、勞工、病患——全數遭到抹消，隨之被抹消的還有原本由這些角色支撐住的，那份搖搖欲墜的生活穩定性。就一定程度而言，這些文化實踐的痕跡仍留在她身上，一方面作為推動她回憶進行的價值觀，而當她批判把她當成藥罐子切割掉的婚姻及親戚時，也是基於同樣的價值觀。不過，這個由親緣、背叛及機構性安置所組成的網絡，似乎對卡塔莉娜造成無比巨大的影響，導致她只能透過幼兒世界中「面對困境」及「掌握確定性」的語境，來象徵化自己的處境。她是這樣說的：「當我還小的時候，我會告訴我的弟弟，我有一份從不表現出來的力量，只有我自己知道的力量。」

卡塔莉娜繼續說：「我前夫的家人對我很火大。我有良心，而他們的良心對他們而言只是負擔。」有趣的是，當重新回溯「前家人」的作為時，她明明是被切割出去的人，描述過程中卻無法意識到這些人早已在設計她。

「有一天，妮娜——她是我前夫的妹妹——還有妮娜的老公戴爾瓦尼來到我家，我開始表達我的想法。他說，『卡塔莉娜，我們打算賣掉我們的棚屋。如果你想要的話，我們可以直接交換地方住，然後你就可以離開這裡。』」

原本因為分居而留給卡塔莉娜的好處，現在全被這些親戚拿走了。在這場偽裝成公平交換的交易中，一方的悲慘對另一方而言卻是門好生意。卡塔莉娜引述戴爾瓦尼說的話：「『我剛剛才想到這個點子；妮娜和我之前完全沒討論過。』他說。所以他們得到我的房子，而我搬進他們的房子。我還記得帶著小女兒一起上了搬家的卡車。我的腿真的好痛，好痛……我的腿感覺好重。我好緊張。」

搬進新房子之後呢？

「我一個人住在那裡。安德森和雅莉珊卓跟他們的奶奶一起住。她照顧他們；她能走。一開始，安娜還跟我待在一起，但之後，塔瑪拉把她留在身邊的時間愈來愈長。她喜歡為她準備生日派對。他們滿有錢的。她帶走我的小女兒，寵溺她，為她拍照片。而我就待在家裡。」

然後呢？我要求她繼續回憶。

「我的棚屋被燒毀了。火是從隔壁棚屋燒起來的——她的電視爆炸了。電線短路，然後就著火了。離婚是火。把什麼都燒掉。我在弟弟那住了幾個星期。這個星期住這個弟弟家，下個星期再住另一個弟弟家。亞德瑪爾看著我，然後說，『我們靠自己的努力進步……而現在這個女人就這麼躺在這裡。』

我的弟弟想看到生產力，他想要能有所生產的人……然後他說，『我要賣掉你。』」

我得先請她停止一下。我不懂，卡塔莉娜。

從那時候開始，她的陳述變得愈來愈晦澀，也開始在兩種詮釋間搖擺不定，其中一種就我理解，是她認定弟弟對於她的有「生產力」的要求就是生孩子的那種幻想，另一種則是以藥療手段展現父權式殘忍之陳述。然而，卡塔莉娜堅稱她的手足尊重她，他們也不是「前弟弟」：「他們喜歡我，想要我待在家裡。他們沒有表現出來，但希望我們能一直待在一起。」根據我當時的想法，這種「弟弟的形象」正是留在那間幼兒之屋內的殘影。這個留存下來的空間究竟發生了什麼？她的人生中究竟發生了什麼，才導致這個空間一直存在？

「我在另一個弟弟家裡生病了。很嚴重的感冒——那年冬天很冷。他們給我的藥效果很強，我除了睡覺之外什麼都沒法做。我分辨不出白天或黑夜。我的弟弟告訴我，我得離開。他說他已經有四個小孩，我只有三個，而我跟我媽媽一樣，有生五、六個小孩的義務。他沒有意識到的是，他要求我做的其實是他對自己的要求。他結過兩次婚。第一個女人生兒子時死掉了。怎麼辦？所以他娶了另一個女人，現在跟她生了三個孩子。」

「就跟奧塔彌爾一樣，他也有一間汽車修理店。他總是有錢……但，在這裡，我沒有錢。在這裡，我們是靠捐款過活。重點不是有錢還是有什麼東西，而是擁有人生。這真的很重要——擁有人生，還有給所有想出生的人一個機會……我的弟弟以前會說，我們呀，就是我和我丈夫，生的孩子太少，太少發生性關係。」

她的弟弟要求她在經濟方面有所貢獻，而這項要求再加上親族關係價值觀的改變，都在拋棄卡塔莉娜身體的拉鋸戰中產生了糾纏難解的效應。為了承受被丟在生命療養院等死的這項事實，我覺得，卡塔莉娜重新建構了早已毀壞的手足關係。那是一種尋回逝去之物的渴望。然而，在卡塔莉娜的描述中，無論是弟弟、前夫，還是妹夫，似乎都不是悲劇人物。他們的行動以其他利益為指導原則：趁她還沒像母親一樣成為病人之前，趕快把她擺脫掉，或者奪取她的房子，或者直接有了另一個女人。在現實中，卡塔莉娜無法成為這些男人想要的人。

「我前夫離開我之後，還有回家說他需要我。他把我丟上床，然後說，『我現在就把你吃掉。』我跟他說是最後一次了……但沒有任何快感。我只感覺渴望。渴望有人跟我說話，渴望有人跟我溫柔說話。」

在被拋棄的狀態中，卡塔莉娜仍會想起之前的性生活。但其中沒有愛，只有自得其樂的男性身體。不但沒有社會性連結可言，也沒有足以言說的對象。離開真實存活的世界之後，她渴望的是語言，是有人跟她說話。我提醒卡塔莉娜，她曾告訴我，生命療養院最難熬的是晚上，她必須獨自一人面對自己的欲望。

她靜默了一段時間，然後清楚表明，在我們的對話中沒有一丁點色誘的可能性存在。

「我沒有要求你一根手指。」

她的意思是，她沒有希望透過我滿足性欲。

卡塔莉娜看起來累壞了，但她宣稱自己不累。無論如何，她已讓對話內的資訊進入一個極度飽和的境界，我也覺得無法再聽下去了。雖然沒出現反移情作用，也沒有性吸引力產生，我想，但暫時聽夠了。人類學家並不是百毒不侵。我保證隔天再回來，並建議她再次開始書寫。

但我的抗拒無法阻止她繼續回顧人生最初的記憶，而我讚嘆於其內容帶來的力量——其中意象之簡約，似乎濃縮了她的整個心靈狀態。

「我記得在我三歲時發生了一件事。我當時跟我的弟弟奧塔彌爾在家。我們非常窮。我們住在大農場上的一間小屋內。然後有頭很大的動物跑進屋子——是頭黑獅子。那隻動物摩擦我的身體。我跑去抱住弟弟。媽媽去井邊取水了。那時候我開始害怕。怕那頭動物。媽媽回來時，我把發生的事告訴她。但她說沒有什麼好怕的，也沒有動物。媽媽什麼都沒說。」

這可能代表發生了亂倫事件、性侵、初次精神病發作，或者就是被母親及父親拋棄的一段回憶，又或者純粹是玩弄陰影及想像力得到的結果——我們永遠都不可能知道了。

根據巴舍拉所寫的，家的形象「在外表看來，已經成為我們親密存有之地貌。家被視為許多意象之集合體，讓人類擁有得以穩定的證據及幻覺」（Bachelard 1994:xxxvi）。

在卡塔莉娜最早的這段回憶中，沒有什麼在保護「我」。她是在生命療養院憶起這頭動物如此接近「我」的過往。因此，這個故事不只暗示她被拋棄的狀態如同那頭動物，也指出這頭動物對她人生產生的效應。就後者而言，我認為動物不是對人類的抹消，反而是某種生命的形式，而卡塔莉娜正是透過此形式去學習產生情感，並因此展現出她的獨特性。

我說我得走了，卡塔莉娜的回應是這樣，「你是標記時間的人。」

「愛是被棄者的幻覺」
“Love is the illusion of the abandoned”

有個男人在水泥地面上一邊爬一邊大吼：「噢魔鬼，吃屎吧！噢魔鬼，把這塊麵包塞進你的屁股！」

醫療站的大多數人都安靜靠在牆邊坐著，這是二〇〇〇年的八月五日，他們正在吸收冬日早晨的微弱陽光。有些人繞過那名正在咒罵的男子身體，手上拿著他們僅有的財物，在無人干擾的情況下晃蕩過中庭。至於我的心裡頭，那名男子的叫聲正好為此地命了名：煉獄。他不停吼叫著同樣的話。

他整天都在大吼嗎？

「那是受苦者的靈魂。」卡塔莉娜回答。

你相信靈魂存在嗎？

「相信，」她說，「相信靈魂，相信一個人可以將渴望感染給別人……就像在教堂，牧師會散播性張力。」卡塔莉娜接著又說，自己過去三天都很平靜，她的牙齒沒那麼痛了，而且一寫起來就「沒完沒了」。新的這本開頭是這樣：「我的字典，我的名字。」

下一頁，卡塔莉娜寫道：「柯洛維斯．嘉瑪（Clovis Gama），卡塔莉娜．高姆斯（Catarina Gomes），卡塔莉娜．嘉瑪（Catarina Gama）。」

她又告訴我，她和我還沒見過的護理師柯洛維斯「在一起」。在柯洛維斯的姓名後面，她先寫了自己原本的姓氏，而不是丈夫家的姓氏摩洛耶斯（Moraes），接著又在自己名字後面接上柯洛維斯的姓氏嘉瑪（Gama）——*gamado*是「深受……吸引」及「性欲很強」的意思。卡塔莉娜是透過寫下新名字來執行離婚，我想。她一開始是用死去父親的姓氏來定義自己，彷彿她不再需要屬於另一個男人，但接著，她又想像自己屬於那名為她施以藥物的護理師。

現在她的名字也有了一種開放性。在字典中，卡塔莉娜（CATARINA）的「R」常被一個類似「K」的自創字母所取代（是在葡萄牙文中找不到的字母），於是成為CATAKINA。她解釋，「如果我不把字母打開，我的頭會爆炸。」

在這些人名後面，出現的是精準背誦出的十誡。接著，在一連串的病名中，她寫下「風濕病存在於神經、肌肉、肉體，及血液中」，接著又提到「生產的併發症」（*mal de parto*）及「失憶症」。接下來兩頁寫滿跟錢有關的內容：「百萬分錢、雷亞爾、幾塊錢；巴西銀行、信用合作社、儲蓄帳戶 。」一長串以「醫生和護士」為開頭的職業名稱跟在後頭。

下一頁則在提到宗教、藥物、錢和身體之後，出現了一篇肯定性歡愉的文字。她寫出在性張力中發現愛的過程：

性張力，歡愉，肏
我發現我愛你

每次接吻，每次擁抱
我覺得更想要你

她在他者的身體上尋找愛，最後卻落得支離破碎又欲望過剩的下場。在下一個片段中，卡塔莉娜想要精液，卻把這種物質和男人混為一談。

我渴望精液
黏答答的黏液
現在我認得你了

愛、性，以及對兩者的幻想，在卡塔莉娜的書寫中毫無分別：

愛，肏，自慰
用手指做愛
兩人之間的愛充滿力量
因為那時候的男人和女人
不會覺得被輕蔑、被拋棄

沒有了社會性連結之後，我覺得，在生命療養院中，卡塔莉娜只剩下彷彿能當作「愛」的「性」了。

又或者她是透過書寫，有意識地指出在愛及性當中，任何人都是孤獨的。你也可以認為這個片段的含意顯而易見。也就是在發現愛的過程中，兩個孤獨受苦者的靈魂及性張力彼此交會：於是正如她所說的產生了一種能量、一種力量，來對抗自己被拋棄的事實。「我們不知道活著代表什麼意思，只知道以下事實：身體能夠自得其樂。」（Lacan 1998:23）無論在愛、性，還是書寫中，卡塔莉娜都在逼近現實，也就是自己被留在這裡等死的現實。

活著就是為了自慰以及事物
人生中的事物
為了緩解陰莖的痛苦
為了重新復生

要怎麼「重新復生」？卡塔莉娜知道，受人輕視的男人心中充滿恨，也知道這種人為了讓「等同於自我」的陰莖紓壓時，會對他者做出什麼事來。

沒有上帝的男人，沒有家庭的男人。受輕視的男人痛苦。

對卡塔莉娜而言，愛是至關重要的享樂。愛的戲劇化效應，她寫道，是懸置她在生命療養院「非存在」的重點之一，是一條同時引她走出又走回被棄狀態的途徑。

去感覺愛
孤獨的愛
在孤獨中跟隨渴望
愛是被棄者的幻覺

社會性精神病

Social Psychosis

「閉嘴。我命令你閉嘴。」一名穿著白袍的志工接近那名不停咒罵的男子，威脅要把他關起來。趴在地上的男人沒有退縮：「噢魔鬼，吃屎吧！噢魔鬼，把這塊麵包塞進你的屁股！」

這名志工回頭時看見我正在跟卡塔莉娜談話，於是向我們走來。他就是柯洛維斯，那名護理師。他說他聽了很多有關我的事，並為了剛剛的喧鬧道歉。「只有藥能讓這個可憐的傢伙閉嘴。我們已經給他鎮靜劑了。但他又吐了出來。能怎麼辦呢？」柯洛維斯也為自己沒刮鬍子表示抱歉。「我真的沒時間。這裡的工作從早上五點就開始了，而且馬不停蹄地持續到晚上九點。」

「柯洛維斯給我維他命。」卡塔莉娜突然插嘴。

「沒錯，我負責給藥……如果有藥物需要發送的話。」這名五十四歲的男子又補充說明。「我為他們注射藥物，料理傷口，替老奶奶們洗澡——這裡發生的一切我都有參與。」柯洛維斯說他這份工作已經做了快一年，「純粹是為了做善事。我沒拿錢。」

他向我解釋，他之所以會這些護理技巧，是在阿雷格里港市一間大型精神病院裡當志工時學來的。他的工作和卡塔莉娜之間有一項連結，雖然在我聽來是有點奇怪的連結，總之，柯洛維斯暗示自己曾在聖保羅醫院讀過一本「藥學字典」，並因此得到「現在足以管理生命療養院藥房的知識」。卡塔莉娜就是把第二冊字典委託給柯洛維斯保管，也就是他把那本字典丟掉了。

「但讓我告訴你實話吧，」柯洛維斯說，「我這一生幾乎都是酒鬼。」他從青少年時期就開始喝酒。十五歲的時候，他離開母親位於阿雷格里港市的家，然後成為一名流浪漢兼移工。他稍微提到自己曾在烏拉圭、巴拉圭及委內瑞拉住過。是住過一陣子，他說，他在里約熱內盧有家庭，但他唯一的兒子已在一場車禍中過世。

在我們談話的過程中，柯洛維斯揭露，其實那間讓他學到藥物知識的精神病院，自己就是其中的院民，而在九〇年代初期，他也曾是生命療養院的院民。「這一次，我是自己回來的。聖保羅有個社工是我的朋友，她想為我租一個住處，但我決定回來這裡。我在那裡接受的治療已經結束了，我擔心自己會回去喝酒，最後又住在街上。真的很難——酒癮是一種很糟的病。」我有一種感覺，這個男人的過去非常沉重，而且遠超過他目前的語言足以表達的程度。

就跟療養院內恢復區的其他志工及院民一樣，柯洛維斯面對醫療站這些垂死之人時，也是把他們當作形塑自己所欲成為之公民想像的重要素材：「我能理解這裡不人道的種種條件。我能融入其中，能在這裡再次找到自我，也能因此忘記酗酒。和被棄者一起工作，是我對自己做的治療。我還想在療養院外多工作個幾年，這樣才能退休，才能拿到我的社會保險津貼。我們在這裡無法拿到這些。」

那個男人繼續趴在地上呼喊魔鬼，因此，柯洛維斯堅持要我們移步至藥房。他試著拿卡塔莉娜來開玩笑，「她會跟我吵架。如果我不夠注意她，她會像隻貓一樣哭叫。」卡塔莉娜點點頭，然後提起一些我聽不懂的事。

醫療站的小藥房現在確實打理得很好。架上的藥物種類更多了，其中大多是外界捐贈的（我之後確認，發現許多都過期了），而且到處都有貼標籤。桌上有許多小塑膠杯，上面標記了病患的姓名或暱稱，裡頭裝了他們今天所需服用的不同劑量藥物。柯洛維斯的工作很忙。許多恢復區的人，還有療養院周遭村子裡的母親或小孩，都會跑來這裡的藥房敲門，希望他幫忙補充處方藥物，或者提供醫療諮詢。

「在我經營這間藥房之前，這裡死的人更多。」柯洛維斯說。

怎麼說？

「因為給錯藥。我猜是三年前吧，這裡有大約二十個人在一個月內死掉。警方甚至還跑來調查。就是在生命療養院改朝換代的那個時候。」根據柯洛維斯表示，之前管理藥房的很多人「甚至不識字，只是把一堆藥丸丟進杯子，直接發給那些窮到不行的人。很多人因此心臟衰竭」。

在新的管理階層上任後，根據柯洛維斯的觀察，生命療養院有了改變。「醫療站內的**被棄者**少很多。我不該這麼說的，但總之：生命療養院現在的營運狀態更像一間公司。奇伊．達斯．德洛加斯時代的人還留著一些，但也快死光了。現在他們不太讓人進去醫療站，新來的院民大多是能拿到補助的年邁婦女。其中有些人甚至每個月能拿到的錢是基本薪資的三倍。」

這些日子以來，生命療養院已經組織了一套檢傷系統，主要負責統籌這項工作的是社工達爾娃。「在此之前，」統籌醫療站工作的志工奧斯卡向我解釋，「來到這裡的人沒有身分。我們不知道他們是誰的孩子，又或者他們有沒有生孩子……很多人都是獨自來到這裡。現在他們至少都會有身分證，而檢傷系統讓我們在必要時有可能聯絡得到他們的家人。」

當天稍晚，我又和奧斯瓦多隊長進行了一次談話，他對於機構內目前的工作方式表示了直截了當的看法：「我們不再接收受傷的人……我們希望能在醫療站內達到『零監禁』的目標。我們不是一間醫院。我們提供的基本上是復健服務，好讓人能夠回到社會，回去工作。」

我請奧斯卡詳述這種政策轉變背後的根本原因。他本來不停表示想改善醫療站處境，卻不停遭到忽略，最後終於厭倦又不甘心地說了真心話：「現在管理療養院的人有他們私下的利益要顧。這是一場政治遊戲。他們對於這些人能為社會帶來的好處沒什麼興趣。他們有興趣的，是療養院在外界的能見度。就捐款狀況而言，醫療區的生活品質應該要比現在更好，至少就食物及能給予的治療應該要是如此。我已經懶得再爭取了……他們關心的都是生命療養院在外界的形象，但此地的現實情況其實完全不同。」

至於醫療站及其中院民的未來，他說，「根據隊長傳達給我的管理願景，這些人反正會自我了結，最後一個也不會剩……或許再過幾年，你談過話的這些人就都不在了。」彷彿一切都是他們自找的，我指出，而且沒有人必須為他們的苦痛負責。奧斯卡做出一個肯定的手勢。「不然呢？這是社會造成的結果：這些人沒有生產力，也不會投票。」

奧斯卡告訴我，我正站在一個「支離破碎的人」面前，但他「會藉由上帝的幫助，想辦法繼續生活」。他最近發現自己的愛滋病毒檢查呈陽性反應。「我最害怕的不是愛滋病，」奧斯卡說，「我最怕的是妻子和孩子被感染。他們不像我之前有好幾年在注射毒品，他們什麼都沒做錯。不過，也有可能我是在這裡處理愛滋病患時才染上的。我終於鼓起勇氣告訴我妻子，她也去檢查了。感謝上帝，她和孩子都沒被病毒感染。她說她不會離開我，她會和我一起面對。」

透過生命療養院的社工協助，奧斯卡開始學習探索當地的愛滋醫療世界。他已經看過一名傳染病專科醫生，也會固定檢查CD4細胞的數值。「醫生說我是健康的，還不需要使用雞尾酒療法，我也會盡可能讓必須使用這個療法的時刻來得愈晚愈好。不過感謝政府，我們現在有了希望。」奧斯卡指的是巴西政府免費發放的抗愛滋病毒藥物（antiretroviral）。

不過，對於被棄者而言，他們能得到的仍只是最低程度的協助。現在每週會有一名義務醫生前來看診，但做的基本上就是花個一到兩小時，為恢復區的院民簽署殘障報告書（disability report）。部分醫療站的病患能在附近的公共衛生站立即接受治療，但也得剛好有合適的交通工具，以及願意幫忙的好心志工。至於需要受到特殊治療的病症，像是癌症和糖尿病，就「像抽樂透一樣看運氣」，志工艾蘭卡爾向我解釋。為了能讓院民看病，他每週都有一天的下午五點到早上八點，得到大學醫院跟另外數百人一起排隊，等著拿約診券。「而且通常還得再花上幾個月才能真正看到醫生。」他補充說明。

當地衛生站基本上都是機械化地開立處方，不可能提供持續性的照護。正如柯洛維斯所說：「精神科醫師為我們開藥。如果藥不管用，我就改變劑量，或者嘗試不同的藥物搭配。」換句話說，吸引卡塔莉娜的這個男人，同時扮演了醫生、藥師、護理師及照護者的角色。我真想知道他還有多少種身分。「我在這裡得處理一大堆精神病，」柯洛維斯指著他準備發送的各種藥物，「氟哌啶醇、左美丙嗪、氯丙嗪、鹽酸異丙嗪、百比停、地西泮，和丙咪嗪。」在這段話中，藥物本身就代表了精神病。

我在一九九五年初次來到生命療養院時，沒有聽到有人在談「精神病患」。當時的被棄者沒有得到任何明確診斷。而正如卡塔莉娜所暗示的，正因市場上隨處都能取得精神藥物，公衛服務的普及化又讓情況變得更為嚴重，因此，在家庭、鄰里生活圈及生命療養院中，這些「生物」愈來愈被架構為「心智失常」的一群人。

我在詮釋卡塔莉娜那天說的話時，發現其中關於心理健康的論述，也符合生命療養院目前管理階層心中的優先順序：「正如我之前所說，我們試著不再讓受傷的人進來，才有機會讓病患名單歸零。但我們不能把已經有的病患丟回街上。這些無法自立的人，或者心理方面生病的人，不只是他們家人的負擔，也造成財政上的負擔，他們是一種恥辱，是社會上的絆腳石。但再怎麼說，他們不是我們的責任。外面有其他特定機構提供這類治療。我們沒有處理這類問題的適當人員。」

我所關心的是，這些以全新模式被結合起來的親族關係、公共機構、精神醫療，以及用藥方式，就算沒有讓人產生精神病，卻仍為他們的經驗賦予了特定的形貌及價值判斷，導致他們像是得了精神病，並藉此重新鑄造了互為主體性，也中介影響了被棄處境的發生。這就是我使用「社會性精神病」一詞的用意。我不是說精神疾病不是真實的疾病，又或者精神藥學無法為受苦者帶來潛在的好處。我只是想要強調，民族誌可以幫助我們在討論歸屬感、能動性及照護的不同迴路及奮鬥時，重置（resituate）精神病理學並重新進行思考。這些人的生命被編寫為超脫現實、外於時間，甚至不用得到受苦者及其親族應有的奧援（比如衛生專業人士及公家機構官員），這些奧援理應要能確保他們不至於被排除，並再得到一次機會以及擁有某種可能性的感覺，而透過民族誌的認識，我們能在面對這些具體案例時擁有更清楚的認識。正如之前提到，我特別感興趣的是針對藥物成為社會性工具的過程進行評估，因為我能在卡塔莉娜及生命療養院的志工口中不停聽到類似陳述：包括當地衛生站及整體精神醫療機構用來治療貧窮勞工所使用的藥物，還有藥物在重鑄家庭關係及價值觀時扮演的角色，還有個體於體內化學組成及主體性方面產生的變化，以及生命療養院將剩下的藥物回收再利用，以確保被棄者處於被移除至現實之外的處境。

正如奧斯卡的描述：「我最近把一個老爺爺送去卡里達迪精神病院住院。他已經在這裡六年了。我不知道他從哪裡來。我站在那裡盯著他：他到底來自哪裡呢？他曾說自己有過一個家庭，說他以前養牛。如果他說的都是事實呢？總之，他有攻擊性，我們得送他住院，但他們在那裡幾乎要殺了他。其實好好回想，我不會覺得他有精神方面的問題。但他們在他體內塞滿藥。」

奧斯卡又進一步說，在公立的精神醫療機構，給藥確實沒有因人制宜，通常也不會給很久。這些機構中常出現用新藥進行怪異實驗，以及過度給病人鎮靜劑的狀況（通常都是為了避免病患的攻擊行為），由於這些機構通常基礎建設薄弱，這麼做才能產生出一批方便機構繼續運作的被動病患。在這些家庭及醫療機構的交互作用下，藥物取代了缺失的社會連結。此外，藥物也讓這樣的缺失變得難以逆轉，並將社會拋棄多餘個體的行為合理化。

任何人都能藉此指出，透過這一切布局，是精神藥物構成了「真實」及「正常」的語域，並成為形塑認同過程中不可或缺的一部分。就生物醫學而言，我們已經知道，卡塔莉娜毫無選擇，只能過著一直以來所熟悉的那種人生。而用她自己的話來說，就是正「走在一條沒有出口的路上」。

柯洛維斯去照顧一名傷者時，卡塔莉娜對自身處境表達出驚人的理解。「我不是藥師，」她說，「我無法說出哪種藥治哪種病，無法說出藥（*fármaco*）的名字，但我知道自己的病名……要怎麼說呢？」

就直說吧。

「我的病是時間的病。」

我不懂，我說。

「時間是沒有解藥的。」

時間的病
An Illness of Time

等柯洛維斯又回來後，我把他拉到一邊，問他覺得卡塔莉娜的情況如何。

「我正在治療她的牙痛，但她真正出問題的是神經系統，」他說，「我問過她好幾次了，但她始終沒把完整的生命史交代清楚。她很混亂……她覺得痛苦，一直想著她的孩子。她說他們把孩子從她身邊奪走，然後就把她丟在卡里達迪醫院……他們可能是跟孩子講，『我們沒辦法讓媽媽待在家，因為她瘋了。』」他也間接提到我正和卡塔莉娜進行的工作，「我大概沒有足夠時間聽她說那些故事。」

接著他又說：「我不知道她的癱瘓問題怎麼來的。似乎是中風過，她的雙腿失去力量，舌頭也卡住了……但她真正的問題是憂鬱。我現在在處理了。」他低聲向我解釋，卡塔莉娜在吃的那些「維他命」其實是抗憂鬱的丙咪嗪。「早上兩顆，下午兩顆。然後她就不哭了。她總在吵鬧。不過現在比較冷靜了。」他很快補充，「是醫生開的藥。」

她為什麼吵鬧？

「我後來有了個結論：在這個地方，人很難談感情，所以她對所有注意到她的人都很依戀。她會吃醋，不喜歡我對她以外的人友善。」

事實上到底發生了什麼事？

我們走近卡塔莉娜時，柯洛維斯又拿她來開玩笑：「這女人總是有各種狂想跟美貌方面的擔憂，真是給寵壞了。只要別人沒順著她的意思，她就哭個不停。如果我不去把她從床上抱起來，她就寧可待在房間裡。有好幾個老奶奶都只讓我幫她們洗澡呢。」

他為什麼要跟我說這個？

卡塔莉娜立刻插嘴：「他會愛撫我們……然後假裝不懂自己在幹麼。」

「但我不能對你們很糟呀。我在聖保羅幫病患洗澡時，也從沒虧待過任何一個人。」

防衛性多強的發言呀。

截至目前為止，我把卡塔莉娜說的話解讀如下：「我對家庭、醫生和世界而言，都已成為一名心智障礙者。因為被拋棄在生命療養院，我原本維繫的種種社會性連結也隨著我凋亡。」不過正如她所堅稱，她的主體性所剩下的不僅止於此：生命療養院中還有愛。而只要有愛的地方，就會有「不斷留下印記」的性關係（Lacan 1998:94）。

我現在開始處理的是接下來這段詮釋：既然卡塔莉娜終歸無法透過「我願意」和人生建立彷彿結婚的關係，那麼，透過和柯洛維斯的關係——無論是想像的或真實的——她等於在宣稱：「我現在愛著這個懂得理解我的人，這個替我處理藥的人。」在藥療化的被棄處境中，卡塔莉娜讓自己的身體臣服於那名男子。「為了表現真誠，」她在新字典內寫道，「我要對耶穌、婦產科醫生、小兒科醫生、藥師、按摩師、精神科醫生，和護理師，獻上我的愛。」

「我什麼都做，」柯洛維斯又說了一次，「洗澡、注射、包紮，什麼都做。這裡的人太多了，你還得撐開傷口，把裡頭的蟲子挑出來。」他把一段醫療性的描述講得像是什麼奇詭的手工技藝。

「我們有位院民的左眼中有小動物。應該是得了癌症吧，我記得，所以我開始處理。我得把整顆眼球的膿擠出來。某天，那個被綁在樹上的女人卡布林哈掙脫了，打了他的眼睛。血流得到處都是。噢，上帝，我們還得清理。但他沒照顧好眼睛，結果蒼蠅跑進去。幾天之後，我又挑出大概十二隻動物。我們沒辦法用鑷子清乾淨，所以開始準備某種藥……我拿了用來洗廁所的消毒劑，往玻璃杯內放了幾匙，再加入血清和麵粉，弄成一種糊，敷在他的眼睛上，用繃帶裹起來。隔天，我把繃帶拿下來，你真該親眼看看，大部分洞裡的動物都黏在上頭了；剩下的之後也出來了。我不停敷了好幾天，然後往他的眼睛裡倒嗎啡，清乾淨，再加消毒劑。那些液體好像都流進他腦子裡了……」

「那天晚上睡覺時，我禱告乞求上帝垂憐，希望祂把他帶走而不是讓他受苦，又或者終於將他治癒。到了早上，我打開傷口一看，簡直不敢相信……我叫其他志工也過來看巴斯喬歐的眼睛。那個洞已經癒合了。彷彿動過重建手術一樣。他還活著。」

柯洛維斯要我相信他的話，所以把我帶去看那個早已被毀容的生物。「他不講話的。」他告訴我。

上帝、性愛，及能動性

God, Sex, and Agency

為什麼人們因為話語將我定罪？
使人憂傷的肉體
感到痛苦的肌肉
我不必支付我沒招惹來的帳單
我不必為了我沒犯的罪而受苦
整天待在同個地方實在不容易

我在那天下午再次回到生命療養院。卡塔莉娜已經又寫了幾頁。除了指控那些掌握了她命運的法則，她也提到一個新名字為她帶來的力量、身處被棄狀態中的性，以及隨他者身體而來的某種特定「不可見性」（signlessness）。

我是駕駛
我的語言是魔法而我征服男人
柯洛維斯・嘉瑪
我們做的都在我們伸手可及之處
骨子裡的快感
神經中的渴望

風濕病的女人
劇烈抽搐，祕密抽搐
胸口劇烈地砰、砰
上帝的僕役
愛
我服侍的是個男人不是玩具
卡切琪·伊奇妮·嘉瑪
被拋棄
在填充
闔起的屄打開
天使，如果祢有身體
靠近我
為我戴面具

我們舉杯，我憶起愛、關係、一個擁抱，一個吻
白內障，結膜炎，眼藥水
太過巨大的聲音
震碎心，而身體
讓渴望絕子絕孫

天使害怕太過巨大的聲音

卡塔莉娜，我說，今天早上你說了些關於快感如何感染別人的事情，就是性張力。

我想繼續之前的談話，她卻不讓我把這段回顧說完，反而講起目前正在吃的藥。我想是因為她用藥物來理解自身經驗，並把藥物當作詳述自己心靈世界的工具。

「現在我吃的是一顆膠囊，還有兩顆小小的維他命……應該是吧……因為我的嘴巴在發炎，為了讓我增加體重，為了維持體態。」

你吃藥會有什麼感覺？

「維他命會讓我餓。」

腦子呢？

「我能睡一整晚……只要莉莉沒把我吵醒。可憐的莉莉，她會醒來問，『你知道上帝是誰嗎？』」

上帝是誰？

「是好多的愛。」

卡塔莉娜接著開始複述一些之前提過的事，而且陳述的內容愈來愈精簡、混亂。

「我和前夫在一起時，上帝給了我三個孩子。我思考過人的許多部分……性是傳達欲望的那部分。我總希望我的伴侶感覺舒服。我現在對性的想法就是沒有限制。透過這種行動，人能緩解我的和他的需求。我很清楚這點。證據就是我的弟弟都非常冷靜。他們總是談論、說出自己的感受。我有一邊的腦因為其他人而無法好好運作……因為我的前夫。他不識字。他不喜歡拿筆，但我喜歡。我為了讓孩子上學教他們讀書寫字……他不要。」

你說你有一邊的腦無法好好運作？

「對，因為他的緣故。我們在一起時，我忘掉了我的一個面向。有智慧的那個面向，疾病的科學……如果我們不去細究，身體就會變糟。」

我跟她說，卡塔莉娜，你跟我說過這些了。你也跟我說過，你把小時候和現在得過的病都寫進字典裡了。這種書寫是你用來進行科學研究的方式嗎？

「我認為，當有人在家受苦時，就該根據自己的感受得到相應的藥物……就像露爾汀哈，她肚子痛時不知道該怎麼辦。我就叫她去炒一些蛋，然後抹在肚臍上。她的痛就消失了……那是生產的併發症。你有注意過嗎？透過蛋比較薄的地方，可以看見小母雞的喙？很多次，當我打破蛋的時候，我都會想……再見了……因為不可能再長出來了。」

所以這是把黏稠的蛋抹在肚臍上的原因嗎？為了不想再長出孩子？

「對。」她說。

為什麼露爾汀哈不想生更多小孩？

「不是……其實，她沒辦法生小孩了。已經打破上帝的蛋了。」

這一切跟寫下所有病名有什麼關係？

「任何人都知道……要治貧血，得用好度。」

那失憶症呢？

「生補水（*biotônico*），為了不要失去全部記憶。」

卡塔莉娜先是提到在肚子上抹蛋，我懷疑那是一種用來引產的家用祕方，接著她又提到抗精神病藥物好度（也就是氟哌啶醇），但其實那無法治療她原本說的那種身體病症，也就是貧血。然後她又談到一種延壽補劑（生補水），那是一種另類藥品，我記得打從我小時候到現在，有很多窮人會買來為小孩補腦。卡塔莉娜希望走出遺忘。她是現實中的一個洞，彷彿活著無記憶的人生，但她不停為自己從家譜中被逐出的種種事件賦予意義，並透過精準、頻繁地回憶性生活，彷彿又能重新找回形貌。

「我還小的時候，曾在大農場上做愛，跟薩吉歐和歐立。他們是兄弟，也是我們的朋友。其中一個是我母親的教子。我很愛調情。我當時七歲。年紀最大的男孩十二歲。我正要把南瓜帶回家，他們把我攔下……我面對他們說，『我才不會逃跑。』他們把我圍住，怕我跑掉。我一直走，然後在走出大農場前，我說了，『如果你們想要的話，就在這裡，現在就做。』……他說，『我想要。』……所以我們就做了。」

卡塔莉娜繼續談自己的童年性事。

「我之所以會知道性，是因為有次拜訪嬸嬸麗拉的農場。我的堂兄弟姊妹都很好奇，所以我們就看著兩隻豬在交配。我們很想看……而那頭豬，我也不知道，算是引發了我們體內的欲望。這種感覺一直留在我腦子裡。所以在跟薩吉歐和歐立做之前，我就知道性了。」

講完農場動物激起性欲的故事後，卡塔莉娜沉默了一下，接著說了一句話，而在我腦中，這句話呼應了那頭黑獅子在她母親不在時進屋的故事：「我之所以會做，是因為母親沒跟我們在一起。」如果說在她最初的回憶中，是動物的靠近激發了恐懼，此刻似乎則是透過某種往動物接近的動態，而展露出某種人類能動性。

「我第一次做的時候沒流血。是跟我丈夫做的時候才流血。我們是在訂婚時做的。既然確定會結婚，我就臣服於他。我們做愛。感覺很棒。有時候會有快感。我知道對人的生命而言，欲望跟快感非常重要，還有別人的身體，另外一個人的身體……這些都會直擊你的內心，而一個人可以成就很多事——你知道嗎?女人的月經是一種調控機制……不是為了懷孕。如果一個人想跟有調控機制的人建立關係，那付出身體的人也要得到快感，而不只是寫處方的人得到快感。」

處方藥物造就了卡塔莉娜從交換的世界中被逐出的結果（彷彿她不懂自己訴說的語言），而現在又成了一種透鏡，讓她得以透過此鏡重述自己凋萎的過程。她最後剩下的只有如同她在新字典中所寫的：「自得其樂的享樂（*se goza gozo*）。」、「快感跟欲望沒有在賣，也無法買到。但可以選擇。」她想要的無非是「重新開始」的機會和一個身而為人的選擇權。這是卡塔莉娜透過自己的愛情故事想確認的。

「我曾和一個在這裡當警衛的志工約會。他買了戒指和手鍊給我，還有洗髮精，反正很多東西。我們會在晚上見面，在廁所裡發生關係。但大家試圖拆散我們。薇拉開始說那也是她的男友。所以我把戒指還回去。他拒絕收回。我說，『我不會把這個丟掉。』所以把戒指收進行李箱。我們分開之後，他又在這裡有了另一個女人……但反正對我來說，我不是他的獵物了。我不是他的責任。我要這個。我有欲望，我有欲望。我現在跟柯洛維斯在一起。」

卡塔莉娜拒絕把自己描繪為受害者。「柯洛維斯和我在廁所裡發生關係……也會在藥房，」她向我坦承，「是祕密，但我們有好好保密。」對她而言，欲望和快感令人滿意，「是透過感受而得到的禮物。」在發生性關係的過程中，她說，「我沒有失去理智，也沒有讓伴侶失去理智。如果這麼做讓我感覺很好，我也希望讓他感覺很好。」根據她自己的說法，她是「一個真女人」。

女性繁殖者
繁殖
潤滑

匿名繁殖者
撫弄激烈的肉欲
以及各種狂熱

醫生繁殖者
卡切琪·伊奇妮
護理師，醫生
私人的
值班護理師

科學的墮落
吻，電流
濕掉
嘴巴親吻
乾渴的吻
親吻脖子
從零開始
總是有時間能夠
重新開始

對我而言該是皈依的時候
這是救贖的一日
柯洛維斯・嘉瑪
卡切琪
卡塔琪娜・嘉瑪
伊奇妮・嘉瑪
雅莉珊卓・高姆斯
安娜・G
重新開始一個家
一個家庭

愛之靈[2]
上帝之靈
靈在裡頭成為肉體

*

2 譯註：卡塔莉娜筆下的愛之靈（spirit of love）是改寫自聖父、聖子及聖靈的聖靈（Holy Spirit）。

聽了卡塔莉娜說她和別人在醫療站內持續合意性交的過去，我深感困擾，於是又去問隊長有關生命療養院內出現性行為的現實狀況。他再次重申，「這裡沒有這種事，如果真的發生了，我們也會有辦法得知後制止。」奧斯卡也否認有這種狀況，但同時語帶保留。「事實是，我們不知道醫療站晚上發生的事。隨便都有人可以溜進來……偶爾我也會聽到一些謠言，關於我的志工在幫忙洗澡時碰觸女性下體的謠言。但若我沒親眼看到，又怎能懲罰？」奧斯卡也承認，某次有名警衛被抓到和醫療站內的女性發生性關係，「但他已經沒待在這裡了。」

我也從莎莎的口中聽過這個故事。她整天無止盡地從醫療站的大門走到房間再走到庭院，抽完的菸蒂就留在庭院。某天莎莎又在走來走去時要求我替她拍照。她告訴我，就在幾週之前，她被一名志工拖進樹林內強暴，而那名志工就在醫療站內擔任警衛工作。

莎莎來自巴西的東北部，在流落街頭前是一位女僕。她不知道自己幾歲。她是靠著「一點步行、一點搭便車」來到生命療養院。有名卡車司機在療養院放她下車。至於生命療養院內的生活，她的評語是，「在這裡，我什麼都沒做。在這裡，沒有人在做任何事。」

這裡的人對你怎麼樣？

「欸……但有時候他們會把我們綁在床上。他們會在我反駁他們的命令時發怒。不過也不只是我，這裡的所有人幾乎都一樣。維林哈也被綁了好幾天。他們唯一不會綁的是卡塔莉娜。他們替我們鬆綁是為了讓我們吃飯。他們很壞。我不知道他們怎麼想，我只知道他們會綁住我們。」

你的臉怎麼了？我問。

「我割臉，用一把刀子。」

你的手臂也被割了。為什麼要這樣做？我知道有些妓女會故意割傷自己，展露很可能受愛滋病毒

莎莎，生命療養院，2001

感染的血液，來當作嚇退某些討厭客人的手段。

「我酒喝太多，還混著藥一起喝。我會割腿、割手臂。我喜歡這樣。我有想這麼做的渴望……每次我割自己，就會出現想多割一點的渴望。我感覺不到一點痛。我愈割，就更想割。不過現在有一陣子沒割了。我真的很瘋。」

莎莎接著告訴我，她被強暴的經驗不是例外，但她所遭遇的暴行卻完全不在法律管轄的範圍內。「朱甌．佩德羅是瑪麗亞的老公，就是他抓住我，把我拖進樹林。我不是第一個受害者。他也攻擊過這裡的另一個女人。他現在在坐牢，但不是因為他對我或那個女人做的事。而是因為他強暴了一名坐在輪椅上的男人……大家這時候才想殺掉他。他躲進村中的學校，但人們還是找到他，還用鐮刀砍他的腳。」

藉由描繪這個私刑場面，莎莎將生命療養院的恢復區，描繪成當地組織犯罪網絡之延伸，同時也是精神變態者的庇護所。

「村子裡有些男人跑去追殺他。他們戴著面具。他們很危險。不過警察在他們殺死人之前趕來把人帶走了。警察之前也來過這裡，帶走一個逃獄之後躲在這裡的人。我已經看過很多人在生命療養院買賣毒品……村子那裡有古柯鹼、大麻、快克……他們都有，他們都在嗑……這裡也一樣……有個傢伙帶了古柯鹼來這裡，鬧得很瘋。奧斯卡把他趕走了。你認識跟我在大門邊說話的那個人嗎？他說他是個精神變態，打算在這裡待一陣子，看能不能重獲新生。」

我把問了每個人的問題拿來問她：為什麼許多家庭把人留在這裡？

「他們把我們扔在這裡等死就不回來了。」

*

卡塔莉娜最新在用的那本本子裡，她在自己的新名字卡切琪（CATIEKI）底下寫了「身體的合法化」、一些身體被針對「屍體狀態及頭部做了檢查」，還有一些即使被遺忘但「沒有失去理智的」人。

卡塔莉娜被標記為必須捨棄的「瘋子」，被丟在這裡等死，但仍主張自己對世界的理解及欲望，她所表現出來的，是她的經驗得以於其中成形的許多迴路，並暗示生命本身擁有難以窮盡的潛能。藉由追蹤卡塔莉娜故事中的交互關聯，我希望終究能將她在生命療養院的處境，理解為由一段段關係組成的多個複雜整體，並呈現出多元決定（overdetermined）及保持開放的狀態。卡塔莉娜在此處的主體性就像個正在製作的手工藝品，其中帶有複雜的象徵、社會及醫療意涵，足以啟發我們對當代巴西及其他地方有關生活條件、思想及倫理方面的思索。

「你什麼時候會再回來？」卡塔莉娜問。

明天，但你為什麼這麼問？

「我喜歡回應你的問題……你知道怎麼問問題。很多人都在寫作，但不知道如何找到真正的重點……而你知道如何進行報導。」

我感謝她的信任，也告訴她，為了進行報導，我會試著去找她在聖保羅和卡里達迪醫院的檔案，也就是她說自己曾接受治療的地方。卡塔莉娜同意了。

「我想知道他們是怎麼寫我的。」

盧爾德、伊拉夕、卡塔莉娜，和朱歐，生命療養院，2001

第三部　醫療檔案

PART THREE　THE MEDICAL ARCHIVE

公共精神醫療
Public Psychiatry

卡塔莉娜到底是怎麼變成這樣的？

在幾次致電卡里達迪精神病院卻無功而返後，我總算聯絡上一名願意替我徹底搜尋醫療檔案的好心社工。接到我焦急的回電，她告訴我，「卡塔莉娜在這裡和聖保羅精神病院有多次入院紀錄。她的家族有精神病史。還有個舅舅自殺了。」這項紀錄看似能夠解釋卡塔莉娜的處境：她的瘋狂早已在血液中奔流。

「我無法告訴你再多的資訊了。」她補充。規則不能被打破。醫院只有在卡塔莉娜本人要求下才能釋出檔案。

卡塔莉娜為了拿到醫療紀錄副本，鼓足勇氣跟我去了醫院一趟。在回生命療養院的路上，她非常安靜。我問她為什麼，她坦承，「我有點害怕。」「怕什麼？」「怕你把我留在那裡。」

卡塔莉娜．高姆斯．摩洛耶斯是在一九八八年四月初次入院。紀錄上顯示，她在一九六六年十二月一日出生於南大河州東北的小鎮蓋撒拉，是達利歐和伊爾達．高姆斯的女兒。她的結婚對象是尼爾森．摩洛耶斯，紀錄中的她被描述為一名小學畢業的家庭主婦。（其實，後來我從本人那裡得知，她只讀到小學四年級。）這對夫妻住在新漢堡市，這座城市以鞋工廠聞名，而這間工廠之規模大到就算稱不上問題叢生，但也夠複雜的了。

卡塔莉娜在一九八九年三月回到卡里達迪，並在一九九二年十二月第三次入院（這次是由新漢堡市的心理衛生服務轉介過去的），之後又曾在一九九三年短暫入院。她最後一次在卡里達迪入院的時間是一九九四年三月。

聖保羅醫院是當地最惡名昭彰的全控機構（成立於一八八四年，是全國歷史第二久的精神醫療機構），我去那裡時，官員沒要我的身分證，也沒要求卡塔莉娜提供同意信，就直接讓我查閱她的紀錄。她曾在一九九二年三月入院（由新漢堡市的服務機構轉介），另外也曾在一九九五年一月入院。卡塔莉娜的發作紀錄大多介於一九九二到九四年之間，當時她生了第三個孩子，婚姻面臨破裂。所有她在我們對話中提及的人物、地點和事件，都一一出現在檔案中。

就在我記錄卡塔莉娜與這些機構的交會時，似乎發現了一個固定模式。她所經歷的是專屬於都會勞工階級大眾的心理衛生治療，但並不適合她。顯然，這種徹頭徹尾常規化的在地精神醫療無法解釋她的獨特性、她的社會條件——而且也無法解釋她在生理上遭遇的問題。此外，這種在地的精神醫療本身也在去機構化的趨勢中搏鬥，而所謂去機構化希望推行的是另類心理健康治療，以及因此大量出現的全新分類及治療方法。

正如一位曾在卡里達迪工作的精神科醫生所說：「就實務而言，公衛照護系統並沒有妄稱它們有在治療每個個體，而精神醫療機構只是拖長了病患的病況。疾病開始成為那個人的本質。在大多數案例中，病患開始將『瘋』視為自我認同的一部分，再也無法將其放下。」

兩間精神醫療機構的醫生為卡塔莉娜做出各種不同的診斷：思覺失調、產後精神病、心因性精神病、未分類之精神病、情緒疾患、憂鬱。我覺得很有意思。如果整體而言，卡塔莉娜的精神狀態一直沒得到精確定義，醫生對她做出診斷的嚴重程度也逐年降低為情感障礙（這反映了精神醫學的普遍趨勢），為什麼她最後還是淪落到生命療養院這個如此極端的環境——而且身體癱瘓、被歸類為嚴重的精神疾病患者，甚至社會連繫也失去了？就在這個國家進行精神醫療改革之時，這種情況到底是怎麼發生的？

根據紀錄指出，沒有任何醫學方面的評估或治療，是真正把卡塔莉娜的遭遇當作風濕病來處理。那為什麼她堅持自己的癱瘓是後天發生，而非先天遺傳？有些人會把這種堅持視為對醫療知識的無知及抗拒現實。但對我來說，她做出這番推理的說詞，凸顯出時間在她身上造成的效果。

在閱讀她的檔案報告時，我看到卡塔莉娜字典中的意符有了生命。在好幾部字典中，她持續提到各種醫療機構、相關專業人士、疾病名稱、各式診斷，以及不同藥物——所有的這些都跟其他元素混雜在一起，包括工作、家庭生活、政治、她從生命療養院的收音機聽見的廣告、國歌、主禱文，還有其他種種，另外還有不停重複提及的渴望及痛苦。身為她的對話者及人類學家，我試圖詳盡探究所有這些細節，並在她所告訴我的故事片段之間，找出有意義的連結及帶有詩意的聯想。

但這只是我所追求的一部分目標。我知道若只是持續研究字典，以及卡塔莉娜那些顯然前後對不上的回憶，那麼，這一切很容易被具象化為不值一提的精神病徵狀。但她的「其他言說可能性（是如何）被消音」的呢？查特吉曾做過失智症患者的研究，並在其中提及一種名叫「檔案自我」（file self）的情況（Chatterji 1998），而我在卡塔莉娜的醫療紀錄中發現了類似現象。透過這些有關卡塔莉娜的治療筆記，再加上與她的家人及健康專業人士進行討論，我於是能夠重新聽到病患的話語，更重要的，是探索這些話語改變的敘事軌跡，以及導致此刻之所以變得如此難解的種種條件。

就在我描繪造就她被棄狀態的各種關係、醫療以及機構之間的網絡，還有其實際運作方式時，我辨認出一個複雜的過渡場域，這個場域的一側是精神醫療的去機構化（deinstitutionalization），另一側則是發生在「典型」家庭內的再機構化（reinstitutionalization）。卡塔莉娜剛好撞上這個過渡時刻，成為替兩種制度搭起連結橋樑的主體。我針對醫生及公衛行政官員進行的訪談內容，正好捕捉了這些推行私有化的人，以及支持將政府的服務去中心化、而且人人皆可使用其資源的這些人，所廣泛展現出來的樂觀主義。在此同時，卡塔莉娜的精神就醫紀錄訴說了一段照護藥療化，以及她先是被丟棄給家庭、接著又被家庭給丟棄的過程，而且在這段過程中，家庭最後還代理了精神科醫生的工作。因此，這項一開始只是有關「社會拋棄」的民族誌研究，接著成為關於「瘋癲」的民族誌研究，最後又進化為針對「過渡時期」的民族誌研究。確實，那些最為持久不衰的不人道現實，往往也最常見於過渡時期，不過無論如何，形塑生活及經驗的新材料及價值觀，也往往是在這段時期改造而成。

在之後的內容中，透過檔案及民族誌材料的並置，將會揭露出一個社會／醫療領域的工具性，此領域不但不再對卡塔莉娜有所期待，也不再考慮她的需求。卡塔莉娜被一種聯手創造出的「常識」排除在外，她逐漸被一種「致死」的語言及其力量所包裹，而此力量就這樣將卡塔莉娜及其話語轉變為一種死去的客體。

她作為一名典型病患的人生

Her Life as a Typical Patient

一九八八年四月二十七日，進入卡里達迪醫院的卡塔莉娜這時二十一歲。因為擁有合法工作證，她有權利獲得政府資助的醫療服務。帶她去醫院的是荷西・安尼伯・里馬，他自稱「個體經營戶」及她的「教父」（*compadre*）。「教父」這個詞的字面意思，就是「另一個父親」，通常指的是家族密友；當然，她當時已有了兩歲的兒子和四個月大的女兒，所以這個男人也可能是她某個孩子的教父。雖然當時卡塔莉娜仍是已婚狀態，而且就跟丈夫住在新漢堡市的某一區，入院紀錄中卻沒提到他。

那個時候，不管誰都可以把一個人帶去住院，不但家族成員可以，連鄰居也行。一名精神科醫師就告訴我：「根據法律，你可以因為臨床理由拒絕病人入院，但不能以精神病相關的理由拒絕。常有人跑到精神醫療站來說，『沒有人能應付這個人了』，然後命令我們收下病患，就把人丟在那兒了。我們收過很多沒必要住院的人，都不知道多少次了！」❶

卡塔莉娜初次入院的狀況就是這種慣例的縮影，而這裡的紀錄也揭露了，在她開始這段精神醫療之旅時，家人是不在場的。就跟其他所有精神病患一樣，她得在入院辦公室留下所有財物及衣服，為的是避免她用這些東西傷害自己，也確保她不會被搶。從那時候起，她就必須受這個機構的規則及時間性所支配。紀錄顯示她不說話。她作為一名典型病患的人生就此開始。❷

值班醫生記錄下他從那位「教父」口中聽到的話：「病患在過去幾週出現行為改變的狀況，而且在兩週前惡化。病患睡不好，會說一些神祕／宗教性的事情，不打理自己也不打理家務。她說每當有人嘲笑或質疑她時，上帝會給她徵兆，而她得到了一份得以將自身思想傳遞給他人的禮物。」醫生的報告指出，病患「沒有臨床病症，沒有精神病史」。他將她的精神病症狀總結為「情緒調節能力低下（affective hypomodulation）、幻覺（hallucination）、自大型妄想（grandiose delusion）、思考被廣播（thought broadcasting）[1]。」

根據她「情感僵化」的情況判斷，好幾位閱讀過此檔案的精神科醫師，以及我，都推測卡塔莉娜所經歷的可能是產後憂鬱或憂鬱症。然而就醫療層面而言，她的內在生活及社會性存在（social existence）無關緊要，於是根據當時精神醫療的運作邏輯，她立刻被診斷為思覺失調。

一名在卡里達迪醫院工作的精神科醫生解釋：「身為醫生，我們要評估的是對方的精神狀態。很少有地方能進行社會性的評估。整體而言，真正有在進行的社會分析，只是為了確認病患是否有可能被拋棄在醫院。」當然，各種原因都可能同時成立。她之所以出現幻覺，可能是基於一個根本的心理／生物性問題，也可能是苦於使人無力的社會處境。但事實是，卡塔莉娜進入這個公共精神醫療世界後，她的個人性存在（personal existence）不只被漠視——根本就是被掏空了。無論她基於她的不信任表達了什麼意見，都會被視為缺乏客觀性、缺乏目標，且無涉於真實——這種無法解釋她處境的情況，成為將她與「思覺失調」這項診斷鍊在一起的枷鎖。

卡塔莉娜被安置在3B病房，那是一個收容慢性女患者的病房，她服用的多種藥物都被施予最大的劑量，目的是讓她鎮靜、控制她的攻擊行為，並緩解醫生認為會發生的精神病發作。醫生開給她抗精神病藥物氟哌啶醇（藥名為好度）、具有鎮定效果的抗精神病藥物左美丙嗪（藥名為宜舒神）、具有助眠效果的苯二氮平類藥物硝西泮（藥名為眠確當），以及用來控制抗精神病藥物副作用的百比停（藥名為安易能）。卡塔莉娜所面對的，是有史以來最不穩定、但力量最強大的精神醫療現實，其中做出的診斷有高度汙名化的現象，而且常態性地過度給藥。

丹尼耶拉·朱思妥思是曾在卡里達迪工作的醫生，她告訴我，這類診斷及後續治療在當時很常見。「那個時候，所有來醫院的人都被當作思覺失調患者，醫生的診斷沒有鑑別度可言，治療都以處理患者的攻擊性為前提。現在，情緒障礙是很常見的診斷，但在十或十五年前，這樣的人會被當作思覺失調患者關起來。負荷過重的病房就是這樣處理問題的：鎮靜病患，不做個體區別的工作。常見的狀況是，他們手邊沒有鋰鹽可用、沒有實驗室可以進行檢測，也缺乏調整劑量的知識，所以一切都只能臨床看著辦，也就是試誤學習。」

在無關緊要的每週精神評估及每日的護理報告中，我們可以看見類似的模式在卡塔莉娜於卡里達迪剩下的兩個月內不停空轉。這兩份報告完全分開進行，彷彿兩者間毫無關聯。精神科醫生每週只見患者一次，地點在公開空間，要麼是病房，要麼是開著門的辦公室，而且一旁還會有護理師（患者都被預設有攻擊性，就算不對自己的生命產生危害，也會對他人生命造成威脅）。正如這位卡里達迪

1 審訂註：這是一個思覺失調症的症狀，患者會覺得自己的思想就算沒有講出來，也會像廣播一樣傳送出去而被他人得知。

的前任醫生所回憶：「這是一間充滿被迫害妄想焦慮的機構。這裡面從未建立過任何一份信任關係。」除了看醫生的時間，患者都被丟給護理人員；鎮靜患者成為運轉機構的方式。簡而言之，沒有人嘗試理解卡塔莉娜的心聲，沒有針對她家庭生活進行評估，也沒有心理學的追蹤檢查。

在這些報告中，若要說什麼患者的能動性，也只有出現於卡塔莉娜拒絕服藥，以及試圖逃離機構的嘗試。矛盾的是，這些行動使得她的診斷及命運更顯得真實，並將她呈現為一名激躁、具有攻擊性，且難以透過口語管理的精神病患。在嘗試逃脫幾次後，卡塔莉娜被強制固定在床上。

唯一能將她帶離醫院的只有她丈夫，而他確實還是把她帶回家了。但正如之前那位卡里達迪的前任醫生所說：「所謂痊癒後離開醫院，代表的是患者冷靜了、服了鎮靜劑，並回到家庭內——但不必然代表他們的內在衝突已經被解決了。」

精神科醫生的筆記：

四月廿八日：針對神秘內容、以及最近生孩子的事件經過胡言亂語。意識清醒。

五月三日：精神病的情況惡化。

五月十日：患者有進步，但還是混亂，人事時地物混淆不清。

五月十七日：患者想離開。

五月廿四日：斷斷續續有所進展。

五月卅一日：患者好多了，想離開。

六月六日：患者狀況很好。急性期已結束。患者可以出院。

六月十六日：患者跟丈夫離開。

護理筆記：
四月廿七日：患者冷靜，睡得很好。
四月廿八日：患者冷靜，睡得很好。
四月廿九日：患者混亂，但冷靜。
四月卅日：患者混亂，但冷靜。
五月一日：患者混亂。
五月二日：患者冷靜但混亂，睡得很好。
五月二日：患者激躁，拒絕服藥，攻擊患者及護理師，被固定在床上，施以鎮靜劑。
五月三日：患者激躁，啜泣，想離開，出現暴力及侵略動作，不接受口語管教，透過男性協助後綁在床上，施以鎮靜劑後解開。長官命令不要固定患者。患者冷靜但混亂。
五月四日：患者冷靜但混亂。
五月六日：患者拒絕吃藥，出現具有攻擊性的口語發言，不回應口語管教。

接下來兩週的報告內容基本上都差不多。五月二十五日，卡塔莉娜開始固定參與團體活動，然後報告不停重複指出：「患者冷靜，睡得很好。」六月的筆記中提及一次喉嚨發炎，還有一次因為沒人來訪而出現的激躁。終於，到了六月十六日，卡塔莉娜和丈夫尼爾森·摩洛耶斯離開了。每週看她的朱甌·雷納多醫生批示「情況已改善」後讓她出院，開立的處方中希望她持續使用當時在吃的藥物，當作保養。這在當時是治療思覺失調的典型做法。

矛盾的是，醫生似乎有意識到卡塔莉娜不是思覺失調，至少不是一個典型案例，因為他在讓她出院時，提出了一種不同的診斷假設：「急性妄想反應」。然而你也可以說，這樣的轉變與其說是反映了卡塔莉娜的狀態，不如說是反映了當時的精神醫療環境，也就是會在已做出的思覺失調診斷，以及認定為情感障礙的診斷之間搖擺不定。公立機構手邊的治療資源有限，也因此限縮了能在深思熟慮後做出周全診斷的可能性。

民主化及健康權

Democratization and the Right to Health

巴西一九八八頒布的進步憲法中宣稱，健康是所有人的權利，並主張政府有責任滿足這項權利。隨後幾年，巴西國內針對如何能在國家重建經濟及政府體制的當下，確保人民的這項權利，經歷了各種辯論及努力。一九九〇年代初期，透過普及性健康照護系統，對於人民健康提供的協助，已經做到了市鎮自治化。全新基層健康照護政策的制定，皆以培力家庭及地方社群為目標，此外，聯邦政府、州政府及市鎮政府之間也建立了新的合作關係。不過整體而言，基層照護日常的現實處境，就是以不合宜的物質條件、不到位的人力資源，以及無法滿足患者對專業治療的高度需求為特色——更別提地方社區健康議會（community health councils）的官僚化問題，還有為了滿足中上階級的需求而大量出現的私人健康照護方案（Biehl 1995; Bosi 1994）。

南大河州率先將精神病患的安置去機構化，並創造出一個完整心理健康照護服務的網絡，其口號為「好好照顧。拒絕排除」。❸從一九八八年開始，心理健康照護系統轉向這條路線，而卡塔莉娜也是在一九八八年進入這個世界。南大河州一九九二年通過了由勞工黨代表提出的精神醫療改革法。此一立法除了漸進式關閉精神醫療機構，在各市鎮建立全新的另類服務網絡，也保障了受精神疾病所苦之人的公民權，尤其是那些被強制住院的患者。[4]一九八九年起，有另一個類似法案也在國家眾議院內來回審議，最後總算在一九九九年一月正式通過。就在這些有關人權及公民權實踐的重要健康論述出現之際，還出現了另外兩股發展趨勢：首先，由於巴西的經濟及政治轉型，投注於公衛的資金減少；另外，透過運用「基本藥物組合」，對大量患者廣泛提供全新的生醫精神健康治療，也就是說，在普及性健康照護系統快速去中央化的同時，可以免費發送一系列基本藥物，給這項系統的使用者。

除了和卡里達迪及聖保羅醫院的精神科醫生談話，並和他們一起閱讀卡塔莉娜的醫療紀錄，我也採訪了在南大河州及阿雷格里港市（由勞工黨主政）負責心理健康計畫的統籌者，還有南大河州最重要的心理健康運動團體「行動論壇」（Fórum Gaúcho）的領導者。同時，我一邊追蹤這場心理健康改革中，不同機構的連結狀況，一邊也探訪了當地的另類服務機構，跟心理健康工作者對話（心理師、社工、護理師），特別是卡塔莉娜曾一度接受治療的新漢堡市。

透過卡塔莉娜的檔案，我們看見了精神醫療及全國性運動進行社會性改變的歷史軌跡（Freire Costa 1976; Tenorio 2002; Almeida-Filho 1998）。這些檔案見證了原本規畫的普及公共健康照護系統，是如何受到新自由主義的拆解；也見證了在地方努力為「受到精神苦難負累的公民」提供全面性照護的同時，全球精神醫療如何在此落地生根；另外更見證了貧困都會家庭如何在家戶法則遭到重寫之際，運用這些發展趨勢（Duarte 1986）。就在我探查這些心理健康政策的改變，以及患者在醫院之外能得到的協助種類時，我發現社會控制的新生形式，也投射成主體的改變。在種種網絡、交互作用，以及流動中，有個卡塔莉娜的替身浮現出來——那是一個沒有名字的典型精神病患——而且就緊貼在她的話語及皮膚上。[5]之後的內容將部分描述這段歷史，以及牽涉其中的政治概念。

一九七〇年代末期，巴西心理健康工作者主要針對思覺失調的定義及治療問題，開始進行政治動員。受到義大利第里雅斯特市法蘭柯．巴撒里亞的反精神醫學運動，以及法國遵循拉岡精神而創立的拉博德療養院啟發，這些巴西專業人士和各方民主人士、貿易工會，還有具備社會主義傾向的政治家聯手，開始著手進行反精神病院之戰（*luta anti-manicomial*）。他們嚴厲批判精神醫學支持軍事鎮壓的立場，及其作為「維穩科學」（the science of order）的政治角色。

杰涅特．西貝魯是心理師，也是行動論壇的統籌者，而正如她向我描述時指出的：「要談瘋狂的歷史，無法不提及人們追求自由的奮鬥。這場運動開始時，我們是住在軍事獨裁的陰影底下。我們想爭取各種可能形式的自由，其中一種就是要將人們從精神病院裡放出來。醫院一直被用來監禁那些瘋掉的人，以及那些被認定為具有革命傾向的人，因為他們是公共秩序的亂源。參與這場反精神病院之戰不只是一項技術性的決定，也有健康方面的考量；這是一場出於政治動機的運動。是擁有政治意識的人開始對抗這種將人排除的形式。」

行動論壇是由病患、家族成員，以及健康專業人士形成的組織。西貝魯對於成員橫跨不同學科種類、以社區為基礎，同時又具備民主特質而感到自豪：「我們每個人都擁有同樣的決策權。這個論壇主張的是社會代議，為的是能讓社區參與，並影響政府內部的決策。這些年來，我們已經能夠影響區域性政策，也幫助推進了全國性反精神病院運動。」

在這樣的運動概念下，「瘋人」（*louco*）可視為具有革命潛能之人，在社會醫學上的角色正是巴西大眾缺乏公民權的縮影：「瘋人被排拒在銘寫於城市空間、各種權利世界，以及公民權實踐的可能性之外。」（Amarante 1996:16）在當時還有一項頒布於一九三四年的健康協助法案，明訂任何人都可以在違反自身意願的情況下被強制入院。到了一九九二年，據報導仍有超過五十萬「無名且沉默的精神病患入院案例出現在巴西」（*Jornal NH* 1992a; Russo and Silva Filho 1993）。精神醫療改革運動的目的，是滅絕所有精神病醫院，而希望代之以家庭及社區為基礎的另類治療、針對「瘋狂」的去醫療化及去汙名化、尋找造就「瘋狂」的社經源頭，以及透過社會性的重生，讓病患成為「完備的公民」。

一九八八年的後軍政時期憲法，為這項運動的訴求提供了法律語言：能夠普遍取得的心理健康照護資源；全面性的公共健康干預手段；政治及行政決策的去中央化；健康照護規畫的階層化（城市、州，以及國家）；以社區為基礎進行決策。這項運動也和南錐體[2]的其他民主化倡議互通聲息，舉例來說，阿根廷的精神科醫生魯本姆．費洛就曾協助將南大河州當地的心理健康服務系統概念化。「心理健康不是心理師或精神科醫生的問題，」他指出，「而是整個社區的問題。」費洛強調必須恢復精神病患的公民權，以作為「民主化計畫的開端」（cited in Moraes 2000）。

西貝魯以阿雷格里港市為運動基地，我問她心理健康工作者的運動目標是如何從言論自由，轉向將「健康」視為最重要的政治權利？這是一種迫使新自由主義政府擔負起社會責任的手段嗎？

「新憲法指出，健康是一種公共利益。」她回答。「這是所有人的權利，也是政府的責任——憲法指定政府負起促進健康及生活品質的義務。我們的努力是為了避免之前存在過的、任何形式的排除，而健康是聚集人民團結力量的關鍵。只要是追求健康的行動，人民就會傾向支持。我們使用健康作為尋求政治結盟的工具，也藉此對政府施壓，希望他們採取社會包容路線。我們做的是正確決定。『健康政治』是政府內少數仍擁有某種形式社會代議空間的議題。」

在西貝魯的描述中，這些人民的代表，透過民選政府及立法等工具，強力要求政府兌現自身所擔負的生命政治義務。為了努力想像出一種能透過實務支持的心理健康形式，這項運動必須建構出某種特定主體、某種社群，以及某種意志。正如我們所將見到，隨著新的科技及制度安排出現，其他關於健康及主體性的概念和施行作為隨之而來，卻終究會侵蝕掉這些理念的基礎，而且在過程中，也會突現出意料之外的「時空」。根據德勒茲所言，時空是自然發生、倏忽即逝的機會窗口，會在支配性形式的知識／權力成形時突然出現。就像那些「無法由引發事件之處境解釋（的事件），以及隨後引發的其他（事件）」，時空「只會出現一下子，至關重要的就是那一刻，而我們得抓住那次機會」。德勒茲所要強調的是，當弱勢族群抓住這些機會來抵抗控制時，在這些「時空」中所固有的「真正的叛逆性」及開創性（Deleuze 1995:176）。在針對在地心理健康過渡期的民族誌研究中，我看到人們（尤其是健康專業人士及家庭）與其說是將這些突現出來的時空當作一種「化成」（becoming）的工具，不如說是將其當作一種策略性的良機，去支撐眼下暫時性運作的日常規則形式（因此在實務上重新改變了舊的，也改變了新的知識／權力形式的走向）。

一種新的心理健康概念正在發展：**將病態去生物化**，**將苦難社會化**。西貝魯表示：「人們變得愈來愈窮，我們知道所有社會及經濟排除的形式，都會引發精神苦難。」就在政府為人民創造獲取公共健康及福利資源的新路徑時，心理健康改革運動者已經明白，市場才是不變的決定性因素，並指出公民應將自己視為潛在的心理受苦者，而他們的任務就是要改革政府的照護措施。

「在當時，我們已對疾病及健康有了既定的醫療概念，既然政策是根據某些特定病症的框架所形成，受病痛折磨之人自然會對疾病的位階高低爭論不休。所以，我們創造出一種概念，也就是**受到精**

2 譯註：南錐體（Southern Cone）一般是指南美洲南邊的三個國家：阿根廷、智利與烏拉圭，因其外型呈椎體，故有此名。

神苦難負累的公民，其中包括所有認定自己正遭受精神苦難折磨的人……這個人究竟是思覺失調、患有精神官能症，還是有酒癮，都無所謂……重要的是，這個人能在不被貼上疾病標籤的前提下，有尊嚴地接受治療。」

改革運動質疑監禁患者的手段，強調應建構新的民主及合法制度，並建立公民得以主張自身權利的管道。正如西貝魯所主張：「精神病院不該是任何人的家。這項運動開始跟公共部合作。於是，今日若想要求精神病患住院，得遵守非常嚴格的規範。所有的住院指示都必須在二十四小時內向公共部報備，而公共部會派一隊人到醫院，確認病患是否非自願入院。若有些情況難以判斷，他們也會找我們去確認。」因此，精神醫療系統不再人滿為患：「現在，精神醫療系統終於能去定義他們所要處理的『公眾』究竟是誰？」在這些新的法規運作之下，家庭的地位變得顯眼，而隨著政府對公民負擔的義務愈來愈大，正如我們之後將會讀到的，出現了檢傷服務這項意料之外的效應。

改革運動對心理健康全面性關注的努力，在地方落實為全新型態的門診服務（也就是巴撒里亞所謂「應急福利」(emergency welfare)的一部分：見Scheper-Hughes and Lovell 1987），以及「心理社會照料中心」的建立。這些門診服務是為了收治那些被去機構化的病患，以及本來會被送去住院的病患。人們的期待必須有所改變，西貝魯觀察指出：「在人們心中，治療就代表住院。我們得改變這一點。現在，人們可以在門診診所接受治療，然後回家繼續追蹤病情。」只有遇上極端案例，也就是門診照護及居家控制都不再有辦法處理時，才會讓精神病患住院。

一九九二年一月二十九日頒布的一項聯邦法令，除了針對心理社會照料中心提供的心理社會治療進行規範，並允許各市鎮接受聯邦政府對於相關治療的補助（Goldberg 1994:99–141, 151）。在心理社會照料中心中，一個人是如何在文化上被認定為精神病患的討論，取代了何謂精神病的真正本質以及什麼才是最佳療法的提問。至於該如何針對治療手段做出選擇，則以恢復人在面對環境時所佚失的正常運作功能作為指導原則。這項治療干預手段的核心要點，包含幫助一個人重新以一個道德主體的狀態行動（Goldberg 1994:12）。

在治療病患時，心理社會照料中心的專業人士（心理師、精神科醫生、社工、護理師、營養師、物理治療師）會將精神苦難的社經、心理動力面向，以及家庭關係，一併納入考量。他們提供不同種類的療法，希望允許病患獨特的經驗得以突現，並獲得處理。同時還會採用數種理論語言，包括將病患視為一位公民、一個無意識主體，以及一名可透過神經化學物質調控的個體。學科反身性及「倫理至上」的觀念，取代了醫學知識的實證主義基礎。正如心理分析學家寇斯塔曾寫道：「若要談及精神病的行為或主體性，就無法不將病患及照護專業人士所屬社群／傳統的倫理典範置於討論的中心地位。如果針對這些規範性理想缺乏明確的認知，我們甚至無法得知會出現何種精神病的表現。」（引自Goldberg 1994:16）

這個將病患視為社會性角色看待的過程，得透過家庭契約居間協調；在此契約中，家庭成員必須負起居家照護的責任。「在此之前，家庭被徹底免除了治療的責任，反而是國家為國民做下所有攸關生死的決定。但時至今日，由於這種關注心理健康的全新型態，我們開啟了和家庭之間的對話。我們讓家庭投入照護工作——家庭中至少得有一人參與並掌握療程——而我們也把家庭納入療程的一部分。因此，透過受苦的人，我們也開始為活下來的家人提供了某種治療。」西貝魯指出。

精神病不停復發的危機，並不允許產生穩定的轉介系統，正如哥歐柏格所指出，這個問題只會因為心理健康服務在歷史中建構的方式而更形惡化：「持續轉診到不同的地方或者不進行治療，最後只會讓病症成為某種常態。」（Goldberg 1994:113）心理社會照料中心提供的服務被當作一種聆聽以及詮釋的另類形式，也是時間性與公民權的另類形式。❻他們鼓勵病患採取團體治療，並協助提供識字教育及職能治療。這些服務會以持續照料的型態運作：他們會聯絡中途放棄的患者，幫助他們重新接受規律的治療。幾項基於心理社會照料中心原則及治療策略的模範服務，都在地區及全國的心理健康政治圈中擁有相當高的知名度；它們被描繪為一種集體創造出的成果，人們甚至暗示其中出現了事實上幾乎不存在的、某種程度的社區參與。在南大河州，有兩座城市成為執行這類心理社會復健系統的典範：聖洛倫索市和新漢堡市——而根據醫療紀錄，卡塔莉娜就曾在新漢堡市接受過這項服務。

在巴西第十次全國健康會議的最終報告中，這種新的心理健康措施被確立為一種典範。這場會議從一九八六年開始每年舉辦，其中聚集了所有公民社會的代表，並為公共政策確立指導原則（舉例來說，一九八八年憲法中提出的普及性健康照護政策，就是透過會議推動的結果）。第十次會議不只進一步將這種處理心理健康的心理社會手段政治化，有趣的是，該次會議也強調了在治理過程中，主體性所具有的地位：

> 對受到精神苦難負累的人提供全人健康協助時，提供健康服務的單位應以家庭及社區參與為優先。原本以精神醫療及醫院為中心的模式，應該被地方健康單位及心理社會照護中心提供的治療所取代，或者轉而將患者送到相關的過渡性收容所、非臥床門診，以及在必要時送到一般綜合醫院短期住院。禁止建立及擴張精神病醫院的行為，也不允許將病患強制住院……**政府各部會應確立各種計畫，以保證提供符合人道及倫理的復健協助，而其基礎則是要幫助人民全面行使公民權，且為那些受到精神苦難負累的人重振主體性**……這些計畫應明訂處理當地居民之流行病、文化及社會特徵所必要的人力及物質資源，並送交當地健康局審核、通過……健康局應成立精神

醫療改革議會，而這些議會應要求當地機關提出融入此全人照護提案的心理健康企畫，並徹底實行。（Décima Conferência Nacional de Saúde—SUS 1996；重點為筆者所加）

根據這段宣言，我們可以看到心理健康改革運動是如何在巴西的新自由主義困境下，藉著新上任的政治行動者之手，轉型為一種高度官僚化的倫理委員會。他們期望代表使用心理健康服務的是各種團體，並將家庭及社區的概念理想化，根據西貝魯的說法，家庭及社區被理解為一種「能複製市場及國家樣態」的微型社會。此處的倫理必然聚焦於如何分配逐漸變得稀缺的健康資源。就算只能將微薄資金投注於部分模範服務計畫，這個理論仍會持續運作下去，因為這樣做至少能凸顯出一種形式上更追求平等主義的公民權概念，也因此讓人民眼中的替代政府——精確地說，就是當時一直宣稱精神醫療改革時代即將到來的勞工黨——得到更多能見度。這種態勢中的關鍵政治角力在於，就算執政當局真的（於大選後）改朝換代，仍要想法子先立法，確保訴求社會包容的全新機制能擁有持續討論的空間。

卡塔莉娜從現實被排除至生命療養院的背景正是這些理想及政策，而在療養院的她，始終是個沒被處理的問題。由此看來，這樣的民主理念及實踐只殘存了一種鬼魅的質地，並跟其他因素共同造就了她淪落至生命療養院的這段旅程。

那段宣言也強調，在實踐這些外在公民權的同時，社會必須創造出足以與其共存的內在空間。那段宣言採用了傅柯／德勒茲的語言，將主體性的問題引介為一種反抗治理的議題：政府各部會應該影響個體及團體建構自己為主體的方式，好讓公民得以迴避既定的知識形式及主流權力形式。

不過，透過追蹤確認卡塔莉娜話語的真實性，我開始理解，主體性無法被簡化為一個人對自己的認知，也不必然是對當權者的挑戰，反而是一種持續進行實驗的材料及工具——這些實驗可以是內心的、家族的、醫療的，也可以是政治的。主體性永遠帶有社會性，且含括了由一個人形成、可以在一個人之中尋獲，以及足以歸因於一個人的所有認同。製造認同的機制很難被察覺，然而，這場使用主體性進行實驗的過程，正是造就道德經濟及個人生命史軌跡注定難以分析的紋理。我在此思考的是一種滲透式的治理，此種治理是透過重新製造道德地景（moral landscape）及人類主體的內在轉化而得以運作。針對卡塔莉娜陳述欲望、痛苦及知識的努力，我盡可能貼近並花時間觀察，且藉此理解其乘載的主體性及可能性之中，所存在的獨特性及情感訴求。雖然卡塔莉娜對自己及世界的認知被視為缺乏真實性，她卻在思考及書寫中，發現了一種自處方式，一種在難以忍受現狀中的自處方式。因此，主體性也含有創造性，而那就是一個主體採用獨特象徵系統與世界建立關係，以理解生活經驗的可能。

經濟變動及精神苦難

Economic Change and Mental Suffering

就許多方面而言，心理健康改革運動的訴求及策略都跟新自由主義政府在公共健康領域的作為糾纏不清，或者說成了引發以下這些作為的主因：瘋人被直接從過度擁擠及效率不彰的精神醫療機構趕出去、很少有新的經費會撥來資助另類服務，而照護病患的責任則被丟給事實上根本不存在的「社區」。正如西貝魯的回憶指出：「我們所謂『去機構化』的過程，卻被政府變成了『去住院化』。對他們來說，這樣反而輕鬆，只需要說，『嘿，現在有個運動要我們把人從精神病院帶出來，那就這麼做吧。』所以他們讓大量病患出院。政府也順勢從中撈了好處，畢竟當時相關法規仍未到位，面對這些被放出來的病患，政府還不用準備幫助他們融入社會的可用資源。社區內也不存在足以收容他們的組織架構，更沒有隨時可運作的另類醫療網絡。」

像聖保羅這樣的公立醫院釋出了數千名長期住院的院民，並開始限縮入院名額；到了一九九○年代初期，院內人數已從五千名降至千名以下。聖保羅州最大的報社《零點報》曾在一則一九九一年的報導指出：「就連病人家屬都不想照顧精神疾病的病人。」儘管精神醫療改革法案已通過，「相關服務機構建立的數量很少，部分精神病患被送回自己的家庭及社區，但其中許多人已經沒了家庭，只好在街上遊蕩，形同遭棄。」「許多人死掉。」聖保羅醫院的前任院長伊萊亞莎·雅贊布札說道。不過死去的不只是在街上的那些。西貝魯解釋，「政府不再投資原有機構的基礎建設。於是，缺乏維護的機構內死亡率飆升，原因可能是不當治療或缺乏照護。」❼

城市內街道上的精神病患數量到達前所未有的高峰，若把這批人跟這個國家帶有排除性的不公社會計畫所造就的多餘人口放在一起，兩種人幾乎看不出差異。就是在此脈絡下，生命療養院這類機構開始以之前形容的「老人院」形式大量複製出現。事實上，正如阿雷格里港市公共健康檢查服務主任馬切羅·古鐸依所形容的，這些機構有些是「家族企業」或「賺錢機器」。這些老人院把老人、傷殘者，及精神病患丟在一起，當家庭不能再輕易把自己親戚丟進醫院時，這裡成了他們的另類選項。古鐸依發現，「許多必須照顧自己親戚的家庭，就是直接在車庫或後院的房間內多加幾張床，然後以最簡便的狀態湊合著提供照護，換取金錢。」

許多家庭也學會透過當地的心理健康單位替親戚取得殘障證明，而這些老人院的統籌者一旦收容了被棄者，就能將這些證明換成補助金。「我們聽過好幾個案例，這些家庭直接把能換取補助金的家人丟給機構，然後就再也沒出現了。」

大約在一九九七年，勞工黨所主導的市鎮機關開始針對這些老人院進行公共健康檢查。透過南大河州人權委員會的幫助，古鐸依和他的團隊破獲了幾間新出現的商業性老人院。據他們估計，超過兩百間老人院裡面大約有百分之二十到三十都是「精神病患」。他們關閉了幾間老人院，但其他機構則變身為符合阿雷格里港市最低衛生標準的健康機構。另外有不少機構則開始到處流動，只要不符合該市的檢查結果就轉移地點。還有一些乾脆直接在沒有相關限制的鄰近市鎮重新開張。像生命療養院這樣的機構，則選擇被正式歸類為以社會復健為目標的慈善單位；這是一個毋須受到市政機關督查的分類。

「被家庭及政策漠視是常態。」潔西・奧利維拉這麼說，她是一名健康專業人士，從一九九七年就開始密切關注這座城市處理這些老人院的方式。「雖然我們和人權委員會把這一切攤在陽光底下，卻始終無法處理最關鍵的問題：法律及道德現狀。這是一場非常孤獨的戰鬥；很少有人在乎這個狀況。」公共及政府機構沒有必要解決問題，她憂傷地表示，「他們真正覺得必要的是另一件事：找到一個把這些無用之人存放起來的地方。」整體而言，這些「家族企業」暴露出親族關係的崩解，以及推動社會包容的政策有多麼不堪一擊。「立意良善，但最多也只能做到這兒了：就是提出一些計畫。這些政策主要暴露出一種普遍的貧乏——當然包括金錢的貧乏——但最重要的，還是人類價值觀的貧乏。」

整個一九九〇年代，心理健康改革運動都在努力對抗政府的財務撙節，以及針對社會方案進行的開支削減，畢竟他們宣稱能將公民權及健康當作普遍權利的漂亮說法總是因為這樣的撙節措施寸步難行。事實證明，要實際建立另類心理健康輔助機構（心理社會照料中心）的網絡非常困難，不但推行方會在地方上遭遇不少阻礙，也缺乏實際資源。於是，作為一種權宜方案，開始有來自內陸地區的救護車，川流不息地將精神病患送到大都會中心那些數量愈來愈少、設備也愈來愈糟的精神病院——醫生稱此為「救護車療法」。

即便是卡里達迪這樣的私人醫院，也深受缺乏政府資源所苦。雖然作為阿雷格里港市此刻唯一能提供立即住院服務的機構，卡里達迪其實也只有大約兩百個床位。正如地方精神科醫生告訴我的：「普及性健康照護系統不再資助這些醫院。七〇年代到八〇年代初期，透過普及性健康照護系統讓精神病患住院代表了大把收入。許多行政人員和醫生都因此拿到不少錢；當時很多精神科醫生都不用私下看診賺錢。但這個系統崩壞了，於是荒謬的是，現在大家普遍覺得政府提供的普遍心理健康治療服務正緩慢消失。政府每天分配給一名心理健康病患的經費，比讓一條狗待在獸醫院的開銷還要少。我不是受訓來為動物行醫，也不是來做慈善的。」

就在公共精神醫療機構提供的服務有所限制，聖保羅及卡里達迪這類機構也正在衰敗的同時，更多的心理社會照料中心單位被創建了起來（仿照聖洛倫索市和新漢堡市的服務模式），而一般綜合醫院內提供給精神病患的床位更少了。雖然病患因此得到汙名化程度較低的診療，綜合醫院也消化不了這麼大的需求。就實務層面而言，這些穩定流向地方心理健康服務機構的人們，迫使各機構針對自己能提供的服務進行檢傷分類。「舉例來說，在新漢堡市，五個來求診的病患中，很可能有三個會因為藥癮或輕微人格障礙遭拒。」身為心理健康之家統籌者的心理師西蒙妮·勞烏向我這麼解釋。

我也得知，雖然人們現在不再直接把家族成員拋棄在醫院然後消失，但還是常有要求讓家人住院的現象。而且他們現在會直接要求公共部批准住院。「真實狀況是，許多檢察官會直接蓋章批准。」西貝魯向我報告。透過各種可能形式的巧言偽裝及說詞，這些親戚會想辦法從地方心理健康專業人士手中拿到轉介住院單。當這種情況發生，比如卡塔莉娜的遭遇，病患要不是去到逐漸衰敗的聖保羅或卡里達迪醫院，不然就只能自生自滅，通常也就是淪落到街上遊蕩，或者住進類似生命療養院的機構。

就實務層面而言，心理健康改革計畫也面對了另一個問題，就是新的生化藥品普遍容易取得。政府在一九九〇年代中期開始執行一項全國性的藥物計畫，並將此作為普及性健康照護去中央化、合理化的手段之一，此計畫內容是在各市鎮針對一般居民發送基本藥物，其中也包括精神病藥物。理論上，這項政策應該要降低住院率，而且強化家庭及社區在治療過程中的參與。❽但現實是，我在巴西的南部及東北部進行田野工作時，可以發現，即便到了今天，這項計畫仍舊執行得有一搭沒一搭。能夠取得的藥物種類端看政治風向如何改變，治療很容易中斷，人們仍得在健康市場上尋找專業的診斷及治療，或者永遠待在系統內那張看不見盡頭的等待名單中，而地方的服務機構則受限於預算及藥物配額，幾乎無法進行另類治療的規畫。在我的研究中，我特別關注都會及勞動窮人是如何在被捲入這一切發展的同時，重寫家庭常態。在此，家庭是一種社會政治運作的關鍵「工具及材料」，也是突現為「現實」的最核心載體。

這種藥療化政策也在心理社會照料中心提供的服務中生了根。根據心理師西蒙妮・勞烏的說法：「人們總在尋求更多援助，因為他們愈來愈常聽說，憂鬱是一種存在的狀態，而且有治療的方法。」許多尋求心理健康照料的人會要求拿其他家庭成員正在吃的藥，還會在團體治療時比較其他不同病患的療方。我也得知，在家庭排除有精神障礙的成員時，是心理治療藥物加速了這項進程。也就是說，病患的家庭成員找到一種方式，不但足以要求醫生開立特定處方，也會根據自身判斷要求醫生調整藥物的劑量。我聽說私下看診的精神科醫生經常會告訴家屬：「試試看這個藥，要是沒用，就把劑量加倍。」

在心理健康運動者眼中，這種「強化疏離」的日常策略及實踐，無論就家庭或是醫療層面而言，通常都不是那麼顯而易見。光看西貝魯堅持在心中抱持理想化的家庭概念，以及針對道德經濟的心理分析就能知道了：「我們的分析認定這種（排除）現象有悖常理，是家庭成員在非故意的情況下做出的無意識行動。那是一種防衛性行為，意思是『這種瘋狂與我無關；並不是一部分的我也跟著發瘋了』。這是一個人的精神活動自然產生的反應。當你抹消掉這個應該是瘋掉的人，其實也是在抹消你的一部分自我。然後出現『我要把你從我的家族中割捨掉』的無意識念頭。如果我們關起門來討論這件事，這些家屬會意識到自己排除掉發瘋家人及藥癮者的行為，是多麼有悖常理。」

然而，要做到這點實在不容易。我從生命療養院中的被棄者口中得知，他們之所以被留在那裡等死，只是因為玷汙了家族的社會地位；更糟的是，他們不但占據了空間，還會消耗家中的重要物資及關注力。就算不討論精神醫療去機構化的程度，或者這個概念有多進步，將苦難者邊緣化及貶低的行為仍跟心理健康的診斷及治療方式有著糾纏難解的關係。此外，正如卡塔莉娜之前所指出，她的苦難被進行了藥療處置，而此處置中毫無疑問的科學本質，使她的家人及鄰居更能把丟掉她這個沒有生產力、不夠健康之人的行為，「合理化」為單純丟掉瘋子、不聽話，或者無可救藥的人。

像卡塔莉娜這類病患的社會性死亡，一定要跟其他元素放在一起討論，其中包括政府及公民身分的計畫與理想形式的發展、社區及家庭生活，還有各種不同的建構主體性的模式。在此，他者的死亡和人們想像及實踐生命的方式相連結——就算不是根據特定原則做出行動，也是基於成本效益做出取捨。而在這樣有悖常理又造成嚴重傷害的過程中，經由全新藥療工具的影響力，政府由此取得其在地樣貌（Das and Poole 2004）。

總而言之，在心理健康運動提出想法並實踐的歷史中，我們可以看見數個足以代表巴西當前轉型狀態的發展趨勢彼此交會：首先是透過新的民主法律及機構，所保障的一種關於健康的公民身分概念——不過大多數人覺得這不過是空中樓閣罷了；還有一種透過藥物影響身體情感（bodily affects）的地方生命政治；最後則是家庭、醫療及公共組織間的各種全新的交疊作用（imbrications）。弔詭的是，這些結構也實現了一種平行於法律的象徵秩序，而正如卡塔莉娜所指出的，透過這樣的秩序，人「幾乎被殺死了」。

這些元素被呈現的方式，都符合「行動論壇」統籌者西貝魯解讀現實及精神苦難者的方式，也符合她所描述的未來。當我問西貝魯，「下一步是什麼？」她談起一間心理健康的模範機構，還提到生命療養院作為政府資助社會進行改變的延伸方案，以及在市場誘發出的大量病理現象中，思覺失調是如何失去了蹤影。

「一九九〇年代初期，在我們開始設計新的心理健康政策時，我們寫了《聖保羅公民計畫》。透過公民社會及進步健康專業人士的幫忙，我們想讓聖保羅醫院成為全人心理健康照料的模範機構。時至今日，聖保羅醫院內仍有六百名失去家庭連繫的慢性病患。其中大多年紀很大，而且待在那裡超過三十年了。部分有傷殘的狀況。」

「政府對這些人有責任。所以我們提議在醫院的土地上建立療養村。這些人能有他們自己的家屋，還會有巡迴健康團隊定期造訪。這裡也會有職業合作社，他們能在其中學到各種技巧及手藝，並以此換取金錢。不過之前的政府始終沒實現這項計畫——他們缺乏推行的政治意志。他們甚至威脅要賣掉那片土地。」

「自從（勞工黨的）歐立維歐．杜特在一九九八年選上州長後，我們一直在運用手上足以實現這項計畫的資源，進行遊說工作。聖保羅醫院的慢性病患現在已做好準備，隨時可以在醫院的圍牆外生活。一百四十間房子正在興建。我們也正努力想辦法確保全人照護網絡遍布全國。市鎮政府必須照顧有心理負累的公民。我們也正在爭取居住式治療服務的立法……也就是提供可以暫住約八人的房舍，並和城市的門診服務做結合。」

「為了確保這一切能實現，我們要求州長任命我們的一位夥伴來領導南大河州的心理健康部門。

我們試圖彌補失去的時間。我們要確保州議會通過我們所提出的大多數法案，那麼，就算新自由主義政府再次掌權，至少我們擁有足以確保這些公共政策繼續運作下去的法律機制。」

我無法克制地想：這些心理健康運動的成員，透過他們的模範計畫及立法推動創造了歷史，為的是使政府致力於讓「一般而言的被排除者」能夠「成為社會人」，並在這樣的政府領導下，以專業公民的身分存活，甚至步向成功。

「你知道生命療養院嗎？」我問西貝魯。

「知道。」她回答。接著讓我迷惘的是，她竟然接著說：「生命療養院就是在傾聽了社會的需求後，自發性產生的措施之一，而且也是個成功案例。一般而言，我們在運動中反對開設這類為人們提供照護的服務機構。但其中一些確實很好。我們要求政府的心理健康部門挑選夠好的機構，並將它們納入城市中可用的公共資源。不是所有協助都必須來自國家。我們別把一切都『國家化』；我們又不是古巴。我們認為生命療養院可以擔任一個重要的角色，不是來自國家的一種角色……但這類服務一定要接受政府控管。」

像卡塔莉娜這類人，就在巴西關於健康、常態及公民身分「逐漸成形」的過程內消失了。院民在生命療養院內體驗到的死亡，與經濟及社會改變的計畫共生。在這樣共存的狀態中，院民於被棄中體驗到的「活死人」狀態，被視為是一種非暴力的、自找的結果，因此，仍沒有人要為此殺戮行為負責。

就在我跟這位心理健康運動者的對話到了尾聲時，我問她，在南大河州的精神改革進行十年之後，她覺得心理健康的處境會是如何？有趣的是，西貝魯間接提到，隨著市場誘發的情緒障礙大量出現，思覺失調及精神病大幅降低——我在卡塔莉娜的醫療紀錄中見到的診斷的確也出現了類似變化。

「我們的運動在將心理健康政治化時，選擇了思覺失調及精神病當作目標，但現在我們發現，在各種心理健康疾病的光譜中，這些病症只影響了很小一群病患。這個國家的心理健康流行概況已經變了。幾年前，我們還覺得幾乎所有心理健康病患都有精神病，但現在不是了。現在我們有大量的一般性憂鬱患者，以及使用、濫用藥物的患者。我們並不覺得仰賴化學藥物是一種精神問題，但這種依賴性代表什麼？代表人類在物質社會尋求解脫的過程中受盡折磨。市場逼迫他們在面對各種困境時麻醉自己。這種對藥物的依賴，反映的是對社會的不滿，是一種空虛的心靈狀態。」

西貝魯認為，思覺失調患者的減少，可能是因為原有患者被成功治癒，以及預防措施的完善，但她也指出，必須透過更進一步的研究來確認這項推測。她補充表示，心理健康運動「處理的是『充裕』的概念：『滿足感』絕對包含在我們的各種渴望、烏托邦想像，及人生軌跡之中，但抵達此目標本身就是一個過程。我們無法預定其到來的時間」。

巴西是世界上第十一大經濟體，也是財富分配不均最嚴重的四個國家之一，而此刻在這個國家，除了幾間模範機構，公民權及課責性的實踐仍是家務事，或者僅僅以檢傷系統作為原則。突變中的國家、經濟、醫療及家庭之間各自形成連結——也就是我所謂非體制化的民族誌空間——並和現有體制一起極有效率地運作，產生出的全新形式排除足以淹沒個體聲音，並終究決定了這些個體的人生方向。我所感興趣的，是這段過程的如實狀況及日常性：也就是那些打造出生命決定的過程。在以下章節中，我追蹤了卡塔莉娜的生理及心理狀態，是如何在未曾被考慮的家庭及醫療過程中被形塑而成，而她又是如何與世界失去連繫，被視為一個缺乏理性的東西。

醫療科學

Medical Science

初次住院後七個月，卡塔莉娜回到卡里達迪。一九八九年三月二日，她當時在新漢堡市鎮廳擔任警衛的丈夫尼爾森．摩洛耶斯把她帶回醫院，再次要求讓她入院治療。她提供的文件上使用的是她結婚前的姓名，理所當然遭到值班主管糾正：「根據結婚證明，她的正確姓名應該是卡塔莉娜．伊尼斯．高姆斯．摩洛耶斯。」根據她丈夫提供的資訊，當時待命的精神科醫生寫下：「病患曾在一九八八年四月因為激動、幻覺而在此住院。十天前，她又在出現了同樣症狀後離家。她被發現在新漢堡市鬧區的大街上遊蕩。」

卡塔莉娜檔案中列出的精神病症狀包括「情緒調節能力低下、幻視及幻聽，以及出現神祕思想——她認為自己擁有聖靈的七種恩賜」。內伊．納吉佛尼醫生下了一個籠統的診斷：「非明示之精神病」。她開始服用之前就在吃的那些藥，不過檔案中的筆記並未指出，再次入院前，她是如何在家裡繼續這項療程。

透過這次住院的每週精神科醫師筆記，我們

可以發現醫生跟病患之間普遍缺乏直接互動，內容也充滿對她病情改善的樂觀評語。這些筆記以有點矛盾的用詞提及她的幻覺，也透露出在兩個月的住院期間，卡塔莉娜初期曾藉由某些方式去挑戰醫生的權威。

每週在精神醫療方面的進展：

一九八九年三月三日：入院時，病患激動，出現幻聽和幻視。離家後在街上被發現。

一九八九年三月十日：病患說我不是她的醫生，她的醫生是別人。混亂。

一九八九年三月十五日：病患情況改善。

一九八九年三月廿二日：病患情況持續改善。

一九八九年三月廿九日：病患情況非常好，沒有任何抱怨。提到牙痛問題。

一九八九年四月五日：病患情況改善，請牙醫會診。她有時仍會聽到一些聲音、看到一些人，但都很遙遠。她沒有明確提到幻聽的內容。

一九八九年四月十二日：病患的幻覺問題好多了，在病房內與大家和諧相處。她可以在四月十四日出院。

一九八九年四月十八日：已透過信件聯繫家屬。

一九八九年四月十九日：病患情況良好，等待家屬來接。

一九八九年四月廿二日：病患出院，和丈夫離開。

另外一份藥物使用檔案的紀錄則指出，三月七日，有名醫生被叫來替卡塔莉娜做診斷，然後「刪除了患者服用的左美丙嗪，因為她有低血壓的問題」。這起事件透露卡塔莉娜很可能有被過度鎮靜的情況。有名卡里達迪的前任醫生重新檢視她的檔案時是這麼說的，「氟哌啶醇、左美丙嗪、百比停和硝西泮，或許吧，如果她看的是開業醫生，還有家人陪著去看專科門診的話，這些藥是太多了……可是現在，這裡光是一間病房就有六十名病患。」是的，此處我們談的是在「缺乏資源、人力，且收容超過五百名病患的全控機構」內的紀律問題。但也不僅止於此。我將此事件視為醫療科學在不經思索逕付操作之後的常態——也就是療程的開始一定會多給藥，之後可能會調降藥種或劑量，但也不一定，全憑個體的身體耐受性而定。但這樣做會付出什麼代價？

在檢視這些紀錄時，我腦海中浮現在卡塔莉娜的字典中看到的第一個段落：

離婚
字典
紀律
診斷
免費結婚
付費婚姻

手術
現實
為人注射

身體抽搐
在身體裡
腦部抽搐

仔細思考卡塔莉娜說過的話後，我們可以說，她所得到的診斷及約束，很可能與她被切斷了家庭關係這個結果有關。沒有了那些家庭關係，被去歷史化（dehistoricize）的她就像字典裡的那些文字。她的身體所面臨的現實，是某種「行動」的結果，也可以說是一段過程、一項商務活動，以及某種外科手術的結果。這種常見的模式以藥療化的「注射」具體呈現出來，接著又引發了「在身體裡」的症狀。而「腦部抽搐」這種症狀則將技術及生物問題連結在一起。

我繼續讀卡塔莉娜的檔案。就在藥物應該要發揮作用的同時，這種受到藥物刺激的精神醫療之自動行為（psychiatric automatism），仍在那些鎮靜及「改善」的手段之外產生了真實的生理效應。像卡塔莉娜這樣的典型病患通常會在經歷精神醫療之旅的過程中惡化，整體而言，這些人始終處於對生命無能為力的狀態。對於沒有資金尋求開業醫生將自己視為「個體」治療的那些人而言，當其所面臨的環境也沒有搭配的特定政治情勢、科學措施及技術，讓他們足以得到開業醫生的治療時，這種無能為力就是必經過程。「整個系統，」曾在卡里達迪工作過的這位醫生說，「都造就了這個結果……而這個結果也跟時間點有關係。」我感興趣的是，身處這些時間點的科學及相關從業人員，是如何評估精神病患的狀態，以及這些干預手段如何影響了個體的生理機能。

就這項主題而言，弗萊克的著作相當有啟發性。在《一個科學事實的發生與發展》（一九七九）一書中，弗萊克強調科學事實的製造是如何與主流的「思維風格」（thought style）有關——這個思維風格是透過各種概念、科技及價值體系形塑而成——以及事實的製造如何改變了人們的社會關係及經驗。例如他指出為了讓淋病被視為一種在經驗上可治療的疾病實體——也就是說作為一種毫無疑義的「真正的事實」——必須在面對病患接受汞治療的反應時，凸顯其中某些面向，並漠視像是「肉體折磨」這類面向（Fleck 1979:5, 6）。❾弗萊克寫道：「隨著時間過去，（這個疾病的）概念已經不再神祕，而是透過經驗原則及普遍觀察到的發病機制，成為符合病因學特徵的概念。這種轉變生產出大量足以供人運用的全新細節，至於原初理論中的許多細節，則在發展過程中佚失了。因此，我們對於淋病發生所仰賴的氣候、季節或病患的普遍體質組成雖不至於一無所知，但仍所知甚少，也幾乎沒有足以傳授的材料。不過，早期書寫中仍有許多相關觀察。只是隨著『淋病』這個概念的改變，新的問題隨之產生，各種新的知識領域也不停被建立出來，結果就是沒有什麼真正被完成了。」(19)

思覺失調及精神病的科學定位議題帶有抗爭性質，醫生每天的診斷也因而成了思想實驗的場所。在討論有關「常識」，以及評估、治療卡塔莉娜的評量工具時，重要的是在其中聽到她本人的聲音。在卡塔莉娜的苦難中，某些證明她「發瘋」的手段被認可了，不管這些手段受到多麼大的制約及限制。

在卡里達迪的精神醫療紀錄系統中，沒有針對卡塔莉娜之社會性及生理性存在的描述，也幾乎不存在足供查閱者命名、評估醫源效應的空間。唯有在護理師的紀錄中，我們可以得知，在卡塔莉娜被接收入院並施以鎮靜劑之後，她變得「冷靜、不溝通」、「表示腳痛，彷彿火燒一樣。她也展示出腿上的傷口」（一九八九年三月二日）。因為精神科醫生在意的是她的空想發言進展的程度，於是她針對自己身體所闡述的真實遭到排除。在過程中，就算卡塔莉娜表示自己可能患有神經方面的疾病，但從未有人正視這項憂慮。弗萊克指出，醫藥科學將病症定義為實體的方式，是透過「忽略某些已觀察到的資料」以及「根據沒有觀察到的關聯性」而成立。這正是「非理性」如何透過細節成為「理性」的過程，他寫道，但也因為如此，其他事物被存而不論，始終維持沒有獲得解釋的狀態（Fleck 1986:39, 40）。

就卡塔莉娜的案例來說，許多臨床推論的細節都遭到忽視或刪除：包括她的家人、鄰居以及那些健康專業人士所展現出的規範理想，還有她尋求或反抗道德適應的痛苦奮鬥——更別說她反覆提及的生理性痛楚了。而這些「沒有觀察到」的部分，直接被納為鄰居及丈夫的發言，以及公共精神醫學的自動行為的一部分了。我在閱讀這些精神醫學檔案時，試圖關注的是那些沒有得到解釋的部分，以及分辨事物是否為真相的那個機制。

首先，舉例來說，我得知卡塔莉娜住在卡里達迪時，醫院裡並沒有精神科醫生。另一方面，她作為一名典型病患，早已被困在某種診斷及醫療模式中。[10]若想在外接受醫療檢查，就必須要有「理想主義者」的個人介入，也就是我們現在所謂的「好醫生」。然而，正如我之前所提，藥物已在此脈絡下做完大部分的工作了。卡塔莉娜針對腳像有火在燒的抱怨，就是因為這樣而被當作幻覺了嗎？一名當地的精神科醫生告訴我：「她的腳之所以出現低血壓和疼痛的狀況，很可能跟高劑量的藥物有關。我們知道她服用的藥物會觸發神經方面的副作用，所謂的錐體外反應（extrapyramidal effect）就是像她的這個情況。」此外，為什麼她的醫生不正視傷口存在的問題？是什麼導致了那些傷口？她從家裡逃跑時跌倒了嗎？這些痕跡是她遭受虐待的結果嗎？

在過度用藥及醫療過失的交會點，突現出了另一種疾病；而且不會受到處理。在護理師三月三日到七日的筆記中，基本上只重複寫道卡塔莉娜睡得很好，很平靜。但到了三月七日，她又被約束在床上了。一切只因為她想在身上留一枝筆。「病患非常有攻擊性，不想把護理師的筆還回去，還丟到她臉上。被約束起來時，她抓傷了護理師里歐珀吉娜的手臂，還打了馬力歐的背。」他們通知了護理長，卡塔莉娜的身體立刻受到約束，並被施打了鎮靜劑。

就在同一天的下午，她的血壓劇烈降低，「暫時停用左美丙嗪以待下一次評估。」這裡是用「藥物」取代了「筆」：改變她的生理狀態，但不讓她寫。「病患睡得很好，有點混亂。」類似描述不停在紀錄中出現，直到她出院，也就是回到那個未知、八成充滿暴力，而且早已支離破碎的家庭世界才停止：「病患睡得很好。混亂。有吃。在廚房幫忙。病患冷靜，沒有改變。」

卡塔莉娜的幻覺、症狀，以及鬧劇式的咒罵維繫了「常識」的地位，也就是這個家庭及眾多醫療機構為了維護它們的常規性及正常運作，所生產出的知識及其實踐——**剝除個人身分的儀式、不斷服藥的生命、身體的死亡化**。在卡塔莉娜最去社會性的狀態中，我們可以看見人類關係，以及技術和政治的動態，是如何成為精神病理學發展過程中的材料。在此，精神病的發展過程需要略而不見的，是將組成卡塔莉娜身處環境的複數性、不穩定性及變動，而她的內在生活也必須受到約束、抹消，甚至逼迫她放棄。

由於這種操作化的醫藥科學搏得話語權，卡塔莉娜的聲音消失了。精神病被當作一種與我們無關的「他者」問題來治療。而隨著社會及主體基礎被從臨床場面中抹除，尋找原因的動機也將不復存在。這樣的醫藥科學直接對卡塔莉娜的病症有了定見，而一場針對各方面的實驗出是成形——其中包括家庭、公共健康、體制、診斷及藥療邏輯。卡塔莉娜被非人化、被過度施以藥物，但仍有些什麼在她身上揮之不去——那是再也無法放下的生命鬥志。而我透過卡塔莉娜的身體語言意識到、但卻沒問出口的問題是：為什麼我得死掉，才能讓你們了解，活著是怎麼一回事？

一條生命的終結

End of a Life

讓我驚訝的是，聖保羅精神病院留有卡塔莉娜及亞達・歐堤茲醫生之間漫長的對話紀錄，她是當時的一名住院醫生。我從卡塔莉娜口中反覆聽說的人名、事件和日期也都記錄其中。

卡塔莉娜是在一九九二年三月六日被丈夫帶來的。這次她是被新漢堡市的心理健康服務系統轉介而來。轉診紀錄上指出她患有「產後精神病和憂鬱症」，而且「不可能進行門診治療」。一開始替卡塔莉娜進行初步篩檢的是卡羅斯・賈西亞・維亞托，他判斷她「急性精神病發作：病患不睡、不吃，還逃跑到街上」。

卡塔莉娜的入院表格上頭有兩筆紀錄：一項是由她丈夫提供的資訊，另外還有關於「社會處境」的描述。有趣的是，後者跟丈夫描述的內容幾乎一模一樣。卡塔莉娜沒有說話。在這裡，丈夫被描繪為「合作又深情」——跟卡塔莉娜為我描繪出的畫面形成強烈對比。醫生的文字是在為丈夫版本的故事背書，而卡塔莉娜所受治療的本質就是透過他描繪的畫面所形塑出來的，無論在醫療或人性方面都是：

病患和丈夫及孩子住在一起。一個月前生了個寶寶，是早產。而她在此同時失去了一名弟媳。病患說那名弟媳沒死，但說嬰兒死了。她還有兩個年紀比較大的孩子。她不睡、不吃、離家，漫無目的地在城市中遊蕩。她說腦中有聖靈，而家人不了解她。她之前就發作過，情況類似，當時在卡里達迪入院就醫。丈夫說在新漢堡市政廳有人可以幫他，他就是在那裡工作。他非常合作、深情，而且表示會幫助她做完治療。他說病患的家人也有心理健康問題，她的母親就有精神疾病。

在這裡出現了一項新的變因：卡塔莉娜的精神疾病可追溯至遺傳問題。但這項說法的真實性有多少？此時，國家的精神醫療去機構化計畫已經上路，家人若想確保自己親人住院，不是他們想要就可以的。當時還有一種全新形式的知識被用來解釋卡塔莉娜所遭遇的危機。「你沒辦法想像，家庭中某個成員為了讓另一個成員住院，會願意做出什麼事來。」一名當地的精神科醫生告訴我。無論情況是真是假，總之從那時候開始，卡塔莉娜發作又復發的頻率史無前例地高，而且總會被框進一種以母系遺傳瘋狂為形式的論述之中。

就在同一天，亞達．歐堤茲醫生和卡塔莉娜說上了話；她被指派在接下來的一個月負責卡塔莉娜的治療工作。「反移情是同理心的一種。」她寫道。根據歐堤茲一開始的筆記內容，卡塔莉娜「看起來跟真實年齡差不多」而且穿著「樸素，但得體」。卡塔莉娜的智力被認定為「一般」，語言技巧「堪用」，而她的情緒狀況則處於「調節低下」。卡塔莉娜在說話及走路方面有一點問題，歐堤茲醫生指出，「因為她被給了太多鎮定劑。」病患據說出現幻聽及幻視：「上帝對她說話，而她也能看見上帝。」卡塔莉娜的近期及遠期記憶「顯然都有留存下來」。根據這位住院醫生指出，卡塔莉娜有「被害妄想」，而她的思想「極度不可思議」。

根據精神科醫生的筆記，卡塔莉娜第一次開口，基本上就是在說，她是被騙來醫院的。卡塔莉娜表示以為自己是要來看剛出生的女兒，結果卻是來到醫院。

> 病患表示，她不知道為什麼他們要帶她來這裡。她以為他們是要把自己帶到女兒那裡，結果卻直接把她帶到這裡。她和厄巴諾先生和塔瑪拉女士住在一起。他們是朋友，正在協助她和尼爾森離婚。卡塔莉娜說她會在腦子裡聽到聲音。那些聲音讓她很迷惘，因為她搞不清楚那些聲音在說什麼。有時候她能聽見上帝的聲音，可以跟上帝說話，而上帝說事物該回到它們應有的位置，而她該跟尼爾森離婚，然後包米爾・德・撒沙會從天堂下來跟她結婚。

歐堤茲醫生將她採集到的卡塔莉娜生命史繼續寫下去：

> 卡塔莉娜是五個孩子中年紀最大的。八歲時，她母親生病，逐漸癱瘓。父親和母親分居，然後進入了第二段婚姻。卡塔莉娜一直讀到四年級。她十一歲時，父親不再讓她上學，要她在家照顧母親和四個手足。她家務農。
>
> 就在那時候，她認識了包米爾・德・撒沙。他和她父親的朋友們一起來家裡吃西瓜。她一眼就喜歡上包米爾。他有一頭金色的鬈髮和一雙藍眼睛。母親說她不該和年輕男孩約會，因為他們只想利用女人的身體。她只該跟年紀較大的男人約會。病患十八歲時認識了尼爾森，她未來的丈夫，

當時他們參加了一場舞會。她說自己一注意到尼爾森，就告訴弟弟，「我要跟那傢伙跳舞。」而她弟弟說，「那傢伙不好。」尼爾森帶卡塔莉娜去跳舞，他們一年後就結婚了。他們去了新漢堡市，在鞋產業工作，生了四個孩子：安德森，六歲；雅莉珊卓，四歲；比碧安娜，兩歲，另外還有大約一個月大的安娜。她想要明天離婚；她一個人還過得比較好，她說。她認為只要跟丈夫離婚，母親就會活過來。寶寶早產。

雖然同樣發生在她入院的那一天，但第二位精神科醫生卻揭露了卡塔莉娜移工人生中的不同元素。或許是因為歐堤茲醫生的性別及專業訓練起了作用。其中最值得注意的是提及了卡塔莉娜母親的癱瘓，而非只記錄丈夫提到的精神疾病，另外還有她的婚姻破裂以及父母離異之間的關聯，還提到重建一場過往戀情的渴望。不過，在兩位精神科醫生的描述中，卡塔莉娜在婚姻中遭遇的衝突基本上都被當作一種被害妄想；沒有人真正嘗試去追溯這對夫妻發生過的衝突。她的行走問題被當作藥物副作用而不予理會，而且，就跟卡里達迪醫院一樣，這裡也沒替她做進一步的檢查。不過醫生還是嘗試下了一個新的診斷：「其他且非明示之反應性精神病」（一種情境式的精神病，通常是因為生命中發生重大事件的結果）。她被施以氟哌啶醇和氯丙嗪（藥名為冬眠靈）[3]。

三月九日：病患感覺好些了，偶爾暈眩。不停說她得簽離婚協議書才能跟包米爾結婚。她說已經不再聽到上帝跟自己說話。她希望母親能重新活過來，但接著又反悔，說母親這輩子受過太多苦，說不定還是待在天堂比較好。病患走路時跌跌撞撞，必須靠著牆。

三月十日：病患抱怨腿部劇烈疼痛。她說還會在腦子裡聽到人聲，一直在求救的人聲，但頻率比較低，也比較不吵了。她沒有再見到或和上帝說話了，然後談到昨天說想要簽的離婚協議書。她想要康復後立刻離開這裡，才能離婚，把孩子帶離她的婆婆，然後租一間房子照顧他們。她想工作，很樂意做跟衣物有關的工作。她不知道該如何縫紉，但知道怎麼設計衣服。她認為任何工作都好，而且只要離婚，一切都會恢復正常。

我問她是否有一個新生的寶寶，而她說，「對，是安娜。」然後開始啜泣，說她之後得把孩子送走。她說厄巴諾先生和塔瑪拉女士會在她離開醫院時為她照顧寶寶，還說她想回到初戀對象包米爾身邊。她說包米爾在天堂。我告訴她，他得死了才會在天堂。她說他沒死，死的是她的母親，而母親已經不會回來了。

她又再次提起離婚，啜泣。她想離婚，因為尼爾森會揍她和孩子。她說他很愛吃醋，有時會把她鎖在家裡，不讓她出去。他對打撞球上癮了。我問她尼爾森是否有在喝酒。她說，「有，但沒有很多，也不是一直喝。」她啜泣著說她憐憫他。我表示她或許也憐憫自己。她繼續啜泣，說她很生他的氣，因為他揍她和孩子，她就是因此想立刻離婚。

到了這個階段，卡塔莉娜被評估為「仍會出現幻聽」。她的意識「清楚」，而她的思緒「大致上有邏輯，但仍會出現一些不可思議的面向，但沒有出現譫妄的想法」。她「大多數時間都很憂傷」。

3 審訂註：這是一種抗精神病症狀的老藥，成本低廉，但有嗜睡、姿勢性低血壓等副作用。

三月十一日：病患說她覺得好多了，她想回家簽離婚協議書。她說她還會聽到有人在叫她，就像腦子裡有台電話。她以為這樣很自然。我告訴她，雖然她可能感覺這是真實發生的事，但其實是因為疾病的關係，不是自然的，而等她恢復後，這一切都會消失。病患說會為了儘快離開而努力，但不想回到有尼爾森的那個家，她想回到有厄巴諾先生和塔瑪拉女士的家。

三月十二日：病患睡在鋪在地板的床墊上。我問她原因。她表示自己就喜歡這樣睡，這樣感覺比較好，然後說她想回去簽離婚協議書。她還是會在腦中聽到人聲和電話聲，她想帶著孩子獨自生活。她說新生寶寶的名字是比碧安娜，還說她一定還在醫院，因為她不滿九個月就出生了，而且出生時非常小。

推測卡塔莉娜是怕自己下床時跌倒似乎很合理。

就在同一天，根據精神科住院醫生的筆記指出，卡塔莉娜的丈夫來到醫院。接著是一段他與醫生的對話：

丈夫說卡塔莉娜之前住院治療過幾次了。而這次她變得更嚴重，因為有個早產的寶寶必須住院。她也因為有位弟媳過世而更加惡化了。在弟媳過世後，卡塔莉娜開始說死掉的是她的新生女兒，還拒絕到醫院為孩子哺乳。他說卡塔莉娜在之前病況嚴重時從沒提過離婚的事。還說她在危險期過後不喜歡討論發生過的事，還說「她什麼都不記得了」。

作為一名精神病患，卡塔莉娜被生動描繪為一名備受折磨、漫無目的，且對這一切都沒留下任何記憶的人。但在卡塔莉娜自己的描述中，她堅稱有好幾個人在各種情況下阻止她接近孩子。然而，為卡塔莉娜後續治療提供方向的，卻是丈夫的說法，也就是說她拒絕實踐母職、要求分居，而且對自己此刻言行毫無記憶可言的這類描述。就算卡塔莉娜說的話被精神科醫生詳細記錄了下來——身體遭受虐待、針對孩子監護權的爭執、她想跟丈夫分開的強烈渴望，還有身體方面的障礙——卻沒人針對這一切進行後續追蹤。她只是一直被施以藥物，之前接受的治療也沒有被整合進這次的療程中。這裡的「精神病程」(psychotic process)可說是透過對付卡塔莉娜「妄想」的論述及實踐所建構而成。

卡塔莉娜的存在沒有受到絲毫公正的評價。這是一個男性腳本，而在其中與精神醫學共生的，是存在於勞工階級家庭及集體中的衝突。針對家庭中多餘成員的排除行動已然啟動。這位丈夫及其家庭成員協助精神醫學專業人士，將病患的譫妄具體化，而他們得到的回報，就是足以將她遭受驅逐一事合理化的「如實」(truthful)框架。正如一名精神科醫生所說：「家庭讓病患繼續病著，是為了讓自己得以保持健康。」情感及道德經濟的改變正在實現。但對於所有相關人士而言，遺棄卡塔莉娜一定不是一個直截了當的簡單過程。時不時總還會有探訪她、送她禮物，及讓她回家的時候。尼爾森和卡塔莉娜作為丈夫及妻子的角色及義務，其實是同時一起消亡的。

在之後的紀錄中，可以看到卡塔莉娜之所以能不再受到禁閉，憑據的是她足以和丈夫重建關係的能力。她意識到，自己對家庭衝突的描述只會一直被當作「症狀」看待，而她唯一能脫離禁閉（至少脫離一陣子）的方法就是回家。似乎沒有人想到，一旦出院後，她很可能得繼續面臨虐待的問題，甚至還會因為身為精神病患，而面臨額外的歧視眼光。

三月十七日：病患說她夢到孩子，說她想他們想到心都酸了。她想回家。她沒聽到那些聲音了，但腦中還是有一種噪音。她說尼爾森來訪之所以讓她喜歡的唯一理由，就是會帶香菸來，還說她再也不想見到他。她澄清說比碧安娜是厄巴諾先生和塔瑪拉女士的兩歲女兒，不是她的。她說她的新生寶寶是安娜，還說她會跟厄巴諾先生和塔瑪拉女士住在一起。病患顯然好多了，雖然總是昏昏欲睡；她會拿著一顆球玩。**每次要求她畫畫時，她都畫一樣的內容：一條長褲、一件洋裝，還有一件上衣**。（重點為筆者所加）

三月十八日：病患問是不是只有把她帶進醫院的人，才有辦法把她帶出去？我問她指的是不是尼爾森？她回答，「是。」然後說不想跟他一起離開，她想跟他離婚，說他在不順心時會揍她。什麼時候會不順心？我問。房子裡有東西不見的時候，沒有錢買食物的時候。她想離婚，想試著跟另外一個人快樂生活，也就是包米爾。我問：包米爾在哪？她說她不知道，但一定就在不遠的地方。

她說她想在一間製衣工廠擔任裁縫師，隨著時間過去，她或許會有辦法買一台縫紉機自己接工作。病患說她想自己一個人帶著孩子一起住，說安德森和雅莉珊卓可以幫忙照顧安娜。有時候她會聽見孩子的聲音，但知道這只是她腦中的聲音。她知道他們不在這裡。

三月廿日：丈夫拜訪她，留下香菸和餅乾。她對他很好，沒提起離婚，還問了孩子的事。她面對他時舉止合宜。等他離開後，她說她唯一喜歡他來的原因是他會帶香菸來，而且聽到有關孩子的事很開心。

三月廿三日：病患要求我們聯絡尼爾森，好讓他為她帶香菸來。她說他今天放假，所以應該要過來。她啜泣著說很想念孩子。我問她是否想念尼爾森。她說她可以跟他做個約定，只要他保證不打她，她就會繼續跟他在一起。只要他再打她，她就要離婚。她希望他們能讓一切重回正軌。

三月廿四日：病患談起家庭還有想要一名新伴侶的渴望。她說她想找一名會愛撫她，而她也能溫柔以待的人。她又表示會給尼爾森最後一次機會——如果他不打她，她會繼續跟他在一起。

檔案中有一條醫囑指示要做神經系統的檢查：「病患在走路時失去平衡；她得整個人靠在牆壁上。病患有在使用氟哌啶醇。」這項神經系統的檢查並未執行。

三月卅一日：病患說她睡得很好，夢到孩子，然後開始啜泣，說她想念他們，想回家。我告訴她，有個女人應尼爾森的要求打電話來問她的復原狀況如何。而我的回覆是，下次尼爾森來訪時，我們就可以討論出院計畫。

然後在四月一日，精神科醫生根據從卡塔莉娜的發作及病狀所「得知」的資訊進行了總結。出院病歷是這樣寫的：

在生了第三個孩子後，病患開始出現幻聽及幻視。她會看見、聽見上帝，而且想跟丈夫離婚，還

> 拒絕去見醫院裡的寶寶，那是一名因為早產而必須住在醫院保溫箱裡的寶寶。這一切發生時，她的一名弟媳過世了，病患卻開始說其實死的是寶寶。她已經在卡里達迪醫院入院治療過兩次，時間點分別緊接在她的兩個孩子出生後。病患已從幻覺中恢復；思想變得有邏輯，在病房內的舉止得體。
>
> 診斷：短期反應性精神病

若用今日的說法，這個診斷應該被稱為「急性暫時性精神病」。另外請注意其中有項錯誤資訊，也就是推測卡塔莉娜之前兩次住院，都是發生在生完小孩之後。

醫生開了氟哌啶醇和百比停，並讓卡塔莉娜在一九九二年四月二日出院。這次住院的時間相當短，只有二十七天，完全符合當時剛出現的「去醫院化」政策。而她終究被馴服了：「病患在丈夫的陪伴下離開。」

在書寫的此刻，我聯想到的是一場報告發表會，內容是拉岡在一九七六年和一名代號為「B小姐」的精神病患對話。拉岡在為這個案例開場時，先強調了在思考精神疾病之邊界時所普遍遭遇到的困難，並指出分析者的知識有其侷限，應該因此抱著謙卑及虛心求教的態度。至於B小姐，她在和拉岡的對話中將自己視為一件掛在衣櫃內的洋裝：「她完全不知道必須把一具身體放進洋裝內。沒有人棲居於這件衣袍內。她就是那件衣服。她展示了我所謂的擬相（semblance）。她沒有更多存在的人類關係，跟衣袍之間也沒有更多關係，存在對她而言就是如此。」（Lacan 1993a:30）

卡塔莉娜的情況也很類似，她只描繪了「衣物」，而且所有人際關係也走到了終點。她想超越現實，在此現實中，她的身體是一個備受侵犯的所在，而她的話語也沒有任何家人應和。拉岡為B小姐的案例作結時表示：「她自己已經被太多事物占據了。她想重視自己；她也想要別人重視她，如果他們可以的話。」（1993a:31）這類精神病經驗跟人們不願聆聽、重視受苦者有關，畢竟那是人之所以為人最後的憑據。至於卡塔莉娜，面對早已支離破碎的身體，她仍有辦法仰賴作為一名勞工階級母親及獨立思考者的角色，來尋得一些足以展望未來的元素：不是作為一個擬相、一名典型病患，或者一名從屬於丈夫的已婚婦女，而是一名她想成為的自主勞工。她想要一台縫紉機，想要她的孩子在家，想要足以重啟人生的另一次機會。

聲音
Voices

二〇〇〇年八月十二日，在我找到聖保羅醫院紀錄的隔天，我又回到了生命療養院。我告訴卡塔莉娜我取回非常有趣的病歷，內容包括她和亞達・歐堤茲的對話。

當你入院時，醫生記錄了很多事情，其中包括你會聽見聲音……

「那是真的。」卡塔莉娜說。

哪種聲音？

「我聽見尖叫，還有人在啜泣。我一直都很悲傷。」

這些聲音從哪裡來？

「我想應該來自墓園吧。那裡有那麼多死掉的屍體。他們把我暱稱為『卡塔庫姆巴』（Catacumba）。」

她不再被稱為卡塔莉娜，我想她是將自己理解為一座墓室。你說什麼？

「他們稱我為『卡塔康姆布』（Catacomb）……某次我在書上讀到，這種卜塔康姆布是地下墓穴，死人被放在裡面，全部封存起來，就是那些死屍。

我就記到腦子裡了。那些木乃伊全身纏滿紗布。有個木乃伊想找到另一個木乃伊，就是那個被土匪傷害得很慘的木乃伊。但等她終於能幫忙時，有個大傢伙拿了鐵鍊來，而她無法擺脫那些土匪。之後，那個木乃伊也被放進地下墓穴了。」

這個故事是怎麼結束的？

「他們把她監禁在那裡，而木乃伊成了一具屍體。」

你覺得這些聲音是怎麼跑進你腦子裡的？

「我逃出來，讀了那本書。我當時很悲傷。我和前夫分開。他想跟另一個女人住，而我想自己住……然後我的房子就被人放火了。」

死去了名字，被活生生掩埋，並在逃家時找到的書中，尋索一條故事線。

難道是房子被燒毀之後，你才開始聽見那些聲音嗎？

「不是，早在更早以前就聽到了——就在我分開之後。」

她談的是「我」(I) 的分裂。「分開。」卡塔莉娜已經不再是她努力想成為的那個人了，正如同她努力從父親那邊學習字母時，也因而變成了不同的人。

卡塔莉娜再次告訴我，「地下墓穴是存放死人的地方」，接著她做出一項驚人的連結：「有座墓園就位於我們的土地上。我過世的父親買了那片土地。原本的地主出價非常高。我的父親獲得貸款。某天他給我看了債務收據。」

場景回到了蓋撒拉，也就是她幼年的那片光景。她確實是在一片墓園上長大的。我想她在字典中之所以大量提及金錢、銀行、文件及公證人，或許指的就是這項家族債務。

你曾提到是父親教會你寫字的……他在你成長時待你如何？

「還行。但在我活該的時候，他會抽我皮帶。他非常嚴厲。」

那片土地後來怎麼了？

「我的前夫賣掉了。他始終沒賺夠可以把土地歸於名下的錢……公證人……始終沒有錢能把一切合法化……所以時間過去，債務累積，接著他就被迫把土地賣掉……所以他把他的和我的土地都賣了。」

於是她的名下什麼都沒有了。

我繼續說：歐堤茲醫生還說你的母親死了，而你在等包米爾來，你說他是你的初戀。

「我記得……包米爾是我的第一個男朋友，童年時的男朋友。他被稱為『小德國仔』（Alemãozinho）。我們沒有一直在一起，是因為我得照顧母親。我們當時很年輕。是我在遇見前夫尼爾森之前的事。我的弟弟們說我得一個人孤獨終老。」

為什麼你說包米爾會來跟你在一起？

「我沒這樣說……我說我夢到他。我說比起尼爾森，我更喜歡他，還說他是我的初戀。」

所以你把夢告訴了醫生？

「對……然後她以為那是真的事情。」

你的意思是，你只是在描述一個夢，她卻以為你在幻想？

「對，但我真的跟包米爾約會過。」

吃了藥之後，那些聲音就消失了嗎？

「對，幾天之後就沒有了……我記得他們還把我的頭髮剪得非常短。我看起來就像個小男孩。」

我是這樣把情況拼湊起來的：卡塔莉娜不再和尼爾森擁有一個家。她想見她的新生寶寶，所以去了朋友家，但受人誤導，結果淪落到精神病房去解決她的婚姻僵局。她在那裡沒有得到神經系統方面的評估，困在不停變動的診斷中，被當作從未接受治療的病患來施以藥物。在病房內，她的女性氣質遭到象徵性抹消，而她得重新學習如何被家庭奴役。在她的家庭及精神醫療機構之間，卡塔莉娜愈來愈被框架成一個「瘋人」，而且被託付給一個已經不存在的秩序體系。

「他不想讓我離婚。他這人難以控制。他想擁有兩個家庭，兩個家。他無法同時給兩個人愛，也無法同時照顧兩個人。沒有男人可以。他打我……打手臂、腿也打……都變青了，都是他的靴子留下的痕跡。」

他打你之後會帶你去醫院嗎？

「不會，他會回到另一個女人的家。他對我有一種恐懼。因為我總是站在秩序的那一邊。我總是說，我生活的方式就是那樣，而且以後也都會是那樣。他有點怕我處世的方式。」

安靜一陣子之後，她說，「我現在姓嘉瑪了。」

卡塔莉娜再次提及的是她曾書寫、也說過的概念：「分開身體。」這次她更清楚表明：她所指的就是字面上的意思。

「我們分開時……孩子都是我的……但我的婆婆跑去那裡說我的情況沒辦法照顧他們，所以把兩個孩子都留在她家，然後教母得到最小的孩子。我們得去法官那裡把安娜過到塔瑪拉的名下。我們把她過給塔瑪拉和厄巴諾，也簽了文件，身體分開了。兩次，我們去了銀行，我的前夫拿到錢，但我不想拿。那是我們的福利津貼跟過繼孩子的錢，是額外的好處。我不想拿。我真笨，我想我那時就開始發瘋了。我想要是那時候拿了錢……」

卡塔莉娜最後落得沒有孩子，也沒有錢。

所以你的意思是，當初是他開始走送養程序的？

「對。他是第一個簽名的人。然後我就開始發瘋了。我先是逃走，當時孩子還小。我沒把他們丟下……我記得我有過一些壞念頭……我只能想到——我有個憂鬱的……我因為失去太多而受苦。」

那現在呢？

「生命在這裡，而且還在持續……世界繼續運轉，根據月亮來看是如此。而現在月亮移動得非常慢。」

照護與排除

Care and Exclusion

一九九二年十二月，就在卡塔莉娜從聖保羅精神病院出院後八個月，她又被送回了卡里達迪精神病院。她在那裡待了一個月，接著又在一九九三年八月回去了一次。這次，她是由新漢堡市的吉爾森・康茲醫生簽的轉診住院書。

卡塔莉娜曾在我們的對話中反覆提起康茲醫生的名字。她說前夫就是把她帶去他和其他醫生那裡，這些人總是「站在他那一邊」而且不聽她說話：「他們說想治好我，但如果連是什麼病都不知道要怎麼治？如果我得靠醫生來讓我知道自己的感覺，我就會永遠失去行為能力……因為他們不知道我是怎麼走到這一步的——不知道我的病因，也不知道我為什麼痛，他們什麼都不知道。他們只是開藥。」

我在地方的健康保險計畫目錄中找到這名精神科醫生的名字，然後立刻發現他開的私人診所總是人滿為患。當地的某位心理師是批評康茲醫生聲量最大的人之一，他在以下這段分析中講得很直白：「他會滿足病患家屬的需求。」我致電康茲醫生。他禮貌地說自己不記得名為卡塔莉娜的病患，又說那是很久以前的事了。但他還是答應查一下紀錄。我再致電過去時，他告訴我，門診紀錄中沒有提及卡塔莉娜．伊尼斯．高姆斯．摩洛耶斯的資料。

他向我解釋，自己曾在一九九〇年代初期於市立心理健康服務中心看診，那裡被稱為「心理健康之家」(Casa da Saúde Mental)，或者直接被簡稱為「健康之家」。康茲醫生仍受僱於市政府，但正如他的批評者所指出，「由於健康之家團隊的內部衝突，他被重新分派到市立綜合醫院治療精神病患。一旦出了緊急狀況，光是要找到他就是最困難的問題。」康茲醫生向我道別，並再次表示卡塔莉娜之前可能是一名「公共病患」，我或許能在心理健康服務系統內的「閒置檔案」(*arquivo morto*)中找到有關她的資訊。

我的確在那裡找到了她的資料。健康之家的紀錄顯示，卡塔莉娜第一次進入服務系統的時間是一九九二年二月（在住進聖保羅醫院之前），當時她的早產女兒安娜才十五天大。

健康之家成立於一九八九年，當時成了國內提供全人跨學科照護的楷模。在這裡，健康專業人士致力於去醫院化的工作，並針對精神苦難找出社會經濟層面的病因。他們批判能夠真正找到「心理問題解藥」的可能性，而他們所設想的另類治療是「不把病患從家庭及社區中移出，也不排除病患主體化的可能性」。說出這段話的是心理師法比歐．摩洛耶斯，他也是健康之家的創立者之一。

將健康之家及精神病院的兩份紀錄放在一起看，其實非常有啟發性。健康之家跨學科及社會導向的手法，更凸顯出在卡里達迪及聖保羅醫院中運作的醫療常規，也讓我們更能貼近病患逃出尋常生活的經驗。在健康之家的精神科醫生、護理師及社工所記錄的病例中，以及從這些筆記的字裡行間讀出的資訊，我們可以看見破碎的家庭世界、對於另一個世界的想像，以及卡塔莉娜嘗試訴說另一種人生時所遭遇的失敗。在健康之家針對心理健康照護所主張的全人策略的脈絡下，醫生對於病患未來的決定權被撤銷了，而根據摩洛耶斯表示，家庭的「治療角色得到了最大化」。不過，卡塔莉娜的紀錄提供我們一個機會，去窺視家庭（或者任何代表這個「家庭」的人）如何和健康之家調度全新重點照護的模式之間互動，以及這個過程通常是如何離「包容」的道路愈來愈遠。⓫我們還能看到，就連在這個地方，精神藥療手段也能對新的家庭配置，以及主體的各種可能性造成影響。

一九九二年二月十八日，精神科醫生尼爾頓・伯爾吉斯寫道：

卡塔莉娜出現跟嬰兒慘劇有關的幻視。她看見一個孩子吊在旋轉木馬上，還有一根斷裂、淌血的樹幹。她逃家。她自從孩子早產後一直這樣。她想不起生產的事。她的時空錯亂，思緒缺乏組織。她之前曾在精神病院住院治療過幾次。丈夫無法告知我們她先前所使用的藥的名字。孩子將會交由市鎮廳警衛長的妻子照顧。推定診斷：產後憂鬱症。

正如卡塔莉娜之前所說，她的核心家庭此時正在解體，尼爾森已經提到另一個女人的存在。伯爾吉斯又在報告中補充說道，「這是她第二次在產後發作。」彷彿她的發作只跟成為母親的經歷有關。（有趣的是，卡塔莉娜逐漸癱瘓的處境，之後也會被誤認為是生二女兒時產生的問題，也就是被當作分娩造成的併發症。）卡塔莉娜被注射了鎮靜用的氟哌啶醇，接著又被開了氟哌啶醇及百比停。藥物取代並調解了破碎的家庭動力：丈夫擺明不清楚她之前接受的療程細節，但還是指示讓她接受新療程。藥物應該要讓她在家裡接受治療，當然前提是她還能仰賴家庭提供的親情及照護。但既然卡塔莉娜病了，另一個女人立刻取代她成為照顧新生兒的人。每個人都已被重新分派了角色。

丈夫被指示三天後再把卡塔莉娜帶回健康之家做後續追蹤。但這個破碎家庭的時間感和心理健康服務機構不同。這對夫妻在一週後的二月二十五日回來。這次卡塔莉娜說話了：只有在法律上讓兩人分開，才能終結這個世界的失序。

> 卡塔莉娜仍處於譫妄。她出現神祕的想法和誇大妄想。她說和上帝有聯繫，說她是被祂揀選之人。幻視——上帝的徵兆。她堅持離婚，好終結自己的病及這個錯亂的世界。家庭處境難以忍受。病患應該繼續使用同樣的藥物。

令人驚訝的是，這次伯爾吉斯醫生又提到「丈夫是她譫妄的原因之一」。考量到家庭處境充滿問題，再加上丈夫在她的錯亂中所扮演的角色，伯爾吉斯醫生建議她住院治療。不健全的家庭結構導致她生病，但只有卡塔莉娜應該入院治療，接著「在結束住院治療後回到服務機構」。

二月二十六日，另一組家庭出現在臨床診療現場：「卡塔莉娜和尼爾森來到服務機構，隨行的還有厄巴諾先生（市鎮廳警衛長）和塔瑪拉女士。這對夫妻說他們希望能不要讓卡塔莉娜住院，他們保證會在家裡好好照顧她，也會接受醫療監督。」

擴大家庭的成員完全沒有出現。那些她總是充滿愛意提起的弟弟去哪裡了？結果反倒是這對移民夫妻開始與她建立了全新且有力的連結。存在於這項全新家庭安置底下的，是未說出口的經濟因素。卡塔莉娜即將去住在這位先生以及女士的家，他們是人們會基於尊敬以職稱去稱呼他們的那種人，也就是她丈夫的主管及其妻子。這些照顧她及她早產寶寶的人到底是誰？這麼做的原因又是什麼？

> 根據厄巴諾先生和塔瑪拉女士表示，這對夫妻之間有衝突，而且卡塔莉娜的身體有被施暴的跡

> 象。卡塔莉娜說丈夫會用鍊子揍她。她堅持要簽離婚協議書，也同意和厄巴諾先生及塔瑪拉女士待上一陣子。尼爾森也同意了。

醫生撤回了住院計畫，約定之後卡塔莉娜要每週來健康之家做後續追蹤，以便「評估這項治療卡塔莉娜的新計畫」。要是這項安置及治療的安排行不通，「可以再討論新的療程」。

根據紀錄，由於與丈夫分開，再加上藥物協助，卡塔莉娜的情況似乎有改善。伯爾吉斯醫生兩天後注意到的狀況正是如此：

> 卡塔莉娜神智清醒，對時間及空間的認知有條理，思緒集中。她認得自己剛出生的寶寶，也能回想自己的個人史。幻視？她重複提起尼爾森在這次發作時打她，說她要離婚。她正在思考要如何重整自己的人生。

因為暫時脫離受暴關係並身處另一個家庭中，她不再談起那些跟上帝有關的事。卡塔莉娜想要重整自己的人生，而不只是重新修復她的自我。

但她終究無法實踐這份希望。早已各就各位的結構淹沒了她的聲音。正如之前的描述，三月六日，卡塔莉娜被告知要去看她剛出生的寶寶，結果卻被帶去了聖保羅精神病院，而她丈夫的描述成了她的「社會條件」。新漢堡市心理健康服務系統沒有收到有關此次住院治療的通知。

為什麼卡塔莉娜無法繼續住在寄養家庭了？難道把卡塔莉娜留在家裡幾天，只是厄巴諾先生和塔瑪拉女士為了奪走她寶寶的監護權（而且寶寶很快就要健康到可以離開保溫箱了），所進行計畫的一部分？回顧起來似乎是如此。此外，她的丈夫和丈夫的長官似乎還在市鎮廳有人脈，才有辦法讓卡塔莉娜在聖保羅精神病院很快有了床位。

卡塔莉娜希望重整生命的敘事沒有繼續訴說下去。沒辦法在社會上完成這條敘事的失敗，很可能是一場常被誤認為精神病的危機。痛苦不已的卡塔莉娜面對的是一種全新的家庭秩序，而她在其中可被隨意捨棄。她還能再緊抓住些什麼？

一九九二年四月二十二日，也就是她從聖保羅出院後三個星期，卡塔莉娜又被帶回心理健康之家。

卡塔莉娜還在服用氟哌啶醇和百比停。她說她好了，已經開始帶孩子了。她對自己發作時說的話持批判態度，例如想跟丈夫離婚。她神智清醒，對時間及空間的認知有條理。她的思緒邏輯清楚，得以整合。話說得很少，基本上只回答「是」或「不是」，沒有出現知覺及感受的變異。看起來昏昏欲睡。

那名緊張、不適任，又逃家的母親受到改造，成為一名被藥物馴服的母職臣民，一個基本上只會回答「是」或「不是」的被動存有。她因為精神病發作所受的治療，讓她必須扮演起典型病患的角色，以及別人希望她成為的「女性」角色。「當我的想法跟我的前夫及他的家人一樣，一切都沒問題。」她在二〇〇〇年八月的談話中告訴我。根據這些檔案紀錄，我確實比較能理解她一直以來所說的一切：「但只要我不同意他們，我就是瘋了。彷彿我得忘掉我的某個面向。有智慧的那個面向。」

在這段過程中，「疾病的科學已被遺忘。」在那個時候，根據聖保羅的紀錄所顯示，她的雙腿「走得不太好」（她自己的說法）。而她從家庭及各種健康專業人士那裡得到的治療，只是掩蓋掉她生理上的疾病。「醫生只會一直給藥、給藥。他們根本不碰你在痛的地方。」也就是那淌血樹幹的根。根據卡塔莉娜的說法，這種醫療上的一無所知（nonknowledge）進一步延伸到家庭內僅剩的照護過程之中，並以持續給藥的形式呈現：「我的弟媳去衛生站幫我拿藥回來。」

卡塔莉娜在多次住院的過程中學到了，若要離開被監禁的環境，重新進入早已支離破碎的日常生活，就必須成為某種模樣的人。在此同時，她的家人及鄰居則在心理健康服務機構之中，找到了與她保持距離的系統化法律工具。正如卡塔莉娜某次曾告訴我的一樣：「等我回家之後，他很讚嘆我還沒忘記什麼是盤子。他以為我應該什麼都認不得了，無論是盤子、鍋子，還是其他東西，他以為我腦中只會記得吃過的藥。但我還記得怎麼使用那些物品。」

確實，伯爾吉斯醫生是這樣為一份針對卡塔莉娜福祉的報告作結：「應該繼續服用藥物。」藥物成為議題中的連結紐帶。而卡塔莉娜究竟是否處於「現實」的辯論，則必須以此議題為基準進行：她是有在吃藥，還是沒在吃藥？她有想把自己治好嗎？彷彿她所經歷的一切全是自找的。根據卡塔莉娜遭受放逐的智慧，這種透過科學造就的道德經濟構成了「一個你無法解開的結」。對她而言，科學已成為「我們的良心」。「科學……一旦沒了良心，你就無法辨明事理。」道德經濟與這種身體科學之間的邊界開始模糊起來：「如果我們不去細究，體內的疾病就會惡化。」卡塔莉娜被排定「在一九九二年五月五日到桑托阿方索衛生站複診」。這個地方衛生站沒有可供確認的紀錄，但無論是卡塔莉娜及她的家人，都不停被提到曾造訪過這間衛生站（當地通常稱這裡為*postinho*），他們要不是去想辦法取得藥物，就是為了拿到可以去看專科醫生的轉診證明。

根據新漢堡市前任都會計畫祕書長保羅·貝西表示，桑托阿方索這個區域中滿是「大量農村遷離人口的受害者」（*Jornal NH* 1995b）。一九八〇年代，當尼爾森和卡塔莉娜這類移民想在繁榮的新漢堡市找到工作，桑托阿方索就是他們的終點站。桑托阿方索區的轄下有三分之二是濕地，不過由於侍從主義（clientelism）及缺乏適宜政策管理，任何人都能輕易在此占地生活。不合規格的住所及不合宜的衛生或電力基礎建設是此地的日常風景。一九八〇年代，根據當地的《新漢堡日報》報導，官方統計此區的人口從九千兩百六十人成長到兩萬兩千人——成長幅度是百分之一百三十。整座城市在十年間的人口平均成長率也有百分之六十（*Jornal NH* 1995b）。

一篇針對桑托阿方索衛生站的報導指出：「每天大約有一百二十人在這裡接受治療。從小割傷到情感需求方面的疾病都有。」（*Jornal NH* 1995a）多數尋求的是社工的幫助：「大部分人深受家庭問題所苦，需要情緒上的支持。」一九九七年，社工同時也是心理健康之家當時的總監法拉維亞．胡司邱，她的發言被引用在《新漢堡日報》上，其中對當地人所面臨的社經處境惡化發出悲鳴：「在桑托阿方索區的部分地方，最健康的事情，就是精神病發作了。」（*Jornal NH* 1997b）根據胡司邱表示，當時她的機構只能為大約五千人提供持續性的專門照護：「跟我們缺乏組織去照應的大量病患及家庭相比，這只是其中一小部分的人。」桑托阿方索、卡努杜斯和南里約格蘭德的衛生站都會把病患轉介到健康之家。[12]

當我們再次在地方健康服務網絡中找到卡塔莉娜的消息，是一九九三年八月十日。健康之家的護理師朱爾歐．漢米爾頓．畢頓寇特在檔案中寫道，隸屬巴西公共部地方單位「監管人機構」（Conselho Tutelar）的顧問盧爾德致電健康之家，問起卡塔莉娜的事：「自從一九九二年之後，我們就對她一無所知，而伯爾吉斯醫生也沒有在此地工作了。根據盧爾德顧問的描述，卡塔莉娜放火燒她丈夫的衣服，也燒了他的文件。有個四歲的女兒跟著她。丈夫想把她送去住院治療。盧爾德想進行家訪，但希望能和市鎮廳的警衛一起去。如果卡塔莉娜表現出攻擊性，她得先被送去綜合醫院，之後再帶到健康之家。」

到了這個時候，卡塔莉娜的案例已受到新的社會行動者及健康專業人士介入，其中包括地方人權委員會、市民代表、專門的心理健康單位、地方衛生站、綜合醫院（而非精神病院）、護理師，以及市鎮廳警衛。要把瘋人送去住院治療變得更為困難。現在為了讓卡塔莉娜入院，她的丈夫有義務在法律上取得監管人機構的批准，而所有過程都是依據南大河州新通過的精神醫療改革法案。

在卡塔莉娜的紀錄中，我看到她在一九九二年十二月被控使他人性命處於危險之中，而遭強制住院，這類威脅讓醫生有權直接送病患入院。當時健康之家並沒有收到通報。一九九三年八月，她因為康茲醫生簽的「自願住院」轉診單而在卡里達迪住院接受治療。她的丈夫有可能是在桑托阿方索衛生站或康茲醫生的私人開業診所拿到轉診單的嗎？卡塔莉娜真的知道自己簽下了什麼嗎？

家庭、當地衛生站、私人開業診所、另類心理健康服務單位、市政府和精神醫療監禁機構的種種運作，共同構成了一片非常複雜的場域。透過這些互動及活動，一種現實原則於焉成形。正如摩洛耶斯犀利指出：「健康之家造就了社會性存在及主體性的全新可能，但在此同時，這個機制也足以將針對個人身體及人口流動的控制進一步延伸、複雜化。」他是透過德勒茲的「機器」概念在分析健康之家的實踐運作，而所謂的「機器」，就是使事物可見、生產出言語，並在此同時形成「控制」的技術、政治及社會性拼裝體。[13]

像是心理健康之家這種社會性機器，會在與其他技術及政治發展情勢結盟，並在被其他使用者胡亂操弄時，於本質及策略上出現改變。透過這些過程，新的照護文化隨著架構出「正常」的各種社會結構而突現，導致某些人可以永遠無法被看見、被聽見，就像卡塔莉娜這樣。正如她告訴我：「人在當時是走在一條沒有出口的路上。」這個女人被困在這架機器運作過程中沒被考慮到的縫隙內，而她也失去了重整人生的機會。那麼，在繼續深入醫療檔案之前，容我先描繪一下這座城市的歷史、其中提供的公共服務，以及卡塔莉娜曾身為一分子的病患人口樣貌。

移居及示範性政策

Migration and Model Policies

我去了新漢堡市的市政廳，希望找出些有關移工史的資料，包括他們在一九七〇、八〇年代的定居地點，也想知道他們如何改變了這座城市的社會及經濟地景。「你找不到任何有關這些人的資訊，或者是那段時間的歷史。完全沒有紀錄。」身為歷史學家的新漢堡市文化聯絡員羅思・利馬這麼告訴我。

這句話讓我聯想到，在生命療養院與卡塔莉娜初次會面後，我向別人問起她的事，結果得到以下回覆：「她都是胡說八道。我們不知道她從哪裡來，也不知道她得了什麼病。她是被丟在這裡的。」羅思還補充表示，市府官員「在買了微縮膠片機之後，就把所有跟城市歷史有關的檔案資料銷毀了。他們以為這是一種現代化的作為。那些膠片被一盒盒裝起來，但完全沒整理」。在我看來，卡塔莉娜是了解這些移民人口的線索，也就是沒被歷史看見的這批人。她說她之所以書寫字典，是為了「不要把字忘記」。那是活在紙面上的生命。是為了確認「什麼是真的，什麼是假的」。

新漢堡市以作為巴西的「鞋之都」聞名。無論是教材或旅遊手冊，都將這座城市描繪為一座勤奮的城市，居民擁有德國背景，而其歷史總是跟佩特利在一九四四年講述的差不了多少。佩特利強調，這座城市的過去可分三個階段。第一階段是一八二四年到一八七六年，期間來自德國的移居者在新漢堡建立了僑居地，作為聖利奧波爾杜總僑居地的分支（在當時，這個總僑居地被視為巴西後殖民時期嘗試將經濟及社會現代化的「實驗室」；Biehl 1999a）。[14]這個階段的特色，在於新漢堡進化為一座貿易據點，並透過鐵路建設，讓農產品和商品能在阿雷格里港及各聚落間流通。第二階段是一八七六年到一九〇〇年，新漢堡的僑居地開始發展皮革及鞋類產品，和德國之間的商業與文化關係也變得更為緊密。隨著經濟成長，到了第三階段的一九〇〇年到一九二七年，新漢堡僑居地終於從聖利奧波爾杜總僑居地獨立出來。接下來的十年間，新漢堡這個獨立市鎮不停鞏固自己經濟成長的成果，也經歷了大幅度的都會擴張。

佩特利的描述中只有少數針對原住民人口的零星說明，就算提到也沒講得很完整，只知道這些人不是被殺就是逃到其他區域；對於繼續為少數有錢僑民（非法）工作的奴隸也著墨不多；至於一八七四年在當地德國僑民之間自相殘殺的政治情勢，他多所未提（Biehl 1999a）。你可以說這座城市是以帶有一致性的非歷史模式存在，而其人類學就是一種德國式幻想（Biehl 2002b）。

在佩特利想像出來的歷史之後，就再也沒有官方描述的歷史存在。[15]一九六〇年代，數千位仍說著德語的農民從附近僑居地移民過來，他們開發了城市的外圍地帶，並在鞋子產業中工作。一九七〇年代，鞋公司利用聯邦政府的補助進一步擴大產品外銷。那些年的巴西經歷了經濟奇蹟。新漢堡市成為某種「黃金國度」（El Dorado），吸引了許多尋求工作機會及社會流動的人。市府官員從南大河州的西部地區，也就是卡塔莉娜和尼爾森出生的地方，招募了一大批不識字的便宜勞工。到了一九八〇年代尾聲，新漢堡市居民的人均收入是南大河州數一數二的高，然而在不停成長的人口中，至少有百分之二十是非法占地的棚屋戶。這樣的情況在一九九〇年代持續惡化，因為巴西面臨中國在全球鞋市逐漸興起的競爭力時，沒有推出更有利的外銷政策，導致這座城市突然歷經了經濟衰退及嚴重的貧窮問題。

時至今日，這座城市以另一種方式呈現自己：一座示範性城市。許多巴西城市都在現代化後面臨貧富極為不均的問題，而循著這類城市定出的基準，新漢堡市也發表了許多光鮮亮麗的市政報告，強調人們對於住屋、教育、健康及安全的需求得到了滿足。舉例來說，這些報告中包括許多關於健康的統計數據（特別是兒童死亡率），但其中關於生活條件的資訊就算有出現，數量也非常少。由新聘專家及示範性服務機構所設計的政策，像是心理健康之家，證實了政府確實有嘗試保障市民得以健康生存的憲法權利，但在實踐上，它們復甦的幾乎只有意識形態。當城市成為一種示範／計畫時，市民們又會發生什麼樣的事情？

雖然新漢堡市的健康部門早在一九七〇年代中期就已存在，卻直到一九八六年才開始僱用心理健康專業人士。[16]而就在那時候，聖保羅精神病院開始把病患送回他們所屬的社區。健康部門僱用了一名精神科醫生、一名心理師，以及一名社工，為的是處理預期會出現的相關人口，並開始在各高中校園建立某些預防性計畫（大多跟藥物上癮有關）。

當時的健康部長回憶指出，他曾造訪過聖保羅醫院一次，並在一名病患接受常見的「救護車療法」時參與其中：「我在一九八七年剛接下這份工作時，所謂的『心理健康輔助』只意味著把病患送到聖保羅醫院。有一次，我跟病患一起搭上救護車，但才一進入停車場就嚇壞了。一大群病患湧上來，我還得躲著不讓他們看見。那次的經歷真讓我開了眼界。」（Moraes 2000:75）這則軼事傳達出在市政官員及健康專業人士眼中，那種伴隨著精神疾病且在傳統上揮之不去的汙名及恐懼情緒。不過值得注意的是，健康部長指出，這種情況已經隨著心理健康之家的建立而有所改變。

一九八八年，好幾位當地的心理健康專業人士在受過健康管理的訓練之後，提議開設一間另類服務機構，以呼應南大河州反精神病院運動，以及國家推行健康改革的趨勢。其實在一開始，這個最後會成為心理健康之家的計畫，跟即將上任的市長試圖興建精神病院的計畫是有衝突的。在《新漢堡日報》（*Jornal NH* 1988a）上，他被引述宣稱：「新漢堡市完全**沒有準備好**處理精神疾病，但把那些人送去阿雷格里港的醫院也毫無意義，因為那裡早已人滿為患。」（重點為筆者所加；亦可參見*Jornal NH* 1988b）

這位未來的市長採取一種民粹姿態，宣稱他是在解決家庭及治安事務：市民需要有個地方留置那些家裡有問題的人，而這種人快速成長的數字正在對城市本身造成威脅。支持另類服務的人為了確保大眾支持他們的理念，也使用了強調「風險」及「恐懼」的語言：「大部分發作的人只是被送去精神病院，但是，由於需要入院的人太多，入院遭拒的那些又回到社區內，導致自己及他人暴露於風險中。」（Projeto de Programa de Atendimento em Saúde Mental, 1998，引自Moraes 2000:76）

但時代已經變了，這個市立精神病院的想法始終無法啟動。而新型態的社會控制正在成形，同樣正在成形的還有「公民身分」及「心理健康」的概念。心理健康之家在一九八九年九月正式啟用，其目標一開始被定義為減少住院治療人數（透過這樣的目標，此機構作為合算的健康照護的另類選項，其存續也能獲得確保），提倡以家庭為基礎的心理社會復健；發展去汙名化的運動並催促行政機關提供有品質的服務；透過與地方大學的合作，將以實作經驗為基礎的知識系統化。

法比歐．摩洛耶斯就是心理師兼健康之家首任總監，他在一九八九年將一封公開信投書至新漢堡市的報紙媒體，其中指出，這項服務不是設計來「清理這座城市」中多餘的人。這種提供心理健康照護的全人取徑，「應付的是倫理及道德的偏見，以及強烈的個體及社會衝突。這種取徑處理的是人的主體性，無論他們是否生病都一樣」(*Jornal NH* 1989)。這座城市必須被當作一個主體來對話、來治療。

這項服務開始提供救護車援助，以及類似心理社會照料中心的長期心理社會療程。另外還有許多計畫在其中共同發展出來：家庭團體治療、社區花園、以藝術創作及表達為主題的畫室，還發行了給病患的每月通訊。當地衛生站將心理學實習生及社工整合進工作團隊，希望與病患家庭培養密切的合作關係。根據摩洛耶斯指出，不入院治療已成為常態：「我們只把那些會對自己及他人生命造成危害的人送去住院。」(*Jornal NH* 1991) 摩洛耶斯當時是如此描述這項服務：

> 在門診診所內，我們遇到的大多是希望立刻解決問題的患者，其中處理的也是較為技術性的問題，醫病之間不太會建立深入的關係。心理社會照料中心不一樣。這裡處理的問題不只是病患有沒有出現症狀，還有他生活的方式、他如何和照顧自己的人互動，又或者誰能照顧他？另外還有住屋方面的問題，以及像是暴力、運毒等需要考慮的因素。最主要的不只是減緩他的症狀。許多時候，我們會發現病患最主要的風險因素不是那些症狀，而是已經消失的整體社會基礎。

用摩洛耶斯的話來說，心理健康服務必須應付「某樣事物」不再存在而產生的效應：社會領域。治療市民的精神負擔代表必須重新修復這個領域。健康之家將病患帶到市中心的廣場，讓他們跟路過的行人社交，希望藉此將精神疾病去汙名化。心理社會照料中心也在全市各地組織了許多公開遊行及藝術活動，好讓人們知道健康之家正在進行的活動及理念，希望藉此創造出一種新的公眾心態。

健康之家營運的第一年確實非常成功。數字會說話：報導指出，新漢堡市是南大河州精神病院住院率最低的地方，而在所有新出現的心理健康服務機構中，健康之家將病患送去住院的比率更是其中最低的。這項服務在政治上博得廣大的能見度。於是來自其他城市的健康相關官員、專業人士及政治家都來健康之家取經，希望能在州內其他城市複製這種服務模式。這個跨學科的團隊也主動參與地方及全國性的反精神病院運動。舉例來說，一九九二年五月，新漢堡市的心理健康服務團隊主辦了首屆地區心理健康會議（*Jornal NH* 1992b），好幾位全國性及國際性的反精神醫學運動領袖因此共聚一堂。

到了一九九二年，這項成功的服務已成為整座城市的代表性標誌。地方報紙上有則全版廣告寫著：「新漢堡市成為一種典範……在心理健康治療領域也是如此。」（*Jornal NH* 1992c）這項服務足以成為典範的品質，可以從該市劇烈下跌的住院數字計算出來：從一九九二年的一百例降到一九九三年的三十例（*Jornal NH* 1994a）。新漢堡市的行政主管機關對這項計畫中的社區配藥措施也非常自豪。一九九二年起，這項措施免費發送必需藥物給本市的公共健康系統使用者。直到二〇〇〇年為止，精神藥物都是這樣直接派送給健康之家（*Jornal NH* 1997a）。於是在此時，受到重建的社會領域，同時也是一個藥療領域。

吉爾森．康茲醫生在一九九四年時是與健康之家配合的醫生，卡塔莉娜也是在當時再次經由這項服務被轉介出去。那年稍早，康茲醫生接受一家地方報社採訪，提到病患對治療的需求量提高、稱讚了地方衛生站的成果，還描述了像是卡塔莉娜這樣的一般病患，以及卡塔莉娜不停表示醫生對待自己的方式：「人們在地方衛生站接受治療時，不需要付出額外的交通開銷，而且能始終與社區維持直接連繫。大部分病患都是時值生育年齡的女性，也就是介於二十到四十歲之間；慢性病及精神病都很常見。我們只針對比較有攻擊性的施以藥物。沒錯，有時我們仍得將這些病患轉介到阿雷格里港的專科醫院。」（*Jornal NH* 1994a）

我回想起卡塔莉娜曾跟我說：「我的前夫先把我帶去看精神科的吉爾森醫生，在新漢堡市，他要他幫助我，要他找出我的病。但他對醫生說謊，說我有攻擊性，還說我打小孩。我太生氣了，結果真的在醫生面前揍了他。那個醫生只會開藥。護士給我打了一針。我老是有藥得吃……醫生只聽他的說法。我覺得這樣不對。他們應該聽病患的說法。」

診間內的事件引發出一種情感狀態，此種狀態某部分也成為卡塔莉娜被指認為「具有攻擊性」的基礎之一。在這段過程中，根據她的說法，大家都不再了解她的疾病，而她也進一步被從家庭生活中移除。不過在康茲醫生看來，社區已經就定位，準備承接。一九九四年的另一篇訪談中，康茲醫生強調，人們必須認知到造成心理障礙的社會文化因素，另外也很重要的是把社群性（sociality）當作治癒患者的關鍵：「尋找主體的社會文化根源，是讓她的處境得以進化的關鍵替代方案。最好的治療應該基於社群性，是想辦法讓病患與她身處的環境和諧相處。我們知道家庭及適應方面的問題可能成為這類苦難的根源。因此，我們為整個家庭提供支持，為他們指引方向。」（*Jornal NH* 1994c）

透過這些修辭，我們知道整個家庭都必須受到治療，但正如我們所知，實際情況並非如此。卡塔莉娜反而又被送進精神病院。我開始質疑這個理應讓病患社會化的自我治理模式，是如何牽連到城市中其他思想及自我呈現模式的實踐，也就是非歷史性與其人類學幻想。人們又是如何逐漸熟悉這些模式？就在我追蹤卡塔莉娜如何成為某種「不再是自我」的事物的過程中，家庭表現似乎突現為城市治理的焦點中心，而現在則成為心理社會政治的焦點中心。在卡塔莉娜遭到放逐的過程中，這座模範城市又是如何體現在家庭生活中？

一九九四年十二月，在心理健康之家，吉爾森醫生治療了一名之後就不記得了的女性。卡塔莉娜檔案中的內容是這樣寫的：「病患被市鎮廳警衛帶來。她被發現在街上帶著兒子遊蕩。病患在綜合醫院中被施以藥物好度（氟哌啶醇），之後被帶回家。」一個半月後，卡塔莉娜又回到心理健康服務機構。此時的她已經又被送入聖保羅醫院住院過一次了。吉爾森醫生寫道：「病患已回家，住院後狀況良好。開立同樣藥物。」透過藥物這項媒介，家庭、模範服務系統，以及政府政策三者結合在一起，並進入了我們的視野。卡塔莉娜接受了藥療化的管理，重整人生的機會也逐漸凋萎，但在醫療檔案中的她卻狀況良好地待在一個家庭內，而我們都知道那個家庭並不存在。

在《分裂的城市》一書中，勞霍寫了，你必須「讓城市接觸它在意識形態論述上所排拒之事物，但（你）必須活在事件發生的當下」（Loraux 2002:61）。整體而言，勞霍關注的是希臘古典民主中所否認的歷史質性，也就是「為了建構『城市』的普遍性，必須否認『衝突』這項構成原則」（61）。內戰就是公民生活的核心。她也指出，「殺害手足」是「日常內戰，因為兄弟情誼也是市民的行為典範」（209）。這位歷史學家向讀者展示的是，市民透過隱藏戰爭而造就了一種情感，而此情感的功能就像「鞏固社群的水泥」。這項被隱藏起來的罪行開始在「單一家庭」內醞釀（33）。勞霍因此建構了一種推想，其中家庭經歷了情感的政治化：「恨會比愛更古老，其中『遺忘』的價值只在於難以釋懷的怒氣所帶來的難以言說的喜悅。」（66）家庭關係的修復成為城市中的和解範式。到了最後，一種假的兄弟情誼掩藏了「分裂」這項原初現實（39）。對勞霍而言，透過家庭產出疾病症狀的主體是城市。

就在這項模範心理健康服務經手卡塔莉娜的同時，她被從家庭以及醫療課責體系移除出去，最終甚至失去了社會性存在。發生在她身上的事絕非例外。有種機制已然到位，而一股漠不關心的風氣環繞著她：她是一具不值得治理的身體。隨著時間過去，健康之家中進行社會參與的專業人士意識到，在這項服務機制中，新舊形式的治療手段詭異地共存著。根據法比歐・摩洛耶斯的回憶（Moraes 2000:89），有一種特定的靜默被創造了出來：

當某個房間內正進行「學習各種表達途徑」(Pathways of Expression)的計畫時，另一個房間內的人們卻只是被施以藥物，而當社會及家庭資源已被證實不足時，這些人只能再被送到老舊的聖保羅醫院。我們正努力在心理健康照料的領域尋求改變，但同時也發現，整體而言，當病人發作時，用來管控瘋狂的舊有模式似乎仍被保存了下來，而弔詭的是，新的體制安排其實更鞏固了舊有手段。當瘋狂持續存在於街道上，我們的診所卻更往內縮。跟以往相比，醫病相遇更常發生在封閉的辦公室內、在隱密的空間內。一種特定的靜默浮現。你甚至可以注意到，就連寫在病歷上的筆記都變少了。

一九九〇年代中期的健康之家，出現了針對其醫療能力及倫理方面的爭議，還有關於個人目標及政治意識形態的論爭。一名具有領導地位的社工離開，康茲醫生也被重新分派到綜合醫院。根據摩洛耶斯指出，健康之家已成為「一個巨大的公共通道，還有很多人晚上跑來，只是為了確保隔天有辦法看診」(Moraes 2000:99)。這代表的是一群病眾，我心想，也代表了生產出不同政治體的不可能性。

健康之家曾兩次失火，還經歷過一次水患，之後在一九九六年搬到了新的住址(租金是全市第二高)。這段期間內，健康之家以四項服務為中心進行了結構重整的工作：門診治療(人們愈來愈長在市內二十四小時運作的地方衛生站接受檢傷)；心理社會照料中心；職能治療(能賺錢的工作坊)；以及三個地方性的專科健康單位(分別在桑托阿方索、卡努杜斯和南里約格蘭德區)。到了一九九七年初，這項服務每個月會治療大約一千名病患。兩年之後，心理健康團隊每個月會看一千五百名病患，而住院治療的人數仍持續下降。

至於內部衝突，摩洛耶斯回憶指出：「你可以說，心理師和精神科醫生不只是彼此保持距離，也算是跟病患保持距離。護理師必須進行所有管控精神病患的骯髒工作。除了在個人及團體治療時提起的問題，我們對病患的家庭生活所知不多。」

我試圖敲開讓卡塔莉娜無從決定自己生存方式的這種現實原則。隨著進入這些形塑卡塔莉娜命運的公共場所，並深入幕後，我開始將她視為一名報信者，面對這個任由她進入社會性死亡，並在家庭及城市中成為缺席者的過程，她說出了真話。即便身處眾多症狀之中，她仍是清醒的。而身為卡塔莉娜的人類學家，我關注的是動態，也就是將這些想法與材料、生活經驗與感知，重新一起／彼此對抗著流動起來，好確保透過人類學的技藝，這個故事能夠未完待續，帶有開放性。

女性、貧窮，及社會性死亡

Women, Poverty, and Social Death

「我們健康之家現在至少有五百位卡塔莉娜。」在我說了卡塔莉娜的故事跟自己正在進行的工作後，新漢堡市服務系統的統籌者兼心理師西蒙妮・勞烏這麼告訴我。她的話證實了我正努力拼湊起來的故事相當常見。之後，我跟她及心理健康之家進行了對話，過程中我清楚意識到，我所記錄下來的人類命運帶有傳染病的質地，也發現人際關係及技術的變動似乎讓此結果變得無從避免。正如勞烏非常精闢地指出，人的排除「總是透過家庭完成」。

她口中的「五百位卡塔莉娜」，指的是使用健康之家服務的大多數女性。這項服務每個月會在總部治療大約一千五百個人。其中大約七百名使用者會在本市的社區藥局拿到免費的精神科藥物，「每個月的平均治療開銷是三十五美元。」法比歐・摩洛耶斯隨之補充。「我們的許多病患甚至付不出這筆錢，更別說去買食物或負擔交通費用。」

我要求這些體貼的專業人士跟我多談談健康

之家使用者的普遍經歷。

「當這項服務開始運作時，主要是為了處理思覺失調和精神病患者，但情況已有了很大的改變，無論就診斷或數據層面都是如此。情緒障礙的出現比例大幅成長。」心理師威爾森・撒烏沙這麼說，他是健康之家內首先針對精神疾病發生率進行系統化研究的統籌者。「我們沒有數據，但我們看到社會領域正在瓦解，人們病得愈來愈重。」我認為，在健康之家，卡塔莉娜被當成（或至少有部分被當成）社會模式的一部分來進行治療，但整體而言仍處於沒有被詳細記錄的狀態。

撒烏沙引用「失業、生存環境的艱困、缺乏社會流動的機會、都會暴力」作為精神苦難廣泛流行的肇因。透過這名心理師的說法，我們會發現健康之家已成為正在消失的社會世界、福利國家，以及不復存在的社會醫學：「許多工廠倒閉，人們不再有工作、健保或家庭支持……他們需要得到某種形式的認可及援助，於是向普及性健康照護系統索討。一切都不是孤立事件。」心理健康服務正是一種想像出來的國家。

透過介紹，我接觸到社會學家馬拉露西亞・緬吉斯針對新漢堡市健康之家進行研究的初步發現（Mendes 2000），其中記錄了在二〇〇〇年三月到九月使用這項服務的人的經歷。在這段期間，有七千三百三十五人就診，其中大部分來自卡努杜斯和桑托阿方索區，卡塔莉娜也住過那些地方。根據本市的官方人口普查數據，緬吉斯確認新漢堡市總人口中的精神疾病盛行率為百分之十三。不過這樣的取樣有偏差：這項服務的建構邏輯會讓人們愈來愈容易受到檢傷系統的排除。一名潛在的病患首先必須造訪市內的地方衛生站，或者另外三個專科心理健康單位之一（桑托阿方索、卡努杜斯或南里約格蘭德的單位），才能再被轉介到健康之家。再加上家屬必須簽下參與治療的合約，同意參與整段療程，許多「有問題的人」也會因此被篩掉。此外，健康之家不治療那些對非法藥物上癮的人。緬吉斯向我報告，在蒐集數據期間，新漢堡市批准了二十六個心理健康相關的入院治療案例：其中十二個案例是精神病、八個是因為酗酒、四個有急性憂鬱症，另外還有兩個是其他原因。十四名病患被送到卡里達迪醫院，一名送到聖保羅醫院，八名送到內陸的精神病院（聖塞巴斯蒂昂－杜卡伊和南卡希亞斯[4]）。

緬吉斯與一百位初次到訪的病患合作，發現其中有十五人被確診為精神病，而十五人中有九位曾入院治療。另外，十五人當中「只有七位跟他們的家人住在一起；其他人都獨居或曾相繼入院治療過」（Mendes 2000:23）。她這麼寫道：「整體而言，他們來的時候都會帶著臨床檢驗的結果及藥物，然後說地方醫生再也幫不上忙了。病患這方準備好的通常都是一個缺漏百出的論述，而且負責說話的大部分是家屬。這些以病人為名出現在健康之家的問題，有非常大的機率跟家庭本身的歷史及對話模式一致。」

這些家庭的狀態如何？

「悲慘。」摩洛耶斯說。「這些家庭都壞得很嚴重、失去應有結構，而且非常混亂，其生命軌跡也帶有創傷。我們不能用理想的狀況去看待這些家庭，彷彿他們真有辦法負起完全的責任，還能照顧這些精神病患。有條件的人才有辦法負責，而客觀來說，許多時候，這些家庭甚至沒有提供照護的最基本條件。這些家庭通常已深受酒癮或之前各種精神疾病所苦。我們能得到的資訊非常少。性暴力的情況也非常普遍。大部分是家庭內部成員所為。上五旬節教派教堂的人數很多。」

「我們這裡有三個女性團體，」勞烏繼續說，「她們大多沒有精神病。但她們都曾在人生中某個時刻遭遇危機，或者有自殺的風險。她們都有跟卡塔莉娜類似的故事。」另一名健康專業人士接著開始說起「女性在歷史上被支配」的故事，其中女性的身體跟移民、貧窮及暴力的現實糾纏在一起。「有一次，某名女性是頭上帶著被彎刀砍的傷口前來。另外有名女子的丈夫強暴了所有孩子。許多人也告訴我們，根據她們丈夫的說法，她們永遠不夠好。」常見的模式是這樣：「他是她生命的主人，各種可能的方面都是。」我又再次感到震驚，這種異性戀家庭在歷史上根深蒂固的權力關係，竟能以這種方式跟社會性死亡交織在一起。

就拿瑪麗亞．海莉娜來說吧。健康之家的團隊重建了她的人生經歷：

她的父親虐待她，過了一段時間後，她的「好丈夫」也開始喝酒、打她。他們生了五個小孩……某次他們都還在屋裡，那個男人卻放火燒了房子。他們活下來了，但失去一切。她得上街去賣她煮的食物。她存錢買了另一間棚屋，然後又回到他身邊。她說他真的「是個很好的男人」。最近她最小的兒子跟隨父親的腳步開始用藥了。他在一場摩托車事故中過世。她為了兒子的死來看我們，但沒辦法（把眼前的問題）跟更早之前的其他事件聯想在一起。

卡塔莉娜說她的想法跟丈夫及他的家人不同，她說丈夫把她鎖在家裡，還說要找她的工作證。她的紀錄也說明她逃家後在城市內到處遊蕩。「丈夫都不喜歡女人到鬧區。他們都住在外圍地帶，而據說自己跑來市中心的女人是為了來找男人——他們都是這麼想的。」這是我得到的說法。這是以受威脅的陽剛氣質（或幻想受到威脅）為名在遮蔽女性特質，我心想。

接著還有芙烈達的故事：

她被診斷為精神病後來到我們這裡。她有六個小孩，而丈夫性侵了每個孩子。他是五旬節教派教

4　譯註：聖塞巴斯蒂昂－杜卡伊（São Sebastião do Caí）和南卡希亞斯（Caxias do Sul）都是位於南大河州的內陸地區。

會的牧師。她得偷偷來健康之家談話、拿藥，才有辦法對家中發生的事維持最基本的明辨是非的能力。她不想再生小孩了，但丈夫禁止她吃（避孕）藥。她想去醫院把輸卵管綁起來，但最後醫生取消了手術，說她沒有來自丈夫的手寫同意書。女人一旦在法律上結婚，絕育時就需要丈夫同意。法律站在男人那邊：明明是她的身體，卻需要他的簽名批准。

我又想到卡塔莉娜堅持要簽字離婚的事。她要法律認可她的姓名及意志。但對於身處生命療養院的她而言，「分開」為何仍是一個如此迫切的議題？我還是不太清楚。

「因為汙名及家庭中的權力關係，」勞烏說，「許多來到這裡的女性必須說謊，得跟家裡說她們其實要去其他地方。她們常會說一些像是『我不能因此丟掉工作』或『我的姊妹和鄰居會說我瘋了』之類的話。」摩洛耶斯指出，「也可能會有人利用疾病這項工具來尋求『包容』，來尋找自我。」不過在過程中，我進一步補充，她有可能矛盾地引發了自己所受到的「排除」。卡塔莉娜經歷的情況就是如此。舉例來說，在康茲醫生面前，她確實成了一個具有攻擊性又棘手的存有，而且必須施以藥物並將她移除，好讓她身邊的其他人能繼續生活。

精神科醫生丹尼耶拉．朱思妥思也加入了討論。她曾在卡里達迪醫院工作了十五年，之後被要求離開，現在則負責統籌管理健康之家中具有自殺傾向的病患：「我的五十名病患中沒有一個住院治療過。」根據她的看法，健康之家是此地區中執行心理健康照料最棒的地方，因為能提供「病患被當作一個人尊敬的可能性」。她將卡里達迪描述為「一間不允許病人康復的醫院」。有好長一段時間，她都試圖要改變這種情況，「但卻是徒勞」：「我想讓病患的生活變得可行，但就連這個想法都胎死腹中。」

朱思妥思醫生就是親切協助我閱讀、詮釋卡塔莉娜檔案的精神科醫生。當我向她簡報了卡塔莉娜的人生軌跡，她的回應是：「卡塔莉娜尋求的不是診斷，而是她的人生。」

朱思妥思醫生提到，染上同樣疾病的患者下場不盡然相同：「家庭支持病患與否會帶來很大的差異。我在私人開業的診所內看了一名思覺失調的患者超過二十年。他只住院過一次，還組成了自己的家庭。當然，他的社會階級完全不同。」我說卡塔莉娜以前會說：「我對醫生過敏。」

「她說的沒錯。這種態度確實已經是最委婉的了。我們必須信任病患。但精神病院的意識形態及政治活動都不是為了維繫信任。病患被當作動物對待。醫院透過藥物進行最低程度的醫療嘗試及社會管控。」

我指出，卡塔莉娜的故事顯示，無論是大批病患（mass patient）出現的模式，還是她在被棄及過度用藥之間交會的癥結點上逐漸死去的狀態，都同時屬於公共及家庭事務的領域。我對這個團隊說了我正在做的工作，以及我感興趣的議題。於是在之後的討論中，摩洛耶斯強調健康之家的例子代表的是一種具有可能性的領域：「對很多家庭而言，心理社會照料中心改變了他們的生活。他們確實簽了合約、擔下了應盡的責任，也相信能透過我們改變身處的局面。這裡準備給他們的是一種替代性的象徵秩序。我們有遇過病患明明出院了，但他的家族成員還是一直回來參加聚會，因為這是一個對他而言很重要的空間。這些是受過（健康之家）教育的家族成員，他們能接受差異，對於他者的不具生產力較有耐心。」這個人力配置充足又關愛病患的健康服務機構，代表的是一種逐漸增加的需求，而這種需求卻被國內訴求於全新模式治理術的人們認定為過時的潮流：人們需要能夠課責的機制以某種形式存在。

這些受苦難支配的家人在與模範服務機構交流的過程中，似乎有某種特定的心態及情感逐漸成形。「有些家庭成員會用常識去想：『非得照顧他讓我感覺很不爽，他對家庭的收入又沒貢獻，而且這個人永遠會是個問題。但有人幫忙總好過一切自己來。』若說有什麼主觀上的改變，是人們能感覺在一個計畫內更有參與感。」摩洛耶斯補充，或許「他們也變得比較不會對病患表現出攻擊性」。在這樣的案例中，蔓延的敵意受到控制，並因此觸發了一連串全新的措施。「我還是認為，不論他們在家庭中所受的苦難，這個地方比國家不邪惡多了。國家沒有確保他們活命的義務，只希望消滅他們。而家庭仍有其他必須負責的對象，例如擁有血緣及社會關係的那些人。」

為了進行研究的其中一部分，緬吉斯在卡努杜斯及桑托阿方索兩個地區，針對作為代表樣本的八十七位病患進行家訪。她在其中指認出兩種使用者：持續接受藥物及心理治療的病患，以及常被送去住院的病患。她寫道，「輕度憂鬱及精神病現在被一定程度地整合於在地社區，但精神病發作後住院的情況仍然持續，而且大多不是透過心理健康服務轉介過去的。此外，還有健康之家仍未著手處理的酗酒問題，而且比例非常高。」在決定病患究竟要繼續治療還是送去住院時，家庭在其中扮演了關鍵角色。而根據緬吉斯觀察，病患是否會遭到排除，「看的是受到精神苦難負累的人的生產潛能有多少」（Mendes 2000:14）。

根據我聽聞及閱讀的結果，急性憂鬱及酗酒者現在所遭遇到的排除，就是思覺失調及精神病患長久以來所面臨的社會規範。「汙名的狀況還是很嚴重，」撒烏沙坦承，「有精神疾病的人被視為罪犯，被認為必須為自己及他人的苦難負責。」降低診斷的嚴重性似乎無法改變人們的命運。「躁鬱症的人，」摩洛耶斯表示，「就跟思覺失調患者一樣被隔絕在家裡。我不認為光靠診斷能做出什麼區別。」

始終不變的只有將人們放逐出去的過程。「他們靠家人的收入過活，於是逐漸成為多餘的人。」健康之家的職能治療師安卓莉亞・米蘭達指出。而且正如那位社會學家在進行家訪時所提到：「日常的時間性被困在兩種感受之間，一邊是規律的工作生活，以及靠著這份工作保證能有確切產出所帶來安全感，另一邊則是失業率愈來愈高的不安全感，而這些病患在這樣的世界中適應得很差。由於他們無法維繫規範性關係，現在的他們似乎也不再有遵循全新治療生活規範的能力。」米蘭達在此強調了一個根本上的問題，也就是該如何去創造出一種療法，好讓受折磨的人能真正和所處環境建立規範性關係。

摩洛耶斯談的是結果樂觀的案例。「最糟的情況，」心理師露易莎．胡卡奇談的則是那些不怎麼樂觀的案例，「是家人不想負起責任，無論就客觀或主觀層面都將病患排除在外，導致病患最後流落街頭。從精神醫學的觀點來看，這些病患大多可以跟家人住在一起。這個方法是可行的，因為病患已經沒有攻擊人的風險，精神病的發作狀況也已受到控制。但那些家人會以組織性的行為，好讓自己不再成為療程及照護體系的一部分。」

這些精神病患在家時，愈來愈常在空間中被「個體化」處理。「許多人被安置在後院或車庫的房間內。住院治療成為暫時性的常態，而病患被隔離的處境會在每次住院後被強化。」緬吉斯的報告中這麼寫道（Mendes 2000:15）。我回想起卡塔莉娜的陳述，她從家裡搬到更深入貧民窟的棚屋，接著在棚屋失火後到處搬家，然後住進弟弟的家，最後終於淪落到生命療養院——完全體現了「走上末路」的意涵。「有些家人甚至直接改變地址後消失，」胡卡奇繼續說，「有些人留下錯的電話號碼，以確保不會被聯絡上。不過他們都會先確定病患的財產已經歸入自己名下。」最常見的例外就是牽涉到現金的時候。「許多家人會留下他們患有精神疾病的親屬，只要還有辦法動用他們的失能所得。」米蘭達說。

朱思妥思醫生指出了家庭在「豢養」疾病上的角色。「當病患情況改善——我們常在卡里達迪見到這種情況——家人就會停止治療，患者於是得再次住院。」激烈的發作往往是被刻意誘發出來的。我從他們口中得知，家庭和精神疾病之間的關係，在藥療文化中變得直截了當：「在團體療程中，我們可以在每個人與藥物之間的關係、關於停止吃藥的爭論、缺錢買藥的困境，或者忘記吃藥的問題之中，看到只有最低限度的社會整合是多麼脆弱。」

事實上，家庭到心理健康服務系統都是要求拿藥。「每當我要他們告訴我發生了什麼事，」心理師露易莎．胡卡奇說，「很多時候他們會說『不用，我只是來這裡為她拿藥。』」胡卡奇補充表示，當她一開始組織團體療程時，人們老是問，「『為什麼精神科醫生不在？』彷彿我不夠格進行初步治療。他們希望離開時能拿到藥物處方。」健康之家會轉介所有病患進行團體治療。但根據精神科醫生派特里西亞．席爾瓦表示，「儘管有大約有百分之五十的病患會持續進行團體治療，但有百分之九十的病患會繼續接受以藥物為主的療程。」

正如我之前指出，藥物已成為一種家庭工具：家人可透過持續用藥、停止服藥，或過度鎮靜來幫助達成目標。透過處理藥物的方式，家庭將自身存有的方式具體化。「最重要的是，家庭採用的倫理種類，」胡卡奇說，「是用來確保其實際的存續。」摩洛耶斯同意「家庭照護者往往成為那個毫不關心的國家」。而家庭因此成為「**一個國家中的國家**」。佛洛伊德其實用過這個說法，重申精神官能性的病理過程面對「外在現實」的限制性特徵（引自Loraux 2002:84）。

我不只把政治勢力和個體心理學之間的交互作用當作一種類比關係。讓人事物得以運作或死滅的決定，其實就位於家庭生活的中心。而科學透過藥物的形式，為這個決策過程帶來一定程度的中立性。「在團體治療時，」胡卡奇又說，「病患很常意識到，由於持續處在被排除的過程中，她已經開始建構自己的知覺架構以及對應現實的符碼系統。」在這一切過程中出現的不是精神病，而是一種「旁本體論」(para-ontology)——那是一種自己之外的存有，而且象徵了他人的命運。

西蒙妮・勞烏在第一次打開卡塔莉娜的檔案夾時，大聲讀出了護理師莉莉安・梅羅在一九九四年十二月十二日寫下的一筆紀錄，我們聽了都無言以對：

> 我開車載卡塔莉娜回家。但因為她獨居，所以我把她留在婆婆家，她稱呼婆婆為昂迪娜。卡塔莉娜很不受歡迎。**婆婆說卡塔莉娜應該死掉**，因為她又固執又有攻擊性，而且不聽任何人的話，也不吃藥。婆婆明白表示不打算對卡塔莉娜負責。我告訴她，應該要有家人帶卡塔莉娜去綜合醫院進行臨床評估。昂迪娜叫我打電話給尼爾森，也就是卡塔莉娜的前夫。我去找他談。我的感覺是他真的不想跟她有任何瓜葛。他只是像之前好幾次一樣，說卡塔莉娜應該被帶去阿雷格里港市住院治療。（重點為筆者所加）

從這名盡責的健康專業人士身上，我們可以得知許多資訊，因為她從公共機構移動到了家庭現場。她打亂了診斷上的必然性，也拒絕將卡塔莉娜的身體及聲音從環境隔絕開來。她跟著她到了藥物及模範計畫的幕後，聽取了好幾個人的說法，然後記錄下卡塔莉娜之所以成為某種「替身」而失去所有現實可能性的情感及社會實踐。這名護理師的作為沒有遮蔽掉真正發生的事，卡塔莉娜所體現的「真相」具體存在。

「她在社會層面已經死了，」勞烏說，「正是這份痛楚讓我們心痛……我們意識到：她無法選擇活著了。」

在這樣一架機器內，無論是與他人的連繫，還是活著，都已經成為不可能的事。若不是有這麼一才變成這樣（*Sou assim pela vida*）。」

我追索「風濕」這個詞初次出現在卡塔莉娜字典中的時間點，仔細觀察密集出現在這個詞彙前後的字詞及措辭。有些時候，卡塔莉娜將她逐漸癱瘓的狀況，連結到某種生物及家庭標記，用影射的方式提到某種特定的「血型造就的生理缺陷」、「血液型中風」、「腦內損傷」、「大腦遺忘症」，還有「過期腦和老化的頭蓋骨」、「妨礙改變，（妨礙）腳的踏步」。她也憶起症狀首先出現的大致時間點：「我十九歲時生了第一個兒子。我們住在內陸。我的雙腿在搬到新漢堡時一直發抖。」在另一個片段中，卡塔莉娜認為「慢性抽搐」與無意識的運作有關，同時指出了所有無土他者的生命史：

夢魘，慢性抽搐
被侵占的風濕
印度和吉普賽人準備暖腳的火
他們睡覺時沒有蓋被
我父親說

大部分的時間，卡塔莉娜都在談由她身體疾患所發展出來的人造角色。舉例來說，在以下文字中，她將風濕描繪為被人們隨意擺弄的一束絞紐的線：

人們覺得他們有權
去把他們的手

深入絞紐的線
然後去亂弄
風濕
他們使用我的名字
行善或者作惡
他們使用它
因為風濕的緣故

她的「風濕」將許多條生命的敘事線綁在一起。那是一個淩亂的結，一個使社會交換可能成立的真實事件。這個結讓身體有了聲望，並成為某種道德的媒介。只是在這個世界中，被交換的是卡塔莉娜的疾患，而不是她的姓名：她成為了一種症狀。「我過去是誰無關緊要。」卡塔莉娜消失了，而一個宗教性意象取代了她的位置：「風濕、抽搐、釘在十字架上的耶穌。」

在我看來，卡塔莉娜病症的「祕密」源自未知的生物性問題，**此外**，沒有人去思考她所經歷的這個問題中的組成細節。因此，以下兩者必須放在一起思考：卡塔莉娜描述的急性疼痛，以及她如何在醫療及常識領域成為主流敘事的一部分——也就是作為一個瘋狂而且最終毫無價值之人。

看看絞紐於卡塔莉娜「風濕」中的一切元素：

離婚
宗教

抵達頭蓋骨
掌控了頭
精神科醫生

諷刺的是，卡塔莉娜寫了一句話，表示在醫療檔案中的她已經準備好消失於想像領域，彷彿自己只是一組可以輕易抹去的主觀症狀：（按照）流程規定，她已完全準備好進入天堂（*prontuário, prontinha para ir ao céu*）。有一種盲目也同時在成形：「我開始癱瘓，其他人（對此）變得非常瞎。」

於是她的病痛受到操控及刻意維繫，直到後來，生命療養院內的卡塔莉娜也仍在面對同樣的病痛：

生命
復健中心
政治如其所是
卡塔莉娜
神靈
孕期之前的愛
去投票
被人民重新選上
風濕在我腿上

但組成一個人的元素，並不代表那個人的一切：

癱瘓的女人不是盤內的菜
當男人們把我丟上空中
我已經很遠了
所有女人都該保有一個祕密

身為「五百位卡塔莉娜」之一，她同時身處生命療養院及思緒中的他方。而既然一切都讓她無法與自我一致，卡塔莉娜給了自己一個不同的名字：「現實，卡琪妮（Catkini）。」透過書寫，她讓我們從不同的角度觀看。

症狀感

The Sense of Symptoms

我們已經知道，卡塔莉娜在早產下女兒安娜、接受心理健康之家的治療，以及受厄巴諾先生及塔瑪拉女士代理照護失敗後，於一九九二年初到聖保羅醫院住院治療。到了那年的尾聲，卡塔莉娜又回到卡里達迪。接下來兩年，她在那裡住院治療了三次。她最後一次因為精神病受到囚禁是在一九九五年初，地點是聖保羅醫院。這些住院紀錄中也提到，卡塔莉娜又再次受到心理健康之家及新漢堡市的綜合醫院經手；其中也提到吉爾森・康茲醫生為她看診，地點可能是當地衛生站或他的私人開業診所；另外還提到她曾在阿雷格里港市的綜合醫院住院過。

我之前間接提及的這些行動者、機構、力量及策略的集合，全數在此起了作用，而且已成為她接受治療的固定流程。新的徵兆及症狀顯示了她生理上的快速惡化。而我意識到，之所以使用「生理上的快速惡化」這種就事論事的措辭，其實是在避免其中的「殺戮」作為被闡明出來。

一九九二年，就在聖誕節之前，尼爾森把卡

塔莉娜帶回卡里達迪醫院，宣稱她的精神病又發作了。根據一九九二年八月七日頒定的第九七一六條州法，精神科醫生若要讓病患住院，必須在二十四小時之內通報公共部。卡塔莉娜不再被呈現為一個有幻聽問題的人，而是會危及家人及財產的真實的威脅。伊娜西歐・席爾瓦在報告中指出：「病患激躁，有失眠的狀況，對親戚有攻擊性，想跟丈夫離婚，譫妄，想對房子放火。」

她當時一直在服用抗精神病藥物氟哌啶醇，另外還有百比停，此藥理應能避免錐體外反應。但根據地方精神科醫生的說法，這種藥物組合「是非常普遍的醫療不當。醫生不該根據理所當然的邏輯，在開給病患抗精神病藥物時搭配百比停。他應該先調整抗精神病藥物的劑量」。最可能的推測是，卡塔莉娜應該一直是在地方衛生站接受治療；畢竟她在新漢堡市心理健康服務系統內的檔案，並沒有提到這方面的醫療及藥物處置細節。

卡塔莉娜的精神病症狀在其中羅列如下：情緒調節不佳、激躁、失眠、攻擊性、妄想，以及譫妄。跟我一起閱讀這些檔案的三位地方精神科醫生同意，「一直以來，卡塔莉娜所服用的藥物非常可能是引發這些症狀的原因。」舉例來說，氟哌啶醇在控制、鎮靜病患的同時，也可能引發情緒調節不佳及失眠的現象。其中一位精神科醫生這麼解釋：「氟哌啶醇會讓一個人變得僵化。當我遇見服用這種或其他抗精神病藥物多年的病患，並改開情緒調節劑之後，他們的臉上就會再次出現一些生氣。」至於百比停，他們告訴我，它會引發激躁和情緒障礙，而根據檔案，卡塔莉娜也有經歷這些症狀。

進行體檢時，席爾瓦醫生其實有注意到卡塔莉娜「有行走困難」。她告訴他「這是家族疾病」。但儘管卡塔莉娜提供了有關遺傳及肢體障礙的資訊，卻始終沒有在醫療上獲得重視。情況完全跟卡塔莉娜在字典中提的一樣：「風濕這個詞／沒有價值。」

到了卡塔莉娜人生軌跡的這個關口，已經沒有人去梳理她的身體及精神病症的詳細狀況，也沒有人試圖去區辨每個徵象和症狀的差別，以及這些徵象及症狀各自代表的含意和來由。太多敘事線在她的混亂狀態中綁成一個死結，而最後成為焦點的卻是那個「結」。她愈來愈從家庭中被孤立出來，在失敗的精神病院治療及藥物療程中不停流離，過程中，卡塔莉娜被視為沒有理智的人，被當作一位典型病患治療，也就是所謂的都會精神病患。根據這些檔案，確實有一組受到藥物影響而出現的徵象及症狀受到了記錄、治療，但其中沒有「人」的聲音。不但沒有病患的聲音，也沒有醫生的聲音，更沒有特定的生理病症得到探究。卡塔莉娜逐漸成為一個自我的「藥療替身」。

卡塔莉娜得到的初步診斷是「非明示之精神病」，一個只要不是思覺失調或情緒障礙的精神病患，在當時常會獲得的一般性診斷。席爾瓦醫生又在氟哌啶醇及百比停之外加開了氯丙嗪和鹽酸異丙嗪（藥名為非那根）。氯丙嗪是一種有鎮靜效果的抗精神病藥物，也有降低病患白血球數及提高體溫的功能，另外也跟氟哌啶醇一樣會引發錐體外症狀。氟哌啶醇會引起肌肉僵硬、顫抖、便祕，和憂鬱等副作用。鹽酸異丙嗪是用來將其他藥物的鎮靜效果最大化，但也可能產生像是口乾、精神混亂、顫抖，以及其他動作干擾的症狀。百比停本來是用來預防神經方面的副作用，但也可能引起激躁、口乾、便祕、定向感混亂、情緒障礙、欣快症，以及暈眩等問題。

卡塔莉娜的病例就充滿這類症狀。我在閱讀檔案同時深感興趣及困擾的，正是要如何去分辨以下兩者：正受治療之精神疾病的徵象，以及藥物所造成的症狀。另外讓我困擾的，還有醫生似乎不覺得有必要區辨兩者的態度。如果只是像地方精神科醫生一樣將這種現象稱為「醫療不當」，其實是忽略了這種缺乏控管的實驗主義中的生產性格。藥療效應在本質上構成了被治療的身體，而在過程中，卡塔莉娜稱為「風濕」的現實／想像／技術性苦難由是成立。

卡塔莉娜入院治療的隔天（一九九二年十二月九日），每週被分派來診療她的精神科醫生阿爾圖．力馬寫道，她「有人格障礙（帶有心因反應的孤僻型人格），譫妄意念，想跟丈夫離婚。她的整體狀況良好」。他沒有提到她行走上的困難，而且在沒有明確原因下，使用藥效及鎮靜效果更強的抗精神病藥物左美丙嗪取代了氯丙嗪。

一切都充滿矛盾。卡塔莉娜一開始獲得的診斷是思覺失調，也接受了相應治療，接著又被當作精神病患且深受產後精神症所苦之人，這一切似乎都暗示在她的各種狀況背後，存在著某種器質性的病源。而現在，當她的行走問題終於被人看見，也至少出現在醫療報告中，卻因為她同時顯示出憂鬱的徵象，而成了一個「心因性案例」。因為醫療現場沒有空間供她陳述對自我的理解，她的疾病的生物性病源也就從視野中消失了。而她得到的診斷病名雖然愈來愈不嚴重，獲得的卻仍是某名地方精神科醫生口中的「全套抗精神病藥物」。這些有欠考慮而造就的矛盾在她體內成形。紀錄中的精神科醫生、心理師，以及護理師的發言，驗證了卡塔莉娜所經歷的這段藥療人生，也驗證了她擺脫這種人生的可能性確實遭到遮蔽。

卡塔莉娜受囚禁的第一天，實習心理師表示她表現得「欣快」：「她上了醫院的舞台，又是跳舞又是唱歌。」三天之後，卡塔莉娜向實習生抱怨「頭昏」。護理師一開始紀錄卡塔莉娜「神智清醒，定向感正確」，但同時「走路會發抖、跌倒」。十二月十日，卡塔莉娜的醫生讓她開始服用左美丙嗪的隔天早晨，一名護理師量出非常低的血壓數值，於是在病歷內記下：「是因為精神科藥物嗎？」護理師扣下那天早上本該給她的左美丙嗪劑量，但晚上又按照原本預定的完整劑量給藥。

之後幾天，護理師表示卡塔莉娜很「冷靜」，她試圖走動，但「一直跌倒」。她當時被約束在床上。「病患抱怨頭昏。」只有在十二月二十日時，有名值班醫生為卡塔莉娜進行了完整的臨床評估，並停止施以左美丙嗪。他表示她出現「姿位性低血壓」的狀況。由於她被過度施以鎮靜劑，躺在床上的時間又太長，根據值班醫生的推論，是這種姿勢導致了她的低血壓，而非藥物造成的直接效應。因此，經過一天半之後，她又重新被施以完整劑量的左美丙嗪。

卡塔莉娜的精神科醫生不認為有必要在每週報告內提及這些徵象、症狀及干預。「病患改善很多。我們會試著排定家人在假日時前來探訪。」那樣的探訪從未實現。接下來幾週，護理師不停在筆記中表示卡塔莉娜「冷靜」，而心理師繼續宣稱她「感覺好多了，更有動力，也會參與休閒活動」。

一月八日，精神科醫生認為卡塔莉娜已經準備好出院了，也判斷她的「心因性精神病」在地方診所繼續追蹤即可。醫院社工此時加入並聯絡了「家人」，基本上就只是確認病患不會被丟在醫院而已。護理師在筆記中指出：「病患和家人離開，表現冷靜、神智清楚，定向感正確。」這只是他們想像出來的照護措施。另外來自行政機關的資訊就比較清楚了：「病患跟新漢堡市立救護車的駕駛一起離開。」這個藥療化主體被從家庭割除，成了這座城市的病患。

「好度（也就是氟哌啶醇）」和「宜舒神（也就是左美丙嗪）」都是卡塔莉娜字典中會出現的詞彙。她在字典中某段文字裡大膽表示，她的痛楚正揭露了科學所體現的實驗手法：

科學之舞
痛楚散布生病的科學、生病的研究
大腦，疾病
補斯可胖
好度，宜舒神

在卡塔莉娜被從現實排除的過程中，精神醫學的真相扮演了一個明確角色。但卡塔莉娜作為一個具有生產力的角色，在此進一步推進了科學及技術的人類學邊界。我們可以在她的疾患中追蹤醫療科學的日常運作。她宣稱她的徵象和症狀不是相對於客觀指標的主觀指標。它們並不是被無意間誘發出來的，也不是純粹由醫療體系帶來的結果。相反地，一直以來，卡塔莉娜的「風濕」是透過人際關係及醫療措施所謀畫而成。

一段科學的個人史在此被寫就。卡塔莉娜的生活經驗及疾患是某種科學所造就的感傷情懷，而那樣的科學本身就已經病了。是人們追索智慧的道路上出現了斷裂，另外還得討論商業因素。精神科學的商品，像是好度和宜舒神，已經變得跟補斯可胖（成分為東莨菪鹼，是檯面上用來抗痙攣的藥物）一樣平常，而且成為家庭的常用藥物。正如卡塔莉娜的經驗所顯示，這些藥也會對她的大腦及疾病起作用。這些藥物商品——有時被當作儀式性物品使用——實現的與其說是它們理應代表的物質真相，還不如說是一種想像出來的神靈：明明該是客體，卻在當時被視為主體。卡塔莉娜的情感（affects）是一種想要「賺錢」的科學造就的結果。而作為這類科學的傳輸載體，她的徵象及症狀皆屬典型。

佛洛伊德在他的講稿〈症狀感〉中暗示，有某種無法透過追蹤個人獨特的歷史軌跡而說明的症狀存在，而精神分析的科學及技術，也無法對此提供令人滿意的解釋。（Freud 1957a:271）他談到，「疾病的典型症狀」在所有案例中多少是一樣的：「個體差異在這些症狀中消失，或至少萎縮到一定程度，導致（他人）很難將其和病患的個體經驗連結起來，或者找出（這些症狀）與他們特定經驗之間的關聯。」（270）舉例來說，佛洛伊德想到的是偏執性精神官能患者常出現的重複及多疑現象，他沒有將這些典型症狀跟生物性連結在一起，反而將其視為另一種層面的經驗，也覺得這些症狀或許反映出了某種普遍文化：「如果個體症狀確實是基於病患的經驗而來，那麼，典型症狀或許仍有可能溯源至本身即屬典型的經驗——也就是全體人類共享的經驗。」（271）

佛洛伊德坦承，正是這些讓人們變得相似的症狀，使得醫療科學工作得以成立：「而且我們不該忘記，是這些典型症狀在指引我們做出診斷。」（1957a:271）不過佛洛伊德沒有闡述專家如何利用症狀去生產科學，反而將注意力轉回個體如何操弄症狀的議題。他非常有遠見地指出，所謂的「典型症狀」會活化主體可塑性：「然而，即便基於這樣相似的背景，不同病患仍會表現出他們的個體需求——或許有人會傾向稱之為妄想——而在某些案例中，這些需求之間直接產生了衝突。」（270）透過典型症狀，病患主動呈現（也可說製造）出各自的病症及情緒。但接著，佛洛伊德沒有繼續探討這種假體能動性（prosthetic agency）的物質性及歷史性，反而提到會有病患將假體能動性當作某種核心，並圍繞此核心重塑病患的特定精神官能症。

到了最後，不令人驚訝的是，佛洛伊德將這一切普同化。他暗示這些情感（affects）其實讓個體的症狀及典型症狀合而為一：「我會試著撫慰你，因此，也就不太會針對不同種類症狀間的根本差異進行反思。」（1957a:271）於是，強迫性精神官能症中常見的重複及多疑狀況，也可被解讀為「病患基於病理改變之本質而被強制產生的普遍反應」（271）。這種解讀在現代會出現的問題，在於主體不只是反映無意識過程，而是直接由嚴重病變的科學／商業／政治改變所構成。

在卡塔莉娜的書寫及思緒中，全球化的藥物商品，在形塑自我的舊有模式中被視為新材料，而在具有致死力量的全新社會醫療及主體管控機制中，這些普遍散布的商品仍交纏其中，還扮演了各種媒介性角色。以此言之，不是症狀本身缺乏歷史感，而是我們的理解缺乏歷史感，這些理解包括科學辨識方式如何變得這般廣泛可見，又是如何取代掉社會關係，因而作廢了某些家庭及醫療中的人類生活形式。

現在，面對卡塔莉娜說，她寫字典是為了「不要忘記字，還有所有我小時候跟現在得的病」的這些話語，我們更有辦法進行全面性的理解。她所經歷的疾病是各種事件及實踐的結果，這些事件和實踐改變了她學習成為的那個人。像是「好度」和「宜舒神」這類的文字就是她。安易能（Akineton，也就是百比停）這個藥名就鑲嵌在卡塔莉娜給自己的新名字中：卡琪妮（Catkini）。

拉岡曾在一九六〇年寫道，在他的時代，「科學」占據了人類當中「渴望」的位置：「在這個歷史性的時期，（男）人曾感受到的渴望，已經被道德學家打了麻藥後陷入沉睡，又被教育者馴化、被學者背叛，因此大多只能被壓抑至最幽微、最盲目的熱情中，或者於其中避難……也就是對知識的熱情。那是此刻正大行其道的熱情，而且完全沒有要嚥下最後一口氣的跡象。」（Lacan 1992:324）拉岡心中所想的「科學」是物理學——精確地說，就是正在發展中的原子彈及核武競賽。根據他的說法，政治勢力已透過科學宣傳介入，也已為開發新的機器、器具及新玩意兒提供資金，「結果我們剩下的只有這股尋仇之心。」（325）被留在生命療養院等死的卡塔莉娜寫出自身渴望遭到背叛的心情。身為「它」的卡塔莉娜現在只是一個沒有人類交換價值的藥療物件：

卡塔莉娜哭著想離開
渴望
灌溉過、禱告過、啜泣過
淚眼婆娑的感受，害怕，魔鬼似的，被背叛

我的渴望沒有價值
渴望是藥物的
對馬戲團沒有好處

藥療性存有

Pharmaceutical Being

透過剩下的醫院紀錄，我們看到卡塔莉娜成為藥療性存有的這段過程是如何勢不可擋。

一九九三年八月十六日，卡塔莉娜再次住進卡里達迪醫院。是吉爾森・康茲醫生寫了要求讓她住院的轉介書。我在卡塔莉娜位於卡里達迪的病歷中找到那份文件，就寫在信頭印有新漢堡市健康部門的信紙上，不過在心理健康之家檔案或康茲醫生的記憶中，這個事件沒有留下任何蹤跡。在我看來，這場見不得人的交易有辦法讓卡塔莉娜再被囚禁一次。康茲醫生在轉介書中寫道，卡塔莉娜有「精神病」，而且放火燒了她和丈夫的房子：「病患有憂鬱、焦慮的狀況，她放火燒房子，逃亡到街上，還漫無目的地遊蕩。她之前就曾住院治療，目前沒有在進行門診治療。」

這次由於有其他法律要件需要被滿足，卡塔莉娜簽下了「自願住院表格」。我們不知道她對自己簽下的文件有什麼想法，但因為有她的簽名，精神科醫生被免除了必須將住院案例向公共部通報的責任。然而卡塔莉娜的這項行為中仍存在某種能動性：她簽了她婚前的姓名。

她的入院報告中寫道：「病患在過去十五天都非常憂鬱，失眠，不進食，出現不可思議及不連貫的思想（關於毀滅及死亡的想法），有攻擊性，逃家。八天之前，她燒掉丈夫的物品，試圖放火燒了家裡。」這個女人現在對家庭生活及財產都造成威脅。至於她的「過往病史」，則據稱她「自從二十多歲開始就一直情緒憂鬱」。現在她的家族病史也被納入考量：「一名舅舅自殺，兩名表親有憂鬱的情況。」這些檔案暗示有某種精神問題透過她的母系親族代代相傳。

這次卡塔莉娜得到了一個新的診斷——「單極性情感障礙，鬱期」。她於是進入了情緒障礙的全新藥療世界。醫生開立了抗憂鬱劑丙咪嗪（藥名為妥富腦）、抗精神病劑氯丙嗪和助眠劑氟硝西泮（藥名為羅眠樂）。「這樣開一定得很小心，」在卡塔莉娜的紀錄中讀到這組藥的精神科醫生表示，「這比較像是抗精神病的治療。有些時候，光是一種抗憂鬱藥就可能把病患進一步推往精神病的方向。」

被指派來看卡塔莉娜的是阿爾圖．力馬醫生，也就是六個月前曾治療過她的同一位醫生。隔天她在五樓醫療室為她看診：「病患目前處於鬱期。綜合狀況良好。」他這段簡短的筆記跟入院紀錄並不相符，畢竟入院紀錄中的卡塔莉娜有很多問題，其中還包括了不進食。她的綜合狀況怎麼可能良好？原因是精神科醫生所診斷、治療，並使其變得真實的必須是「典型症狀」。註記中的「目前」是為了與之前的藥物治療進行連結。力馬醫生再次改變了卡塔莉娜接受的療程藥物，讓她回頭服用左美丙嗪、助眠用的硝西泮，還有百比停。為了跟上新的藥物風潮，卡塔莉娜得到的診斷變成比較緩和的情緒障礙，然而她的治療卻沒有反映這項改變。針對護理師的報告，「病患試圖行走但跌倒」，精神科醫生也沒有將其納入書寫紀錄或進一步探詢。

住院的頭幾天，卡塔莉娜被描述為「睡得很多，暈眩，混亂」而且「冷靜」——總之就是被過度鎮靜的狀態。護理師不停回報她跌倒及針對口語管教上的反抗，而她因此被綁在床上。八月二十六日，一名護理師回報卡塔莉娜「非常混亂。她開始前言不對後語——她說自己一直都是這樣，又說以後再也不能說話了。護理師幫她處理個人的衛生問題」。就在同一天，力馬醫生寫道：「她的情況穩定。病患對藥物的反應良好。」醫生對卡塔莉娜的病況評估和護理師報告之間的鴻溝持續擴大。護理師不停提到她抱怨疼痛，而且不停跌倒。其中一筆紀錄顯示病患之間出現某種形式的向心力：「另一位病患幫她解開綁在床上的約束。」

八月二十八日，發生了一個本來有可能改變事態發展的事件。卡塔莉娜因為無法站起來，在床上待了好幾天後跌倒，撞傷了臉和眼睛，於是被綁在床上。值班的精神科醫生為她檢查：「自從第一次住院開始，病患就一直跌倒。今天她跌倒了兩次，傷到右眼。右眼瞳孔的對光的運動反射出現變化。我要求進行院外臨床評估。」

這名醫生懷疑是神經方面的問題，於是為卡塔莉娜寫了到卡里達迪院外檢查的轉診單。（直到今日，這間醫院的醫療團隊內仍沒有神經科醫生。）一九九三年八月三十日，卡塔莉娜的精神科醫生同意將她轉到邦芬鎮的綜合醫院：「病患有所改善後轉院。診斷：情感性精神病。」

「你知道寫下這張轉診單的醫生是誰嗎？」我們一起處理檔案時，曾在卡里達迪擔任醫生的丹尼耶拉．朱思妥思問我。我說我不知道。

「但我知道。」她回答。「就是我。」

我看到了：朱思妥思醫生的印章和簽名就在那兒。「卡塔莉娜被過度施以藥物，跌倒，瞳孔出現某種神經方面的變化。有可能是大腦中有血塊的結果——誰知道呢？我要求進行院外檢查。那是唯一合理的醫療態度。雖然我不是她的醫生，無法干預她的精神病治療，但我把卡塔莉娜從那裡帶了出來。」

靠著一個傷口和一名細心的醫生，卡塔莉娜有了從精神醫學／藥療模式中逃出來的機會。「你無法想像要讓一名來自卡里達迪的病患住進綜合醫院有多困難。汙名化的情況太嚴重了。」朱思妥思醫生回憶。不過卡塔莉娜在邦芬醫院待了一個月。在她登錄於卡里達迪的紀錄中，有名社工的筆記顯示她剛從綜合醫院回來時情況良好：「病患在九月三十日被送回這裡，接著被送回家。在那裡治療她的醫生沒有開立任何藥物。」

我得看看那次住院時的紀錄。那裡的醫生是如何將卡塔莉娜的病症合理化？他們有治療她眼睛的傷嗎？他們有進行朱思妥思醫生要求的神經檢查嗎？他們發現了什麼結果？卡塔莉娜的精神病治療終止了嗎？她在那裡住院時沒有服藥嗎？

這間醫院位於阿雷格里港市邊緣山丘上的貧民窟，狀態非常糟糕，而其中的檔案證實了我最害怕的預感。卡塔莉娜的檔案中完全看不到朱思妥思轉診單的蹤影。而且讓我困惑的是，其中沒提到任何有關瞳孔的損傷、沒有針對傷處的治療，也沒有嘗試進行神經檢查。一個機會就這麼被錯過了。卡塔莉娜在綜合醫院內被當作「一名精神科病患」診治，她有「營養不良、脫水和貧血」的問題，而得到的診斷則是「厭食症」。

除了氟哌啶醇、左美丙嗪和百比停，他們還給了卡塔莉娜維他命，並讓她接受高熱量及高蛋白飲食的調養。有名醫生在紀錄中某處提到「肌肉萎縮」，但也沒有進行進一步檢查。總而言之，此處採取的態度似乎是這樣：藥物唯一能做的，就是幫她增加一些體重。

但就連這項目標也沒有成功達成。九月三日，一名醫護助理記錄下維拉醫生的抱怨，表示卡塔莉娜已經兩天沒有接受她所開立的靜脈營養注射。九月十八日，病房提高戒備，因為她「試圖逃跑」。

十二天後，卡塔莉娜得到了「情況改善」的評語後出院。沒有家人來接她，是一名卡里達迪的員工來簽領她出院。她只是一組正在腐朽的生理機能，而且沒有人要。

*

半年之後的一九九四年三月二十八日，卡塔莉娜又回到了卡里達迪。這次她又拿到了吉爾森．康茲的轉介書，上頭診斷她為「非明示之精神病」：「病患譫妄，有被害妄想，憂鬱且激躁。她不接受門診治療。之前也曾住院。」新漢堡市的心理健康之家沒有關於這次轉介的紀錄。

由於受到氟哌啶醇和鹽酸異丙嗪的鎮靜效果影響，卡塔莉娜入院時昏昏欲睡，還出現幻覺。受到這些病症影響的同時，卡塔莉娜簽了「自願」住院表格。為她辦理入院的醫生則在她簽署的表格上寫下日期。他透過下列敘述對她的病症做出評估：「過去三星期以來，病患一直表現出肢體上的攻擊性，激躁，晚上不睡覺，幾乎不進食，會看到幻覺，聽到哭聲，還會啜泣。她不讓任何人進屋——警方必須破門而入。她把所有藥物都丟了。病患有自殺意念，認定人們想虐待她、想殺她。」

這項描述指出卡塔莉娜對家庭及自己造成的危害愈來愈大。而唯一在處理她的狀況的是警察。文中似乎也暗示她得為自己的衰敗負責——是她自己把藥給丟了。彷彿她的情緒及思想跟圍繞她的孤絕現實毫無關係。相反地，卡塔莉娜表現出來的恐懼及憤怒，都被理解為沒有服藥的結果，也因此不具有真實價值。而憂鬱的基因現在或許可以用來解釋她的精神狀態：「母系表親有精神問題，舅舅上吊自殺。」

為卡塔莉娜辦理入院的醫生，在她現有的藥物療程之外，再加上氯丙嗪和百比停。伊立內歐．雅摩林醫生一週看卡塔莉娜兩次，她說卡塔莉娜患有「情感性精神病」，並因此在原有的藥物組合中加了抗憂鬱劑。然而，一名當地的精神科醫生重新檢視紀錄後，發現這樣的劑量搭配卡塔莉娜的其他藥物，對治療情緒障礙而言效力太低，最後可能導致「類似帕金森氏症的顫抖，以及整體而言的糟糕感受」。在這次住院期間，卡塔莉娜也被施以助眠用的氟西泮（藥名為當眠多）。

三月二十九日，卡塔莉娜抱怨「雙腳無力」。但由於譫妄成為目前精神醫療的通用概念，所以只有她被認定擁有的偏執及攻擊性得到處理。「病患的幻想狀態有所改善。」雅摩林醫生在三月三十一日寫道。一週之後，實習心理師評論卡塔莉娜「情感淡漠、對自己行為沒有批判，也不參加休閒活動，還說她必須睡覺」。一週之後，同一位實習心理師回報卡塔莉娜「抱怨走路有困難」。根據醫學常識，醫生應該要知道像是氯丙嗪的抗精神病藥物有可能讓病患失去平衡。但藥物療程仍持續進行。

「卡塔莉娜是那個時代精神醫療的典型案例。她完全體現了那段歷史。」朱思妥思在深思後這麼說。「她始終沒有得到清楚的診斷，而她的神經病症從未受到處置。他們把她的神經徵象當作精神醫學的表徵。但這樣的區辨工作非常重要——我們在私人開業診所會這麼做。但她是在卡里達迪醫院。而這裡是巴西。」

「最近有名被診斷為憂鬱的病患被轉介給我。她一直有頭痛的問題，我要求進行核磁共振檢查。一個月之後，她的一名家人回到服務中心，說透過普及性健康照護系統檢查要等上一年。我把那名女性帶到我的一個朋友那裡，對方自己有間私人檢驗室。檢查顯示她有一顆巨大的頭部腫瘤，而且還在長大。」

四月二十日，醫院社工嘗試聯絡卡塔莉娜的家人，「但家人給的電話號碼不對。根本無法聯絡上他們。」卡塔莉娜被預設會在這些來往住院之間自動消失。沒人能為她負責。四月二十二日，實習心理師描述了卡塔莉娜或許一直以來擁有的理解及溝通能力：「病患表現得宜，有跟他人談話，提起拜訪家人的事。**她手上有一本詩集**。」

護理師的紀錄反映出卡塔莉娜持續受到鎮靜，還記錄了她表現出的「冷靜」態度和行走問題。實習心理師特別強調，她認為卡塔莉娜有在融入大家：「參與化妝工作坊，幫助其他病患化妝。」五月初，卡塔莉娜的精神科醫生判斷「病患出現幻覺的狀況已有所改善，但對家庭成員仍抱有譫妄意念，認為他們想傷害她」。她認為家人想要她消失這件事到底哪裡稱得上譫妄？

到了五月十三日，雖然已有一封信寄去通知他們，卡塔莉娜「沒有精神症狀」且可以離開，但家人仍沒有回應。才過了一週，在經過和新漢堡市政府的成功交涉之後，卡塔莉娜被一輛救護車載回她家。經過多年的服藥，再加上家庭結構逐漸瓦解，卡塔莉娜幾乎沒有什麼選擇可言。

吉爾森．康茲醫生當時是心理健康之家的統籌者，他在一九九四年六月二十三日為卡塔莉娜看診，基本上就是調整了一下她的藥物：「病患好多了，跟丈夫分開，和一個年幼孩子同住，持續接受治療：丙咪嗪、助眠用的地西泮，以及情緒穩定劑卡馬西平。」

就在同一年的十二月十二日，市立警衛發現卡塔莉娜在街上遊蕩，於是把她帶到心理健康服務單位。她在綜合醫院被施以鎮靜藥物。正如之前所描述的，護理師莉莉安．梅羅在此時將卡塔莉娜帶回她家，並聽到她的婆婆說出希望她死掉的話：「她應該死掉。」前夫明確表示她的案例由公共醫療單位接手，並希望能和她在阿雷格里港市內保持距離。

一九九四年十二月十六日，卡塔莉娜在聖保羅醫院住院——這是她被留在生命療養院之前的最後一次住院。是前夫把她帶進去的。「她有攻擊性，對鄰居丟石頭，還對她的房子放火，說話語無倫次，拒絕吃藥，毫無理由地說別人想傷害她，無法獨自照顧自己。至於她的癱瘓，丈夫說也有其他家族成員走路會這樣。」

卡塔莉娜並沒有對自己的棚屋放火。但沒什麼人在意真正發生過什麼事。卡塔莉娜的行動比起之前變得更為艱辛，她和尼爾森分開了，孩子在他們的父親及某位第三者的手中，而她沒有錢，雙親都已過世，弟弟又很少來拜訪她。根據前夫的說法，「她沒辦法自己處理吃藥的事。」

維奧拉醫生寫了她的入院報告，她看到神智清醒的卡塔莉娜走路時不停跌倒。或許因為當時沒有服藥，卡塔莉娜得以告訴醫生「雙腿抽搐的狀況是在大約二十歲時初次發生，她說她生過三個正常的孩子，還說從未在跌倒時傷到脊椎，也沒有接受過麻醉。她跌倒的頻率很高，否認有酗酒。她的母親有同樣問題，最後是坐在輪椅上死的」。

「我反對她入院。」維奧拉醫生寫道。「她需要進行神經評估。」

卡塔莉娜簽名表示同意「自願入院」。

卡塔莉娜最後得到的診斷是「妄想型思覺失調」。她被認定擁有的譫妄思想及被害恐懼受到強效的藥物治療：氯丙嗪、氟哌啶醇、百比停，還有鹽酸異丙嗪。十二月十九日的精神醫療評估這麼寫道：「病患昨晚有入睡，不信任治療師及藥物。」

有幾位醫生寫道，他們試圖幫助「給予（病患）建立認知現實所需的資料」。十二月二十三日，她出現了瀉肚子的狀況，之後紀錄中表示她「在休養，感覺良好，跟其他病患聊起她的前夫」。在連假結束後的十二月二十八日，一名精神科醫生表示「她的思緒得以整合，譫妄情況沒那麼嚴重。病患的個人衛生維持良好，也會參與職能治療活動。她很重視自己目前擁有的進展」。一月五日，紀錄中表示她展現出「敏銳的自我批判」態度，也被判斷「已準備好出院」。她的身體狀況被描述為「耗弱」。她沒有親友可以聯絡。

一週過去了。「病患說話口齒不清。她報告了自己決定離開丈夫的原因，以及她正過著什麼樣的生活。思緒有邏輯、前後連貫，情感調和且合宜。社工一直無法聯絡到她任何一個家庭成員。」

由於卡塔莉娜一直抱怨她的雙腿及關節痛，一名護理師敦促她和醫生討論這個問題。但這件事始終沒發生。一月十二日，卡塔莉娜又被送回醫院外的世界，繼續獨自進行服藥治療：「病患沒有急性症狀。已準備好出院。建議她繼續在家於正確時間服藥，並好好保養身體。」

一九九五年一月二十三日，康茲醫生在心理健康之家為卡塔莉娜看診並寫道：「病患在住院後情況有所改善。」然後繼續開立抗精神病藥物氟哌啶醇和氯丙嗪。

六個月之後的一月五日，就連康茲醫生都無法否認卡塔莉娜的整體生理狀況正在惡化：「病患在精神病方面有所改善，但走路有困難。應繼續用藥。」終於，心理健康之家想辦法讓她看了一名神經科醫生。霍莎娜・波瑪列奇醫生寫道：「病患在說話及行走方面出現困難。呈現出小腦及錐體束病變的臨床圖像。她需要住院進行適當的神經檢查。我建議去阿雷格里港市的聖塔卡莎醫院的十四號醫療室。」但有誰在意呢？

她二十八歲，孤身一人，沒有家也沒有孩子的法定權利，沒有收入或福利津貼，被過度施以藥物，又失去行動能力。對卡塔莉娜而言，一切都太遲了。此外也沒人去落實波瑪列奇醫生的轉診建議。不過在生命療養院，卡塔莉娜在書寫時憶起波瑪列奇醫生做的這件事：「醫生，新漢堡，神經科醫生，一名女醫生，這個病例中的專科醫生，就在阿雷格里港市這裡。」

卡塔莉娜寫出了這種「家庭－國家」的種種實踐，是如何和「醫療－科學」的（不）干預結合起來產生的效應，以及她的身體隨時間展現出來的狀態。以此觀之，她的種種症狀展現出來的是一種模式化的現實，也代表某種佚失的事物。她被忽視的病症確保了一種變樣的「常識」得以穩定存續。她不但沒有「忘記文字」，還逆著它們的邏輯思考：「死吧死亡。」

康茲醫生又在卡塔莉娜的病歷上寫了兩筆紀錄。

一九九五年十月十九日，他在看過她之後寫道：「開立處方藥物。」

一九九五年十二月二十六日，他在看過她之後寫道：「開立處方藥物。」

那就是卡塔莉娜在這座城市的體制中，最後出現的身影。

第四部　家庭

PART FOUR　THE FAMILY

連繫
Ties

無論我以為透過漫長對話，或詳細閱讀醫療檔案，已經對卡塔莉娜的人生理解了多少，每次和她見面談話，我總是還會遇上某些理解不了的事物。之所以會面對這樣的未知，不是因為卡塔莉娜提起了全新、或與之前矛盾的資訊，而是她重複把各種角色從一個語域移動到另一個語域的行為；這些語域包括：她過去的人生、被拋棄在生命療養院的此刻，以及對未來的渴望。她似乎把這樣的移動本身當作她的心靈生活，是透過自己的方式去理解自己的存有所面臨的遭遇，並讓她自己及聆聽者持續處於懸念之中。

我在二〇〇〇年十二月回到生命療養院。我的妻子雅德利安娜也跟著去了。那是我在一年裡的第三次造訪。經過和卡塔莉娜的長時間談話，再加上檢視了她的醫療檔案，我大可將工作結束在這裡，並宣稱「我已經擁有一個足以訴說的故事」。但若真這麼做了，我的作為就跟在漫長的歷史中導致卡塔莉娜的可能性一次次被中斷的處置方式太像了。我在參與了卡塔莉娜的人生回顧後，對她的被棄之中的日常性及代表性有了更清楚的理解。但她仍有重新進入世界的渴望。隨著研究工作的進行，我變得不只是卡塔莉娜的聽眾及詮釋者；我們的互動逐漸成為她足以得到醫療及家庭資源的工具。這樣的民族誌工作能幫助將她顯然棘手的處境進入脈絡化的歷史，同時推動新事件的發生。

生命療養院的外觀正在不停改變。簡單來說，現在的建築物更多，人卻更少。醫療站內原本泡滿尿的土地已覆上水泥，日常的氣味有人用水管沖掉了。我在一九九五年和九七年剛開始造訪生命療養院時，院內的**被棄者**大約有兩百人，現在已縮減為七十人。其中超過　半的人在三年之中死了或是離開。不過正如我在市立流行病學監控部門所得知的，我們沒有辦法追蹤在生命療養院死去的人數。開立死亡證書的是療養院附近的醫院醫生，而死者都以「剛好出現在醫院」的狀態進行登錄，讓人無法描繪出被棄者死亡的整體形貌。我們唯一能看到的，就是這些多餘的身體被莫名其妙地撤出了療養院。

卡塔莉娜正坐在藥房外寫字。她非常瘦、皮膚曬得很黑，手臂移動看樣子顯然有困難。她微笑，說她一直掛念著我們什麼時候來。那本筆記本幾乎已經寫滿了，裡頭還塞滿糖果包裝紙、卡片和照片。

這些人是誰？

「我的一個鄰居，這是他還小的時候。」她說。是護理師柯洛維斯給了她那些照片。

你過得好嗎？

「我之後想去旅行。想去見我的親戚。奧斯卡說他得先跟多娜・達爾娃談一談，就是那名社工，才能為我們去新漢堡的旅程進行規畫。」

卡塔莉娜常提起一個新漢堡市的住址——憲法街九九九號——也說想見她的孩子。生命療養院的統籌者堅稱他們試過了，但就是無法聯絡上她的親人。而這次，我將試圖找到卡塔莉娜的家人。我完全不知道這麼做會將我的研究帶向何方。

你身體的健康狀況如何？我問。

「我的身體很好，但腿會痛。我坐的時間太長了。」

你有嘗試站起來嗎？

「有時候我會試，但試了就跌倒。之前有一次，我對輪椅生氣。我再也不想坐輪椅了。我試著站起來，然後跌倒。我哭了好久。我不讓任何人靠近我。柯洛維斯有來幫忙。他給了我藥，藥治療了我的腿。他對馬賽羅也是這麼做。現在我沒事了。但那種瘋狂還留在我的腿內。」

你還有在吃藥嗎？

「就是一些維他命。柯洛維斯會給我那些維他命。」

有新的人進入生命療養院嗎？

「沒有，一個人也沒有。」

卡塔莉娜從筆記本裡抖出幾張情人節卡片，都是柯洛維斯給她的。她說他們已經約會超過一年了。

莎莎靠了過來，然後開口問我，「你有帶來嗎？」

帶什麼？我一定是忘掉了什麼。

「那些照片。」她說。她想要我去年八月拍的那些照片。我發現自己參與了似乎支配著莎莎存在的那種遺忘過程。問題不在於我打破了自己的承諾，因為我確實有把照片帶到巴西——就放在我的公寓裡。問題在於有那麼一刻，我發現自己因為她記得照片這件事而感到驚異，彷彿她不該記得這種事才對。就在我不停重回生命療養院，並跟卡塔莉娜及她的鄰居來往的同時，這些人的苦難在我眼前成形，而同時成形的，還有將他們預設為缺乏認知能力的精神狀態。

主要負責照護他們的奧斯卡從一段距離外對著我吼，「最近如何呀？朱歐？」他和柯洛維斯及艾蘭卡爾一樣，是少數留下來照顧被棄者的人。奧斯卡看起來多長了一點肉。「感謝老天，我的身體還健康。」醫生仍未開給他抗反轉錄病毒的藥物，他對此挺自豪的。他的家人也很好，他說。

卡塔莉娜繼續說：「我每天來這裡的藥房，因為我是最後一個需要人幫忙洗澡的人。」

這段前言不對後語的發言聽來古怪。她接著指向給女性睡覺的那棟新建築，解釋志工會為她們鋪好床，然後協助她們沖澡。她對於還能自己洗頭髮感到驕傲。她的頭髮已經好長了。卡塔莉娜暗示自己每天晚上都會做春夢，但不願意再說更多。

我又給了卡塔莉娜一本新的筆記本。她說她在寫東西的時候感覺很好。這麼做證明她還能使用雙手，也還能透過雙手創造出些什麼：「我很高興我能操作這枝筆，很高興我還能傳達些什麼。」無論其他被拋棄在生命療養院的人在自己擁有的物件中找到了些什麼，總之卡塔莉娜是在書寫中找到了。而我該如何將她的詩意想像帶入倫理空間？

我告訴卡塔莉娜，我聽了我們之前談話的錄音帶，而且已經把內容謄寫下來。

「那醫療檔案呢？」她想知道：「你讀了嗎？那些檔案有用嗎？」

讀了，我說。我對她提了部分發現的內容，也問她是否記得卡里達迪醫院中發生過的事，任何事都好。

「我記得那些女人都笑得很大聲，非常大聲。要進行休閒活動時，我們會被要求列隊站好，一聽到有人叫我們的名字就得踢球。」

卡塔莉娜總是努力避免成為刻板印象及性別秩序的一部分，我心想，無論是在家中、在精神病院，或在生命療養院都一樣。我問起莉莉和印地亞時，她稱她們為「床位鄰居」。她抱怨有個年紀比較大的女人在到處散播她和柯洛維斯的謠言。

卡塔莉娜盯著雅德利安娜的戒指：「真美……結婚戒指。結婚戒指是兩個人的。」

雅德利安娜把戒指拿給她仔細看。

至於你的書寫——我又回到這個話題——你寫東西時腦中會想到什麼？

「我不要忘記我認為重要的字詞。」

怎麼樣的字詞算是重要？

「因為……這些字詞沒有很常用……所以我想得很仔細，就為了不要忘記。」

思考這些字詞就是表示在乎它們。這讓那些沒有再使用的字詞有了新的價值及用處。我問卡塔莉娜會不會從一個字詞聯想到另一個字詞，但她說不是這樣的，然後說到這些字詞背後與人無關的自主能動性，而且她總是用過去式說明：「不是一個字詞讓我聯想到另一個字詞……而是有個字詞自己會記得。一個字詞想起了另一個不常在字典中使用的字詞，又或者根本沒在字典中的字詞，然後我就把它寫下來。」

書寫是一種回憶的思考嘗試，是讓沒有受到使用的文字人性化。

為什麼會有字詞沒在字典中？

「有個人從未把它講出來，也沒把它寫下來。」

為什麼把這個稱作字典？一年前初次看到她書寫內容時我問過同樣的問題。

再一次的，卡塔莉娜強調了她所付出的勞動：「因為那是我的工作，是我在做的工作。」

我要她解釋字典和書之間的區別。

「書裡面的故事已經寫好了；字典卻必須由我來寫，我得創造故事。你懂嗎？」字典中包含了從她的人生故事情節中斷裂後遺失的字詞。這些字詞是死去的物件，卻提供了空間，以容納字詞中有關存活的面向。我想聽她多說一些。

「我必須在字典中創造故事。我必須生產出故事的想法。有很多次，有個人會複製一個傳說，從書或筆記本中複製過去。」

你是為自己寫，還是為別人寫？

「我現在寫的這個……或許是為你而寫吧，我也不知道。」

卡塔莉娜從沒說過這種話。這是一種無比信任的表示。

沉默一陣子後，她繼續說：「有時候我會想起一種疾病，想到疾病是如何產生的……然後開始想，疾病通常會有治療的方法。然後就會把病名寫下來。」

她的思緒遵循著一個模式：如果有人知道某種疾病是如何產生的，或許就能想出療法。

接著，有關醫療科學的錯誤認知出現了（雖然是以問句提出），此錯誤認知就體現於她和柯洛維斯的互動中：

「所以如果某天出現了療法，我想就會有人捐贈，對吧？因為總有生命療養院的好夥伴會捐獻藥物到藥房，而柯洛維斯會在那裡治療院民的傷口……他會注射藥物，也會給藥丸。」

你還記得任何特定的疾病嗎？

「風濕……還有抽搐，慢性抽搐。」

我想更了解卡塔莉娜身體的感受。因為我打算帶醫生來看她，詢問她生理上發生的狀況，並評估要怎麼做才能減輕她總是提起的疼痛。

「是我的病的關係……真的很痛，一直痛到骨頭裡。每個關節都痛，屁股、雙腿、手指……就是全身痛。」

你會覺得不想說話了嗎？

「不會。」

我會不會問太多？

「不會。」

柯洛維斯來到我們身邊。看起來累壞的他說卡塔莉娜現在已經健康了。

她也加入話題。「是你給了我藥。」

「沒錯，難道不是嗎？」他回問。他一直試圖將自己描述為一名勤懇的照顧者，希望以此緩和她提到「愛情故事」所帶來的尷尬氣氛：「她總是跟我打架。她尖叫起來像隻貓。我根本無法治療其他女性病患。她會吃醋。她要我只注意她一個。但這裡還有其他人。」他又說他再也無法忍受這裡腐敗的食物，他希望離開生命療養院，去某間老人院做護理工作，而且這次得要有薪水。「在那裡，我可以把我的護理證書掛在牆上，還可以負責注射。」

柯洛維斯離開了去照顧其他的病人，卡塔莉娜轉向雅德利安娜，建議她，「你應該停止吃藥。這樣就會有孩子了。」

我們有點尷尬，但同意是該考慮生孩子的時候了。卡塔莉娜告訴雅德利安娜，她以前吃的藥是諾夫勒[1]。

1 譯註：諾夫勒（Neovlar）是一種口服避孕藥。

奧斯卡過來向我們熱情打了招呼：「我們想念你們。你們真的已經是這裡的一分子了。」我們也思念生命療養院和這邊的人，我回答。

我告訴卡塔莉娜和奧斯卡，我想帶醫生來為她做檢查，而他們都同意了。

卡塔莉娜利用這次對話許了一個願望：「奧斯卡，你願意帶我去新漢堡見我的家人嗎？」

我立刻插嘴，告訴她我會去找他們。

奧斯卡離開後，卡塔莉娜又說了，「柯洛維斯是我的男朋友。」她盯著雅德利安娜的雙眼說，「你非常體貼。」

「我們一直掛念著你。」雅德利安娜回答。卡塔莉娜又說：「我相信你。我很信任你們兩個人。」

卡塔莉娜的室友莉莉過來抱怨自己不太舒服，但又堅稱：「不知道為什麼會這樣。」一場對話隨之展開，講到某個段落時，雅德利安娜問莉莉怎麼會來到生命療養院。莉莉把之前跟我說的話重複了一次，也就是她的「生命密碼」中的種種要素：「我那時不待在家裡，我總是待在教堂……我禱告。」她以前會去生命療養院中的教堂，她強調，但教堂已經沒在運作了。不過每到星期天下午，五旬節教派的人還是會在院內的水泥廣場組織集體聚會活動，他們會分送糖果和禱告卡，並用麥克風唱歌及禱告。「我一直覺得必須去教堂，而現在的我還在這裡。」

她轉向雅德利安娜，悲傷地問，「你是我的女兒嗎？」

「不是。」

莉莉告訴我們，她曾懷過兩個女兒，她們的名字是克里斯汀和維樂莉亞。「我把她們帶去我父親的家，好讓他照顧她們。」她說她當時就已經睡在街上了。

為什麼待在街上？

「因為我喜歡這樣。」

我堅持要知道她在家發生了什麼事。我要知道她離開的原因。

「我覺得我必須去教堂……我不想談啦……不過，真的，他對我並不好。我丈夫打我，因為我離開了，去了教堂。」

我在為雅德利安娜翻譯時，莉莉又打斷我：「我不了解……我不了解你說的語言。」

待在附近的柯洛維斯聽見了我們的部分對話，於是質疑起莉莉，還要求她針對自己被送來生命療養院的原因說出「真正的實話」。

「我說的就是實話。」她的語氣透露出指責。

「你對你的媳婦做了什麼？」柯洛維斯問。

「是她先惹我……她拿刀想要殺我。」

「我所知道的故事是，」柯洛維斯說，「她叫你的兒子『爹地』，而你不喜歡那樣。」

「是沒錯……她又不是他的女兒，我這樣跟她說了。但想要砍她的又不是我。」

柯洛維斯反駁她：「我聽說你當時正在切肉，然後拿著刀撲向她。」

我們透過手勢要求柯洛維斯別再進一步讓她難受，他於是離開了。

莉莉說，「今天我看到我兒子經過大門口，但他沒有停下來看我。」

「這種事一定很難面對。」雅德利安娜回應。

卡塔莉娜問起雅德利安娜的家庭。

莉莉無法理解到那個程度，只是堅持問著：「你真的不是我的姊妹嗎？」

之後，由於莉莉一直盯著雅德利安娜，卡塔莉娜只好又說：「他們結婚了，他們是夫妻。」

要讓被棄者接觸到願意無限度聆聽自己說話的人，就各方面來說都不是簡單的事。但之所以這麼做，不是在實現他們無意識中期望（無論如何都算固有期望）發生的遭遇，也不是讓人類學家取代之前的各種精神形式。相反地，是透過尊重及信任，讓一片新的領土被開創出來——在這片領土中，基本的生活問題得以呈現，而原本對時間及意義的主動性管理，也在追求人際連繫的同時得以表現。

莉莉，生命療養院，2001年

莉莉，生命療養院，2001年

共濟失調

Ataxia

我請一位老朋友路易斯・吉利艾勒彌・史特雷比醫生來為卡塔莉娜做檢查，也希望他能替她治療。於是兩天後，他和我一起來到生命療養院。

卡塔莉娜在藥房等我們，柯洛維斯也在那裡進行藥品分類工作——就是卡塔莉娜先前提的那些捐獻來的過剩藥物。聯邦政府讓民眾得以免費取得這些高度專業化的藥物，於是生命療養院內也出現了它們的蹤跡。柯洛維斯告訴我們：「我拿到很多精神科藥物和抗反轉錄病毒藥物。我把可以在這裡使用的分出來，剩下的送到我們為鄰近區域那些人開設的藥局。」

圭多之前是療養院的院民，現在是此地志工，他不會拿到這些抗反轉錄病毒藥物，因為他已經透過普及性健康照護系統獲得完整的愛滋治療及追蹤管理。許多患有愛滋的年輕人持續為了這些藥物湧向療養院，這些人待了一陣子之後就會被送走，或因為食物及環境狀況不夠好而離開。其中有些年輕人儘管已經是愛滋病晚期，卻仍會回到街上，因為據其中一個人告訴我的，在那裡「我能賺到錢」。在生命療養院中，這些抗反轉錄病毒藥物派送到醫療站和恢復區的方式未受管控，時有時無，得到藥物的院民也從未獲得愛滋病的正式診斷。奧斯卡、柯洛維斯和艾蘭卡爾曾數次提到院內的愛滋病患大約有十人，卻無法清楚說出是哪些人。於是，在得到卡塔莉娜的允許之後，史特雷比醫生打算為她驗血，以確認她是否有得到在療養院內流竄的傳染疾病。

精神病藥物種類很多。「我經手很多強效藥物……氟哌啶醇、氯丙嗪、左美丙嗪、鹽酸異丙嗪，和丙咪嗪。」柯洛維斯把各種藥複誦了一遍。還留在醫療站的七十位院民當中，大約有四十名服用的藥物劑量極重。史特雷比醫生特別問了，用這些藥是不是為了要讓他們保持冷靜，但柯洛維斯否認，而且口吻彷彿一名精神科醫生：「我的病患中，有的有癲癇、有的有思覺失調或精神病問題，另外很多人單純只是緊張。」他關掉收音機，為我們拿了椅子過來，然後告訴卡塔莉娜，「你現在給這個醫生看，我要去看一名被狗咬的病患。」

卡塔莉娜的筆記本攤開放在大腿上，醫生問起她寫的最後一個詞。

「課程（CURSO）。」

她筆下的R頂端沒連起來，看起來有點像字母K。

「裡頭的『K』就像（葡萄牙文）『將軍』（GEKAL）裡的K，像『錢』（DINHEIKO）裡的K，也像卡塔琪娜（CATAKINA）裡的K。」

這個詞在你的字典裡代表什麼意思？

「什麼詞？」她問。

「課程。」醫生對她微笑。

「人們會創造一些課程，好讓人學習一種專業，另外還有讓人結婚和受洗的課程。我們也會參加受洗課程。」天主教區內的信徒有義務參與這類課程。課程中會有諮商師和心理師對夫妻進行性教育，此外在孩子受洗之前，教父母也得透過這類課程學習他們的宗教義務。

「我們」指的是誰？

「我和我的前夫。我們有參加過婚禮課程。」

你學到了什麼？

「我記得很多對夫妻坐在一個大房間內，彼此坐得遠遠的，然後有幾位醫生站在黑板前，教我們有關性器官的事……當他們談到愛的時候，我可以看到那些夫妻開始靠向彼此，一對對彷彿命中注定一樣，緊貼著彼此。」

你們也是嗎？

「我們已經是那樣了。」

卡塔莉娜說話時感覺很辛苦，常得停下來喘口氣或喝口水，而且就連這樣做也得花上很大力氣。醫生開始蒐集要做出診斷所需的臨床徵象。

「我病得不輕，醫生。身體裡有風濕和慢性抽搐。我的關節會痛，腳也腫。」卡塔莉娜回想自己剛抵達生命療養院時還能扶著牆走。「但住在這裡後，我就被放上輪椅，之後再也不能走了。」

你能站起來嗎？

「可以。但若是試著要走，就會跌倒。」

無論是走路或手部動作，卡塔莉娜基本上都缺乏動作協調功能，無疑是出現了某種形式的共濟失調（Ataxia）。她閉眼時無法站直身體[2]，這是小腦功能不良的一個典型徵象。她也出現了巴賓斯基反射，也就是腳趾會在醫生輕輕摩擦她的腳跟時往上翹。這樣的反射動作代表脊椎無法進行適當的運動控制。她的手會在試圖握住物品時顫抖，眼球也有震顫的狀況：她的眼神無法一直盯住醫生的手指，反而會一直來回游移。這也是小腦退化的徵象。她的「空凹足」（cavus feet）則是脊髓小腦病變在晚期會發展出的情況。

卡塔莉娜被問及是否有家族成員出現類似的行走問題，立刻說了好幾個人：「我過世的母親、一個舅舅、一個阿姨……我過世的外公歐拉西奧，也就是我母親的父親。他人生的最後完全毀了。不過他當時已經很老。他活了好多年。」

卡塔莉娜知道她有的是遺傳性問題，而且跟母系家族有關，也知道她外公、外婆那代活得比較長。無論這是什麼病，她在很年輕時就發病了，而且發展速度非常快。

任何地方的一般執業醫生都能進行這樣簡單的例行檢查。卡塔莉娜之前明明不停在抱怨腳痛，也顯然出現行走上的問題，公共健康照護系統中竟沒有任何一個人進行這樣的檢查，我實在因此感到沮喪又震驚。若從技術層面解釋，可以說許多醫生都不再用臨床徵象來進行診斷，而是傾向於讓專科醫生及儀器確診。然而更有可能的情況是，卡塔莉娜之所以沒有接受任何相關檢查，是因為她是公共照護系統裡一位貧窮的精神病患。正如某位地方醫生說的，「大家直接認定這些人不配得到以治療為前提的徵象檢查。」

史特雷比醫生檢查卡塔莉娜瞳孔擴大後的眼睛，然後跟一九九四年試圖送她去做神經檢查卻失敗的丹尼耶拉·朱思妥思醫生所預想的一樣：她的眼睛有出現病變。卡塔莉娜的心跳沒什麼問題，血壓也是。她跟醫生說自己的月經狀況很正常。事實上，她也在字典中零星記錄了自己的生理週期。她宣稱自己體重下降是因為罐頭食物的關係。「我一直吐出來。」

至於一般的情緒狀態，卡塔莉娜說，「我覺得很糟，沒有意志力。」她提到自己還在吃維他命：「我有改善，每天撐著過日子時感覺沒那麼糟了。」事實上，我看過柯洛維斯的用藥紀錄，他給她吃的是抗憂鬱劑丙咪嗪。當我問起時，他說那是每週來的醫生開給她的，但我持保留態度。「維他命讓一切變得比較清楚。維他命也影響了我的聲音。若有人想釋放出自己的聲音，維他命能幫那個人表達出來。」卡塔莉娜指出。

儘管她的動作缺乏協調功能，醫生在進行完一般性檢查後認定卡塔莉娜的雙腿十分強壯。「沒錯，我認為你可以走。我們來試試看吧？」

「我沒辦法。」

「我覺得是有可能的……試試看吧？」

她稍微猶豫了一下，然後同意了。於是，卡塔莉娜扶著史特雷比醫生，往前走了幾步。

「誰說你不能走呢？」

接著她嘗試在沒有支撐的情況下站好。

雖然有點不平衡，但她可以。

「我的腿怎麼了？」卡塔莉娜想要知道。

「我們將這種無法協調動作的情況稱為共濟失調。這跟小腦退化有關。我們必須進一步確認是哪一種共濟失調，」醫生解釋，「但你只要每天進行一點訓練，或許還是有辦法稍微走一走。」

「我不覺得我可以……我會跌倒。」

「用拐杖呢？」醫生繼續問。

2　譯註：這裡指的是隆伯式測驗（Romberg test）。

「我會拿著拐杖跌倒。」

我們都笑了。

史特雷比醫生還是堅持，「你的腿很強壯，卡塔莉娜。」

「但要是我跌倒，會傷到自己。」

我思考著卡塔莉娜這種放棄任何可能性的心態是從何而來。一開始，我以為這說明了她被排除在一切之外的醫療經驗。正如她的醫療紀錄所顯示，卡塔莉娜生理惡化的現象，是隨著醫療體系從未處理她的臨床徵象衍生而來。相反地，醫生及家族成員對她施以非常危險的藥物組合，同時給了她過多的鎮靜劑。因此，這種「走不了」的感受或許也是化學作用導致的結果。

接著我又想，或許是生命療養院造就了此種心態。我們一開始在一九九七年遇見卡塔莉娜時，她正在踩一台老舊的健身腳踏車，試圖對抗伴隨此地而來的窒礙難行。生命療養院創造出太多條件，迫使那些還沒那麼接近垂死狀態的生命終究走上垂死一途——那麼，該怎麼做才能讓人提起意志，而非屈服於這種命運呢？

終於，我回想起一個場面：一開始，卡塔莉娜在父親嘗試教她字母時表現得很抗拒，但終究還是習得了這項知識，「沒有（這項知識）的話，我就不會是個人了。」在她想要走出生命療養院的渴望、認定自己不可能做到的無力，以及針對所有自身遭遇的思考之間，存在著她改寫過的名字卡塔琪娜（CATAKINA），以及其中那個K所帶來的開放性。而在面對那些迫使她離開尋常生活的特定角色（figures），這個字母似乎擁有足以與其有限性對抗的能力。然而，又該怎麼做，才能一步步確實維繫這種開放性及可能性呢？

卡塔莉娜提到她前一天晚上沒睡好。

「你是在想今天看醫生的事嗎？」醫生問。

她意識到自己確實是如此，接著又說：「我做了春夢。我夢到很多男人跟女人搞在一起。」

「每個人都會做春夢。」醫生有點不知所措地回答。

「那是很自然的事。」卡塔莉娜表示同意。接著又重提了「兩個人」的意象：「性是兩個人的。接著出現的愛將好的事物傳遞給我們……愉悅及渴望。」

這對你來說有多重要？

「噢，我的老天，你問我重要嗎！那能傳遞生命呀。隨著時間過去，我意識到事物就該如此……於是我開始這樣思考。」

什麼意思？

「有時候，我有一個想法，然後任由自己沉浸其中……但不總是這樣，畢竟我還有工作得做……我透過思考來工作。」

思考可以充滿想像力，也可以是一場逃亡，但人終究得面對其侷限，然後**透過思考來工作**……這有可能開創什麼新的可能性嗎？卡塔莉娜堅稱，她和柯洛維斯擁有另一段足以訴說的歷史，以及一段足以放眼的未來。「一月一日，就是我和柯洛維斯開始約會的第一天了。我們約會是因為我們無法離開……就像兩個老人一樣。不過當欲望勃發時，我們會來一場泡泡浴。」

你想問醫生問題嗎？

「我還有希望嗎？我還有走路的希望嗎？」

「你怎麼想？」他回答。

「你才是醫生吧。」

「就像我剛剛跟你說的，你的腿有力量。重要的是你得抱持希望……你對自己有抱持希望嗎？」

「我確實充滿希望和勇氣。」

「那就是最重要的事了。」

醫生接著解釋，她的共濟失調很可能是遺傳而來，而且無法治療，但可以想辦法透過運動等方式延緩病況的進展。

她接著表示想要一種名為「小醫生」的肌肉舒緩凝膠來緩解疼痛，據她所知，那種凝膠「對風濕很有幫助」。醫師說他也會開「莫疼」[3]給她。

她嘗試建構出另一種希望：「我一直想做一些瘋狂的事，像是懷孕。」什麼？

「在另一個地方重新展開人生，就只有柯洛維斯和我……我們可以搭一間小棚屋。孤身一人太辛苦了，要是他之後離開，等待他也太辛苦了。」她知道他很快就會離開療養院。

奧斯卡順路經過，我請他帶卡塔莉娜去當地衛生站進行史特雷比醫生建議的血檢。我們道別之後，柯洛維斯帶我們去停車的地方。他不停說他幾乎確定能在附近一座名為亞爾佛拉達的小鎮中，找到一份在老人院擔任護理師的工作。他也試圖否認任何可能由卡塔莉娜口中揭露的兩人情事。「她很憂鬱。畢竟是失去孩子的女人……這會對人造成創傷。這裡的人缺乏溫情。」

史特雷比醫生和我花了點時間討論有關檢查的事。他再次表示，卡塔莉娜之所以步態不穩，也缺乏自主動作的協調能力，是一種脊髓小腦性的共濟失調，「但共濟失調在臨床上很難定義。」他首先假設可能是弗里德賴希共濟失調，那是一種有關中樞神經系統的遺傳性疾病，此病也可能導致足部變形。❶不過，我們在回想了卡塔莉娜提及母系血親中出現障礙的發言後，又開始對這個假設產生懷疑——弗里德賴希共濟失調是隱性遺傳，也就是需要遺傳自父親的帶病基因才行。另一個牽強的初步假設則是庫賈氏病。

我看到共濟失調的各種分類中很少提及精神疾病時特別感到開心。史特雷比醫生了解卡塔莉娜一路來到生命療養院的軌跡，了解「這段過程不停奪走她的『動詞』」，但也堅持她的思緒「無法整合且確實有出現變化」。相對而言，我發現自己也常在找出聽取她心聲的方法時面臨挑戰，因為她的心聲由於受到種種慣例及常規的排擠，開始試圖以獨有的方式及說法來主張自己的經驗。

無論如何，我們已經走在分析卡塔莉娜生物構成的路上。下一步就是讓她進行大腦核磁共振攝影，並等待血檢結果。在此同時，我將去尋找她的家人。

3 譯註：布洛芬的其中一個商標名。

卡塔莉娜第一次的聖餐儀式，當時14歲。

卡塔莉娜17歲，和未來丈夫合影。

民事婚姻登記，卡塔莉娜18歲。

婚宴。

21歲的卡塔莉娜和丈夫，手裡抱著他們的第二個孩子。

她的房子
Her House

於是在下個週日，我循著卡塔莉娜的線索去了新漢堡市最貧窮的幾個地區。我在桑托阿方索灰撲撲又過度擁擠的狹窄巷弄內開車穿梭，但就是找不到憲法街九九九號。

我把車停在一間當地商家前，然後去了幾間五旬節教派的教堂詢問這條街的位置，卻沒問到結果。我在加油站找到一份最近發行的城市地圖。地圖上雖然有標出憲法街，但似乎只到七四七號就結束了。我的腦中浮現剛剛的某個轉角、某道橋，還有更多陰暗巷弄，那裡的門前跟窗戶後方有許多人在想：這個陌生人到底是誰？他到底想幹什麼？沒有，附近沒有任何人知道卡塔莉娜、高姆斯一家，或者摩洛耶斯一家的消息。

我之前就從卡塔莉娜的醫療紀錄中蒐集了幾個住址。令我意外的是，其中一個住址把我帶去了一個距離鬧區比較近的有錢人區。不過，在走完短跑街後，眼前出現一批散落於草地上的木造棚屋——這是在市府土地上的一個占居聚落。有根鐵條將這批棚屋連接在一起。許多狗無止盡地對每間房子狂吠。有名抱著嬰兒的男子告訴我，確實有位尼爾森住在其中一間棚屋內；那是一間粉紅色的屋子，而根據卡里達迪的紀錄，卡塔莉娜之前也曾在那裡住過。「但是現在沒有人在家。」男人給了我他的手機號碼，要我晚一點打過去。如果尼爾森在家，他會讓我跟他通話。

我在當晚打了電話。結果粉紅屋的屋主不是卡塔莉娜的丈夫。「我的名字是尼爾森．毛爾。是家族中的另一個尼爾森。」他說。「我的妻子是尼爾森．摩洛耶斯的妹妹瑟蕾。你可以叫我『亞拉摩』（Alemão，意思是德國）。」他又說道，卡塔莉娜的兒子已經是青少年了，而且現在正在他們家作客。他也歡迎我前去造訪。

一種假象。在走進她住過的家，進入她的「前家庭」世界後，我首先聽到有關卡塔莉娜的描述就是一種假象。「她在婚禮照片中真的好漂亮。」我自我介紹並解釋了自己來這裡的原因後，卡塔莉娜的小姑這麼說。他們首先回想起的不是這個人本身，而是她的幽靈。「尼爾森第一次把她的照片帶回家時，我說，『爸爸和媽媽，看呀，他為自己找了個多麼漂亮的女孩子。』所有人都贊同。」

卡塔莉娜是以自己的「表象」進入這個新的家庭單位。她是一個男人的財產，也是家庭勞動力的一部分。「尼爾森把她帶回家時，她什麼都幫忙，現在卻是這種處境。」在這個以不太識字為常態的世界中，卡塔莉娜也因為她寫作的樣子而被人記住。「她的手寫字很漂亮；她把字母連接起來的方式真美。」

他們無法在過去看出她今日竟然會癱瘓，瑟蕾在話語中如此暗示。「我第一次見到她時，真的不可能有人看出她會變成現在這樣。她當時跟我們一樣完美。」為了被視為新家庭的一分子，卡塔莉娜必須**跟我們一樣**。現在的她不再符合這個家庭的形象，只是過去的一部分。不過，根據亞拉摩所說的話推論，摩洛耶斯一家更早就知道卡塔莉娜的身體狀況，因為在他的回憶中，「她早就有點拖著腿在走了。」卡塔莉娜的小姑瑟蕾一開始回憶時不記得有這類生理徵象。但後來又為自己開脫，「我不認識單身時代的她，但人們說她走路確實有點跛。」

瑟蕾接著把卡塔莉娜跟另一具崩毀的身體連結起來：「她母親的腿跟手後來也都不能用了。」「得有人餵她吃飯」——這具剩餘的身體只能受到這樣一個非人稱代名詞的擺布，背後是基於一定程度的道德義務。還有一位有錢的舅舅「也像這樣」，亞拉摩又說。「我認為這是遺傳問題。」瑟蕾回想起來，卡塔莉娜開始跛腳的時間點似乎具有重大意義：是從安德森出生開始的。此外，這種生理徵象也帶有一種經濟面向：「她在一間鞋工廠工作。本來肚子裡懷著雅莉珊卓時還在工作，但因為開始一直跌倒，就被解僱了。」卡塔莉娜不再有辦法工作了。

安德森也加入對話。「我的舅舅們也有這個問題。他們的腳都變成那樣。」沒有人真正知道那是什麼病，不過亞拉摩有注意到其表現形式的差異：「她發的病比她的弟弟們嚴重。」

十五歲的安德森跟他的爸爸住在好健康區。他讀的是夜校六年級，目前正在找工作。雅莉珊卓則還跟奶奶一起住在桑托阿方索區。安德森告訴我，我那天下午其實已經非常接近他奶奶的房子了——「那條街雖然結束了，但門牌號碼還是往左延伸到橋的另一邊。」最小的妹妹安娜「跟她的教父母」住在一起。孩子們的父親尼爾森已經再婚，也和新妻子有了一個兒子。他繼續在鞋工廠工作。據我得到的資訊，他妻子的工作是女僕，此外也在當地的烘焙坊工作。她在前一段婚姻生了三個女兒。

電視上播放著綜藝節目《真奇妙》。亞拉摩和瑟蕾的兩個孩子在一邊跑來跑去。桌邊同時有好幾段對話正在進行。這對夫妻也在鞋工廠工作，此時抱怨起照顧小孩的開銷。他們就跟其他在鞋產業工作的人一樣，每天都在害怕丟掉工作。

瑟蕾開始討論卡塔莉娜頻繁住院治療的事，而她丈夫又打斷了她一次：「但她不只是因為腿的關係住院。還有其他問題。某天她還放火燒尼爾森的衣服和文件。」在當地，「文件」（*documentos*）也帶有「男性生殖器」的涵義。

安德森說他有目睹現場。「就在這棟房子裡發生的。爸爸回家，然後她放火燒他的東西。很久以前了。」根據他的回憶，「在受到疾病襲擊之前，她很正常。她會煮飯，而且家裡的所有事都做。」亞拉摩也說她似乎智商很高。留在安德森記憶中的卡塔莉娜是個體貼的母親：「她會在正確時間叫醒我上學，她會幫我寫功課。我們那時的生活很正常……直到問題發生。」但他無法記起一切開始瓦解的確切時間。

「安德森出生後，我們開始發現**那個問題**（it）對她的腦造成損傷。雅莉珊卓出生後，情況就更糟了。」瑟蕾表示。「那個問題」代表的是某個存在於卡塔莉娜體內的事物，或許是孩子、一種未知的疾病，又或者是成為母親的經驗？總之有什麼惡化了。瑟蕾現在是把卡塔莉娜精神困擾發生的時間，跟她的肢體癱瘓以及成為母親的經驗，都當作同步發生的事件，彷彿這幾件事無法被梳理開來。

我聆聽瑟蕾對於卡塔莉娜病況惡化的描述中所出現的不連貫之處，同時又想到，或許是因為將這些不同事件結合在一起的人為因素不能被揭露出來。卡塔莉娜的這個病症，是透過將這些不同元素結合的方式建構起來的。於是到了最後，卡塔莉娜已經等同於「那個問題」。這個**中性代名**詞（it）可以代表任何一個人對另一個人的輕慢。

「她瘋了。她在某天的大半夜跑到街上晃蕩。她讓每個人都得費心照顧她。」瑟蕾回憶。亞拉摩則宣稱，「她裝作不認識她的丈夫。沒人跟她講得通。」疾病發作的「頻率沒有很高」，他說，可是一旦發生，卡塔莉娜的舉止就變得脫序。她開始跟家裡的另一個尼爾森調情：「她坐在我身邊，跟我說話，說她喜歡我，還開始說一些浪漫的事。但隔天卻又恢復正常。」

「她去醫院時狀況很差，但回來時又正常了。」瑟蕾急匆匆接話，彷彿試圖揮散丈夫被當作錯誤情欲對象的畫面。然而，她丈夫堅持要在談話間談到這些令人不安的事：「正常，姑且算是吧——她走路的那些問題還是存在。」「對啦，但腦袋正常了。」瑟蕾的口氣感覺像在指責他。

根據亞拉摩的描述，卡塔莉娜之所以住院治療並被家庭生活放逐，就是因為她的癱瘓問題。他在話語間洩漏出不該說的祕密：「她最後一次被送去住院治療時已經不能走了，所以必須待在那裡。」瑟蕾糾正她的說法，她堅稱卡塔莉娜還能靠自己的雙腳站立：「我們最後一次見到她時，也就是我們要離開的時候，她還站起來跟我們道別。」在這個畫面中，卡塔莉娜是在有判斷力的狀況下送家人離開的。

「我認為**那**（it）是一種家族疾病，我想我外婆也有。」安德森說。對孩子而言，「那」指的並不是瘋狂。瑟蕾此時插嘴，表示卡塔莉娜的母親是在一九八八年過世，死時「癱瘓在輪椅上，就在這棟屋內」，而當時安德森的年紀還太小。不過安德森表示他記得他的外公，也記得母親懷孕的事。「他在我們去蓋撒拉拜訪時殺了一頭豬。是我爸帶我們去的。媽當時懷了安娜。」

安娜這個名字在這個全新的家庭結構中掀起了戲劇化的發展。「卡塔莉娜住院的時候，他們把新生兒帶去給昂迪娜女士照顧，也就是尼爾森的媽媽。但接著他們又跟塔瑪拉和厄巴諾吵了起來。他們是安娜的教父母，他們想留下孩子。他們跑去跟奶奶吵，接著厄巴諾先生想出了辦法——我也不知道，我們無法確定他究竟是怎麼做到的……但據我們所知，厄巴諾先生和尼爾森做了交易。尼爾森是個文盲，所以也只能簽下他的名字。他們在檯面下做了交易，然後拿了張紙去逼她簽名。那個可憐的女人。」

那個女人是卡塔莉娜？

「對。這樣他們才能留下孩子。」

她知道她簽的是什麼嗎？

「我們無法確定……但她當時很虛弱……現在那女孩已經依法過繼給他們了。」

瑟蕾告訴我，厄巴諾和塔瑪拉不想要安娜和其他手足來往。「他們不讓那女孩稱卡塔莉娜為『媽』，只能叫『阿姨』。」

不在場的母親勢必要獲得稱頌：「我還記得卡塔莉娜獨自和孩子們住在一起的時候，就住在我媽隔壁。我們看得出來她愛他們。她有的一點錢全拿去市場為他們買東西了。」卡塔莉娜作為一名犧牲奉獻的母親的形象仍有價值。但她沒有自己的錢，身體又不管用。「她和尼爾森分開了。她從醫院回來，尼爾森把她留在這棟房子裡。然後她把房子換給戴爾瓦尼。接著她搬去之後被燒掉的棚屋，去了醫院，就再也沒回來了。」

他們告訴我，尼爾森和卡塔莉娜剛抵達新漢堡市時租了一個房間，接著成功說服尼爾森的父母也移居到此。他的父母買了憲法街九九九號的房子，然後尼爾森和卡塔莉娜跟他的所有手足一樣，依著房子增建了一個小空間。這種家庭群居的模式在新漢堡市的勞工階級聚落中很常見。

之後，尼爾森利用了他在市政廳工作時建立的人脈，拿到了足以占居市府土地的半合法許可，蓋起了我們現在身處的這棟房子。雖然這棟房子始終沒有成為他的合法資產，但仍具交易價值。戴爾瓦尼跟尼爾森的妹妹結婚後，一開始是和他的岳父母住在一起，之後則在附近建了棚屋。尼爾森離開卡塔莉娜後，就設法占據了她那棟比較有價值的屋子，讓她搬進本來該有婆婆幫忙一起帶孩子的那棟棚屋。就是後來燒毀的那棟棚屋。

「房子燒毀後，家人沒給她新的地方住。她和我母親住，然後開始發瘋……太多問題了，可憐的東西，人那樣也只能發狂了。」瑟蕾說。儘管是因為她才有的瘋狂，但瑟蕾的話中不但出現了同情，甚至還能針對造就卡塔莉娜處境的物質及歷史軌跡，表現出理解的態度。

卡塔莉娜曾說她想知道人們如何書寫她，而我現在正在發掘人們看待她的方式。她希望我找到她的家人，於是我將卡塔莉娜這個人物帶回這些人面前，而這些人不但熱忱回應，面對我想理解過往的努力，他們也報以相應資訊。在我們互動的過程中，他們儘管有些回憶錯亂、蓄意掩飾、暗地指責的情況，另外還表現出為了保護自己生活及利益的道德觀，但仍有一種「常識」被敲出了裂縫。許多人際關係、生理學、醫療，以及經濟因素彼此交織，導致他們相信：卡塔莉娜再也不可能回來了。

這種放棄所有可能性的心態是如何出現？又是如何進化？這不是先天決定或偶然造就的結果，我心想。但這一切究竟是透過什麼樣特定的處境及決定而發生？我也發現自己面臨了新的挑戰，也就是要超越究責的心態，找出卡塔莉娜不停在他們身上看到的優點，並去追溯他們看待她的價值觀及性格背後的成形過程。

整體而言，我感覺這些人把我當成某種來自國家法律的特使。換句話說，他們知道就法律而言，他們有照顧卡塔莉娜的義務。我從阿雷格里港市的公共部得知，市府法務律師有權傳喚被棄者的家庭成員，協商有關照護或財務責任歸屬的事項。不過根據生命療養院過去的經驗，這種情況很少發生，充其量算是一個所謂人權民主國家的裝飾性動章。於是這個國家只因為替某些人修復了家庭關係，就得以在實際經驗上存在。

「醫生已經認識她了，」凡妮亞回憶指出，「根本沒有必要再帶她去健康服務單位。是他給我們藥。我就親自去那裡拿過藥。她住院之後，我們從沒有帶她回去看過醫生。」

我想確定我們談的是同一位醫生。「沒錯，就是康茲醫生。我去見他時，他認得她……他馬上就知道她吃的是什麼藥。」我心想，直到今天，這名醫生仍不知道他給誰開了什麼藥。「我不記得有做過任何神經檢查。但一定已經做過了。」凡妮亞又說。根據她的思考邏輯，如果藥的效果好，就代表過往所有針對病症的探詢及照護路徑都已被確實走過了。

我又問起卡塔莉娜出現問題的時間點。童年的她在奧塔彌爾的口中完全「正常」。凡妮亞接著又重新提起那個卡塔莉娜的「假象」：「她之前**非常**正常。我記得那些婚禮相片。」我很想知道這種「正常」有多少不同的程度階段，以及人會因為生活及利益中的什麼因素，而決定將這個詞運用在另一位家庭成員身上。

奧塔彌爾說他們的成長環境非常窮，都在幫忙農地的工作。卡塔莉娜是年紀最大的孩子。他是家中老二，在他出生後兩年，同樣住在桑托阿方索而且也修腳踏車維生的弟弟亞德瑪爾出生。接著是一個妹妹，她現在已經因為癱瘓住在伊皮蘭加的安養中心。最後一個小孩則是阿爾曼多，他就住在亞德瑪爾隔壁，平日在鞋工廠工作。他們當中第一個來新漢堡市的是奧塔彌爾，當時他十八歲，之後是亞德瑪爾。奧塔彌爾如此總結他的人生軌跡：「我開始在許多鞋工廠工作，有了一點地位和錢，然後開了自己的修鞋鋪。接著我們結婚了，對吧，媽咪？」

凡妮亞還在試圖回答我一開始的提問。「卡塔莉娜去過衛生站、綜合醫院、卡里達迪醫院……**沒有人**知道她真正生了什麼病。」簡單來說，卡塔莉娜這段醫療及精神醫療之旅的結果在許多方面始終是**一無所知**的。首先，根據瑟蕾的說法，在卡塔莉娜進入這個家庭之前，全家人似乎都不清楚她的生理狀況。其次，卡塔莉娜獲得的治療及藥物都是基於「那個」以外的原因——也就是始終處於未知狀態的「那個問題」。第三，凡妮亞的丈夫也開始發展出類似的生理徵象，而她在回顧時是將卡塔莉娜視為體現他們恐懼的存在。最後，這個家庭（或許還有其他家庭）對於他們的病症沒有任何醫療知識，而且已經發展出與這種未知疾病共存的方式。

凡妮亞主導了這場對話。她指出阿爾曼多已經開始跛腳了，和哥哥們一樣。「他們一開始走路，你就會注意到有點不一樣。那個樣子不正常。」接著就是立刻聯想到死亡，聯想到他們死在輪椅上的母親。我想知道一個人必須得到、擁有，或成為什麼，才能避免被放逐的必然結局。「卡塔莉娜的孩子和尤捷倪歐沒有出現相關徵象。亞德瑪爾的孩子也正常。但我不知道隨著時間過去……」

關於這種病症的一無所知，能在被觀察之後衡量其程度，而且具有經濟上的意義：凡妮亞就懷疑，卡塔莉娜的弟弟們再過幾年不知道是否還能走路。奧塔彌爾則注意到，當他沒在做什麼事的時候，執行動作的困難度就會增加。不過他相信能透過心態來擊退疾病：「一個人不能失去意志。」

凡妮亞把話題帶回卡塔莉娜身上，指出有某種除了未知疾病以外的障礙導致她離開家庭。「你還記得嗎？爹地，你總是告訴我她逃家，然後尼爾森得去找她？」不過奧塔彌爾拒絕將卡塔莉娜的精神狀態歸因於病理問題。「那純粹是因為生病的關係，」他堅持，「我認為她是想反抗那種疾病。我認為是那種疾病引發了她心中的不快樂。」換句話說，她的情緒障礙不是一種精神疾病，而是一種面對生理徵象的方式——又或者說，這就是他們家處理這些徵象的方式。

這正是凡妮亞目前的推測，因為她開始將因果關係聚焦於卡塔莉娜持續出現的改變。「你說的沒錯，她之後就變得更瘋了。我不該說瘋啦，因為她知道自己在說什麼。她的女兒被送走了，也不能再照顧自己的孩子——這些都有對她造成影響。接著她的孩子又被從這家送去另一家——這會害一個人濟壓力及暴力而持續變動的社會領域中仍是殷實可靠的公民，而且仍在其中尋求地位及家庭生活。在這樣極端的脈絡中，我們要如何去談人們做的「惡」及必須行的「善」？而對奧塔彌爾和其他家庭成員而言，做法就是在面對反覆的詰問時，不停透過那個答案為「無能為力」的反詰問句來達成：「很難受，但又能怎麼辦？」

孩子、公婆，以及前夫
Children, In-Laws, and the Ex-Husband

隔天我去了憲法街九九九號。安德森帶我去見了他的祖父母和妹妹雅莉珊卓。昂迪娜是這個家族的六十歲女性大家長，她的頭髮整齊地梳成一個小髻，就是婦女上五旬節教派教會時的典型模樣。她和六十一歲的丈夫奈斯特宣稱自己是「**信徒**，是重生的基督徒，受洗於水中聖靈」。

昂迪娜告訴我，她從安德森兩歲開始撫養他，雅莉珊卓則是從六個月開始，而「厄巴諾有的那個孩子」她也養過三年。「接著他們就把她從我手上奪走了。安德森十二歲時，他父親也帶走了他。」對一個家庭而言，十二歲的孩子是珍貴的勞工資產。雅莉珊卓會幫她的奶奶打理家務。這對年邁夫妻強調要遵照上帝的話語生活：「一旦你聆聽上主之言，一切就會好轉。你會變得正常。」

就像其他家庭成員一樣，昂迪娜將卡塔莉娜的崩潰跟雅莉珊卓的出生連結在一起——更精準地說，是因為她缺乏處理這個事件的女性智慧。她宣稱卡塔莉娜「沒有照顧好自己」。這對年邁夫妻當時仍住在鄉下，而尼爾森和卡塔莉娜已經有一陣子沒再寄信給他們了。「有好長一段時間，我什麼消息都沒有。我很擔心。我聯絡了她工作的工廠，但她也不在那裡。她住院治療了。」最後他們終於聯絡上尼爾森，他懇求他們到城市來，好在他工作時幫忙照顧小孩。

昂迪娜承認自己一開始很怕城市生活，但現在的她絕不願意回去過艱困的務農生活。奈斯特驕傲地表示自己很快就在鞋工廠找到工作。「我們所有孩子都來這裡找到了工作。在鄉下，我們只能任由水災及旱災擺布；你沒有可靠的收益。」這名看來安靜謙和的男子說自己退休了，正在拿退休津貼，卻仍為了增加家庭收入而在工廠工作。對他而言，「一個人的每月最低工資數目如此悽慘，責任不只在政府身上。」

根據昂迪娜的描述，卡塔莉娜「一天到晚在住院。她總是從我們身邊跑掉」。尼爾森在卡塔莉娜住院時描述的攻擊性也常出現在昂迪娜的敘述中：「她會對我動手動腳。她攻擊我。沒人控制得了她。」我問為什麼會這樣，她回答，「卡塔莉娜的頭腦瘋掉了。」

昂迪娜提出指控，表示有謠言指出卡塔莉娜試圖勾搭男人。「她再也不想聽到跟尼爾森有關的事。」言談間，昂迪娜沒提到卡塔莉娜逐漸癱瘓的狀況，只是時不時地暗示她不是個好人：「她總是把別人想得很差。」奈斯特稍微出言緩和：「只是暫時的……她本來狀況非常好，但突然腦子有了毛病，就逃走了。」

昂迪娜從卡塔莉娜的逃家推論出因果關係。「因為她逃離尼爾森，他就對她失去了興趣。他一直都是個誠懇又認真工作的人。她最後一次住院時，他找了另一個女人。」換句話說，住院治療顯然是她被丟棄的藉口；根本也沒人期待她回來。等她真的回來時，「他拋棄了她。」

昂迪娜接著提起某項新資訊。「尼爾森把房子換出去了。我的女婿後來住在那裡。」換句話說，不是卡塔莉娜被騙，而是尼爾森自己進行了這項交易，拿到一些錢後，就把她丟在那間後來燒毀的棚屋內。卡塔莉娜情況惡化的每個階段中都存在著經濟因素。

對於昂迪娜而言，卡塔莉娜光是存在就會「毫無理由」地製造出苦難及危險：「我在這裡跟她一起受苦。她發瘋時根本不想認得我，還拿刀想砍我。我對她根本什麼都沒做。」昂迪娜順道提起當時都是她在照顧小孩，不過塔瑪拉跟厄巴諾已經把安娜帶走了。「現在就隨他們去吧，」她說，接著又說，「反正他們的父親同意了。」暗示她對兒子這次送養的處置並不滿意。

卡塔莉娜住在這個街區的最後一段日子，根據昂迪娜的說法，其實過的就是類似在生命療養院的生活，而且完全是她自己執意如此。「她沒食物吃。尼爾森本該付她贍養費卻沒付。但她不讓我進屋，我要怎麼知道她沒食物吃？是鄰居跟我說她會餓死，說她沒食物。所以我帶了瓦斯、麵粉和油去。但她不讓我進去。」

但昂迪娜也把對自己有利的故事版本發揮到了極致，宣稱是自己救了卡塔莉娜一命。「就在同一個禮拜，她鄰居的棚屋起火，延燒到她的棚屋。如果不是因為我，她早就死了。當時是凌晨四點三十分。我從床上跳起來尖叫著喊救命。我丈夫和我把她從火焰中拖出來。」

這對公婆收留了她一個月。「我對她很好，但也開始打電話給她的弟弟們。」昂迪娜和奈斯特向我表示，雖然沒一個弟弟願意幫忙，他們還是找了一天把卡塔莉娜帶去給亞德瑪爾。「我告訴他，『**這是你們的血親，不是我的**。這是你的姊姊，你得養她。』……我們能做的都做了，我們把她從火焰裡救出來耶。」她的意思其實是：他們把卡塔莉娜跟僅剩幾件有價值的財物救了出來。「我首先想的是要把瓦斯桶拿出來。她也救了冰箱出來。」亞德瑪爾收留了卡塔莉娜幾個星期，同時也收留了她的貴重物品。

卡塔莉娜的血液中有某種人們不想扯上關係的東西。我問了有關她走路的問題。昂迪娜回答，「沒錯，當時她已經得扶著牆走了……當她發瘋時，我根本不知道她怎麼有辦法從一個地方走到另一個地方……我不懂那些街上的人怎麼沒把她殺掉。」

她肢體運動方面的問題是何時開始的？

答案再次顯得混亂，一定程度上，他們認定她是因為生產而引發疾病，但早在得知卡塔莉娜母親的疾病時，似乎也就同時抱持了逃避的心態。「是在雅莉珊卓出生時……我在卡塔莉娜和尼爾森約會時就認識她了……她媽那時已經在坐輪椅，所以我們告訴他，『瞧，你之後家裡也會有這樣一個笨重的傢伙。她媽已經有這種問題了，說不定是家族遺傳，而她之後也會有。』」但尼爾森選擇娶她，因為「他不想要風騷的女人……只想要她乖乖待在家裡。所以他們結婚了……然後這一切就發生了。我始終搞不懂她為什麼發瘋，為什麼老是要往外頭的世界跑」。奈斯特透露出他對這種未知疾病的看法：「似乎在男人身上比較不嚴重。」

而今卡塔莉娜不在了。昂迪娜開始陳述之所以不可能留下坐著輪椅的卡塔莉娜的理由。「她很喜歡我，我也希望她過得好。畢竟她是我孫子的母親。我總是待她很好。我認為她把我當作尼爾森離開她的罪魁禍首。但對我來說，現在的他大可跟她住在一起，甚至剩下的人生也在一起。是他一直把她送去住院。他大概對她失去興趣了。」

奈斯特的推論倒是跟卡塔莉娜的大弟奧塔彌爾比較接近：「我相信她感覺到了那種疾病。她想到這種病已經發生在母親身上，而母親又死在輪椅上，所以覺得同樣情況也會發生在自己身上。」又或者，卡塔莉娜知道的是人們會怎麼對待得了這種病的人。昂迪娜沒聽懂奈斯特說的話，只是逕自指出，說到底，卡塔莉娜的悲劇打從一開始，就是身體上的問題：「我們警告過尼爾森了。」

但我不停想著，為什麼他選擇她？跟不完美的身體相比，她還擁有什麼更重要的事物？

答案是土地。

就在同一個禮拜，我從前夫尼爾森口中問到了答案。

*

某天中午過後，我在尼爾森家找到了他，當時他值完鞋工廠的夜班，小睡後剛醒來沒多久。他住在小鎮另一邊的好健康區，另外位於城市郊區某個可以看見片片農田的占居聚落內，還有一棟新房正在興建中。這名男子三十六歲，名叫露西亞的妻子年紀看來比他大很多。他們也生了一個兒子里卡多。她的頭髮梳成一個髻，就跟尼爾森的母親一樣是五旬節教派的教徒。露西亞從對話開始到結束都坐在我們身邊編織，安德森也待在一旁。

尼爾森說他一天值兩輪班，為的就是存錢蓋房子。他想讓安德森去工作。「如果可以的話，我想讓他去輾礫石。你一定要讓他們趁年輕時去工作。這樣他們長大後會有工作經驗，什麼技能都會一點，才比較容易找到更好的工作。愈早愈好，因為在城市裡，如果你四、五十歲了，工廠是不會收你的。如果你沒有從小開始工作，沒有經驗……又或者等到二、三十歲才找工作，那就沒救了。」

安德森給我看他的畫，上頭畫的是他從雜誌上看到的車子和電玩遊戲中的英雄角色。「他想當工程師。但想讀書得有錢才行。」他的父親說。

尼爾森就跟其他人一樣坦蕩蕩地談論卡塔莉娜。「都是過去的事了，」他表示，「我甚至不會想起這個人。」我問卡塔莉娜的毛病是何時開始出現的，他回答，「在安娜早產之後。」我告訴他，根據卡塔莉娜的紀錄，她是在一九八八年首次住院治療，那時距離安娜出生還有一年。他同意。（他可能只是忘了，但我想起卡塔莉娜曾說他有說謊的傾向。）無論如何，她之前確實一直逃家。

「我晚上在市政廳擔任警衛，所以會把她留在家。然後某天午夜，人們跑來告訴我，『你的女人在大馬路上。』我們還在某天發現她跑去附近的舊埃斯坦西亞鎮。所以我決定送她去住院。」此後住院成為慣例。「常常一個月在家，一個月在醫院。」

尼爾森接著提起卡塔莉娜曾燒掉他的衣服和文件，接著以此強調卡塔莉娜與其說是心理有問題，還不如說就是個壞傢伙。「那天我氣壞了。我工作完回家，她拿了我的衣服和文件後用火燒。我告訴自己，這已經不是發瘋了，純粹是邪惡。所以我說我打算有所行動。我去法官那裡申請離婚。我把她留在家裡，付了贍養費後離開了。她把房子交換出去，賺了錢，跑去住在我母親隔壁。我們在那裡為她安排了一間棚屋。」

不過他的父母曾說他沒付贍養費，而且事實上，是他透過把屋子換出去而賺到錢。尼爾森對離婚的描述跟卡塔莉娜的說法相牴觸。根據醫療紀錄，她才是要求離婚的人。我也一直想知道她為何一直強調要簽離婚協議書。

「最後，」尼爾森說，「市政廳終於接受這個案子，接手了她，然後把她送去那裡。」

去生命療養院？

「我不知道去了哪裡。上次我見到她已經是好多年前的事了。」她最後成了個迷途者，於是市府的人道服務接手，把她丟到某人視線之外那個某人連名字都不知道的地方。

「我們是在蓋撒拉一間舞廳內認識的。我跟她結婚時二十歲，她十八歲。安德森就是在蓋撒拉出生，然後我們就到新漢堡來了。當時她已經有兩個弟弟在這裡。我們來這裡是希望找到工作，改善生活，因為在鄉下，你懂的……往往一年好一年壞。所以我們決定賣掉土地後離開。」

尼爾森向我解釋，他跟卡塔莉娜結婚時，因為擔起了她母親及小弟的照顧責任，家族有一半土地登記在他的名下。尼爾森沒有進一步解釋土地後來怎麼了，但提到他把岳母及妻弟一起帶來新漢堡市。「那個老太太只能坐輪椅。她腿不能用了。我們甚至得餵她吃飯。」

尼爾森一開始在鞋工廠找到工作，接著「幸運地」在市政廳找到警衛的工作。「在城市裡的生活好多了。有工作，有醫生，要是不想做也不用工作。我總是有工作能做。就算一家公司倒了也還有其他家開張。城市好，鄉村慘。你在鄉下得賒帳，等收成時已經欠了店家一堆債；要是沒收成還得賣掉一頭牲口還錢。」我回想起卡塔莉娜常在字典中列出跟「債」相關的詞彙。

尼爾森說卡塔莉娜工作了一陣子，「但我賺的就夠我們全家人生活。我們從來不浪費錢。我唯一的壞習慣就是偶爾抽菸。她煮飯，她一切做得都不差……但就是老躁動著想往外頭世界跑。」

尼爾森沒有將卡塔莉娜出現各種問題的開端歸因於遺傳疾病，他覺得問題是卡塔莉娜沒有善待她殘障的母親。在他的描述中，卡塔莉娜的精神困擾是家暴的結果，是她作惡（*ruindade*）的後果。

「她母親死後，她就開始說一些不符合現實的話。她說母親會在她面前現身。她之前對她很壞，需要別人非常耐心伺候，還得有人餵她吃飯。她之前會直接揍她媽的臉。我不喜歡那樣。有一次，我自己的媽媽還得抓住卡塔莉娜的頭髮，才能阻止她繼續打她媽。但她都不知道打多少次了！我們叫她別打那位老太太了，誰知道你哪天可能也會怎樣、也得忍受些什麼……她母親死後，她就開始出現問題了。」

你是說她活該受到這種懲罰嗎？

「當然，一旦人做了這種事，就會得到報應。她對生病的母親做出這種事耶！」

尼爾森繼續將卡塔莉娜描述為躁動又具有攻擊性的人，而他則是負責掌控警方行動並協調住院治療的人：「他們發現她到處遊蕩時必須為她上手銬。她撲向警察，跟他們打架，但他們沒有我在場時不會碰她。我們試圖跟她對話，用文明的態度，但沒有用，所以我們只好把她銬起來。我們把她押上警車，帶她到綜合醫院，為了讓她冷靜下來給她打了一針。我帶她去卡里達迪和聖保羅醫院住院了六次。」尼爾森暗示他能透過市政廳的人脈控制、監禁卡塔莉娜。

她回來時怎麼說？

「她什麼都沒說。就待在家裡。有一個月平安無事，但接著一切又開始了。」

她有在當地衛生站接受治療嗎？

「她有接受藥物治療。在阿雷格里港，他們也有開藥治她的腦袋。但她不想吃——她吐進馬桶裡沖掉。全部的藥都是。她在家時沒有繼續進行治療。她就是不照顧自己。如果她能照著醫生的指示做……」為了能回家，卡塔莉娜必須自行用藥。不過根據紀錄顯示，此時的她受到前所未有的汙名化，被家庭隔絕的情況也到達高峰。她因為不聽話而讓家人有了丟下她不管的藉口。

尼爾森說卡塔莉娜在發作時不會傷害孩子。「她只會逃家，然後把他們丟在家裡不管。這種情況很常發生。她內心充滿怒氣。」他描述的是一個充滿暴力的家庭領域：「她曾用刀攻擊我。每當她變成那樣時，我得把東西都藏起來。情況在我們逼她回家時最嚴重，她會尖叫，所以我們得為了讓她冷靜下來給她打針。實在太折磨人了。如果不是有警衛長的幫忙，也就是領養了我小女兒的人……他當時是教父。如果沒有他，我就沒有人幫忙了。」

按照尼爾森的說法，卡塔莉娜也同意將孩子送走。「小女孩還在醫院時，警衛長的妻子就去找卡塔莉娜談過，『噢，你可以把那女孩給我。』接著他們才來跟我談。她接受了，所以我把女孩給他們了。

她被照顧得很好；他們很有錢。」

至於卡塔莉娜與弟弟的關係，在尼爾森看來根本沒起什麼作用。「我的幾個小舅子從沒有幫過我。沒有人幫忙。我得丟下工作到處為她奔波。市政府後來出手幫忙。但那幾個弟弟從沒來看我們是否需要什麼，而我們還有年幼的孩子呢。其中一個弟弟也開始沒力了，對吧？他們有自己的房子和車子，但從沒來探訪，從沒說：我們會幫忙找我們的姊姊……反正就是這樣。」

是卡塔莉娜的家人害她淪落至此，不過拒絕吃藥的她自己也算不上無辜。「他們給了她阿雷格里港最棒的藥。問題在於她只會在醫院吃藥，一回到家就把藥丟掉，然後同樣的問題再次復發。」

她有說過在醫院發生的事嗎？

「沒有，她都不記得了。」

對尼爾森而言，卡塔莉娜沒有記憶可言。

那她走路時遇到的困難呢？我必須再次提起這個話題。但他再次講得像是一切都沒有清楚的過往進程或未來發展脈絡。「她走起來是有點抖。我不記得何時開始的。這是家族遺傳，從她外公那裡來的，我想。她有個舅舅也有一樣的問題。我不知道那是什麼毛病。」

接著他又轉移話題，開始描繪那個充滿幻覺及罪惡感的卡塔莉娜：「正如我之前所說，我認為她會聽到一些聲音，是因為她傷害了她媽。所以才有鬼魂降臨。她媽曾說卡塔莉娜會為她所作的惡付出代價。那個老太太會在卡塔莉娜揍她時詛咒她。卡塔莉娜會因此變得很暴躁，因為那個老太太就像小嬰兒一樣，要求真的很多。」

我之後也跟卡塔莉娜的二弟亞德瑪爾談了，他也提到他們的母親確實是個非常頑固的女人，但他對卡塔莉娜疑似對母親施暴的事一無所知。無論如何，對尼爾森而言，卡塔莉娜燒掉她的文件就代表兩人關係走到終點。

「不可能回頭了。」

你想到她時，腦中會出現什麼畫面？

「我記得她走路的樣子……她的聲音會在我腦中迴盪。」

你記得她說過的話嗎？

「都是些胡說八道。」

卡塔莉娜的狀況已經處於家庭的常識之外。我在跟她的家庭成員談話時，開始了解一個將卡塔莉娜排除在外的權威性故事，是如何透過鬆散的框架及判斷拼補而成。正如紀爾茲所指出，「常識不是除去偽善空話的心智自動理解出來的結果；而是充滿各種預設前提的心靈……所做出的結論。」(Geertz 2000a:84）紀爾茲還寫道，透過經驗去評估常識是如何受到形塑，並將針對其進行的討論概念化之後，你就能看到文化是如何拼組而成，並且更能了解「社會所支持的生命類型」(93)。

我愈是了解與她過往有關之人的利益及價值觀，以及他們所採用的醫療及法律手段之後，就愈明白卡塔莉娜破碎的書寫有其道理。她家人採取的作為就是她字典中遺失的那些動詞——也就是那些作為，讓她自己的作為成為「一個無藥可救的句子」。卡塔莉娜成為家庭世界中多餘的人，透過精巧的交互作用而遭到拆解、重組。她是一個負值，是移民及都會窮人文化中不必要的成分。「常識」的核心是針對死亡的實踐和態度，包含其真實及想像出來的版本。卡塔莉娜的被棄說明了將現實連結在一起的事物為何，以及這些日子以來，受到認可的人類生活形式究竟為何。

養父母
Adoptive Parents

接下來的那週，我去了新漢堡市政廳隔壁的「塔瑪拉餐廳」一趟。這間餐廳的老闆是厄巴諾跟塔瑪拉，也就是領養了卡塔莉娜小女兒安娜的那對夫妻。同樣地，我擔心被拒於門外的恐懼完全不成立。就像卡塔莉娜生命中的其他角色一樣，塔瑪拉和厄巴諾非常歡迎我，而且跟我說個不停。

這對夫妻屬於一九六〇年代來到新漢堡市的上一代移民。他們在經濟上很富裕。厄巴諾仍然是市鎮警衛服務單位的長官（負責公共建物的保安工作）；他之前曾有八年是尼爾森的上司。塔瑪拉負責管理家族事業。他們在回想與尼爾森及卡塔莉娜的「美好友誼」、她的「發作」，以及領養女孩的事情時，我能感覺他們非常有自信。

這對夫妻從他們的角度描述卡塔莉娜的遭遇，時不時會提一下他們在市政體系中的人脈。這兩人相當明白自己與「低下階層」（*gentinha*）的差異；塔瑪拉就是用這個詞彙去描述尼爾森的擴大家庭。「這些人不懂控制自己。他們才喝一點酒就刀槍相向了。」根據塔瑪拉的說法，尼爾森母親這個人「一文不值。去警局問過她的紀錄了。她身上至少有三件被告的案子」。卡塔莉娜稍微提過促成他們正式領養安娜的事件：「那個老太太打我，還把女孩從我身邊綁走。但我們叫來警察制住她。」

我提到尼爾森的父母是**信徒**。

「現在他們倒說自己是信徒了……但你有認識任何之前沒幹過壞事的皈依者嗎？倒是說說看嘛。總是有人又搶又殺，然後進入教堂說，『我是個全新的人啦。』」

厄巴諾將自己描述為六十八名員工的監管人，這些人大多是移工。「這些警衛就像我的兒子一樣。我深入認識他們每個人，還有他們的家人，也關懷他們。」這種關係對各方都有利。工人們得以擁有薪水不錯且體面的公家工作，還能有身處權力位置的人，來協助他們處理各種官僚手續及其他相關事項。

就此例而言，市政機關被用來滿足私人及經商的目的。光看塔瑪拉對家中財務貢獻的方式就能明白了。一九九〇年代初期，她是一名「袋子女」(*sacoleira*)，工作就是去巴拉圭及聖保羅批貨（主要是衣物），然後再跑去人們家中銷售。她丈夫手下那六十八名警衛的「家庭」就是她的第一批客戶。「我們週末會去他們家賣貨……我就是這樣認識了卡塔莉娜。我聽她說了很多話，我們建立了非常親密的關係。」

沒過多久，所有市政廳的員工都成了他們的客戶。接著，塔瑪拉和厄巴諾在市政廳隔壁擺了一個小吃攤供應餐點。當市政廳搬到新大樓時，他們受託為數百名公僕經營一間自助餐店。「市政廳中所有人都認得我們……他們會賒帳買食物。」接著塔瑪拉又用了那個說法，「我們擁有一段美好的友誼。」

塔瑪拉和厄巴諾開始回憶兩人和尼爾森及卡塔莉娜之間的「同伴情誼」，也就是他們先成為安娜的教父母再成為法定父母的這段過程，在此同時，我發現塔瑪拉口中有關卡塔莉娜的人生細節都是錯的。舉例來說，她說卡塔莉娜來自聖卡塔琳娜州，但她其實來自南大河州的西北地區。她還說卡塔莉娜蓄意破壞自己父母的婚姻、說她是在新漢堡認識尼爾森，還說她從未出去工作過。這些對於卡塔莉娜過往的誤讀，暴露出針對她的存在而普遍帶有的種種誤解，不過此刻是否要糾正她的錯誤似乎也無關緊要。

隨著對話進行，我也看出這些誤讀有助於將卡塔莉娜塑造成一個「難相處的人」，而且她的家庭之所以崩解，自己也沒有資源去開創一個可行的未來，責任也全在她身上。換句話說，在塔瑪拉及厄巴諾的回憶中，卡塔莉娜大多以負面形象存在。我認為這種匱缺傳遞出來的，是他們每天在協商的自我、真相及道德的統一性，是此刻暫時展演於一名人類學家面前的交易。藉由將不同敘述並置、辨認出矛盾之處、找出各種漏洞，並將卡塔莉娜在這個擴大家庭結構體中模式化的不同脈絡及行動梳理清楚之後，我也覺得自己開始更能了解，所謂歷史究竟是如何發生，以及卡塔莉娜無法為人所接受的差異究竟是什麼。

我不需要問很多問題。塔瑪拉自己就會滔滔不絕地講，講的是早已針對卡塔莉娜準備好的一段故事，而其本質上就是一個從男人角度看的故事。卡塔莉娜是個發了瘋的叛逆女人——或者正如塔瑪拉將精神疾病概念化的講法，「她的小房子（腦子）不管用了」（*fora da casinha*）。「我知道她在我認識她之前身體就有問題了。我是透過我丈夫知道，而他是從尼爾森那裡聽說的。」談到卡塔莉娜「古怪的脾氣」時，她常提及安娜也「不是很好應付。她給我們添了不少麻煩……還真是一脈相承」。

塔瑪拉之前認為，自己的任務是說服卡塔莉娜履行一位得體主婦應負起的義務。「我們開始去他們家賣衣服後，她就對我們敞開心房；她後來變得非常信任我。我總會聽她說話，告訴她不要那麼叛逆、不要那麼固執。但沒人制得住她。她會逃家，花一、兩天在街上走，漫無目的，還把鞋子跟衣服都脫掉。我們後來已經厭倦到街上尋找全裸的她了。她總宣稱自己在找一個名叫包米爾的初戀情人，但隔天卻又神智清醒了。」

塔瑪拉不停表示卡塔莉娜「對她丈夫就是看不順眼」，還說她的作為危及他的性命：「她不接受他。她不讓他進屋，某次他破門而入，她還試圖拿刀和槌子殺他。」

尼爾森有對她做過什麼事嗎？

「沒有、沒有……全是她自己想像出來的。」

我提到自己曾聽說尼爾森打她。「就算真的有，」這對夫妻表示認同，「也是正當防衛。是她先動手的。」塔瑪拉接著把卡塔莉娜對心理健康之家醫師陳述的內容顛倒了過來，「卡塔莉娜還曾用一條鐵鍊打尼爾森。」

厄巴諾補充表示：「整隊市鎮廳警衛都到街上去找她了。我的手下曾在樹林內找到全裸的她。尼爾森是有他的缺點——他喝酒，偶爾也抽點大麻——但整體而言是個認真工作的男人，也有養家。她總是說她想要那個名叫包米爾的男人。」

在塔瑪拉和厄巴諾的敘述中，卡塔莉娜是個徹底貧瘠的角色。他們從未試圖將她的作為歷史化或賦予意義。之後的訪談中，尼爾森的說法又和這對夫妻產生矛盾。他說卡塔莉娜在逃家時始終清楚自己在做什麼，而且從來沒有被發現全裸在街上遊蕩。「她總是穿得好好的。」儘管故事版本有所不同，但其中的卡塔莉娜始終相同：她是個瘋狂且可被拋棄的有機體，也不再被賦予任何角色或價值。

對於塔瑪拉而言，卡塔莉娜的瘋狂「是在她生了雅莉珊卓後開始的。那是產後憂鬱症復發。接著她就開始胡言亂語……不過這個腿的問題，是遺傳問題。從她母親傳下來的。她的弟弟們現在也開始了」。

在這段描述中，卡塔莉娜有現在可於弟弟身上見到的遺傳障礙，還有透過康茲醫生的診斷及她拒絕服藥因而可見的精神障礙。「之前是康茲醫生在治療她，但她把藥都丟進馬桶。她每六個月左右就會發作一次。」在塔瑪拉口中的她不但在服藥方面不聽話，此刻還出現了一種取代她真實經驗的發作模式：「每六個月。」正如故事中其他角色所說的一樣，卡塔莉娜已經無藥可救了。但又能怎麼辦呢？「過一陣子之後，那個可憐的傢伙再也受不了了。」塔瑪拉證實她在一九九〇年代初期剛認識卡塔莉娜時，「她的腳就已經會抖，但沒人想到她會發展到今天這個地步。」我問尼爾森如何應對。「他甚至早在雅莉珊卓出生前就已經告訴我們，卡塔莉娜的腿在萎縮。當然，他知道她就是那樣，但這不是什麼要緊的事。」

不是什麼要緊的事。畢竟在這對夫妻的敘述中，卡塔莉娜可能得為她的家庭瓦解及最終被拋棄的結局負起責任。「她總是把尼爾森從家裡趕出去。她今天沒跟他在一起，就是因為她對他幹過的好事，」塔瑪拉的說法透露出清楚的性別規則。「也不是我護著他。我就不贊同他濫交，但就我所知，他只在發現和卡塔莉娜走不下去之後，才又找了一個女人而已。」

我告訴塔瑪拉和厄巴諾，新漢堡市的心理健康之家的紀錄顯示，他們曾有段時間把卡塔莉娜和她的新生兒帶回家裡照顧。「卡塔莉娜跟我在一起待了十天——但嬰兒沒有。她當時還在保溫箱裡，因為體重只有三點三磅。」接下來塔瑪拉所描述的內容，在我聽來，與其說是想幫助卡塔莉娜復原，還不如說是想將嬰兒留在身邊的精巧計畫。

卡塔莉娜先是被送回家，接著有輛救護車來把她帶去為醫院內的嬰兒哺乳。在此同時，她的弟媳，也就是亞德瑪爾的太太因為生產而過世。沒有人告訴卡塔莉娜那個女人死了，但她剛好聽見別人談話的內容，所以誤以為是自己的寶寶死了。她於是拒絕回去醫院，還說人們故意不把糟糕的真相告訴她。

「尼爾森來拜託我幫忙，」塔瑪拉說，「我跟她說嬰兒還活著，然後帶她去醫院。我還記得她那時候走路就像喝醉一樣，而且不想為安娜哺乳，只用奶瓶餵。她四處張望，好像不知道身在何處，然後把嬰兒丟在床上後就走了。護理師和我都覺得她的小房子（腦子）不管用了。」

我終於逐漸拼湊出卡塔莉娜流落到生命療養院的軌跡，形塑這條道路的種種作為也清晰了起來。「回家的路上，我帶她去找新漢堡市心理健康之家的吉爾森．康茲醫生。」塔瑪拉所說的這段故事，清楚說明了人們如何能靠著操縱可用的醫療系統資源，讓自己成為非正式的醫療執業者。公共健康服務系統內的醫生證實問題在於卡塔莉娜不遵照治療指示。在此，精神科藥物代表的是早已不存在的婚姻關係。

「醫生告訴我，如果是由丈夫對她施藥，她會拒絕，而現在精神病院內沒有床位。他說理想的方式是讓她跟別人待在一起，之後再讓那個人帶她去住院治療。」

於是塔瑪拉決定「收留她」，並讓自己成為精神科醫生的代理人。「吉爾森醫生指導我們該如何應付她。如果一劑藥物不夠，我們就該將劑量加倍。」我在聆聽塔瑪拉說的故事時，回想起新漢堡市心理健康服務單位的主事者西蒙妮．勞烏曾跟我說：「（許多時候，）精神科醫生不是為病患服務。他們是為家屬服務。」

卡塔莉娜好好地度過了七天，塔瑪拉說。但接著「她不吃、不睡，整個晚上在屋裡走來走去……我得把所有門鎖起來。她會攻擊我。她會走進我房間說想把寶寶帶走，但實際上她想帶走的是我的四歲女兒。她推我，還把我推到牆上。她很強壯。我受傷了。我覺得我無法處理這種情況」。

跟我們所預想的不同，卡塔莉娜的人生並不是在公共體系、精神病治療體制、法律及社區的邊緣地帶受到處置，她就身處於這一切的渦流中心。之後的故事中，我聽到的是各種機制的濃縮版本——就全部都稱作社會性精神病吧——而卡塔莉娜的排除就是透過這些機制而成形。

造訪衛生站沒有用，所以塔瑪拉從家裡致電康茲醫生。他在自己私人執業的診所看了卡塔莉娜。這就是我們無法從紀錄中窺見全貌的原因——他很可能也是因此才說自己不記得她。這名醫生將自己在公共體系的工作和私人執業工作混為一談，就像厄巴諾及塔瑪拉靠著市府基層組織做生意一樣。

「她不想待在家裡。她只是一直說要離婚、要殺了尼爾森——她在意的全是這些。」康茲醫生給了卡塔莉娜鎮靜劑。他們使用塔瑪拉和厄巴諾在市政廳的人脈，安排了一台救護車在隔天早上把她送去了聖保羅醫院。這段故事中還被添加了欺瞞的元素。還記得在聖保羅醫院的紀錄中，卡塔莉娜說她本來以為自己是要去產科病房。但最後她是去了精神科病房。

不過在塔瑪拉的敘述中，一切不過是巧合。「就在同一天，醫院致電市政廳找尼爾森，表示寶寶準備好出院了，而他不知道該怎麼辦。我已經跟我丈夫講過了，『我們把那女孩帶回家吧，等卡塔莉娜健康回來之後，我們再還回去。』因為整體而言，她對孩子還是很好的。她把他們照顧得很好。唯一的問題就是她會發作，然後就搞不清楚自己在幹什麼。」

「我們跟尼爾森一起去了醫院。社工已經掌握了情況。尼爾森的家人也不接受那個寶寶；她身體瘦小到幾乎只剩頭，沒什麼地方可抱。我說，『我們來照顧這個寶寶吧。我願意為卡塔莉娜這麼做。可憐的卡塔莉娜，這不是她的錯。』」

就算卡塔莉娜從醫院回來之後，他們還是留著嬰兒，因為「卡塔莉娜太虛弱又脆弱了」。塔瑪拉這麼解釋。「尼爾森打電話給我，說她想看寶寶，他還跟我說，或許我可以改變卡塔莉娜的心意，說服她讓我們多照顧寶寶一段時間。『如果讓我決定的話，』他說，『我會把寶寶給你們。她根本就已經是你們的了。』」

塔瑪拉堅稱她「只是想幫忙」。塔瑪拉和厄巴諾是受邀擔任安娜的教父母。受洗儀式之後，這對夫妻根據慣例帶孩子回家過了幾個長週末。「我們把她打理得很好。」塔瑪拉強調。但卡塔莉娜總是說，「你們會帶她回來，對吧？」在這個階段，也就是一九九二到九四年，卡塔莉娜常被送去住院，所以他們在卡塔莉娜住院時一直留著這個小女孩。「小女孩開始走路，在我們家開始說話。我們說，『叫我們叔叔和阿姨。』但她卻一直說『媽咪和爹地』。我們從來沒有教她；是她自己這樣叫我們的。」

在此同時，尼爾森和他的情人又生了一個男孩。沒過多久，卡塔莉娜和尼爾森正式分開了。他正展開新人生，她卻在枯萎。「他們賣了房子，而她找了地方獨居，一切就這樣結束了……她以前會打電話給我，說『我沒東西吃』。」根據厄巴諾的說法，尼爾森一開始有付贍養費，當時卡塔莉娜還負責照顧雅莉珊卓和另一個女兒。「但他被市政廳解僱之後，就再也沒給她錢了。」這個核心家庭已遭到解散，而根據塔瑪拉的說法，卡塔莉娜「再也沒食物可吃，也沒錢付水費和電費。我資助了她整整一年——水電、衣物、食物，甚至還帶肉給她。每週五我都帶日用品去給她」。

塔瑪拉注意到有人在打劫卡塔莉娜：「我帶給卡塔莉娜的食物，會被她婆婆那個老太太拿走。是卡塔莉娜的鄰居告訴我的。她自己的婆婆耶……卡塔莉娜自己也會跟我說，『別帶太多東西來，塔瑪拉，因為昂迪娜會拿袋子來裝回家。』那個老太太純粹是出於邪惡這麼做。他們都有邪惡的一面。卡塔莉娜的情況愈來愈糟。」

卡塔莉娜最後一次住院時，尼爾森說是她自己放火燒了棚屋，但塔瑪拉確定這是個謊言。「不對……是她鄰居的棚屋電線短路，燒起來後，火焰才波及到她的棚屋。她吃藥吃到沒有意識了。她沒死是因為有鄰居把她救出來。」不過之前是婆婆宣稱她救了卡塔莉娜。

這段對話進行了好幾個小時。厄巴諾和塔瑪拉接著詳細描述了他們領養安娜的所有法律程序。安娜的奶奶在某次拜訪卡塔莉娜時「綁架」了小女孩，這對有權有勢的夫妻於是去警局報案。「那裡所有的巡警都認識我們，有兩個我們的友人受理了這個案子。他們帶我們去少年法庭，法官就簽了搜查令給巡警。」塔瑪拉表示。

厄巴諾卻糾正她，表示那不是真正的搜查令。他的發言揭露了接下來這段場面調度中超越了合法性的部分。「我們當時還沒針對老太太提出申訴，」他說，「但巡警把她嚇壞了，她就把孩子還回來了。」尼爾森已經認可了這段領養程序。卡塔莉娜不在場時，這對夫妻想辦法在領養申請正式通過之前，拿到了能把安娜再留下四個月的法院命令。厄巴諾是這樣說的：「我們要社工加快速度，因為我們是想把孩子從一片泥濘中帶往更好的生活。」塔瑪拉回憶道，「一九九五年十二月二十二日，我們把卡塔莉娜從棚屋帶去找法官。我們還得扶著她。」

厄巴諾把司法裁決的內容總結如下：「法官用平易清楚的語言向他們解釋：『從今天開始，安娜・摩洛耶斯不再存在。那是她過去的身分。今天她再次出生。她的名字會改變。從現在開始，你們甚至不再是親戚了。』」

卡塔莉娜猶豫了，然後問她是否還能見自己的女兒，塔瑪拉接受了她的要求，法官強調這一切都取決於塔瑪拉及厄巴諾，因為卡塔莉娜跟安娜之間已經沒有關係了。厄巴諾跟塔瑪拉向卡塔莉娜保證，「任何時候，只要你想要，都能來見安娜，只要是在我們家，是有我們在場的時候。」

在這場漫長的對話中，卡塔莉娜總是被描述成一個瘋得無可救藥的人，而且還是個糟糕的母親，對此我深感困擾。為了抗衡這個形象，我試著提起她神智清醒的時光和她的智力。塔瑪拉一度誤解了我這麼說的意思，還以為我是在附和卡塔莉娜所謂「詭計多端」的個性。

「沒錯，她非常聰明；她有聰慧的一面。她會說一些好話，但背後同時有其他算計。她口才很好，但總是把話題帶往她想要的方向。比如說，我現在在這裡跟你說話，但腦中已經偷偷在想如何把錄音機拿走，好讓你沒辦法拿去用在任何地方。她總有些詭計。她非常固執，也不真誠。安娜也是這樣。你無法想像我們因為她吃了多少苦。」

卡塔莉娜在此是一個表面，供人投射自己認定的事件版本。她沒有被賦予任何意義或理由，也可以是任何樣子，總之可好可壞，而他人可隨意對她表示善意或惡意。她在大家口中以一個空心物的狀態流傳著，透過這個物，這些曾與她有關聯的人們可以確認他們所屬的道德、醫療及法律現實。在這個極度靠近法律及秩序的商業空間內，人們的行動背後彷彿都沒有意圖，而本質邪惡且有所圖謀的都是卡塔莉娜。我就是因此感覺到那種世界觀的一致性存在，也因此感覺到了邪惡的發生。在此同時，塔瑪拉和厄巴諾憶起卡塔莉娜在某次胡言亂語時提起一個人名，包米爾。我曾讀到過這個名字，當時卡塔莉娜迫切想透過這段曾經存在的關係，來尋求某種支持，而此人不屬於身旁這個正在掠奪她的世界。

塔瑪拉不停談起安娜。「她這人充滿反抗心。她什麼都有，但永遠不滿足。她一直在給我們找麻煩。她已經幹過好幾件壞事了。」卡塔莉娜的後代可能帶有的真正遺傳問題，是被分類為具有道德障礙的人。而在我聽這對夫妻講話時，也不得不聽他們討論領養了缺陷兒必須要處理的各種可能性（現在她的舅舅也開始出現症狀了）。就彷彿他們先是利用了卡塔莉娜，接著還把她所擁有的匱缺，當作他們對安娜不滿的依據。

「她真的很糟糕。她會搶別人的東西，也不聽話，還頂嘴……我們已經有帶她去看精神科醫生了，就是吉爾森．康茲醫生。」塔瑪拉說。

他們告訴我，這個女孩的外表很像卡塔莉娜，「舉止也像她。」此外，他們還用治療卡塔莉娜的方式在治療這個女孩：讓她去看同一個醫生，而就是那個醫生把原本可能只是「情緒障礙」的問題變成難以挽回的病症。厄巴諾和塔瑪拉透過提及安娜並稱呼她為「壞女孩」，來建立自己的好人形象，也因此合理遏阻了任何有關過去歷史及生物問題的討論。經由這種做法，這對夫妻培養出將情感從另一個「有缺陷個體」隔絕開來的能力；有了這樣的能力之後，他們也可能在未來基於自身的道德高位而將女孩逐出家門。卡塔莉娜的近親及擴大家庭成員都在試圖為自己的作為或不作為開脫，而塔瑪拉和厄巴諾則是公開展示了，在與卡塔莉娜這個沒人想扯上關係的生物相遇的過程中，他們所重新調整過的主體性及道德觀模式。

「想把我的身體當成一種藥，我的身體」

“To want my body as a medication, my body”

他們在話題中疏離地顯露出對卡塔莉娜變成「一條受傷的流浪狗」的同情。「我認為她的處境很可憐，」厄巴諾繼續說，「明明有弟弟、有公婆、有小孩，但還是被像動物一樣遺棄了。被人到處踢來踢去，就像沒主人的狗，只能乞求一點食物。這就是她當時的人生；後來一直是如此。」

她的家庭關係怎麼了？

「結束了。他們對任何人都沒有愛。尼爾森全家都那樣。他們有一種邪惡（*ruindade*）。他們是非常無知的人。」

那弟弟呢？

「他們從沒為她出頭。」

為什麼？

「怕要照顧她吧。她沒有任何收入，完全沒有。所以很難有任何地方願意收容她。」

古希臘時代，每年都會有兩個男人——所謂「真正的人渣兼廢物」——會被選出後逐出城市，並作為塔爾戈里亞節慶的一部分（Harrison 1921:97）。一開始，這些人是被當作解決城市遭受饑荒或瘟疫的手段，之後成為幫助城市免於禍害的方法（Le Marchant 1923; Girard 1996）。這些被稱為「藥」（*pharmakos*；複數*pharmakoi*）的男人不可能再回到城市。歷史學家對於他們如何被挑選為代罪羔羊的方式爭論不休，對於他們究竟是直接遭到殺害還是放任其死亡也沒有定見（Harrison 1921:104, 105; Derrida 1981:132）。

在我完成了這輪與卡塔莉娜的弟弟、前夫、孩子、姻親及朋友的對話後，卡塔莉娜遭受放逐的情節逐漸明確起來。她完全就是現代的「藥」。在人們憑經驗形塑出種種事態的核心，就是她的缺陷身體，而他們也是在跟她經歷了醫療、市政府及法律的體系之時，在那具缺陷身體中看見了自己。

回顧尼爾森最後說的：「我們結婚之後，他們才告訴我這個家族有的問題。我媽媽的親戚說，『可憐的尼爾森，他不知道自己惹上了什麼麻煩。』她早就知道了，但因為身為信徒不想說些什麼。我直到親眼目睹了才真正相信。上帝保佑我不致受苦（*Deus me livre*）……我開始認識了她的親戚。她有一個阿姨就是死於這種毛病，另外還有一些表親也是……我告訴自己，『啊，原來會這樣……他們等著瞧吧。』」

這是充滿復仇心態的話語——彷彿透過卡塔莉娜，這個男人要給這些人一個教訓。如此回顧起來，卡塔莉娜的意義不在於身為一個人，而是代表了一種集體及其擁有的病變。以此病在醫學上的未知及其身體表現為中心，卡塔莉娜在社會性上的無關緊要逐漸成形，因此容許尼爾森現在能將家庭關係解讀為一種報復性的交換。

那你現在有什麼計畫呢？我問卡塔莉娜的前夫。

「好好過日子。想辦法進步。我現在對我的家庭很滿意。這個女人不會害我得處理之前那樣的麻煩。那個人她得想辦法自助。就像我之前說的，醫生有治療卡塔莉娜，好讓疾病別再復發。只需要吃藥就行了，但她不願好好照顧自己……過去的已經過去了。你得讓一切入土為安。」

卡塔莉娜的身體已遭放逐，她的人生已入土為安。隨著她的故事被揭露開來，醫藥科學已成為「常識」的一種工具，封閉了許多同理及感受的可能性。藥物的商業交易及政治已變得跟各種生活世界密不可分，而正是作為這些過程之具像化的藥物，影響了卡塔莉娜作為「藥」而遭到驅逐的結果。無論是讓卡塔莉娜實際上不可能生存的經驗現實，還是對其進行批判的可能性，都已遭到封鎖。正如卡塔莉娜反覆告訴我的：「他們都不願意對話，而疾病的科學已遭到遺忘。我不想吃藥……科學是我們的良心，有時很沉重，背負著你無法解開的死結。如果我們不去細究，身體裡的疾病會惡化。」

德希達在〈柏拉圖之藥〉一文中沿用了希臘文的「藥」一詞，並將此當作代表柏拉圖哲學的概念。書寫同時具有解藥及毒藥的作用，對言語據稱可以直接理解的事物真相來說，它是一種人造的對應物。根據柏拉圖的概念，德希達推論指出，寫作被視為「一種悼念、一種補償，一種對於顯露病態之言說的解藥」——「寫作是悲慘的子嗣」（Derrida 1981:115, 143）。當「活生生的言說」屈服於法律的同時，書寫是一種遊蕩在生活領域之外的力量，無法引發任何效果或自我再生：「一種活著的死亡，一種受弱化的言說，一種受妨礙的生活，一種還在呼吸的假象……彷彿一切都是鬼魂，都是迷途。」（143）然而對德希達來說，書寫作為「藥」是表意（signification）的獨立秩序。書寫以**延異**（differance）的狀態運作——「任何原初在場的消失」——且同時是「可能性條件以及真相之不可能性條件」（168）。

柏拉圖使用的「藥」一詞早已受到希臘文化的多重決定，達希達指出：「這一切表意仍出現了……問題是（表意）鏈已遭隱蔽且到了不足取的程度，就算作者本人也無從得知其存在。」（1981:129）而當代哲學家在作為「藥物」的書寫，以及被當作「藥」而遭到政治體排除的人物之間，看到了一種隱蔽的連結。因此，在德希達所揭露的訊息中非常有意思的是，「藥」這個代罪羔羊的角色從柏拉圖的哲學反思中缺席了。「城市的軀體（body proper）因此重新團結一致，封閉眾多內院以保安全，將自己與自己本身在城邦廣場（agora）範圍內產生連結的文字，還回去給自己，使用的方法則是透過暴力，將代表外在威脅或侵略的人事物，從其領土中排除出去。那些具有代表性的人事物代表邪惡的他者性，而這樣的邪惡透過無預警地闖入進而造成影響，或傳染疾病。」(Derrida 1981:133)

「藥」的角色在哲學思維中可說中肯妥切，但藉由他者之死而在家庭及城市治理中所維繫的空間，仍是一個待處理的重要問題。透過將卡塔莉娜當作現代的「藥」來談論，我想要推論出的是，她的人生及故事是當代家庭／醫療／政治結構的典型案例，這些結構皆如同法律一樣運作，而且就在我們每個人身邊。受過藥物治療的她現在已成為一位邪惡的被流放者，無論就主體性或生物性而言皆為如此。到了最後，卡塔莉娜成了一種失敗的「藥」，但仍矛盾地容許某些人的生命、情懷，及價值觀以其他方式存續下去。

*

我告訴卡塔莉娜已經找到她家人時，她懇求我帶她前去拜訪，好讓她看看孩子。她也想重回法律及金錢的世界，表示她需要拿到工作證及銀行卡。她和尼爾森無論就「床、房子及城市」都已經分開，但她得回去簽離婚協議書；她堅稱「我沒有簽過那些文件」。我後來得知她說的一切屬實。她的證件都還在塔瑪拉手上；而尼爾森引述了卡塔莉娜的瘋癲及殘疾狀態後，說服法官代她簽了離婚協議書。

我之前總是拒絕參與有關卡塔莉娜是否理解自身遭遇的討論。我在閱讀她的醫療紀錄時，字典中的許多字詞都因此有了合理解釋；而在跟她的前家庭合作過之後，我更了解她所緊抓不放的那些材料及思緒的過往歷史。身為「藥」的卡塔莉娜擁有一種只對應她自身變化及渴望的公式及語言。這種民族誌的投入幫助闡明將她置放於家屋及城市之外的各種並存的脈絡及技巧，同時還有她內在生活受到改變的過程——她是一名由更為廣泛及致命的力量所造就的病患，但仍具備其獨有的能動性及奮鬥方式。

對於卡塔莉娜而言，思考是她的工作，是攸關存活的問題。隨著民族誌的工作展開，她的心智生活在我看來不再那麼像個謎。卡塔莉娜的作品釋放出了人類潛能，而我愈來愈受其吸引，而且發現自己開始思考漢娜・鄂蘭曾提出的問題：「思考活動有可能是讓人戒除『惡行』，或甚至真正『制約』他們不去這麼做的條件之一嗎？」(Arendt 1981:5)

奧斯卡同意在聖誕節前一天帶卡塔莉娜去見家人。他們可以開生命療養院的廂型車去。此外我也得知，每年都會有一、兩位院民得到回家拜訪這項禮物。這多少反映了生命療養院中社工的工作是如何出現了新的定義——他們主要的工作不再像我一九九七年所得知的那樣，是去建立被棄者的身分，並試圖為他們創造出生活的可能性，反而是為那些愈來愈空的新建築帶來更多資金。正如奧斯卡自己也坦承，「真的，他們根本不關心這裡發生的事。他們只需要生命療養院為了外界而存在。」他的發言暗示的是現存的貪腐及資金轉移問題，但這段對話也就僅止於此。

我回到卡塔莉娜曾住過的那棟亮粉色房子。亞拉摩獨自和孩子們在家。我告訴他，卡塔莉娜非常希望能來見見孩子。他保證會聯絡奧塔彌爾和凡妮亞，此外也對我直言不諱地說：「真相就是，沒人想要她。」

隔天早上，奧塔彌爾的妻子凡妮亞焦慮地致電奧斯卡。她對卡塔莉娜來家裡拜訪沒有意見，但強調他們無法長久照顧她。「我已經有我丈夫了，他的問題也在一天天惡化。」除了其他擔憂，這個家族顯然很怕法律制裁——雖然機率不大，但法律仍可能以公共部提出控告而現身。相對於他們對卡塔莉娜擁有的回憶或對她做過的事，這才是他們揮之不去的夢魘，我心想；也是受到這個夢魘的驅策，他們才願意為被棄者籌辦這次的短暫回歸活動。

十二月二十四日，奧斯卡、艾蘭卡爾和卡塔莉娜花了一個上午及中午過後的一段時間，分別造訪了昂迪娜和奈斯特，以及奧塔彌爾和凡妮亞的家。接下來一週，我花了漫長的時間和他們三人討論了那趟拜訪之行。

奧斯卡非常開心。他本來在找地址的路上跟我之前一樣迷路，但他找了警方幫忙，所以後來警察護送著生命療養院的箱型車找到了卡塔莉娜的公婆家。「你該看看她受到的招呼。我得咬住舌頭才不會驚呼出聲。她的公婆、女兒、還有家族朋友全共聚一堂，還擁抱她……多麼溫暖的招呼呀。」他們也告訴奧斯卡之前他們真的花了很多心思在關照卡塔莉娜，只是現在實在沒有資源及人力去照顧她了。

這家人為所有人準備了一頓豐盛的午餐。「卡塔莉娜的雙眼散發著幸福的光芒，還跟他們說了現在跟柯洛維斯約會的事。」奧斯卡覺得這純粹是她的幻想，然後重申自己的做法：「人們會議論，但除非我親眼看到，不然無法怪罪任何人。」我理解；他需要柯洛維斯的幫忙。此外就算柯洛維斯和卡塔莉娜之間有些什麼，顯然也是你情我願。她想讓之前的家人知道自己有男人，也有未來。廂型車接著開到了卡塔莉娜的弟弟家。

奧斯卡也同意整個情況非常複雜。你不可能直接把這些人當成惡人，也無法只是怪罪他們。整個經濟及社會結構都在改變，而「當一個人不再生產出任何事物時」，奧斯卡補充，「又該怎麼辦呢？」他也說仍會看到在某些案例中，家庭成員會在家中照顧生病的人，另外也問我和我的妻子，若是我們必須照顧某個生病的親戚時會怎麼做。「這永遠是個困難的決定。就算手邊有錢也不會是件容易的事，那些得全職工作的人又怎麼說？」他如此推論。「因此，才會有像生命療養院這樣的地方。人們如果不在那裡，就得在街上了。這是社會性的原因。」

我告訴奧斯卡，我覺得被棄者的命運就像某種底片，一旦沖洗出來了，就會顯現出這些日子以來，由家庭、醫療，及國家機構處置措施所造就的人類生活型態。奧斯卡想得更遠，他說他看到這種社會性的原因被傳遞到下一代。「如果有人能針對這些人的孩子進行研究……能不能確認這種病到底會不會引發出新的精神病呢？」

無論如何，這趟拜訪之行「是卡塔莉娜的聖誕節禮物」。奧斯卡說他們在奧塔彌爾家也受到很好的招待。受到我們對話的啟發，奧塔彌爾告訴其他手足，卡塔莉娜遭遇的其實是神經方面的問題。有人於是回了，「所以她不是發瘋呀？」這場對話就發生在她面前，彷彿她聽不見一樣。對我來說，這個突發事件展現出的是認定她不在場的心態，但同時也是他們在揚棄這種心態。不過對奧斯卡而言，看到幾個弟弟展現出殘障的生理徵象，讓他確信他們真的無法照顧卡塔莉娜。他沉吟著，「這趟拜訪之後，她可以平靜一整年了。」

艾蘭卡爾不覺得情況有這麼和諧或令人感到親切：「他們只是出於義務接待我們。全是敷衍、假裝出來的。」他們只是表面上展現出極度的關懷及喜悅，但艾蘭卡爾身為一名「世俗男子，又在街上見過人生百態」，表示他們真正要傳達的訊息是：「這一切跟我們無關。」在他看來，人們就是會想盡辦法擺脫掉麻煩人物。「之前他們丟下那個發瘋的人，這樣對他們比較好……就是丟到生命療養院。然後他們現在哭著說他們條件不好，家裡有人生病，諸如此類。他們會為了擺脫麻煩發明出上千種藉口。如果他們連在家中都會這麼做了，那對不認識的人呢？」

他下的判斷非常尖銳，而且是基於自身跟家庭關係的破碎經驗。「他們（說）若她死掉，會因為羈絆而感傷。他們試圖向別人證明那種羈絆存在，但身為局外人，你的感覺完全相反。」艾蘭卡爾說他和奧斯卡已經完成了他們的責任：帶卡塔莉娜回去目睹那樣的情感消亡。

他進一步詳述了這種消亡是如何跟人們的做作及膚淺言行結合在一起，並因此創造出一場表面功夫的大戲：「卡塔莉娜嘗試對女兒表現關愛，但她自己生的女兒……她看著母親的樣子毫無同情可言……我有點震驚。我見過不少世面了，但女兒用那種方式瞪著母親……如果有人勉強自己，我們看得出來……他們想證明自己是好人。但裡頭沒有情感。他們只是敷衍，然後用自己的方式繼續生活。」

對於這些家庭成員而言，情感之死等於宣判卡塔莉娜受到驅逐。而這種空缺，以及但願情況並非如此的盼望，正是為她現在處於生命療養院的日常存在提供了基礎。「愛是被棄者的幻覺。」她的書寫也訴說出這種處境。根據艾蘭卡爾的看法，她是想回去確認情況並非如此，「但她感受到他們之間的情感已經死了，於是不想面對現實。」她眼前還能看到的只有殺戮。這是我在他哀傷回顧這趟拜訪之行所聽到的感受。

卡塔莉娜將這趟旅程描述為「相當值得」。「我們都受到很好的款待。我的婆婆煮了午餐，我的弟媳也在場。」接著她又糾正自己，表示是「我的前婆婆和前弟媳……因為她們已經不再是了」。她已經透過「屬於另一個男人」的方式出場了。卡塔莉娜接著解釋，她去那裡「主要是為了見女兒雅莉珊卓。她已經跟我一樣高了。安德森不在那裡」。

感覺如何？見到你女兒的時候？

「我內心有某種好的感受。但雅莉珊卓，她非常……好像非常想要跑去把某場火撲滅一樣。我以為還會有些時間可以……」她沒把話說完。接著提到戴爾瓦尼和妮娜也在場。就是他們拿走了卡塔莉娜的房子，而卡塔莉娜差點在原本屬於他們的棚屋內燒死。

跟你弟弟之間的互動如何？

「我弟弟奧塔彌爾有點生病……他很擔心我。他非常擔心工作和債務的事。他想把債還清。」

根據她的說法，來自兄弟的關懷仍在，但現在他更在意的是其他形式的虧欠。她接著轉而描述在生命療養院生存的現實，以及她所看到的可能領域：「昨天的肉裡有蟲。我再也受不了了。如果我懷孕，我才不想待在這裡。」

在她短暫回歸將自己驅逐的世界後，卡塔莉娜在之前對話中提起的懷孕幻想，成了她想擁有另一具身體及未來的願景。我請她暫停一下，好好想清楚，但她沒聽見我說的話，只是繼續談論一個能夠救苦救難的孩子，還談到全面性的換血。「我在這裡是癱瘓的。但懷孕五個月之後，我就能再次恢復正常。我的血，我的經血會全部流向孩子。接著我的血也會全部換新。」

這個幻想對卡塔莉娜而言非常具有象徵價值，因為她是如此缺乏與人之間的連繫，我心想。

我告訴她，懷孕無法解決她的健康問題。

她不同意。「會的，會解決的。因為到時候世界就會注意我了。清白的人擁有更多力量，所有人都會支持。」

根據我的理解，她想要說的是共濟失調不能代表她。她這個人不只代表了共濟失調和死亡。「我的軀幹一定是健康的……我只是腳那裡有病。」

她又說她現在把名字拚寫成卡琪娜（KATKINA）。

「在新漢堡那裡，我的名字是卡塔莉娜。在這裡是卡琪娜。」在她的字典中，她已經連同柯洛維斯的姓氏開始使用這個名字：卡琪娜・嘉瑪（Katkina Gama）。

為什麼你要造出這個名字？

「我打算現在讓人這樣叫我。因為我不想成為男人使用的工具，不想讓男人拿去砍。工具是清白的。你挖、你砍，你想拿工具做什麼都可以……工具不知道自己有沒有傷人。但使用工具去砍別人的男人很清楚自己在做什麼。」

她繼續說出強而有力的話語：「我不想成為一個工具。因為卡塔莉娜不是一個人的名字……真的不是。那是工具的名字，是一個物體的名字。一個人應該是另一個人[4]……卡琪娜、達依安娜才是人的名字。雅莉珊卓，我想應該也是。那個名字可能存在，但也可能受到某種勢力的影響而不存在……雅莉珊卓和安德森是手足。我的女兒是雅莉珊卓，而我希望她簽的名字是達依安娜。」

為什麼？

「我們之間曾經有愛，但已經消失了……現在為了建立一個家庭……去創造出一個新家庭，這是我想要的。」

她接著說起她「曾經擁有」的名字，還說她不想再身為摩洛耶斯家的一員，代表她不想使用丈夫的姓氏：「我舅舅曾說，『一位還沒死的摩洛耶斯不會再死掉了。』（*Moraes, quem não morreu não morre mais*）」卡塔莉娜是用摩洛耶斯這個姓氏玩文字遊戲——摩洛耶斯（Moraes）在葡萄牙文中聽起就像動詞「死」（*morror*）及副詞「更多」（*mais*）的結合——並藉此暗示這個姓氏促成她個人的毀滅。基本上她所擁有的，只有關於過去婚姻的混亂、痛苦回憶，以及想和餵她吃藥的男人一起懷個孩子的幻想：「因為我嘗試再度奮起。」這類的祈願台詞都已經講到老舊了。

4　譯註：根據前文脈絡，卡塔莉娜應該不會使用哲學名詞，但這裡使用的英文「Other」在作者聽來，應該也帶有「他者」的意涵。

日常暴力
Everyday Violence

雅德利安娜和我去向卡塔莉娜道別。她在哭。「因為我得一直待在這裡。」

她還是持續寫個不停。這是讓她確保自己敞開心房的方法，她說，也是一種看到自己又撐過了一點的方式。「那是一份工作……既然開始了就得有結尾。」

如果你要寫一個故事，卡塔莉娜，那會是什麼樣的故事？

「三隻小豬的故事。」

動物再次出現在她的想像中。我問為什麼。

「在我們還小的時候，有個親戚跟我們說了這個故事。」

如果要你創造一個故事呢？

「那我會創造……來自印度的七隻小天竺鼠的故事。」

牠們是誰？是做什麼的？

「牠們被清洗之後，就跑到桌子和爐子底下躲起來……牠們一起窩在角落很舒適。」

談到動物時，卡塔莉娜能感受到她所渴望的

人情溫暖。

如果主角是人的話，你會寫什麼樣的故事？

「如果主角是人的話，那會是一個西方……一個人們彼此射殺的故事……殺戮……其他人得埋葬死者。」

還有其他可能想寫的故事嗎？

「這就是開始跟結尾了。」

醫療站，生命療養院，2001

卡布林哈，生命療養院，2001

新建築，生命療養院，2001

第五部　生物學及倫理

PART FIVE　BIOLOGY AND ETHICS

史特雷比醫生有去看她，還留了舒緩疼痛的藥。「我覺得有點改善了。腿那邊有比較不痛一點。」不過一如往常，她之後中斷了藥物療程。

柯洛維斯辭掉了生命療養院志工的工作，而他的離開對卡塔莉娜造成很嚴重的情感衝擊。「真的很難受。」她說。「他以前會替我梳頭髮……我們之間沒發生過任何糟糕的事。他處理我的衛生問題。我不會否認，我們曾在藥房和浴室做愛。他很疼愛我。他會為我們規畫未來，還說會為我們兩人找棟房子。」她堅稱「他說的都是真的」。卡塔莉娜接著怪責怪奧斯卡，宣稱是他不讓她跟著柯洛維斯離開，還說他暗中策畫，都是為了「想自己掌控藥房」。

真正的狀況是：卡塔莉娜不再有辦法隨意進出藥房並獲取其中藥物。我在去療養院時和奧斯卡做了長期的規畫，以確保她會受到照顧，也會帶卡塔莉娜需要的疼痛軟膏來。她之後告訴我，那位負責管理她的新來志工吉爾伯托會拿她的軟膏去用。

獨自被留下的卡塔莉娜繼續書寫，但很費力，因為手臂的疼痛很劇烈。她的筆記本中現在常提到亞拉摩，他是新來的護理師，平日遵照一本舊指導手冊的內容發放藥物。亞拉摩告訴我，他的姊妹正在經營一間「利潤可觀的老人院」。他想擺脫酒癮問題然後加入她的事業。亞拉摩說卡塔莉娜會和他調情，還寫過一封情書給他。在卡塔莉娜的筆記本中，本來有很多畫了她和柯洛維斯姓名的情人愛心都被劃掉了。

我那天稍晚跟奧斯卡見了面，據他所說，柯洛維斯去了一間跟生命療養院類似的機構，就位於亞爾佛拉達附近。「不過在拿到第一張薪資支票後，柯洛維斯就喝醉酒，和主管打起來，結果被解僱了。」他現在住在街上。「我們有問過隊長，但他不可能再讓他回來了。這裡有規定，任何離開的人要一年後才能回來。」

奧斯卡也提到，柯洛維斯的離開對卡塔莉娜是個巨大的打擊，不過奧斯卡覺得兩人的「韻事」不過是些缺乏根據的八卦。「他只是在幫她。其他院民卻說他們有發生關係……這些人的心都腐敗了，想不出什麼有建設性的內容。」

但你有和他談過這件事嗎？

奧斯卡再次強調他的原則：「沒有。除非親眼看到，不然我不會去談。你又沒有真正目睹他這麼做，怎麼能因此懲罰他？」奧斯卡其實就是寧願不去看。他能得到的協助資源可說史無前例的稀少，因為恢復區的院民變少，他需要任何可能前來醫療站協助的志工。醫療大樓新建了側翼，其中浴室更大，但整體而言可謂不牢靠的照護水準卻沒得到任何改善計畫。這次奧斯卡更直言不諱了，語氣中又是憤怒又是恐懼，表示新建築不過是用來將資金移轉入私人企業的門面。

我回到卡塔莉娜身邊，問她是否有和柯洛維斯告別。

「沒有……我去醫生那裡開了一個腫瘤的刀……很久以前長的……我那天早上去，回來的時候，他已經不見了。」

為了面對自己被再次拋棄的處境，卡塔莉娜採取了自己熟悉的解釋框架：一種疾病、一間診所、一名醫生、一項將她從關係中割除的手術，或者說一種自己被割除的幻想。在這項命運中，反覆出現的主題包括一個換掉女人的男人，以及不再屬於一個男人的女人：「我聽說柯洛維斯有了另一個女人……那就這樣吧。」為了改變話題，我打開她正在寫的筆記本，隨便翻了一頁，唸出來。結果竟然延續了同一個話題：

我的法律是這樣說
這是一種道德

你這樣說是什麼意思？

「那一篇是說，只要一個人不想，就沒有把孩子送給別人養的義務。道德是做對的事，反之亦然。」

誰決定什麼是對的事？

「理性來決定。」

我認為所謂理性會隨著人們的利益有所改變，但卡塔莉娜不接受我的這項推論。她把自己視為理性的化身，並解釋，理性不必然只屬於「那些綠巨人浩克，也就是那些總在競技場上，而且比別人更有力量的人。有時候，非常弱但一直思考的人也能生產出理性。一個人必須埋智，那麼理性就會隨之而來」。

所以，你這輩子是否感覺人們不尊重你的理性？

「他們於心有愧。他們想說自己就是法律……想說沒人可以拿走他們的麵粉……想說沒人可以插手家裡的麵粉。」

又是一條家庭法則：她已經無法運用那種新經濟法則去混合、揉製出些什麼了。

那你如何讓心靈保持理智？

「我不知道第一個字該說什麼。我不想用確切的字去說……我就是試著說出真相。」

卡塔莉娜接著說，她不知道自己還能不能繼續寫下去。「太痛了。」她啜泣。「真的很困難。只有腦子能運作。剩下的其他，非常不行。」

人權
Human Rights

卡塔莉娜的身體正在凋萎，而她在生命療養院的鄰居們也正在往死亡邁進。二○○一和○二年，在最後幾次去生命療養院探訪期間，我進一步跟阿雷格里港市的公衛機關及人權委員會連繫，向他們報告我的工作成果，也想知道能否為這種持續存在的忽視多做些什麼。

一九九八年，市府機關發現有三十四人死在聖塔路易沙的老人院，那是一間負責照顧老人、殘疾人士，以及精神病患的檯面下的營利機構。這個事件促使市府更努力進行檢查工作。接下來幾年，市府官員突襲檢查了超過兩百間類似的服務機構，然後在冗長、艱鉅的司法戰役後，其中少數幾間被迫停業。

「但實情是這樣，法官總會給業主最後一次機會，要他們想辦法依法配合全新的衛生法規。」負責城市中老人業務的健康官員潔西・奧利維拉表示。許多這類機構都進行改造，儘量讓自己符合衛生及照護的最低標準。按照奧利維拉的說法，他們現在已經有了「一個基礎建設的良好門面」。「它們提供食物，但品質很糟，而且沒有嘗試去改善院民僅剩的身體及社會能力。他們因此變得更難自立。」

這些檯面下的私營照護機構現在都搬到了附近小鎮，例如雅維芒、卡諾阿斯和亞爾佛拉達，因為它們能在那裡躲過公衛及建築法規的檢查。市府公衛檢查部門的主任馬切羅·古鐸依這麼對我解釋：「這些老人院清算了所有資產後，業主會把所有的東西，包括院民，裝上卡車，漫遊過整座城市，直到成功躲過檢查之後，再找地方落腳。」

奧利維拉曾去過幾十間類似機構，而她描述它們的方式非常嚴厲。在這些服務機構中，人們對大多來自勞工窮人及中產階級家庭的女性帶有性別偏見，她們被視為「比較不麻煩」的院民，而且是「最終有可能幫忙照顧他人」的潛在志願勞工。

對於這些遭到放逐的人而言，他們常態性接受到的是藥物治療，而非醫療照護。「一開始的重點是要馴服他們。例行做法是在院民入院時，先給他下一、兩個禮拜的藥，好讓他聽話，再讓家人看到這個聽話的樣子。他們會因此放心，覺得院民已經適應新環境了。」這些所謂老人院的業主不覺得他們在作惡，奧利維拉說。「他們說這麼做是為了讓機構運作下去，是為了確保一切得到控制，而透過藥物，院民比較不會對自己有攻擊性，也因此比較不會受苦。」總而言之，他們沒有興趣去幫助病患保持清醒、尊重他們，或者把他們當作人生有意義的公民去治療，「因為在那裡，他們的人生已經開始邁向終點了。」

奧利維拉對政治干預有其限制的處境算是暢所欲言。「我們的行動大多是象徵性的，也確實有其重要性，但疏失是常態。政治上的說法就是，『是的，我們會想辦法改變。』立意良好，但情況並沒有改變。我們是掌權的公共機構，我們盡我們所能去做了。但我們現在面對的是一種無力感，因為在對抗的事物變得更龐大……這一切到底是怎麼開始的？我想我們得把揭露出來的現實放在更大的脈絡裡討論。」促成這種疏失的脈絡仍然存在，奧利維拉表示，「老人議題的政治價值本來就非常低，再加上公共政策的缺乏，以及普遍存在的家庭結構崩解現象。我們還無法解開下面這道未知的方程式：法律的實踐究竟該如何和道德取得平衡？」

古鐸依指出，檢察官和法官「並不是我們最好的夥伴」。儘管市府官員在政治方面立意絕佳，但卻很少真正落實人權標準。古鐸依和奧利維拉告訴我，他們想關閉某些老人照護事業，卻在過程中發現市府成為案件中的被告。他們曾試圖改革聖塔克拉拉療養院，但幾次的結果都令人挫敗，之後市府人員突襲檢查時，竟發現只有老人和身有殘疾的院民被留在現場，「沒有任何人照顧他們，沒有食物，而且很髒……過期藥物旁邊就是驅蟲劑，廢棄針筒還被拿來重複使用。」在他們發出驅逐令的一星期後，法官把市府代表叫去，說他們是在製造麻煩。法官站在業主那一邊，而且還在法庭上斥責奧利維拉和古鐸依：「你們太嚴格。你們得再給她一次機會。這樣做是奪走了她的生計來源。另外也得考慮的是，要是關掉這間療養院，這些人要怎麼辦？」

簡單來說，院內的落難者沒有和業主同等的權利。「業主有權經營她的事業，也可以虐待那些付錢請她照顧自己的人，而還不會被起訴。」奧利維拉堅持她的立場，「我告訴法官，『這樣跟你講不下去，先生，這是價值之爭呀。』」少數幾位願意接下傷害人權案例的檢察官，最後都被調離職位。至於那些院民的家人，古鐸依表示，「他們最後只能到處找地方丟棄這些多餘的親戚，而且費用愈少愈好——這樣的需求刺激了供給。我們這些地方政府機關應該管控的不是國家政策，該管的是這種經濟現象。」

我獲准翻閱市府公衛檢查機構的檔案，並在其中找到好幾份有關生命療養院違反人權的報告；投訴者是之前的院民。我也從市府官員口中得知，有鑑於生命療養院贊助人兼國會議員簡吉爾・魯凱奇的政治影響力，這些報告沒有獲得進一步的偵查。有些政治家顯然是在檯面下贊助了幾間類似的照護事業體——這些事業體屬於這些官員錯綜複雜的政治基礎的一部分，好讓他們用來宣稱自己是透過慈善事業在對抗貧窮。這些機構能立即解決地方及內陸人民的問題，因此強化了政治人物吸引民眾的基礎。有人告訴我，生命療養院不可能被關閉，因為單就表面上而言，它透過提供藥物及衣物等物資，幫助維繫了周邊城市區域的運作。此外，古鐸依又說，「若更全面性地來看，跟其他機構相比，生命療養院的情況還算不上是最嚴重的。」

根據市府公衛部門的主管描述，生命療養院從未註冊為健康照護機構是很「聰明」的選擇，因為這樣市府就無法進行相關檢查，但也同樣因此無法提供任何形式的人力及物質援助。原本應該是國家機構來照顧這些被剝奪了公民身分的人，現在這項工作被慈善及教牧工作取而代之，生命療養院則接收了本來打算用在這類慈善及教牧工作上的區域及全國性資金。根據奧斯卡所說，這類資金的使用從未受到稽核，而生命療養院的政治人脈足以確保審計員不會踏進療養院半步。「這些地方才不做慈善事業，」奧利維拉主張，「政府給它們錢不是為了那些該做的工作，管理者也會中飽私囊。」

任由人們死去能帶來更多的錢和捐款，正如奧斯卡所暗示的：「醫療站是生命療養院的命脈。你以為為什麼會有捐款進來？魯凱奇不會在廣播節目上說這裡有藥癮者。他會說這裡有爺爺、奶奶和殘障人士，說他們需要基本的幫助及食物。只有這些被棄者還有辦法觸動那些容易心軟的人。」儘管體制如此，奧斯卡仍思考著是否還能針對改善照護品質的議題，找出既務實又簡單的方案。他常說改善其實不難，只需要訓練志工、有給薪地僱用全職護理師、要求市府指派一名醫生到生命療養院、提供非罐頭或腐敗食品的均衡飲食，並為被棄者設計休閒活動——但這一切從未實現。

價值體系
Value Systems

我在隔天回到生命療養院，也就是二〇〇一年的八月五日。卡塔莉娜還是在努力地寫，文字間處處提及巴西的貨幣雷亞爾和美金。我想，她的書寫及我們合作所產生的現有價值，都跟她想「去新漢堡」的願望有關，而她也在那天早上又問了我一次。「我想去看那些小傢伙。」她也想取回自己的各種證件。她說：「我想自己去把證件從法官那裡拿回來，包括我的出生證明、工作證，還有銀行卡。用你的車把我載去奧塔彌爾家吧，或是亞德瑪爾家——他住在桑托阿方索。」

老實說，卡塔莉娜並沒有把我看成她的訪客。我頂多就是個幫助她重回法律及情感世界的可能媒介。她曾在回憶中提起這個願望，這個願望從她曾有機會不靠丈夫自立的那個時候就開始了。但就在那時她離了婚、獨居、被過度施以藥物，還因為行走困難而去不了法院，最後是法官代她簽了離婚協議書。她也不停表示得去一趟當地銀行，好把存款提出來，就是她曾提過允許尼爾森提取的那個帳戶。「我不想跟他扯上關係。」

卡塔莉娜心裡非常清楚，除了一趟象徵性地造訪，她的弟弟們並不打算多幫她什麼。而她想尋求的價值在於人際關係本身。雖然她的弟弟、前姻親，還有孩子都已經成了現在那樣，她還是希望獲得家庭關係所賦予的認可。透過這種推論方式，我稍微理解了卡塔莉娜回顧過往時採用的倫理準則：她的思考模式不是由自己遭受的善惡對待所決定。她在隔了一段時間後的思考中看到的遠超越責備，而是那些關係所能帶來的可能性及解脫。

我們之間出現了一陣沉默。

你在想什麼？

「人們總想拿針筒給別人注射藥……但他們才不干我的事？我有自己的想法。我才不讓他們進來。不讓他們說話的聲音進來。他們想操控我，想把東西放進我腦子裡。我哭泣是因為……」

那個句子沒有說完。我問她想不想繼續說下去。

「那樣做對我有好處。那樣做不會貶低我。我是一個自由的女人，想說什麼就說什麼。我的嘴巴是一場開放的遊戲。我的遊戲還沒結束。我的嘴巴沒有大門。」

我們又稍微聊了一下，然後終於到了該離開的時候。

「你不會忘記回來……對吧？」

我不會忘記的，我告訴她。

*

我嘗試把卡塔莉娜從生命療養院轉到「生活之家」（Casa da Vida）。那是一間卓越的市立服務機構，專門治療並照料無家人士，也就是所謂「受到精神苦難負累的公民」。生活之家是在一九九〇年代初期由阿雷格里港市府成立，當時有五十三名從聖保羅精神病院出院的病患可能流落街頭，必須找個地方收留他們。我在八月造訪時，機構內收容了二十名病患，還提供了各種工作坊及療程（包括職能治療和精神分析治療——而且明確強調為「非精神醫療」）。生活之家的目標是家庭及社區的重新整合，而一開始收容的五十三位院民之中，確實有大半都已重新融入社會——只有兩位已經過世。

生活之家的執行長對卡塔莉娜的案例非常有興趣，但表示無法收容她。此地的政策是不收坐輪椅的患者。「我們無法針對身體殘障者提供個人化的照護。」她的理由是，雖然院民之間很少出現攻擊行為，但「若是有人打卡塔莉娜，她無法保護自己。我們不能讓她暴露在這種風險中」。執行長對這項政策帶來的結果深表遺憾。「不幸的是，」她說，「我無法為你推薦任何其他去處。」我離開時心想，難怪作為一個模範服務機構，生活之家永遠有成功故事可說，而且這些人總能自己走出機構，重回那個幾乎不存在的社區及家庭。

*

我繼續與卡塔莉娜的擴大家庭共同進行研究工作時，她的兒子安德森幫了不少忙。這名年輕人還沒找到工作，又沒去學校，很高興父親允許他在二〇〇一年八月期間擔任我的研究助理。他和妹妹要求我帶他們去生命療養院探望卡塔莉娜，而所有監護人都同意了。

這段過程其實讓人有點難受。我去接孩子時，他們的奶奶昂迪娜給了雅莉珊卓五包餅乾，要她帶給卡塔莉娜。尼爾森有個兄弟（也就是孩子的叔叔）也陪著一起去了。等我們抵達目的地，打算到醫療站時，雅莉珊卓卻只抓了兩包餅乾下車；她在回程的車上把剩下三包餅乾吃光了。經過這一趟，我們清楚知道了卡塔莉娜被賦予的價值，另外也知道，儘管很多人都期望情況能有所不同，但這家人要重新團聚是不可能了。

不過，在走向卡塔莉娜時，我發現孩子看到她正在書寫，仍因此感到滿足。他們笨拙地擁抱彼此。卡塔莉娜告訴他們，「我再也不能走了，所以把時間都用在筆上比較好。」安德森說他已經沒在讀書了，雅莉珊卓則報告自己六年級留級重讀，同時也在家幫忙奶奶做家事。我離開讓他們自己聊。

隔著一段距離望去，我能看到他們之間常出現沉默，而在此同時，萊歐尼爾多在水泥地上亂爬，還使盡全力大喊：「噢，惡魔，吃屎吧！」那天伊拉夕告訴我，那個可憐的男人之所以不停呼喚惡魔之名，是因為「他無法離開生命療養院」。接著我注意到，安德森正在母親的手上寫些什麼。我走近，發現他寫的是自己的名字，而卡塔莉娜現在則把自己的名字寫在他的右手掌心。雅莉珊卓說她也想這麼做，過了一會兒，我們就離開了。

在我們回去的路上，孩子們說和生命療養院的其他院民相比，「她還不算太糟。」安德森是這樣說的：「我以為她病得更糟了，但在我看來，她是正常的。我覺得……我對她的病了解不多……你才是有在做研究的人。她說話有困難。之前可以說出正確詞彙，但現在得花更多時間，沒辦法自然地把字說出口。」

這對兄妹都承認走進生命療養院讓他們感覺很糟。「但又能怎樣呢？為了見她，就得走進那裡。但那些窮人、那些大吼的聲音，還有瘋癲的笑聲……」安德森猶豫了一下，接著若有所思地說，「你會想，會不會有一天，自己也會淪落到那種地方。」

他接著又說，卡塔莉娜剛剛要求他把她帶去新漢堡：「她真的好想來新漢堡。我說，不幸地，這件事我做不到。我沒有車，而且我這年紀還不能開車。」他接著再次表示很想趕快找到一份好工作，之後或許就能把媽媽接回去一起住。但生活仍在沒有她的情況下持續著，而且沒有人想要——或者以他的話來說，是沒有人「能夠」——照顧她。「我奶奶真的希望可以照顧她，但她現在有糖尿病。我父親有新家庭了；我的舅舅們都得工作。」

我跟卡塔莉娜談起這次的會面；她說自己很開心，而且孩子們也保證之後會再回來。她覺得他們過得很好，但很擔心安德森輟學的事。至於他們的心態，她悲傷地指出，「太矯情了。」她認為他們的很多樣子是裝出來的。

基因表現和社會遺棄

Gene Expression and Social Abandonment

每次我跟奧塔彌爾（一九六七年出生）以及卡塔莉娜的另外兩位弟弟亞德瑪爾（一九六九年出生）和阿爾曼多（一九七五年出生）見面時，他們從未問過卡塔莉娜現在過得如何。就算我提到她多常親密地談起他們，似乎也無法引發類似回應。

他們極度掛心的是自己的身體狀況。在我最後一次造訪後，教育程度較高且生活狀況比手足寬裕的大弟奧塔彌爾決定找醫生診斷自己的疾病。他去找了新漢堡市在神經學領域最知名的私人執業醫生，這名醫生為他進行了大腦斷層掃瞄——「他說我的小腦在萎縮」——並想誘導他接受一種非常昂貴的詐騙療程。「你幾乎很難透過普及性健康照護系統找到專科醫生診治。」就奧塔彌爾的觀察是如此。

他的經驗象徵了自費醫療的日常運作方式，也就是勞動階級窮人及中產階級在尋求真相及希望時，往往必須付出的代價。「我每次去看他都得付錢。而且是現金。我照了核磁共振影像再回去給他看，他開了一種注射藥劑西爾針，還有西妥紐林和銀杏。」儘管奧塔彌爾已經提到家族有相關病史，這位專科醫生卻宣稱他可以治療這種退化徵象。「得花上很大一筆錢。我得每兩天就打一次西爾針。每個月幾乎要花掉九百雷亞爾（相當於三百美金）。」

經過兩個月的治療，奧塔彌爾回診，醫生又開了一輪同樣的藥，但完全沒有幫助。他下個月又回診，醫生堅持他必須遵照指示重複同樣劑量的療程。「在醫生看來，我有改善，但身處其中的我完全沒有感受到任何差異。什麼都沒改變。」

又看了一次醫生之後，這名神經科醫生才叫用光所有存款的奧塔彌爾去找一名遺傳學家。「他給我一個在新漢堡的診所名字，但得付錢才能看，而我們已經沒有更多錢了。我們找了在阿雷格里港的大學醫院，但很難約到醫生。」這趟醫學之旅結束在將所有藥物送給亞德瑪爾，這位二弟也有同樣的病，但沒什麼錢，只能透過追蹤奧塔彌爾的進度來獲取資訊。「亞德瑪爾拿了我的一些注射藥劑，但也沒效。」

這三兄弟都急著想跟我，以及曾為卡塔莉娜進行檢查的史特雷比醫生見面。二〇〇一年八月十四日星期三，我們一起去阿雷格里港進行醫學檢查。我們詳細和每位弟弟聊了他們的個人生命史、疾病經驗，以及我們針對他們的共濟失調所進行的推論。我們也根據我們有限的知識，盡可能重建這個疾病在他們家族中遺傳的狀況。這三位弟弟跟卡塔莉娜一樣，都已出現共濟失調及口齒不清的情況（他們的隆伯式測驗顯示為陽性反應，也出現巴賓斯基反射及眼球震顫的跡象），不過病程發展還不到卡塔莉娜的地步。他們的核磁共振影像顯示小腦已有退化，情況最嚴重的是奧塔彌爾，最輕微的是阿爾曼多。相對而言，卡塔莉娜是四個手足中小腦退化最嚴重的人。這些都是脊髓小腦病變的徵象，但只有透過基因檢測才能確診。

法。對比卡塔莉娜及她弟弟的發病進程，我開始有了一些假設：對這四個人而言，共濟失調明確出現的時間點，似乎都跟家中特別嚴重的經濟問題有關。這些針對經濟問題的擔憂，又與人際及情感狀態有關，因此勢必加速疾病表現的進程。不過他們的經歷又相當不同：卡塔莉娜的疾病是在被當作精神病患及家族的流放者時被看到的，而這些男人及其他人，都是被視為身體退化而非精神有問題的病患。他們受到配偶及新家庭的支持，甚至有可能在努力過後拿到殘障津貼。

我又進一步問了他們的生命史。率先於一九八六年離開鄉下的是奧塔彌爾和亞德瑪爾，他們來新漢堡市的鞋工廠找工作，留下卡塔莉娜的前夫尼爾森負責照顧家族的土地及牲口。卡塔莉娜的父親離開當時已出現疾病徵象的母親時，他們的地產一分為二。然後似乎是為了避稅，尼爾森跟一些近親私下達成了某種協議，讓那些近親也成為地產的擁有者。此外還有一項協議指出，尼爾森必須照顧卡塔莉娜生病的母親，以及年紀最小的弟弟阿爾曼多，以換取將卡塔莉娜母親的地產歸到他及卡塔莉娜的名下。

根據奧塔彌爾的說法，「牛、土地、犁、推車……都給他了，就希望他照顧當時還在世的母親。卡塔莉娜那時候還很好。但尼爾森開始把牛跟工具都賣掉。他全浪費掉了。」這三位兄弟理直氣壯地指責尼爾森是個機會主義者、揮霍無度，而且很「笨」——也就是賺不到錢。「東西全沒了，也沒賺到錢，一切就這樣完了。」其中一人這麼說。到了最後，其他近親顯然利用這個處境接手了地產。「沒有人簽下任何文件。」奧塔彌爾說。「我們當時已經在大城市。尼爾森都賣掉了，土地都被那些表親拿走，我們一無所有。一切就這樣完了。」

他們已經不再基於兄弟情誼去解釋卡塔莉娜的處境。那樣的情誼曾在某個世界中有意義，至少對卡塔莉娜有意義，而他們已經搬出了那個世界；既然她已被給了尼爾森，而這對年輕夫妻又搞丟了家族土地，這三位弟弟不再覺得對她負有任何義務。我心想，在他們目前的道德體系中，這就是存在於血緣連帶之外的經濟及性別結構。此外，在這個家族中，共濟失調的發展也跟其他模式糾纏在一起，這些模式包括配偶離婚、生病的女人遭到拋棄，以及針對土地及貨物的掠奪。高姆斯家的地產沒了之後，尼爾森和卡塔莉娜移居到新漢堡市，隨行的還有他們的長子、卡塔莉娜生病的母親，以及這位母親的幼子阿爾曼多。

亞德瑪爾只有辦法讀到三年級——「因為父親離開時，我得幫媽媽在田裡工作」——他講得比奧塔彌爾更直接：「真的很辛苦。我們得跑來這裡工作。什麼都留給尼爾森了，之後卡塔莉娜又變壞（*ruim*）了，所以他離開了她。我記得她剛開始有毛病時，他還陪在她身邊——但她惡化之後就被拋棄了。」

這兩個弟弟及尼爾森都用「ruim」描述卡塔莉娜，也就是「壞」，此字不但意指身體退化，也有「邪惡」的意思。「ruim」的意思取決於句子中使用的動詞。對前夫而言，卡塔莉娜本人「就是」（was）「壞」（ruim），代表她是個邪惡的人。對於三個弟弟而言，她是「變」（become）「壞」（ruim），也就是說她的病況惡化。此差異的關鍵在於選擇的是道德上的或生物上的「本質」（essence），而民族誌的縱向研究形式，揭露的是此本質背後的歷史構成。

標記出這些「本質」之間的差異非常重要。根據前夫的詮釋，卡塔莉娜本質上就是邪惡的，她之所以遭到拋棄全是自己的責任，就連功利主義倫理在此都起不了作用：她現在是在為自己的邪惡作為付出代價（例如毆打她殘障的母親，還燒掉丈夫的文件），更何況她之前沒遵照藥物療程指示，可說根本就位於理性思想的範疇之外。而在弟弟們對於卡塔莉娜的描述中，她是逐漸惡化的，其中至少還有為身體徵象賦予歷史性的空間，以及安放母系連結的空間（儘管這樣的空間並不包括建立持續下去的關係）。

舉例來說，這三個弟弟會將母親和姊姊連結在一起：「我們的母親來城市時已經在坐輪椅。卡塔莉娜比我們母親更早開始發作。我們是在成長過程中目睹母親不再有辦法走路。但卡塔莉娜，不一樣……她的孩子當時還很小，而她的狀況就已經更壞了（*bem ruim*）。我們對這段過程的印象不深。但我們看得出來，大自然的力量在變弱，而疾病變得愈來愈早發生。」卡塔莉娜似乎變得愈來愈像他們過世的母親——生物方面——所以將她丟下似乎也是可能的選項。圍繞著這個未知疾病，隨著時間過去，某種不言自明的秩序或由經濟需求推動的「常識」逐漸發展起來，導致了家庭解體的可能，也影響了記憶及道德的形塑過程。在某種程度上，這種生物性問題可說比卡塔莉娜仍作為生存原則的人際關係，對一個人生存的資格及人生走向，更具有決定性的影響力。

阿爾曼多是三位弟弟中最安靜的。這位二十五歲的男子在鞋工廠上夜班，若願意加班，最多可再多賺到最低薪資的一半。我去拜訪時，他才剛在亞德瑪爾隔壁的自家棚屋遭人持槍打劫。「見過這種人之後，你就無法再跟之前一樣了。」他思忖著。他告訴我，根據新漢堡市最具影響力的報紙指出，過去一年多來，他們那區有百分之七十五的家屋曾遭搶劫。報紙還刊出一張直接透過標語對搶匪求情的房子照片，「拜託，饒過我們吧——過去一星期，我們已經被闖兩次空門了。」

奧塔彌爾大多時候都在說阿爾曼多的好話，他將他形容為一位優秀、努力而且不亂用藥的孩子。阿爾曼多也只讀到小學三年級：「我沒繼續讀，因為得照顧母親。我當時才十歲。卡塔莉娜和尼爾森要下田工作。我得待在家陪她。」這個孩子的發展性、生產力，及人生機運，都受到母親癱瘓疾病的社會性路徑所決定。我想知道這種男性將患病女性拋棄的重複戲碼，會對生育選擇造成什麼影響。

阿爾曼多講起話來口齒不清，但他表示自己「比較受到失去平衡」的問題所苦。他對自己還能踢足球感到驕傲，並將自己偶發的低潮情緒歸因於工廠內的歧視眼光：「我不會太認真看待，但心裡不是沒感覺。」他在提到即將成為未婚妻的女子時微笑起來。「我們已經約會一段時間了。我喜歡她。她接受一個人原本的模樣。」

令我驚訝的是，亞德瑪爾和奧塔彌爾此時突然發表了自己的判斷，彷彿他們有權這麼做，他們說「阿爾曼多的關係會受到疾病影響。要是疾病惡化了，這段關係很難持續下去」。隨著三位弟弟愈來愈關注這個家族疾病的醫療議題後，診斷學似乎成為足以影響家庭及生育計畫的一項新的關係技術。凡妮亞告訴我，她在跟奧塔彌爾結婚前不知道有這種病。她也說在亞德瑪爾生了第一個兒子後，他的父親老高姆斯曾警告他們該去做個血檢，但他們始終沒去。「一定是因為醫生跟他說了些什麼，」凡妮亞猜測，「但我從沒想過這種事。奧塔彌爾當時沒問題，我也還不認識他家族的人。」

三位弟弟無法精準指出母親出現共濟失調跡象的時間點。不過，所有描述都顯示，她或許是在將近三十歲時發作，而她丈夫也很清楚她有殘障問題。奧塔彌爾回憶時指出，孩子儘管目睹了母親病得愈來愈重，但家裡沒有人公開討論這件事。基於某種未知又裝傻的心態，大家都不去想跟這個病有關的事：「父親很清楚……但我們的父母都不公開討論。我們幾個孩子看起來沒問題……沒什麼事情發生……他們以為我們不會有任何問題，所以就瞞著這件事。」

事實上，圍繞著這可見的疾病載體，許多新的情感、關係及經濟安排隨之進行了策畫及實踐。丈夫離開了他的妻子（她給了他一支「有缺陷的」後裔），並找了一個更年輕、更健康的女人（他跟她又生了另一批孩子）。奧塔彌爾就直接撞見了他們的行徑：「我發現父親在穀物儲藏室跟另一個女人做愛。」亞德瑪爾則說，父母分開讓他們全都極度無助：「我還小的時候，晚上總是會想，如果我生病了，會有誰帶我去看醫生嗎？」有趣的是，這些孩子還是每天會跟父親見面，因為大家仍在同一個農園工作。直到他們去新漢堡之前，這幾個孩子每天都會看到父親下班後回去新的家庭。

在這樣的貧困脈絡之下，圍繞著未知疾病患者身邊的文化，似乎是以裝傻及保持距離的機制為中心。儘管你可以說，母親本人不只在面對他人時盡可能否認自己出現動作能力受損的徵象，就連面對自己時也不承認，但這三位弟弟卻連她的共濟失調是何時變得難以否認都想不起來。最明顯的例子是，他們連母親是哪一天、或者哪一年死亡都不記得了，彷彿這個事件也只是遙遠、混沌過往的一部分，最好離自己的命運愈遠愈好。一種時間及情感上的距離已被建立起來。

我認為他們在日常生活中難以承受疾病的存在，因此才會出現這樣的應對機制。畢竟，這些孩子無論是家庭及公共上的身分認同都已經被這種顯然未知的疾病給放逐了。他們無法避而不看出現在眼前的過往：父親已成為他們在田地裡的同事，而在他回到新家庭懷抱的同時，他們回家看到的卻是癱瘓的母親。基於地理及經濟限制，還有存活的需求，保持距離的疏遠機制因而就定位，好讓日常生活得以持續下去。因此，無論工作上或村裡頭的面對面交流，都是以變得無情感、無道德批判為目標，而不是原本會讓他們想爭辯、感到罪惡，或責備對方不負責任的源頭。

之後，他們殘廢的母親死後，他們的父親試圖以保護為名，透過干涉兒子的父權來重建自己的權威。那條血脈似乎該被中斷。尼爾森和這幾位弟弟做了跟卡塔莉娜父親一樣的事：他們靠著建立第二個家庭來改變自己的人生。亞德瑪爾和尼爾森都有了新家庭，奧塔彌爾則一天到晚稱讚岳父母那邊的擴大家庭，對亞德瑪爾和阿爾曼多反而保持著友好的距離。也就是說，這些男人都在某種程度上切割了自己與血緣家庭之間的關係。比如我就記得尼爾森曾說，他甚至不會想起卡塔莉娜這個人。

這是一個非常複雜的故事。只有透過反覆、長時間聆聽其中所有人的說法，並將所有欺瞞話語跟最後坦露的思想並置，才有可能理解放逐了卡塔莉娜的潛藏故事。由於卡塔莉娜的小腦退化始終沒在醫療上被看到，她變得愈來愈不適合這個家。無論是家庭或新的醫療干預，隨著行動或不行動的失敗逐漸累積，最後創造出專屬於這些干預措施的邏輯。現在，人們面對發瘋的邪惡女人時已經有了醫療上合理化的虛構想像，而這種想像取代了家庭關係。

圍繞著卡塔莉娜形成的敘事中沒有任何明確的行動者，過了一段時間後，也不再有人為她負起責任。然而卡塔莉娜渴望家庭關係，之後我也逐漸了解，因為她本身就體現了生物性文化的毀滅性，此毀滅性將任由她社會性死亡的事實被合理化。因此，透過恢復這種關係，她以為能在其中找到足以將她救出生命療養院的剩餘價值。

有個人在這三兄弟的回憶中完全缺席，但不是卡塔莉娜，而是特蕾辛亞。在我們初期的某次談話中，卡塔莉娜曾稍微提到有個妹妹，但她和其他家族成員從未提起跟她有關的任何細節。不過在醫生和我問這三位弟弟是否有其他親戚患有同樣疾病時，他們提起了她。「我們知道的不多。她有小兒麻痺，腿有問題，一隻腿比另一隻腿短。我們不知道是不是因為這種病的緣故。」她現在住在蓋撒拉鎮隔壁大城伊皮蘭加的療養院。這個家族之前擁有的土地就在蓋撒拉。

我從凡妮亞口中得到了更多資訊，她記得特蕾辛亞曾在阿雷格里港當女傭，還記得她生過一個女兒，目前則是某個奶奶在照顧那個女兒。特蕾辛亞當時是靠退休金支付療養機構的費用。根據凡妮亞所說，「她就像卡塔莉娜。某次她來拜訪我們，必須要扶著牆才有辦法走路，講話也有困難。」整體而言，凡妮亞將她視為「一個很好的正常人」。不過奧塔彌爾卻說，「她一直都不是很正常，五歲就得了小兒麻痺。」

這種將心理及身體的退化和一個人的正常程度連結在一起的判斷，只被運用在這個家族中的女性身上，也就是最後不再身為母親的這些女性。舉例來說，當我把卡塔莉娜回憶過往生活的片段告訴這三位兄弟，他們打斷我好幾次，只為了問，「所以，她真的這麼記得？」無論是卡塔莉娜或特蕾辛亞，都是他們回憶中對一切事物毫無知覺的那種人。特蕾辛亞過得比卡塔莉娜好。她年紀很小就得自力救濟——畢竟她的身體顯然缺乏勞動價值——所以很可能找到自力更生的方式。但我還是一直在想，為什麼卡塔莉娜從未提起她？

同年，我又去了趟生命療養院，並對那個妹妹在卡塔莉娜過往經歷中占據的位置感到震驚。就在我們再次重建她被排除的時間線時，我問她和前夫之間是何時開始出問題的？

「他打破桌上的玻璃杯，然後和我的妹妹上床，背叛了我。」那正是安娜出生前的時候，卡塔莉娜宣稱他當時就有了別的女人。「所以我把他趕走……我叫他跟他的女人滾……就是那個羅莎。」

此時浮現在我腦海中的，是卡塔莉娜在一本本字典中提到的所有法律文件及機構名稱：在這樣的象徵體系中，她建構出自己不再有價值的存在，而隨著身體逐漸惡化，她甚至可能在自己家裡被妹妹透過亂倫行為所取代。尼爾森想做什麼就做什麼，而我忍不住想，這個事件是否多少代表了他之前提起的復仇？

「特蕾辛亞來家裡拜訪，我當時病了……然後她告訴我他們做了。」卡塔莉娜在說這個故事的時候倒抽了一口大氣：「特蕾辛亞——我走過田野、走過大路……我離開家……然後去為安德森及雅莉珊卓買牛奶。」

你怎麼面對尼爾森？

她的反應是想切開他的肉體。「他打破桌子，我拿了一枝烤肉叉……我想把他像烤肉一樣刺穿。他也拿了一枝烤肉叉想刺我。場面很難看。我當時肚子裡懷著安娜。然後他拿了把手槍瞄準我……但沒開槍。」

我直接問卡塔莉娜，她覺得尼爾森之前知不知道她後來會變得跟母親一樣殘障。她的回應非常混亂，一下子表示知道他有所圖謀，一下子又幻想醫院能把自己治好。

「就算他知道……他也有收留我、讓我過著舒適生活的條件……但他不想這麼做。所以我離開，到處遊蕩……他讓我噁心。」

他為什麼把你送去住院？

「去把我治好。」

把你的什麼治好？

「我有一些毛病……護理師為我注射藥物，用很長的針筒……我不知道自己有的是什麼毛病，我想不起來。」

說不定你什麼毛病都沒有，我說。

「不，我有……我記得那裡有很多女人。她們笑得好大聲。」

家族樹
Family Tree

三兄弟有兩位客人來訪，而運氣很好的我剛好還待在巴西南部。其中一位是他們的遠親南奇歐先生，他年紀很大，之前曾是他們爺爺的好友；另一位是努莎，她是卡塔莉娜母親最小的妹妹。我被叫去跟他們見面，希望能進一步取得這個貧窮大家庭家族樹的資訊。

三兄弟無法明確指出自己的種族——他們稱自己為巴西人（*brasileiros*）。南奇歐先生說這家人皮膚顏色很淡，認為「他們看起來像葛林果（*gringos*）」。他指的是那種有歐洲背景，但不是黑人也不是印地安人的那種人。我認為最有可能的是葡萄牙人。

大約在一九四五年，南奇歐先生為了尋找土地而移居到蓋撒拉一帶。他就像許多其他人一樣（包括三兄弟的爺爺）使用了政府的計畫方案，透過農業占據了南大河州的西北地帶：「我們拿到幾英畝的林地，還有一筆啟動資金……去那裡的都是窮人。我們砍樹，還得殺野生動物，一切就這樣開始了。」

但使用這些計畫的第二代卻不能留下土地。這些小農沒有了繼續下去的誘因，此外，州政府的農業方針開始更聚焦於黃豆及菸草生產。於是，這些農夫不是把賺不了錢的土地賣掉，就是拿土地去還之前欠下的債，尼爾森和卡塔莉娜之前也是受迫於這種情勢。沒了土地之後，很多人在政府資助的鞋工廠內尋找未來，新漢堡市就是他們尋找未來的地方之一。

其他人則更往北去，移居到巴拉那州的新聚落，努莎跟她的家人就是如此。巴拉那州從一九七〇年代開始就為了內部發展，對外招募農夫及工人。卡塔莉娜的母親有六個手足，其中四個去了巴拉那州，而且以各自的方式成功建立起不錯的生活。此外，根據努莎的詳細描述，他們身上也帶著那個不停在突變的未知疾病，及其表現出的社會形式。

南奇歐先生堅持這個疾病的本質一直在改變。「我認識他們外公歐拉西奧的時候，他就已經被這個疾病掌控了。他一直被綁在床上，年紀很大時才死。他當時一定有七十歲了。他的身體本身就比較強壯。接著，他的女兒利奧堤娜死了，兒子荷西也死了……再來就是在一九八〇年代晚期，伊爾達也死了。」伊爾達是卡塔莉娜和三個弟弟的母親。歐拉西奧的孩子全都在五十歲左右過世，南奇歐這麼說。「但現在有這個病的人更年輕的時候就死了。一開始是七十多歲，接下來是五十多歲、三十多歲……我看到的情況是這樣。」他指的是卡塔莉娜及伊爾達姊姊的四個小孩，那四個人都在三十幾歲時過世，死前也是離不開輪椅。南奇歐先生提到，早期「人們沒有相關知識」，直到最近他才得知「那是頭裡面的毛病，是大腦裡出了問題」。

努莎大約五十五歲，她認為自己和孩子沒出現疾病徵象算是非常幸運。她也因為這個病現在的發作時間提早許多而感到驚訝。她的祖父是在七十三歲時過世的。根據努莎針對手足發病過程的回憶，我意識到，在這種疾病開始發作，也就是患者開始感覺走路不太能平衡之後，要經過好長一段時間，外人才會看出問題。似乎沒人能清楚記得發作的時間點。不過每個人都記得「不再能控制自己的腳」的時候。

大家就是在這段時間開始裝傻，也在此時開始針對病症能見度及家庭生產力進行協商，同時重塑家庭關係及情感。根據努莎所言，此病在大姊潔妮身上出現，「是在四十五到五十歲之間」，但表示不見得是她發作得比較晚，而是在共濟失調發展的期間，她的家庭組織結構足以讓她過上更久的「正常、健康的人生」。

這八個手足加起來有超過五十個孩子。共濟失調的狀況無論在叔舅姑姨、手足，還是他們的孩子間的發病率都極高，但仍沒有減緩他們繁衍後代的速度。事實上，情況似乎還正好相反。我想知道的是，這種情況是否跟發病狀況逐漸可見期間所發展出的照護經濟模式有關。利奧堤娜是卡塔莉娜的另一個阿姨，她「是在生萊娜時發病」。就跟卡塔莉娜的案例一樣，人們常把女性發病的時間點跟生產連結在一起。

隨著研究工作一步步地披露，情況也愈來愈清楚——卡塔莉娜的人生軌跡跟她的直接家庭及擴大家庭中的女性命運遙相呼應。努莎又提供了一個阿姨的故事，這名叫作奈兒的女子狀況跟卡塔莉娜最為相似。「她跟卡塔莉娜一樣成為沒有自理能力的病人，但死亡的速度非常慢。」我聽到她這麼說時，腦中無法克制地覺得，正是生命療養院加速了卡塔莉娜這類人的死亡進程。努莎強調了奈兒的丈夫在把她逼瘋及奪走母職過程中所扮演的角色：「奈兒的丈夫離開了她，她變得像隻動物一樣，甚至還發瘋了。丈夫把她的女兒送走了。」

根據努莎所說，這些悲劇都是基於男性的「惡行」（*ruindade*，有邪惡、卑鄙之意）。原本常用來描述卡塔莉娜本人及病症的「壞」（*ruim*），在此反而被用來形容男性從女性發病到為社會可見的過程中所做出的舉動。努莎接著談起伊爾達，也就是卡塔莉娜的母親：「她生亞德瑪爾時，控制腿的能力就不好了……孩子小的時候，他們的父親有了個愛人。就跟利奧堤娜一樣，伊爾達是被他的『惡行』毀滅的。」

聽著努莎的描述，我注意到這些家族中因為小腦及身體退化而「雙腿出毛病」並死亡的大部分男人，其病症幾乎都被裹上一層神祕薄紗。舉例來說，荷西的腿從年輕時就出現問題，又因為醫療疏失，跛了。之後，到了大約三十多歲，努莎記得他的「同一隻腳又被蛇咬了，再也不能走了」。似乎只要是在男人身上，這種生物性問題發揮的效果就是正面的，這種問題不但能保護男性尊嚴，還成了生產力及生殖力的保障。荷西就生了三個孩子。比伊爾達年紀小的奧斯卡據說在菸草農園一直工作到四十歲。最後由於受到化學藥劑毒害，努莎推論，他的「脊椎出了毛病」，所以能正式退休。不過她補充說道，在最後的日子裡，他「走路（也）像喝醉了」。

努莎又把話題帶回卡塔莉娜身上，「可憐的傢伙」，還說「尼爾森對她很壞」。奧塔彌爾此時加入話題，他同意尼爾森做錯過很多事，包括「挑釁她，讓她變得更失控，不但到處遊蕩，而且再也無法講道理」。在所有的描述中總是有些什麼，足以免除說話者和卡塔莉娜維持關係的義務。奧塔彌爾繼續表示：「她不喜歡尼爾森做事的方式，腦子因此開始出現問題。她找不到其他出路，只能待在他身邊……她得待在家裡照顧孩子，然後就瘋了。」

亞德瑪爾同意卡塔莉娜的「心理耗弱」是「因為」尼爾森才出現的。「他背叛了她……我想當她的雙腿開始出現走路問題時，就是他開始找其他女人的時候……這一切都加速破壞了平衡。」亞德瑪爾語氣親暱地提起，年輕時的卡塔莉娜很努力工作，而且很照顧人。「在遭遇挫折之前，她是個一百分的人。她在農地上努力工作……照顧牛、豬、還有雞。她一直都很正常，很有幽默感，而且不會忘記事情。我們偶爾會吵架，但不是什麼大事……當時她還單身……接著她結婚，生了安德森……有了雅莉珊卓之後，就開始出現問題，等到生最後一個孩子時，她身上的問題就更多了。」

我問亞德瑪爾，人們是否有意識到她的病是遺傳自母親。「我認為有些人有意識到。」他回答。我又追問，他才終於承認，到了一九八八年，在他們的母親過世而卡塔莉娜初次入院治療時，其實就已經能看出她發病了。

尼爾森曾宣稱卡塔莉娜現在是在為自己的「惡行」付出代價，因為她之前會打自己那不良於行的母親。我問她的親人，她和媽媽相處的狀況如何，奧塔彌爾和亞德瑪爾都告訴我，他們的媽媽非常「蠻橫，就連坐在輪椅上也不例外」，亞德瑪爾還說，「當然，」有時她們會打架，「因為這種病會讓人非常緊張、暴躁。」但他不認為卡塔莉娜有打他們的母親：「她們有時會吵架。我媽沒辦法好好說話……她說話就是很直接。」

奧塔彌爾又說，其實卡塔莉娜跟他們過世的父親處得不好。「他們不親，因為他有了新的家庭。」努莎則指控，他不只對家人不伸出援手，還曾虐待過青少女時期的卡塔莉娜。「卡塔莉娜是個聰明又容易緊張的孩子。她看到母親的處境後變得叛逆。她父親沒有好好跟她談話的耐心，所以會打她。我曾有次聽到他在大家面前得意洋洋地說，『我教訓了最大的那個孩子，打了她的屁股。』」卡塔莉娜當時十五歲。

亞德瑪爾繼續回憶卡塔莉娜被家庭放逐的過程。「尼爾森帶她去看了好幾個醫生，還去了當地衛生站、心理健康服務機構、卡里達迪醫院……但看起來沒什麼改善。那個問題只是變得更嚴重。」在他此時的描述中，共濟失調和卡塔莉娜的精神疾病合而為一，以「那個問題」變嚴重的說法繼續陳述下去。無論是卡塔莉娜的心智、婚姻，還是家庭的經濟處境，都在等比例地惡化。「他們兩人之間已經完了……尼爾森失業時，情況更嚴重。」不過，隨著故事逐漸推進，兩人在未來的結果卻截然不同：

卡塔莉娜走在垂死的道路上，尼爾森有了新家庭。

卡塔莉娜沒了孩子，名下沒有財產，走路不再能好好走，被他人稱作「瘋子」，最後還被婆婆帶去幾個弟弟那裡。「她說她想跟我們住在一起，」亞德瑪爾回憶，「她整個人茫然失措，說的話全對不上。我收留了她一星期，但真的沒法照顧她……我們得帶她去上廁所，什麼都得幫她做。然後她在奧塔彌爾家待了一星期。有幾個禮拜，她就在我們兩家之間來來回回。」後來，這兩位兄弟跟當地一位五旬節教派的牧師討論，牧師跟兩人說了生命療養院這個地方。「生命療養院是個社會——我不知道該怎麼解釋。」亞德瑪爾說。他們去生命療養院找奇伊・達斯・德洛加斯討論，「他說沒問題，我們可以帶她過去。所以我們就把她留在那裡了。」

*

卡塔莉娜的整體狀況現在惡化得更快了。要理解她的意思變得非常困難，她的書寫變得斷斷續續，裡頭的動詞也變少，而且恐怕是愈來愈難讀懂了。「到了晚上，我會感覺到一種熾烈的痛苦……想要跑著離開，」她告訴我，「真的好可怕。我認為是因為我不可能做到任何事。我想去新漢堡……但我沒辦法。然後我有了那種痛苦的感覺。我在床上翻來翻去地想……然後發現我在哭。」她被拋棄了：「我無法把我的渴望和我的喜悅傳遞給任何人。」

我提議聯絡她的弟弟們，若她願意的話也能再安排一次拜訪。她說好，但接著又說，「他們沒有手機。嘗試聯絡他們也沒什麼意義。」她是害怕被拒絕。她要求我把她放上車，直接把她載過去，但我說我沒辦法。「他們沒在用電話。」她很堅持。她怒氣沖沖地把筆記本丟到地板上，開始哭。

經過一陣漫長的沉默，我們又開始對話。她坦露了自己真正害怕的事，還說自己是家族的恥辱：「當然啦，他們以我為恥……不會想在家裡接待我。他們以後會因為對我做過的所有事感到羞恥。他們之前完全不接受我……現在我不能走了，他們也不接受坐在輪椅上的我。」不過她又堅持，雖然那幾位弟弟感到羞恥，但他們還是「要」她的。經由這樣的宣言，卡塔莉娜重建了弟弟們應有的情感及責任心。透過類似這樣的宣言，生命療養院中的被棄者將自己重新銘刻入他們的「前家庭」中。

卡塔莉娜又去拜訪了弟弟們一次。當時來自巴拉那州的阿姨努莎還沒回去，而且也曾表達想見卡塔莉娜一面的意願。

之後返回生命療養院的過程一如往常地艱難。卡塔莉娜親眼見到沒人希望自己留下，於是得費力說服自己不要完全相信這樣的現實。根據帶她回去探訪的艾蘭卡爾所說，「那些人就跟之前一樣冷淡，就是應付了事。」奧斯卡則說，早期也曾發生這種將家庭成員捨棄掉的情況，「但之前還會偷偷來。現在人們卻公開這麼做，完全不覺得怎麼樣。現在這種情況很正常。」在兩位志工看來，今日的這些家庭必然要為卡塔莉娜這類人的精神狀態直接負起責任。因為他們在把這些放逐者丟到生命療養院之後，就走出大門，回去過自己的生活，「他們把自己變成（無關的）外人。」

基因群體

A Genetic Population

乍看卡塔莉娜，你會覺得她只是生命療養院中又一條難以挽回的生命；她屬於這個國家及其人民早已習慣共存的貧困人口，同時也是人們往往不去看、不去想的一群人。但隨著調查逐漸有所進展，我開始將卡塔莉娜及她的家人視為某種特定基因群體的代表，而這群人在醫療及社會領域中始終沒有被看見，正如她在生命療養院的那些鄰居，他們很可能也代表了其他使他們成為人類廢棄物的各種生物性及社會性過程。基因檢測技術終於讓某些人得以被看見，而他們也因此透過某些手段恢復了自我。

在我們二〇〇一年八月的研究工作結束後，三兄弟仍持續進行他們的確診之旅，最後終於見到一個大學醫院的基因團隊，那可是在國內被視為前十名的頂尖團隊。有了我們蒐集到的資訊，史特雷比醫生和我試圖找出可能的診斷。某天，當我在巴西有關脊髓小腦共濟失調的科學研究中搜尋時，偶然發現有人提到一種「馬查多-約瑟夫病」，那是一種好發於國內葡萄牙-亞速爾群島移民後裔的疾病。接著我在二〇〇一年十一月致電奧塔彌爾，他說他又進一步去問了家族歷史，確定他們的祖先有葡萄牙血統。三兄弟在大學醫院做了分子檢測，結果顯示他們確實有馬查多－約瑟夫病。

馬查多－約瑟夫病是一種中樞神經系統的多系統退化病症（Jardim et al. 2001b:899; Coutinho 1996:15）。那是一種遺傳性的體染色體顯性疾病（Jardim et al. 2001a:224），一開始是在北美洲的葡萄牙－亞速爾群島移民後裔的家庭中被發現（Jardim et al. 2001b:899; Sequeiros 1996:3–13）。在亞速爾群島中的弗洛雷斯島上，每一百位居民就有一位患有此病，每四十位居民就有一位帶有相關基因，而每二十位居民就有一位擁有患上此病的風險（Coutinho 1996:20）。在全世界的各種遺傳性共濟失調中，只有這種遺傳性共濟失調的流行最廣為人知。

跟馬查多－約瑟夫病有關的基因位於14q32染色體上（Jardim et al. 2001a:224; 2001b:899）。它的特徵是漸進式的小腦共濟失調，並且會影響一個人的步態、肢體動作、語言清晰度，以及吞嚥。別的徵象先不提，隨意動作、抽筋及麻痺、手腳扭曲、斜視，以及睡眠障礙，都是患有馬查多－約瑟夫病的病患會出現的狀況（Jardim 2001b:899; Coutinho 1996:15–22）。

在深入研究馬查多－約瑟夫病的過程中，我愈來愈訝異於卡塔莉娜幾乎等同於此病化身的程度——另外也感到震驚的是，卡塔莉娜在接受醫學治療時，認定她可能得到這類病症的理解角度竟然不被認為可信，或甚至不值得考慮。羅拉．伯納許．賈汀醫生是阿雷格里港相當重要的基因學家之一，她曾看過數百名馬查多－約瑟夫病患，我後來非常開心從她那裡得知，「沒有任何精神疾病、精神官能症或失智症與這項基因障礙有關。患有馬查多－約瑟夫病的患者的智力仍會完整、清晰地保留下來。」當然，生物精神醫學家可以主張，卡塔莉娜經歷的或許是兩種同時並存的生物過程。但對我來說，一旦辨認出馬查多－約瑟夫這種疾病，此病就成為她不再具有「瘋人」資格的決定性指標。就像一座燈塔，足以為我們照亮她現有病症中的歷史質性。

確診之後，奧塔彌爾哀傷但不算絕望地說，「醫生把誤會解開了。」他用的是葡萄牙文的動詞「desenganar」，在此脈絡指的是醫生利用「真相」解開了一個誤會。而Desenganado這個名詞最常用來指的是那種無藥可救的人。正如奧塔彌爾如此總結：「這病跟DNA有關。是遺傳來的……不是因為近親通婚。這種病無法逆轉，也沒有治療的方法。有了這個診斷之後，我們可以退休了。」他們都受到非常好的治療，他表示，而且還得到許多後續追蹤服務的機會，包括足以提升他們生活品質的心理諮商、物理治療，以及語言治療。

奧塔彌爾還是繼續在他的腳踏車修理店內工作。他沒有立刻退休，因為希望能多支付一年（或以上）的社會保險金，以確保退休後有高一點的收入。他幾乎都跟妻子待在一起，也很快完成了房屋裝修。他們沒有立刻開始使用醫院提供的生活品質服務，表示每個禮拜去阿雷格里港進行療程太困難了。

他們似乎想維持現狀，而非將此病過度常態化。凡妮亞是這麼說的：「我們會儘量走一步算一步。」他們最擔心的是獨子尤捷倪歐的未來。「醫生說他有百分之五十的得病機率。但他沒事的。他會繼續生活，彷彿這件事不存在。」過去這一年來，凡妮亞為了照顧中風的母親，已經沒再去鞋工廠上班。

亞德瑪爾和阿爾曼多在拿到正式診斷後立刻取得殘障資格，於是退休。畢竟經濟是最優先的考量。亞德瑪爾對自己能賺到的錢很滿意，那可是他在修車店每月收入的三倍。「我這輩子沒賺過這麼多錢。」他相信自己未來的照護已經獲得保障，家人在他死後的福祉也不會有問題。亞德瑪爾跟他的兒子們感情很好，他們會幫著他到處移動，確保他不會跌倒。

雖然亞德瑪爾對自己的退休福利很滿意，但你能看出他一直很痛苦，那種情緒中混雜著憤怒及愧疚。之所以憤怒，是因為他想盡辦法將口中的「詛咒」拋諸腦後，但「那病還是回來了」，而愧疚則是因為可能把病遺傳給孩子。他還是會兼差性質地修修腳踏車，但寧可不接受任何種類的特殊治療。阿爾曼多也做了跟他同樣的選擇。

三兄弟中年紀最小的阿爾曼多開始把時間都花在家裡，也就是和亞德瑪爾的家人待在一起。未婚妻離開他後，他出現嚴重憂鬱的狀況。奧塔彌爾及凡妮亞曾和一位在大學工作的基因學家見面，問她能否把馬查多－約瑟夫病的事告訴阿爾曼多的未婚妻。那名基因學家給他們的建議是：只有阿爾曼多擁有揭露真相的特權。但據說後來凡妮亞還是決定親自告訴那名年輕女性，而此舉導致她離開了阿爾曼多。

一直到確診之前，這個擴大家庭中的成員都是透過種種精巧運作的一無所知及裝傻作為來處理這個疾病，而這樣的做法帶來各種社會及情感方面的後果。這種疾病文化跟現在讓它可見的技術及醫療倫理其實仍是一脈相承。當這些文化跟診斷相遇，儘管遠離了擁有自身生物倫理標準的臨床影響，這些家庭成員仍會對彼此的命運制定計畫（尤其是跟生殖有關的事），並針對自身的命運進行最後清算。阿爾曼多似乎是一種新道德行動的目標：凡妮亞目前仍待在患病丈夫身邊，還有一個可能得病的孩子，但卻使用這個診斷切斷了一個女人可能落入類似處境的道路。阿爾曼多的童年及教育機會都因為母親患病而在社會及經濟上受限，而現在他又成為家庭中第一個因為此疾病的醫療形式導致成家計畫受到中斷的人。至少目前的情況是如此。

＊

二〇〇二年八月，我跟羅拉．賈汀醫生合作，她是大學醫院中馬查多－約瑟夫研究部門的部長，三兄弟也是在這裡接受了她的診斷。跟我與公共精神醫療接觸的經驗完全相反，我在這裡找到了卓越的跨學科服務（基因學家、神經病學家、生物學家、生物倫理學家、精神醫學家，以及心理學家）、扎實的研究室基礎建設，以及極度全面性的視野和病患照護，而這一切大多得歸功於賈汀醫生的指導。賈汀醫生受過神經病學的訓練，最後拿的是基因學的博士學位。她在聽到卡塔莉娜的故事時表現出少見的理解及同情。

整體而言，這些專業人士見解獨到又關愛他人，無論科學及醫療方面都表現良好（都有在最具盛名的多種國際醫療期刊上發表論文）。就我看來，他們因為無法提供任何療方或實驗性的藥物，所以對病患主觀上感受到的苦難更為敏感，也更能敏銳察覺有關健康的各種社會、經濟，及人際關係面向的議題。身為第一線的醫療科學家，他們所做的就是一種交換協議：正如他們需要研究病患，病患及其家屬也需要他們提供的最佳照護，畢竟除了抱持找到療法的希望之外，基本上，研究機構外的一般大眾永遠無法獲取任何需要的照護。

「我們把真相告訴他們，但同時給予相關支援。」賈汀醫生告訴我。病患確診為馬查多-約瑟夫病之後，這些醫療專業人士會告訴他們可以採取的措施，並保證隨時為他們提供所需的照護服務。病患會被轉去做物理治療，此舉能幫助他們保存一部分的平衡能力，避免跌倒。語言治療則幫助保留他們進食的能力，這點在避免感染吸入性肺炎方面很重要，畢竟那是這類病患的主要死因之一。

患者會持續受到神經功能的監控，也會接受關於憂鬱傾向的定期檢查。賈汀指出，醫師在診治這些病患時，發現他們幾乎都難以避免地出現憂鬱傾向。「但我們會嘗試改變這種心態。雖然我也明白，病患出現這種情況其實很正常，因為他們勢必會失去更多行動能力，而且只會過得愈來愈辛苦。」

賈汀醫生是在南大河州中首先談論馬查多-約瑟夫病例的人。儘管這種形式的共濟失調完全沒出現在當地的神經病學論述中，她仍在一九八〇年代末期發現了一群展現出疾病徵象的患者。當時她正開始針對溶酶體病變進行神經病學的評估工作，因此需要一個對照組。「我很驚訝地發現，突然之間，有一群出現同種類共濟失調的人志願加入對照組——他們總共有九個家庭，都是貧窮的大家族，其中發病案例很多，但都沒有得到明確的診斷，因為我們當時沒辦法進行分子遺傳學測驗。」

自從聚合酶連鎖反應（polymerase chain reaction）技術發展以來，專家突然發現了一批足以導致各種脊髓小腦共濟失調（至今共有十九種）的基因。[1]馬查多-約瑟夫病的基因被發現後沒多久，賈汀醫生就在一九九四年開設了一間專門研究此病的診所。根據這個醫療團隊目前的判斷，這種共濟失調是國內最常出現的種類——在使用此機構服務的九十個家庭中，有百分九十的病患罹患的都是馬查多-約瑟夫病。這還只是目前有的「便利樣本」，賈汀醫生向我解釋。「這些只是有來找我們的人，他們大多來自占地遼闊的阿雷格里港區域。我們實驗室的工作量總是爆滿，根本不能再宣傳這項服務。馬查多-約瑟夫病已成為我們部門研究中最大宗的基因障礙了。」之所以會如此「數量龐大」，她指出，是基於「一種拓荒者效應：阿雷格里港是在一七七〇年代中期，由來自亞速爾群島移民所開拓出來的」。

賈汀醫生認為，國內的馬查多-約瑟夫病之所以出現「神經病學上的不可見性」，不只是因為基因相關知識的匱乏，也因為缺乏有關亞速爾群島移民遷徙至南大河州的歷史資料。這些移民顯然是為了躲避格拉西奧薩島和聖荷西市的饑荒而逃來此地。雖然這兩千個家庭一抵達此地就讓此州的人口翻倍，但基本上他們只能自生自滅，並沒得到當初移民計畫所保證給予的補助金。

「沒有人覺得該把這些歷史根源保存下來。」賈汀醫生非常擔心。「我們沒有維護一個關於這部分祖先譜系的良好資料庫。我們會談到這段歷史，但它不存在於任何官方歷史或傳統中。相反地，我們在國內塑造出一個極為不同的源頭，其中強調我們來自中歐的祖先譜系，就是那些十九世紀來到此地的德國和義大利移民，彷彿在此之前，本地只有印地安人和奴隸一樣。」

生物學正在幫助重寫這段歷史。賈汀醫生的團隊注意到，身為葡萄牙後裔的巴西病患發病時間比較早（平均發作年齡為三十到四十歲），而葡萄牙及亞速爾群島混血後裔的病患發作時間比較晚（平均年齡為四十點五歲）(Jardim 2001a:224)。戶口資料指出當地移民大多來自格拉西奧薩島，那裡病患的平均發病年齡據說接近四十歲，既然如此，可能是有在地基因突變的現象。阿雷格里港的團隊開始試著驗證這項假設。

隨著可用的新技術出現，團隊內的生物學家塔提亞娜．布雷索發現，此族群世代中有三十五名帶有馬查多-約瑟夫基因的人的祖先，可以追溯至亞速爾群島上受此基因影響的人口。這項研究揭露的不只是已經出現的基因突變現象，還揭露了當地歷史學的不堪一擊：這三十五個案例的背景全可以追溯至弗洛雷斯島，而那裡的平均發病年齡大約是三十四歲。「我們所有的戶口資料是錯的。打從一開始，這些人就被（主政者）當作不感興趣的次等人口對待。」賈汀醫生指出。

我立刻聯想到另一件事，這件事和賈汀醫生的描述之間出現了神祕的關聯：卡塔莉娜所屬的基因族群跟她自身移民、流離失所，並遭到誤診的過去非常相似，也跟遮蔽住她生物症狀的不可見性驚人的相似。賈汀醫生是這樣描述基因樣本組中的病患及其家人之間的互動：「我們大部分的馬查多-約瑟夫病患都來自並擁有一個非常貧窮的大家庭，他們無論手足或孩子都超過五位。不過這種疾病由來已久，他們的祖先在此之前也很窮，能取得的社會及經濟資源都很少。」

「他們被鄰居和其他親戚汙名化為酒鬼或沒生產力的人，無論男女，年齡不拘。接著他們就會躲在家裡不出去，以免被社會邊緣化。他們不再工作，然後就無法照顧自己。家庭必須調派另一個成員來照顧這個人，於是這時候，至少就有兩個人沒在為家庭付出生產力了。他們真的沒有累積財富的工具，也需要家裡有更多人，這或許能解釋為什麼他們的生育率這麼高。」

「這些家庭的氣氛非常消沉，每個人頭上都籠罩著一片烏雲，或者感覺像被一把『什麼時候會輪到我？』的劍抵著之類的。自殺案例也很多。世代之間存在著怪罪、相互指責，以及傷害的網絡。但即便如此，他們又被綁在同一艘船上。」

卡塔莉娜一直以來的經歷，跟賈汀醫生樣本中大部分女人的命運也出現了神祕的相似性。「從性別及情感的角度來看，」她說，「你可以看到丈夫通常都會拋棄發病的妻子，而女性通常會留下來照顧男人。這樣說或許是陳腔濫調，但我們確實發現女性更在意孩子們的未來，男人則否。他們的反應不是反感就是拒斥。他們會表現出一種受背叛的憤怒情緒，氣自己竟然娶了一個沒跟他說可能會將此病帶給孩子的女人。」

卡塔莉娜的人生軌跡跟這種普遍模式極為相似，當我把卡塔莉娜的部分經歷告訴賈汀醫生，她說她同意我的分析：「沒錯，疾病的徵象就在大家眼前，但基於某些原因，大家認為假裝沒看到比較方便。」賈汀醫生根據經驗表示，在還沒有辦法用科學手段處理這種疾病之前，就已經有了風險評估的文化領域，而現在這種文化卻與科學手段共存。「我們帶給他們的，是有關遺傳基因及其展現形式的知識……但這種疾病的家族史是如此顯而易見，又明目張膽，家族成員早就知道誰有患病風險。所以事實上，我們帶給他們的並不是新消息。」

就是這樣。我把有關卡塔莉娜病症的考古結果向賈汀醫生及她的團隊報告時，描述的包括我所辨識出的處理這種疾病的特定方式，以及卡塔莉娜在身體上表現出的疾病徵象，是如何一路被胡亂擺弄，直到在家族及醫療體系中再也不被看見。現在回頭去看，她的命運在地方的家庭、勞工體系及醫療現場似乎沒什麼特別。她的生物問題從未受到調查，她最後也臣服於這一切的互動之下——彷彿她是一個前人類。卡塔莉娜面對自己遭遇的看法，還有她的病程進展是如何受到各種人際關係及技術過程而加速的故事，都已不復存在，因為她是「真正」位於現實之外——例外的只有她的字典，以及現在這份民族誌陳述。

＊

我在跟基因團隊進行討論時，對環境因素（特別是人際關係及情感狀態）影響基因表現的議題❷表示出興趣。儘管當地科學家傾向將環境造成的影響，連結到患者的應對機制，但賈汀醫生告訴我，根據經驗證據及研究，他們確實不排除社會壓力因素足以觸發疾病發作甚至使其加速的可能性。舉例來說，賈汀醫生所負責的病患發病時間有非常顯著的差別：「我們有些案例十二歲就發病了，有些案例六十歲才發病。文獻中甚至有七十歲才發病的案例。」馬查多-約瑟夫病患在發病後通常能存活十五到二十年，大部分都是在輪椅上或長久臥床後死去。

狄尼絲．亞柏克爾奇醫生是一位基因學的住院醫生，她負責治療卡塔莉娜的弟弟們。她表示這種疾病愈來愈早顯示出症狀的模式「相當常見」。賈汀醫生解釋，「由於基因突變，這種病的症狀一代比一代嚴重。我們稱這種現象為『預期性』(anticipation)，我們也已經發現，如果是因為父親遺傳而得病的孩子，發病的時間可能會更早。」若這種趨勢持續發展下去，你能預見之後會出現遠早於生育年齡就發病的病患，或許也能因此假設這種基因將從此族群中消失。然而，這種趨勢卻又被基因傳遞的趨勢抵銷，因為這個基因有高於百分之五十的機率會被傳遞下去。

「機率其實逼近百分之七十。」賈汀醫生補充說明。「這是科學初步的發現結果，但我們其實光靠經驗就能看出來。」這確實是一項新的醫學知識，而其中牽涉到倫理及照護的兩難處境可多了：「當我們告訴病患遺傳機率時，我們通常會講實際機率範圍中最低的數字，以免他們徹底絕望。」

科學家已明確證明了，基因的突變愈嚴重，疾病出現預期性的狀況愈嚴重。而儘管目前已知基因突變的嚴重性，對提早發病具有百分之六十的影響力，剩下的百分之四十卻仍屬未知。「所以，看到一個人的基因組時，我們可以推算可能的發病時間，但無法百分之百確定。某些個體儘管基因出現突變，卻仍有足以延緩發作的保護性因子，其中可能有基因因子，也可能有環境因子。」至於手足之間，賈汀醫生繼續表示，「發病年齡幾乎都是一樣的。」

那麼舉例來說，該怎麼解釋卡塔莉娜在快成年時的早期發作，奧塔彌爾在二十出頭就已發作的情況？這種變動很有可能是「環境因素、社會及心理壓力源，甚至是個性差異」所造成的結果。「誰知道呢？我們會繼續尋找這個問題的答案。我們知道環境影響也是議題之一，但不知該如何著手處理。我們沒有研究主體歷史如何對自己生命造成影響的方法。」

卡塔莉娜的生物性被鑲嵌入各種不同的社會文化及醫療過程，我心想，而這些過程顯示的是這「未知的百分之四十」中的物質性及道德性——換句話說，就是**生物突變的社會科學**。我很高興在地方的科學環境中，有能夠公開討論這些社會、人際關係、經濟及技術變因的空間。這些基因研究者和我不只是針對卡塔莉娜的病症有了更廣泛、更複雜的認識，我們的合作過程也有可能針對影響病患實際生物及死亡進程的未知環境因子，以及受到忽略的價值觀和日常作為，生產出一門足以處理的科學技術。

對此，賈汀醫生回應：「她在苦難達到達顛峰之際，被家人解除了家庭成員的資格……剩下的只有這具垂死的肉體了。」卡塔莉娜的處境與其說是未開發的晦澀時代留下的殘渣，其實更屬於某種規律性的一部分，此規律性是在快速變動的國家、家庭及醫療環境交會的公共空間，以及各種曖昧不清的互動中逐漸形塑而成。

卡塔莉娜，還有那些處境跟她類似之人，面臨了社會排除及身體退化，於是他們在內在生活中發展出極度絕望、卻也具有同等創造力的語言。賈汀醫生告訴我，她有名病患也是在「被囚禁於一具垂死身體」的同時發明出一種語言。這名身為農工的年輕人是在二十多歲時前來求助。他的疾病進展得很快，到了三十歲時已無法走路或說話。

「他弄來一台打字機，靠著一根手指打了三頁的信給我。」她為我重述那段過往。「那是我讀過最動人的文字。他發明出許多用字母去濃縮字詞的方式，然後說，儘管身體如此，他仍跟其他人一樣擁有內在生活；還說儘管他受到監禁，卻仍渴望去愛一個女人。他說他想要一台能將文字投影在大螢幕上的機器，這樣其他人才能看到他想溝通的意圖。我們的病患是被困在黑盒子中的人。他們被當作退化的人，但其實不是。他們是透過自己的苦難、悲傷和渴望在思考。」

賈汀醫生及住院醫生們都提到，這些病患跟服務機構建立了緊密的連結。他們通常會帶來更多的家族成員，最近還開始有了為病患、病患家庭及其友人建立社團的想法。雖然馬查多-約瑟夫病的檢測不是一種醫療檢查，因為其中沒有牽涉到臨床處置，卻有愈來愈多患者的親戚開始要求進行檢測。「我們面對的情況是，個體有權得知自己是否有遺傳到此種基因，然後透過人際關係及經濟上的理由，去選擇如何處理這項資訊。」這群新檢測出的共濟失調人口，也就是「便利樣本」，其實是一個相對較小的低估數值，整體而言隸屬於一個數量更大但不被看見的共濟失調人口族群。基因預測檢驗就是在這樣一個更為廣大的脈絡下進入了公共使用的範疇。賈汀醫生針對基因學家及其技術所能帶來的改變效應抱持懷疑態度，這種態度非常具有啟發性：「有時候，我們會預設自己和科技能改變人們的未來……我不確定我們是否有做到。」

最近有「便利樣本」中的病患親戚要求進行檢驗，這四十個人都有患上馬查多-約瑟夫病的風險。為了確保每個主體的自主性，這項服務只開放成人接受檢驗，而且還得經過仔細的篩選及訪談。「我們會針對憂鬱及焦慮表現進行前測，也會確認對方的無望感。面對某些案例時，我們整個團隊會和精神科醫生及生物倫理學家一起面談受測主體。然後我們會抽血。等實驗室結果出來之後，我們會先封存，並通知對方。如果對方前來面談，我們才會打開結果來看；如果對方沒來，結果就會保持封存狀態。」

「目前為止只有二十人想知道結果。而其中大約百分之七十帶有馬查多-約瑟夫病基因。我們定期追蹤這些人，確認他們的焦慮及憂鬱情況，以確保我們沒有改變他們的狀態；若出現改變，我們會決定如何以最佳的方式介入。」

人們決定接受檢測的理由很多。少數是希望確保有機會拿到退休金。不過賈汀醫生指出，大部分案例之所以想透過診斷得到真相，是為了對身邊的關係做出決定。舉例來說，有名年輕女性因此跟男友分手，為的是避免經歷外遇父親曾加諸於殘障母親身上的苦難。其他人則希望「能針對家族土地及資產做出明智的財務決定」。有名已婚的半文盲女性也基於類似原因來檢驗，並在得知結果後決定不把一片土地賣掉，還把部分資金轉移到孩子的帳戶。就算丈夫之後拒絕照顧她，她也能確保這個家庭的未來。

於是我們得以窺見這種疾病文化所面臨的困境，以及如何透過檢驗技術化為實際的作為。在生物科技與根深蒂固的不平等共存的地方世界中，這些都是「生物社會性」(biosociality) 於其中形成的悲劇性、情感性、經濟性，以及終究變得尋常可見的各種樣貌。[3]而過程中披露了普世主義式生物倫理律令的毫無根據，因為這些律令也不過是一種媒介，用來確保特定的科技使用方式及人觀理念足以維繫原有的檢傷概念。「身為科學家，」賈汀醫生又說，「我們每天在這裡面對自己知識的不足，以及改變不了情勢的無力。」

一次錯失的機會
A Lost Chance

我在二〇〇二年八月造訪生命療養院之後，把卡塔莉娜的狀況告訴了賈汀醫生：她的語言能力嚴重受損；她抱怨雙腿跟雙臂感覺劇烈疼痛；她也沒辦法坐在輪椅上了，因為很可能會跌下來傷到自己；她出現吞嚥食物的困難和體重下降的問題——這些都是跟馬查多－約瑟夫病有關且常見的退化徵象。由於生命療養院強力推動的政策是任由醫療站內的**被棄者**逐漸死光，我很怕原本她還擁有的幾年壽命因此變得更短。

由於生命療養院人員的不適任，卡塔莉娜背上出現潰瘍，因為她被從床移到沙發打發白天時光的頻率不夠高。此外我也發現，儘管史特雷比醫生依照卡塔莉娜的要求開了止痛藥跟關節炎軟膏，但這些藥卻沒能交到她手上。我在檢視院民的用藥表單時驚恐地發現，她毫無理由地被施以阿莫西林抗生素，而這樣的療程只有可能讓她的免疫系統變得更弱，更容易受到肺炎之類的疾病侵襲。

我知道要是卡塔莉娜發生了什麼狀況，她很

可能會被帶到綜合醫院並留在那裡等死——這是生命療養院中許多院民的共同命運。我之所以告訴賈汀醫生這一切，是希望她可以診斷一下卡塔莉娜，如果可以的話，還希望能為她提供持續性的照護。

賈汀醫生深受感動。她表示願意見卡塔莉娜，也願意將她納入他們的服務計畫中。但眼下有個障礙。她向我解釋，新的州立及市立法規不再允許專科醫療服務機構隨意與病患約診。有個新系統在二〇〇二年八月一日上路，此系統要求病患在從地方衛生站轉診出去之前，必須先與專科醫生會面。他們在看過專科醫生後會被轉介到一個中央基地，如果有必要的話，這個基地會再將病患進一步轉介到醫療體系。這種做法是希望讓原本傾向於檯面下運作的系統能更公平地分配資源，但就實務而言，這只代表病患得到原本就罕見的專科服務資源的機會更為受限，而賈汀醫生執行的這類研究工作也變得無法推行。

「我們已提出申訴，要求州政府及市政府免除我們這類研究單位的配合義務，」她解釋，「我們想針對患者的手足、表親或堂親進行檢驗，卻沒辦法進行。因為他們也得走過這項新的官僚流程。我們現在甚至還有些時段沒人約診，以前可是五個月前就約滿了呀。許多病患在獲得轉介許可前就已經失去試一下的意願。」

賈汀醫生和同事憤怒的是，他們就連「最低限度」的服務都無法提供。在新自由主義當道的時代，他們雖然稱讚相關人士想提升政府關注大眾健康的嘗試，然而，讓這些改變得以成立的法律及官僚手段，其實都限制了病患得到專科照料資源的機會，此結果也導致病患花在醫院的支出減少。勞工黨當局沒有創造更好的資源網絡，也沒有擴張專科服務系統，反而選擇創造出可量化且表面公平的假象——這種結果之所以有其必要性，主要是為了政權延續，而非為了公共衛生。「我真的很想見卡塔莉娜，也想幫助她，可是……」

實在太歎為觀止了。在進入讓人發瘋的心理健康世界長達十四年之後，終於，卡塔莉娜只差一步就能治療自己真正擁有的疾病了。但此刻看來，她又要再次成為多餘的廢物，只是這次是以社會倫理之名。不過我們沒有放棄。賈汀醫生要我聯絡生命療養院合作的地方醫療站，並叫醫療站人員去找她；到時候再看他們能否將她的約診申請送入電腦系統。

就在這麼做的同一天，我去生命療養院找卡塔莉娜，向她解釋我在和她病症有關的基因部門發現的資訊。對於有可能得到基因學家的診斷，她很開心。一開始，奧斯卡想辦法請地方衛生站轉介，但沒成功。他們請他隔天回來跟某位上級長官談。

隔天我們又回到生命療養院附近最貧窮的區域，這裡有許多婦女及小孩都排隊等著得到照護、轉介、疫苗，或藥物。護士長告訴我，她的上級長官正在市政廳開會，而在卡塔莉娜之前還有幾十個人等著轉介去基因專科（彷彿所有人的需求都相同，而且都透過同樣的服務滿足其轉介需求）。但她又說她了解情況的嚴重性，會寫一份草案加速處理。她建議我隔天早上再打電話來，我也這麼做了。我被告知卡塔莉娜的檔案已被呈交市府倫理委員會，他們會在之後某次會議中決定是否要進行的她的轉介工作。

這理應是一項彰顯正義及倫理的行動。我們卻視為另一次錯失的機會。

第六部　字典

PART SIX　THE DICTIONARY

MI CANETA

ENTKE MEUS DED
OS
É TKABALHO MI
CONDENADO
A MOKTE
EU NUNCA CONDEN
EI
Í TENHO PODEK O
PECADO MAIOK PE
NA
PENA SEN SOLUÇA
O
O PECADO MENOK
QUEKEK SEPAKAK
MI COKPO DO MI IZPIKI
TO

字典

「底下潛藏的是這個，而我不打算為它命名」
“Underneath was this, which I do not attempt to name”

切斯瓦夫・米沃什的最後一本著作，開篇是一首名為〈這個〉的詩（Milosz 2001:663）。這名用紙筆回顧人生的詩人表示對「存有」的讚美始終是一種保護裝置。而潛藏在他文字底下的，是「被棄」的尋常經驗，以及人們對此缺乏反應的現象。米沃什這首詩作的重要之處在於描繪了無論日夜，身體的需求、渴望及聲音都不被當作一回事的狀態，而這一切正是卡塔莉娜書寫的素材。

但願我最後能告訴你，我裡頭是什麼
但願我能吼叫：各位！我說謊假裝它不存在，
但它存在呀，日日夜夜

唯有如此，我才描述你們那些易燃的城市
短暫的愛情，化為塵土的遊戲
耳環，一條肩帶輕巧從肩上滑下
還有眾多臥房及戰場上的光景

寫作對我來說是一種保護性策略

用來抹滅蹤跡。沒人喜歡
伸手觸碰禁忌的男人

我向之前曾供我游泳的河流求助，還有湖泊
湍流上有一條窄橋，一座村莊
那裡有暮色陪伴歌聲的迴響
而我坦承我對存有的狂喜盛讚
或許始終只是在追求流行
底下潛藏的是**這個**，而我不打算為它命名

這個。就像一個無家男人在刺骨天氣中走過異地城市的腦中思緒。

也像一名受追捕的猶太人瞥見步步逼近的德國警察的厚重頭盔。

像王子加冕後初次走入民間城市所見到的世界真相：悲慘、疾病、年老，和死亡。

又或者某人剛明白自己永遠被拋棄時不動聲色的臉龐。

或者無法撤銷的醫生判決。

這個。這個代表敲打一堵石牆但清楚牆不會屈服於任何哀求。

卡塔莉娜大多時候沒有行為能力，又處於他人經驗的邊緣，所以把待在生命療養院內的時間都用來組裝文字；這些文字賦予此刻的她形貌，一直以來也是以同樣的方式為之前的她賦予形貌。自從我於一九九七年與正在踩健身腳踏車的卡塔莉娜初次相遇，我就感覺她的主體性表達、導引出了，那些她感覺於體內鎔鑄為一體的個人、家庭、醫療及公共事務的張力。這樣的張力也進入了她的書寫中。「這本筆記本中的字母有些有翻轉，有些沒翻轉。」整體而言，從一九九九年十二月，到我最後一次見她的二〇〇三年八月，卡塔莉娜總共寫了二十一本筆記本，而這些筆記本組成了屬於她的一部字典。其中兩本被護理師志工丟掉了；剩下的我都為她保留了下來。「畢竟這就是我的世界。」

儘管卡塔莉娜的外在功能已經跟死去沒什麼差別，體內卻仍留有令人費解的生命力。她拒絕看到自己被抹消，所以孜孜不倦地寫。她的文字看似紛亂無焦點，但其實就許多方面而言，都是之前她在家庭生活、醫療系統，以及巴西這個國家之內成為受拒斥角色的延伸。所有她建構自己為女兒、姊姊、女人、工人、愛人、妻子、母親、病患及公民的努力都被視為沒有價值的舉動。她的筆記本中滿是那個她不再棲居其中的平凡世界的各種元素——出生證明、工作證和投票證、債務、處方、商店、貨物和品牌、地方政治人物和政黨、基督教禱詞、家族樹和人名，還有愛撫及溫柔的感受。

她所擁有的只剩被拋棄的事實了——生命療養院的「生命」（Vita）甚至出現在本該療癒她的「維他命」（vita-mins）中。由於再沒有什麼能組織出她的價值，卡塔莉娜只能完全仰賴自己創造出各種身分。她的主體性總在跟彼此交纏的生物性及社會性死亡搏鬥——寫作幫助她提取出最好的自我，讓「這個」變得可以忍受：「我把我的想法放進文字裡。當我手上有筆，我就能思考我即將畫下的小小字母及字……我用字組成詞，再用詞組成句子，然後用句子組成故事。」

我研究了這部字典中的每一冊，也和卡塔莉娜討論了其中的字詞及相關聯想。在她的書寫中，我發現了足以指向她人生中的人物、地點及互動的種種組成線索。其中有一種屬於詩歌的自由脈動，這種脈動雖然一開始隱藏了，但終究也逐漸形塑了我提問及認知時的措詞。當我把她的文字跟醫療檔案、家人說詞，以及種種憂慮並置，就能辨認出那些確認卡塔莉娜受到排除的各種非制度化活動，而在我看來，那些活動也就是她散亂文字中丟失的動詞。「我把我少掉的給你。」

無論是聆聽還是跟卡塔莉娜說話，我都從中得到很大的喜悅，也覺得將她破碎的故事及字典中撲朔迷離的文字跟世界連結在一起，是一項刺激的挑戰。隨著探究她的來時路和造成她身體退化的原因，我也幫助卡塔莉娜重新進入了家庭及醫療世界，並讓她碰觸到重新獲得公民身分的可能性，儘管時間非常短暫。費歇爾在評論這部作品時指出，「倫理存在於對他人的臉、話語及召喚的感受性……（並）透過他人，（以及）他人的他人，來將這些世俗關係……（進行）一種橫向超越（horizontal transcendence）。」正如達斯所說，這正是「人類學的愛」：「我讓從他者身上得到的知識在我身上留下標記。」（Fischer 1998:193）

透過我和卡塔莉娜合作的這部作品，我做了一些理論化的工作，這些工作在一定程度上幫助了我，讓我得以理解家庭情節及社會現實與她的遺傳基因及當下存在之間的交纏關係。舉例來說，「社會性精神病」的想法是一種將瘋狂歸因到卡塔莉娜身上的分類方式，也讓存在於她的主體性及社會、家庭和醫療身分之間的各種關係變得可見。無論是檔案研究，還是針對她的親屬及地方健康照護系統所做的民族誌研究，都暴露出家庭已成為一種具有延展性的社會形式——一種進行社會政治干預及操弄的關鍵手段及材料。卡塔莉娜的經驗揭露的是，親屬關係無論是在進行象徵性的重新排列時，還是以理想常態出現在人們眼前的金錢及醫療科學現實中，其實都存在許多又深又廣的裂縫。她被預設的瘋狂跟變動的政權及勞動制度緊密相關，也跟鑲嵌於親緣、親密關係及背叛網絡中的知識及照護的藥療化形式緊密相關。因此，社會性精神病所含括的，正是各種心理及情緒障礙的診斷及治療，與政經勢力及逐漸消亡的社會性關係之間，那種同步起伏的狀態。

這不是在說精神障礙基本上是一種社會建構，而是要說，這種障礙的成形儘管發生在最為個人的層面，卻仍介於以下三者之間：主體、主體的生物狀態，以及為了以「正常」的方式身處於在地世界，重新進行互為主體性及技術性編碼的過程。因此，精神障礙也會將宣稱代表「常識」及「理性」的那些人牽連進來，而他們的責任就是在這些障礙發展的同時，去處理他們所面臨的混亂處境。

卡塔莉娜其實就是「藥」(*pharmakos*)的概念幫助我進一步理解精神病的診斷及治療是如何被融入家庭中「真實的戲劇法」，以及家庭成員是如何用這些診斷及治療來評估人的價值，並將丟棄他們眼中沒有生產力或不健全之人的行為合理化。各種精神藥療手段不只透過類似「投藥」的科學真值居中造就一個人受到拋棄的結果，還會透過這些藥物引起的化學改變達成目標。這些手段是以道德性技術在運作，而家庭和在地的醫療執業者就是透過此技術在為國家進行檢傷工作。在此，身體、內在世界，和新形式的排除以各種大規模的進程糾纏在一起，並正在改變知識及權力、還有科學及金錢的基礎。而這些糾葛展現在家庭及公共領域的樣貌、關係及價值的逆轉、種種界線的不確定性、各種性質及經驗的不穩定性，還有隨之出現的焦慮現象，都在在指出，即便面對徹底一成不變的生活，每個人的心理世界仍產生了突變，新的認知及行動法則也隨之突現。

人們及各體制是如何又為何認定，處理卡塔莉娜及她的文字不再符合自己的最佳利益了呢？我在分析這個問題的同時，也探索著社會及醫療實作對她人生造成影響的方式。發現卡塔莉娜患有馬查多－約瑟夫病一事極具關鍵性，這讓她被歸類為瘋人之舉不再可靠，也在解釋她的病症發展方面頗有幫助。舉例來說，我在跟她的擴大家庭合作時發現，社會遺棄以及早年發病的現象在女性身上相當常見。圍繞著這些可見的帶病載體，人們計畫並實踐了各種情感、關係及經濟方面的安排，而這些性別化的實踐最終加速了個體的死亡。我利用這種**生物性問題**的概念，去思考這類環境－基因的互動，是如何對卡塔莉娜的健康造成影響。

邊緣及中心、可見及不可見，以及接納及遺棄之間的張力總會出現在田野中，而且能夠無止盡更新，此外，這些衝突性的組合也會在同樣的社會角色及空間之中共存。我試圖將這些核心矛盾及張力整合入我的理論化過程中——首先，是就生命療養院中由身體組成的這樣一個社會所面臨的排除，以及這些社會性死者的人生來談；接著，是就家庭本身經濟內部的問題來談；最後，則是就卡塔莉娜的家庭及其所屬的整體基因群體中，針對基因疾病而表現出的性別化差異來談。

在我處理的各種概念中，最讓我猶豫不決的就是**前人類**。我使用這個詞彙不是為了斷定某種抽象狀態的存在，也不是希望讓人感到不適，並引發某種使用我們今日熟悉的人權語言而做出的反應。人權論述的一個主要問題在於，先驗地斷言有一種無法化約的普遍人道（humanity），而此人道該為我們之間的互動及社會組織提供基礎。面對這樣的斷言，「前人類」幫助我將許多基於某種一般人性（humanness）的說法視為相對而非絕對，也幫助我去思考，我在生命療養院所發現的人類生活形式的偶然性和普及性。[1]卡塔莉娜常稱呼自己是個「前」，會宣稱「我是一名前妻」，又或者指出她不再和「我的前家人」有關係。在她口中，生命療養院中的生活存在於正義的邊界之外，而「前人類」可以幫助分析並闡明一項事實：這種狀態的產生，就發生於理應建構、滋養人性的體制及交流之中。

針對生命療養院做的民族誌讓情況清楚得令人痛苦，即便是在以不得侵犯人權為前提建立的國家現在仍有這種地方存在。在這樣的地方，這樣的權利不再存在，而身處邊緣體制內的活體，在此被建構為某種介於生與死之間的他物。像這樣的地方顯示了，就社會及物質層面而言，普遍人權都得以醫療及經濟律令為條件。生命療養院也揭露了某種人權論述——那種生產出「模範計畫」來重組整個國家及經濟的論述——在實務工作上是以排除為邏輯在運作的程度有多嚴重。生命療養院也確認了，在各種社會結構、活躍及合法化的慈善活動、政治行動者及經濟策略的中心，公開展示的死亡仍然存在。

但透過「前人類」這種聽起來哲學性的詞彙來代表這些**被棄者**的處境，我一直擔心會創造出一種距離感，並因此無意間參與了這些忽略他者死去的各種相關矛盾和動態機制的論述政體。正是生命療養院中這些「存有」在根本上就曖昧不清的人，給了人類學家一個機會，去針對將他們困入其中的社會性死亡機制發展出真正的人性批判。

一種不再值得活的人類生活方式不只是裸命——其中的語言及渴望仍持續存在。隨著我聆聽、挖掘出那些導致卡塔莉娜的發言變成「死後」發言的根源，有一種生命力突現出來——這種生命力通常以動物的形態出現，而且與原欲、歸屬感以及對於死亡驅力的反抗相關——並對思想、社會關係及家庭生活進行重整。民族誌成為一種原本遺失的連結，重新將卡塔莉娜身體的真實狀態，和針對其想像出來的心理及關係模式連結起來，也將被棄者及家庭、家屋及城市，還有個體及生命療養院中的居民連結起來。

她的字典內有許多篇文字都像未經雕琢的詩篇。我將其中幾篇翻譯後，在本書的第六部中以詩節的形式呈現。我根據發現這些文字的順序排列詩節；卷號也依時間序安排。**精準直接是卡塔莉娜作品中的力量**。她的字詞都是無關聯的物件。而將它們連結在一起的，是想觸及「平凡」之難以言說的持續努力。我已經盡我所能用英文呈現卡塔莉娜的用字方式，以及它們所乘載的生活經驗——包括她在生命療養院中逐漸死去時，所經歷及渴望的一切。她寫了許多冊字典，而我所選錄的只是她大量書寫中的一小部分。當我開始將卡塔莉娜的字典發送給朋友及同事時，她的文字開始有了自己的生命力，而這些文字也將她的思想帶入新的脈絡及可能性中。

卡塔莉娜曾談到，其他人或許會對她的文字好奇，但她又說，這些文字的意義終究存在於她的生活中：「隨時間而來的太多了……就是那些字詞……還有意義，你是沒辦法從書中找到的。（它們）只存在我的回憶中，只有我掌握那些意義。只有我可以（將文字和意義）統合起來。有好多必須被解碼的字詞……透過筆，只有我能做到……透過墨水，我解碼。」

卡塔莉娜拒絕成為供他人理解的對象。「沒有人能代替我解碼這些文字。我不會拿我的頭跟你的交換，你也不會拿你的頭跟我的交換。」為了完成這樣的作品，「一個人必須要有一門技巧，不要太多的良心。」為了不受罪疚侵擾，「人必須把自己的心靈確立起來。」

我們或許會與用面對詩歌的同樣方式來看待卡塔莉娜的文字。她向我們介紹了一個跟我們不一樣的世界，但仍能觸及痛處；而透過這個世界，我們有機會讀到她和我們面臨的不同社會性生活及人的境況。❷透過接觸她的人生及書寫，我們也是在處理自己的問題。「我寫是為了讓自己理解，但，當然，如果你們都理解了，我會非常滿足。」

當卡塔莉娜表達出發生在自己身上的困境、真相和半真半假的真相，她的身體則在經歷飢餓、抽搐和疼痛的同時，經歷了無法控制的渴望，而且是一種以常識來看不可思議的橫流。她在揭露生命療養院作為一個全面性毀滅的地方的同時，也創造出了一個新的字母，正如之前所提，這個字元的外型很像「K」。用她的話來說：「這個字母上下都打開。」透過「K」，她創造出一種距離，並為自己寫出了一個新的名字，「卡琪妮」（CATKINI）。她在字典中總把這個名字和她在生命療養院認識的人寫在一起，像是柯洛維斯和路易斯．卡羅斯，又或者是她以前認識的人，像是包米爾。相對於一切無效的價值，相對於她以多餘者身分遭到放逐的所在，他們都是互補的另一方。

卡塔莉娜跟詩人不同，她拒絕被流放到不可能，她期望得到離開生命療養院的機會。要維繫這樣的期望非常困難，但也非常重要：我得想辦法支持卡塔莉娜尋求與人及世界產生連繫的行動，以及將這些關係維繫下去（至少保持維繫的可能性）的要求。從這樣錯綜複雜的民族誌張力中突現出的是一種隨時備戰且未完待續的臨場感，無論就對話及文本的兩造而言皆是如此。

第一卷

在身體裡
腦部抽搐

傷殘的雕像
出生證明
卡塔莉娜和安德森
本人出席
警察
民選官員
眼對眼
機器
製造意義

文件，現實
疲憊，真相，唾液

不同意的人就被定罪

大腦抽搐

肉體抽搐
風濕
癱瘓

嚇壞的心
情緒抽搐

我用L寫愛
我用R寫記得
在你和我心中

甜的血
血裡的糖
香水
氣味
還有科學
我誘惑你

〔一九九九〕

第二卷

我指間的筆就是我的作品
我被判了死刑
我從未說服任何人而我有這個權力
這是我的大罪
是一個無從補救的句子
而小罪
是我想要分開
我的身體和我的心靈

想把我的身體
當成一種藥
我的身體

殘疾在我的腿裡
風濕在我的頭裡
癱瘓在我的手臂裡
脫落的手腕

壞掉的腳

痛

抽搐

卡塔莉娜受制於
一個貧窮的國家
阿雷格里港
沒有子嗣
夠了
我結束

女人

僕人
上帝的僕人
我侍奉陰莖
然後啟程
我侍奉一個男人
我的父親
我是匱缺的

我是合法的

神聖的家庭
長不出好果子的樹會被砍掉
然後丟進火裡
男人和女人離開父親和母親後合為一具肉身
貨物的部分承包契約
婚姻的部分承包

離婚
宗教
公共登記
分開身體

結婚證書
公民紀錄
文件
個人資料

月經流的血
潤滑了母親的血
卵裡面的血給了孩子
孕期子宮內的孩子
猶大後裔中的男人們殺掉一頭羊
為了拯救自己
用的是未知動物的血

腸子裡的一個結
醫療上的一個錯誤
一場爭吵
肚子裡的一把刀

早產
在預定時程之外出生
在時間之外，在理性之外
時間已經流逝
嬰兒的膚色變了

沒有呼吸
窒息了
嬰兒的母親

精神病院
實驗室
藥局
藥師
我和解藥

良心是敵人
它發動攻擊

我人生的日曆上沒有假期

跟時間和好
每小時，每分鐘，每秒
和鐘還有和日曆和好

跟一切親密
但主要是跟筆

我在腦中做愛來嚇退寒冷

我虛榮而且驕傲
我有幾塊錢
一場祕密的愛情
在一個盒子裡
就在我的指甲尖端

沒人能理解我的愛之靈

我不著急
我們得爭取
該是我的
收在一個保險箱裡
巴西的保險箱
試用品

模仿場景、手勢和文字
他成功犧牲了其他人

多麼一件重要的事
一隻螞蟻載著一頭大象

泡泡浴
雪一樣白
在淋浴時受洗
每一餐
美人魚
陰毛，乳房
半人
半魚

服裝師鋪好床
想著將睡在上面的人
不良的，他從床墊獲取欲望

然後說那是卡塔莉娜的夢

當男人們把我丟上空中
我已經很遠了

得病的無法拿到筆
我沒病

我
的愛
夢到你多麼美妙
昨晚
我睡了一會兒然後夢到你
你出現時在微笑，把手伸向我
突然之間，不到一分鐘，你變身了
沒有人再為確切的時間負責
世界會變成什麼樣子？
沒有什麼死去

就是結束
我不想待在這裡
我想和我的孩子住
等我的弟弟們來
我就要離開這個地方
我不想被上帝第三次欺騙
成為每個參與者的十字架

巴西
非洲
德國
穿過的衣物
死去的渴望
昏厥的歡愉
吸血者
死氣沉沉

卡塔莉娜哭而且想離開
渴望

澆水過、禱告過、啜泣過
淚眼婆娑的感受
可怕的、魔鬼的、受背叛的
我的渴望沒有價值
渴望是藥物治療
對馬戲團不好

第三卷

去感覺愛
孤獨的愛
遵循孤獨中的渴望
那是被棄者的幻覺
我不該償還不是我搞來的債
我不該為不是我犯下的罪行受苦

〔二〇〇〇〕

風濕

民主的上帝
巴西
巴西的
寶寶
P，Pai（父親），Partido（黨派、離家的父親）
T，Trabalhadores（勞工們）

歡愉及渴望
無法拿來買賣
但能有選擇

柯洛維斯·嘉瑪
卡切琪（Catieki）·嘉瑪
雅莉珊卓·高姆斯
安娜·G
重新開始一個家
一個家庭

Se goza gozo
自我享受的享樂

第四卷

我喜歡我的作風
喜歡我認識自己的作風
我喜歡我自己

渴望
親吻
從開始直到結束
我感到歡愉
因為有生命在我的血裡
榮耀，哈雷路亞

〔二〇〇〇〕

聖卡塔莉娜

國王要求娶你們其中一個女兒
我們不為了金銀把女兒送走
也不會為了蜥蜴的血

我知道因為我走過這段
我得知了真相
而我試著披露現實如此

我父親因為把我送到白惡魔手上而羞愧
他只有把這件事告訴我的弟弟們

我過去擁有的不重要

卡塔莉娜．伊尼斯
一匹馬的名字
卡塔莉娜．伊尼斯
一些工具的名字

對男人有用
日常工作所需的一些工具

愛之中一無所有
只有空洞

一個女人把自己當成盤內的菜獻上
另一個女人無法改變她的腳步
獻上後，她在未知中㑮
和許多馬
在老人家面前
莎莎
癱瘓的女人沒把自己當成盤內的菜獻上
女人必須保有一個祕密

朱歐．畢尤
現實
卡琪妮（Catkini）

給我這只酒杯那麼我會喝裡頭珍貴的液體
動物性渴望

筆跡
文法
誰說要是我將死他們該把孩子放進棺材？
我不該淪落到輪椅上
讓我們去野外種下
我的愛

我沒有交出孩子的義務
我的法律是這樣說
這是一種道德

我的十字架非常沉重
所以沒有男人要跟我待在一起
孤獨也可以很享受
男人不是解答

不接受孩子的父親
所碰觸的一切成為垃圾
不喜歡孩子的女人
沒有榮耀她的名字

我的道路沒有出口
你們在等我生病
好占有我的房子
你們最好別膽敢掌控我的研究
父親的欲望是盲目的

吉爾伯托這麼對印地亞
柯洛維斯為了讓我們完事把安娜·寶拉綁起來
我不想要
我不想成為一個人體模型
一個樣本女性

沒有地方可以安置我

我被迫待在這裡
因為我不能動
我希望能跟以前一樣

我的腿和屁股裡頭好痛
我的孩子離我好遠
在另一個國家

忘記我的存在

第五卷

用在字典裡面的字詞
質疑
民事法官
公證人

〔二〇〇〇〕

法定法官
上帝律法的犯行
男人言語的面子
生產出
進步
檢察官
欲望的法官
粘稠的分泌物

醫療紀錄
準備好上天堂

我離開懷裡抱著孩子的妻子
受到另一個女人的蠱惑
這個女人，一個失落的靈魂
用她的笑容蠱惑我
把我的靈魂放進生命的地獄
我全心投入神聖的家屋
今天我發現自己失落了靈魂

潰傷：尼爾森
囊腫：柯洛維斯
疝氣：路易斯．卡羅斯

帶我上床
摸我身體
讓我的欲望
祝願有天使開口
阿門

〔二〇〇〇〕

第六卷

意志的力量
好意志的力量
不在於傷害

而在於殲滅飢餓（hunger）
但不是殺掉你弟弟（brother）
做好事的力量
就在虛弱的時刻

我不知道如何禱告
她兩隻手掌攤開地活著

字母的女王
字詞的公主
母音的憑證
A e i o u
我休掉那個男人

我兒子會把我帶出這裡
我的弟弟們會來把我帶去新漢堡一起住

死吧死亡
沒有再多的藥了

沒有再多的護士了

我想拍賣我的心

無痛手術
以愛之名

瞧瞧卡塔莉娜
不再盲目
禱告
禱詞
懺悔的行為
性行為
伊俄卡斯忒[1]
沒有補藥能給卡琪妮了
沒有醫生可以看任何人
奧塔彌爾，亞德瑪爾，阿爾曼多

1 譯註：推測她將伊俄卡斯忒（Jocasta）加了一個k後寫成Jocastka。

安德森，雅莉珊卓，安娜

男人在囚禁中養孩子
印地安女人，從未忘記我
等等呀，牛仔
我的血無法被監禁
受到睡覺的女人照料
用的是陰柔及陽剛的血

我會變成這樣是因為生命

這本筆記本中的字母
有些有翻轉，有些沒翻轉
我的雙手
我寫下這樣的字跡
卡琪娜
我將你受洗，我的字典
以父親、兒子和愛靈之名
阿門

我們孩子的未來
科學的舞蹈

〔二〇〇一〕

第七卷

掃地
跑步
瑪麗亞跛腳了，誰讓她跛腳？
石頭在哪裡？
石頭在森林裡。
森林在哪裡？
地圖
海洋
和公牛一起
公牛在哪裡？
在吃小麥

小麥在哪裡？
拿去做麵包
麵包在哪裡？
神父吃掉了
神父在哪裡？
帶大眾禱告
大眾在哪裡？
我從一個門進去，笨蛋從另一個門離開
就是應聲的那個你

我需要一個父親
夜裡為我蓋上毯子

我有兩張工作證
一張是我在蓋撒拉市政廳的工作
另一張是在新漢堡的工作

那些商人
他們彼此做愛

為了一雙新鞋

所有事都有極限
我已經給出我的心

不是奴隸
而是家庭主婦
是床上的妻子
是房內的妻子

是銀行的妻子
是藥局的
是實驗室的

被拋棄是人生的一部分

別抓我的手指和腳趾，我求你
讓我走，吉爾伯托
如果不讓，我就得用上刀片

人權的法官
人類的法官

交通法規
人體的法規
定罪的法規
工作相關的法規
病患的法規
強迫綁在床上
律師
離婚

我已經是花的粉末
大家都把我當麵包吃
我已經是一顆小馬鈴薯
在地底下跟別人說話
我成為糖粒
跟我想要的一樣甜

我是一個自由的女人
去飛
神通廣大的女人
分開

第十卷

她的頭裡面瘋狂
她的家裡面瘋狂

我不會把籠子的門關起來
你何時想飛走都行

渴望
是我的病

〔二〇〇一〕

我的前做的一切都是為了拿到藥
最棒的藥是最近的
當柯洛維斯讓我在藥房工作
我當時是長官
老朱朱是第一個感覺到過期藥的人
感覺到失去的藥效

我不要一頓大餐
我只要離開生命（Vita）

第十一卷

我想獨自復原
不靠我神聖的家庭

〔二〇〇一〕

我不殺不從任何人那裡偷竊

我沒有虧欠
我沒有付出
超級市場
過去的債
發炎
心受到感染
珍貴的膿

幾塊錢
真的／雷亞爾
巴西破產了
不是我的錯
沒有未來

錢
實際運作的藥局
存在於書本中

為了讓我們成為巴西公民
文件必須在我們的手上

沒有人要我存在於某人的生命中

我決鬥過
那不是痛
是痛在對抗痛
公牛被閹割
我的耶穌
復活
我把自己往後拉
回到柯洛維斯還在的時候

〔二〇〇一〕

第十二卷

葛利米頓[2]
對抗昆蟲咬的毒
的疫苗
這種毒是預防勝於治療
蛇，蠍子
毒，疫苗
卡塔莉娜，卡切琪
當代精神
我不是值班護士
我不是亞當和夏娃的女兒
我是小醫生[3]
卡切琪

2 譯註：葛利米頓（Glimiton）是一種維他命補充品的名字。
3 譯註：一種非處方藥品。

我得用補藥來換掉我的血
藥局買來的藥得花錢
活著好貴

我不會想當基督，吾主
也不會想當靠歌生存的歌手
我只想當能靠自己的腳行走的一般男人

我是卡切琪
不是科學的亞爾諾（Arno）
不是卡琪奇雅（Catkicia）
甚至不是卡塔莉娜

卡切琪腐爛
床的框架

女人看著另一個女人的屄
仔細檢視著屄
我從弟弟手上買了一只水果碗

護士長

喬・卡思卡（Jo Castka）

卡里達迪醫院

卡切琪

卡塔莉娜，自然

我想離開而且永遠不再受國家治療

受這座城市的女人們治療

受簡吉爾・魯凱奇治療

死刑

我在此受到驅逐

我沒有可以交易的身體

我不是一名奴隸

我做我能做的

我寧可死一千次

也不要忍受剩菜

許多壕溝

被鎖在束縛中
人們變得飢餓
他們要我成為一個裝滿悲慘的袋子
然後說卡塔莉娜是個婊子
悖理逆天
頭骨
埋葬地點
奇蹟
洞
神祕
卡切琪

我試過了
藥物的效果
沒效
過期藥品

在我冰冷臂彎的庇護下
卡切琪

保護世界的聖者

這是我的世界
追根究柢
疲憊把一個人榨乾
然後一切再次開始
我不良的世界
我沒跟行刑者談戀愛

第十三卷

兩個女人住在同一條毯子底下
用同一個鍋吃飯
男人無恥
蒐集一個個女人
他以為現在是舊時代

〔二〇〇一〕

我寧願報復
我不接受兩個屄填滿同樣空氣

我寧願我的好處不要成為別人的東西
我寧願活出我的完整人生不然就不跟任何人活
我想要屬於我的一切

卡切琪
底下
健忘
理由：任務

罪惡的顏色
罪惡沒有顏色
因為犯罪的人不坦白

遭遺忘的神經元
老化的頭骨
過期的腦

藥師
提供解藥
但不要我的頭
它統御我的人生

那不是經文
那不是許諾
那不是會批判我的你

〔二〇〇二〕

第十四卷

溫柔
撫摸
愛
肏
關係

英文、法文、日文教授
語言
頭
腦
神經元
頭骨
頭皮
最前線
脖子
真的／雷亞爾
元[4]
聯營企業
風濕
離婚
愛靈
新漢堡市政廳
憲法區[5]
在生命中腐爛
母親月亮

柯洛維斯
亞拉摩
路易斯
巴西人
治療
復原
女人
生意
被離婚
她自己
房子
家具

我把我少掉的給你

〔二〇〇二〕

4 譯註：這裡是指錢的單位的「元」。
5 譯註：指的應該是她曾住過的憲法街九九九號一帶。

第十五卷

卡切琪
筆的墨水
Abcdefghijlmnopqrstuvxz
抱怨
自我試煉
司法陳述
懲罰
每天的一張張臉孔
血液裡的診斷
營火
在我心裡燃燒
一瓶除臭劑
一盒肥皂
一罐助曬乳
一條皮膚乳膏

你帶給我歡愉

藥房
實驗室
婚姻
身分
軍隊
風濕
分娩併發症
失去身體平衡
徹底失去控制力
受支配，守門員
邪惡之眼
抽搐，神經

少年罪法官
檢察官
人的法官

在美國
不是在巴西這裡
那裡有解藥
疾病的一半有解藥
我會跟朱歐一起去

第十六卷

我是鎮靜劑
一對夫妻的床

繼承人
寶藏
財富
獨生女
獨生子

〔二〇〇二〕

未來
卡切琪
卡琪娜
卡塔琪娜
去了解一個祕密
信用卡

我丟了一顆檸檬，熟的，落進一只玻璃杯

駕駛執照
懷孕卡
工作證卡
巴西通用學院
卡塔莉娜學院

我會去新漢堡
去獲得尊敬
我退出

〔二〇〇二〕

第十七卷

我們的愛需要一把鑰匙

資訊學
柯洛維斯・嘉瑪
卡切琪・嘉瑪・高姆斯
現實
歡愉、愛、渴望
平靜生活
進口車
在你的臂彎庇護之內
柯洛維斯在我的思緒中
絕妙的，我們

如果我留下
為了愛
我不會哭

包米爾、柯洛維斯、基督
卡塔莉娜的疼痛
別教會我背叛

平坦或不平坦的
市政廳或是長
卡塔琪娜或柯洛維斯

身體的靈
基督的靈魂
錢的靈
好愛的靈
咒語：公證人、辦公室、耶穌基督、去令人害怕
精神疾病
精神健康
頭裡面的病
去打扮
健忘
思緒

維他命激怒
滾出去、滾出去
滾、滾
別給我一點點
我只接受很多

聖卡切琪
奧塔彌爾
阿爾曼多
亞德瑪爾
忠誠
房、車、土地
有文件記載

基因學診所
新漢堡綜合醫院
卡里達迪醫院

卡切琪

卡塔琪娜

把所有血丟掉

精神疾病

心理健康

沒有錢

做愛

我愛得太多

公共登記處

結婚證書

卡塔莉娜女士

田野、歌、時間

樂透

卡里達迪醫院

我治理我自己

我不是統籌者也不是志工

我除了批評什麼也沒得到

透過意志及力量我該待下
朋友們，我要的東西是
弟弟、床、家
把離婚證書拿去公證

一種連結手指和腳趾的治療
連結腳跟骨頭
覆蓋各種傷處
耶穌基督
釘子穿過他的腳
風濕
我被他打

沒有察覺
彷彿不存在
我，女人
不是只有你，男人
如果不可能活了
女人你就沒有了

在世界裡我甚至不是女人
現在我想讓你踏出去

這是我的世界
我的愛人
我的重點
我給出自己，給了又給了又給
我清楚我自己
清楚我給出自己
而畢竟一個人消逝了
一個人重新開始一切，一切

我

我想要走
沒有人
我花整個晚上啜泣
多少痛苦的眼淚
在痛苦中
在淚水的谷地中

我想要走

〔二〇〇二～二〇〇三〕

第十八卷

我的人生四十歲才開始

未來的警察
機器戰警
男人是錫做的
我無法走
一個人
坐在輪椅上
沒有歡愉
無所事事

靠思想的意志做出好事

帶了刀子叉子和四張照片去墓園的人

需要記憶的意志

工具正不足

死掉的死亡

死亡死掉的

去愛，被愛

死掉的

受洗

畢業典禮

初次聖餐禮

婚姻

離婚

成人

男性法官

A b c d e f g h I j l m n o p r s t u v x z

WKZ

安娜

回憶
翻譯字詞

母乳
對抗孩子的殘疾
巧克力，草莓
母乳
我得到平靜和一本書
在我的雙手中
來自奧斯卡牧師
印地亞的心臟昏厥了
心臟加速又停止
安娜・高姆斯
雅莉珊卓・高姆斯
安德森・高姆斯
卡塔莉娜的擁有者
路易斯・卡羅斯
銀行的擁有者
卡塔琪娜

真的／雷亞爾銀行

蓋撒拉

銀行行長

儲蓄銀行的女士

一筆信託儲蓄

新漢堡的聯邦儲蓄銀行

新漢堡的州立儲蓄銀行

聖卡切琪

衣飾店

跟床、桌子和沐浴離婚

州議會大廈

國家

卡塔琪娜·伊尼斯

達利歐和伊爾達·高姆斯的女兒，
她是歐拉西奧·平耶羅的女兒

我為我的孩子做決定
我不想帶著那個一起死

土帕天神瓜拉尼人[6]
我對筆的墨水忠實
母親月亮土帕天神
父親太陽瓜拉尼人
西雷唐[7]
玩球吧，男孩們
玩娃娃吧，女孩們
明亮的月亮
月亮黑暗
受到渴望的月亮

第十九卷

我記載歷史的日記
我不為了錢折腰

〔二〇〇三〕

我不為了其他人做事
我是一個成年人

聖卡切琪
魯拉[8]民主化的生產
我是一個勞工黨
月經來了，純粹，正常
天然巧克力
印地安的，黑的，白的
波蘭的，日本的，德國的，巴西的，阿根廷的
奶汁
筆跡
字母
日曆

6 譯註：瓜拉尼（Guarani）是中美洲失落的文明之一，其範圍也包括巴西，其中的神話包括一位作為眾神之首的土帕天神（Tupã）。另外根據神話指出，當初創世之神是靠著月亮女神的協助創造了整個世界。

7 譯註：推測卡塔莉娜是因為Tupã這個詞彙，聯想到南大河州「圖潘西雷唐」（Tupanciretã）這個地名，所以才寫出後半段西雷唐（Ceretã）這個詞彙。

8 譯註：魯拉是二〇〇三年就任的巴西總統，全名為：路伊斯・伊納西奧・魯拉・達席爾瓦（Luiz Inácio Lula da Silva）。

卡塔琪娜・伊尼斯

神祕，神蹟，神慘
悲慘的
持續不斷的風濕
肌肉、骨頭、血、神經綁在一起

有個孩子想透過我的愛來到世界

只因我不能走就得待在石器時代
在阿雷格里港這裡
我們說的話和疾病接觸後變得難以察覺

說的話
我，你研究
我們
說的話
他
他們

人稱代名詞

葡萄牙語
朱歐·畢尤教授
家的教授
語言
非真理
真理
千禧年
真實
真相／雷亞爾
好多真相／雷亞爾

靈魂
孩子的道理
做人的道理
物品的道理
律法的裁判官

天使安德森在河裡抓到一條魚
藥用糖果棒
頭痛
譫妄
卡塔莉娜
時間之外的渴望
沒有下一次了
機會已經沒了
我，就是我去的地方，就是我這樣的人。

〔二〇〇三〕

第六部　字典
PART SIX　THE DICTIONARY

人稱代名詞

葡萄牙語
朱歐・畢尤教授
家的教授
語言
非真理
真理
千禧年
真實
真相／雷亞爾
好多真相／雷亞爾

靈魂
孩子的道理
做人的道理
物品的道理
律法的裁判官

天使安德森在河裡抓到一條魚
藥用糖果棒
頭痛
譫妄
卡塔莉娜
時間之外的渴望
沒有下一次了
機會已經沒了
我，就是我去的地方，就是我這樣的人。

〔二〇〇三〕

卡塔莉娜，生命療養院，2001

結論

「一條通往這些字句的路。」

Conclusion: "A way to the words"

我接到奧斯卡興高采烈打來的電話，他問是不是我安排了卡塔莉娜的女兒安娜及她養父母的驚喜造訪行程。沒有，不是我安排的，我聽了也很驚訝。奧斯卡告訴我，卡塔莉娜非常開心——「他們甚至為她帶了水果來。」

在二〇〇二年九月初離開巴西之前，我聯絡過塔瑪拉和厄巴諾，也問了他們是否能去探訪。「看一個人身處那種悲慘境遇實在很難過。」他們說。「明明有那麼多人可以照顧她呀，比如她的公婆跟弟弟。像我就不會讓任何家庭成員落入這種處境。」塔瑪拉說得信誓旦旦。然而，不論生命療養院的條件，這對夫妻仍覺得「我們該感謝上帝還有這種地方存在，這些人才有地方去。不然他們只會流落街頭然後死掉」。

我問他們為什麼帶安娜去那裡。先開口的是厄巴諾，話語間表達的是一種心理及道德上的責任感：「我們決定帶這個女孩去，這樣要是卡塔莉娜死了，安娜就不能怪我們從沒帶她去見過母親。」塔瑪拉又補充，「她們一開始不認得彼此……這女孩嚇壞了……她不要卡塔莉娜碰她。」

塔瑪拉接著解釋之所以前去探訪的真正動機。根據塔瑪拉表示，那女孩已經叛逆一陣子，還偷了她的一只戒指。我很難從她錯綜複雜的描述中確定那女孩是故意要偷戒指，還是單純想透過戒指模仿、親近養母。塔瑪拉體罰了安娜，還告訴她，「我們把你從爛泥中救出來，養育你，你該感謝上帝才對。你之前根本像是和一群雞和豬一起在後院打滾。是我把你從豬舍門口抱回來的。你得了解，我們只是希望你好……你做的事是錯的，如果我放任不理，你會做出更糟的事。」探訪卡塔莉娜是這場懲戒中的高潮大戲。透過探訪卡塔莉娜，能讓安娜知道「她從哪裡來，還有要是她不改變，之後又會往哪裡去。回家的路上，她在車裡一個字也沒說，但我確定一切已烙印在她腦海中」。

二〇〇二年十月初，我收到大學醫院的羅拉．伯納許．賈汀醫生寄來的信，她為我帶來了好消息，表示基因服務單位已經有辦法繞過新的公衛官僚手續，所以她可以繼續跟自己的病患約診了。卡塔莉娜真正擁有的疾病終於可以受到診治。我打電話給奧斯卡，確認他會開車帶卡塔莉娜赴約。

之後，在得到卡塔莉娜的同意後，我和為她檢查的醫生談話，確認了馬查多－約瑟夫病的存在。他們判斷卡塔莉娜「神智完全清醒，明白自己的處境，包含過去及現在，也沒有表現出精神或其他方面的病態」。他們為她約了一名神經學家，並要她幾個月後再回來進行後續安排，服務單位可以視她的意願替她展開物理及語言治療。她也受邀參加一場聚會，那是逐漸發展中的馬查多－約瑟夫病患及家屬協會的第一場聚會。

就在卡塔莉娜結束基因諮詢後，發生了一個驚人的巧合——她的弟媳，那位和奧塔彌爾結婚的凡妮亞正要走進同一間辦公室。她是去拿確認丈夫病況的文件，好進行後續的殘障津貼申請。多麼諷刺呀，我想：卡塔莉娜現在被外界認定為基因疾病確診的病患，而所謂的外界，就是曾幫她去地方醫療站拿抗精神病藥物的人。

這兩個女人聊了很久。卡塔莉娜得知自己很快要成為奶奶了。她的兒子安德森和一名十五歲的女孩有個孩子要出生了。我之後問卡塔莉娜對這個消息有什麼反應，她說，「這是血的新生。世上總是有容納新生命的空間。」

在二〇〇二年秋天回到生命療養院的還有柯洛維斯。他也重新進入了卡塔莉娜的生活。奧斯卡在醫療站非常需要人幫忙，於是說服隊長同意讓他回來。柯洛維斯負責照護「奶奶們」，也就是那些因為領取福利津貼而住在獨立房間內、能夠享受好一點照護品質的年長婦女。而既然「卡塔莉娜非常喜歡柯洛維斯」，他也被指派進行她的日常照護工作。

不過幾個星期後，奧斯卡開始注意到狀況有些不對勁。某天清晨，他發現卡塔莉娜在露台上，但沒坐輪椅。還有奇怪的地方是，柯洛維斯沒固定餵她我們提供給她的特殊食物。終於，在十二月初，柯洛維斯在放了一天假後醉醺醺地回到生命療養院。那天下午，奧斯卡破門進入藥房，發現柯洛維斯和卡塔莉娜正在性交。隔天早上，「我叫他什麼都別管，直接離開，我不會跟任何人說。」奧斯卡說他從沒跟卡塔莉娜提起這個話題，「她只是太需要別人注意她，太想要別人的關愛。實在沒必要再去傷害她。」

＊

我在二〇〇三年一月回到生命療養院探望卡塔莉娜。生命療養院看起來好淒涼。屎尿的味道令人難以忍受。到處都是蒼蠅。因為蝨子，每個人的頭髮都剃光了。療養院前一個月被斷電了，和奧斯卡一起確保療養院以最低限度的狀態運作的艾蘭卡爾向我解釋，「在國會議員魯凱奇的要求下，政府介入幫忙付了電費。」

我也得知至少有八人在今年秋天死於肺結核，其中包括日復一日站在大門口，手中還拿著兩個洋娃娃的黑人女性川卡。直到這些人都死了之後（約占醫療站剩下人口的百分之十五），附近醫院才派了一支醫療團隊前來調查。他們要求奧斯卡選出一批人接受檢查，結果又發現四個肺結核病例。這些人開始接受治療，但我們不知道還有多少病例沒被檢查出來。不過根據奧斯卡這個早已習慣這類醫療奇觀、建構出來的不可見性，以及選擇性照護的人表示，「這個問題現在已經解決了。」

據我所見，這些年在療養院出現的種種現象已徹底制度化。療養院任由醫療站的人們死去，恢復區現在只收容了十五個男人，投入其中的運作資源也大幅縮減。新大樓是空的，所有承諾會出現的醫療、牙醫及社會照護資源通通沒有到位。我的感覺是，把歐幾里德．達．庫尼亞曾對一九〇〇年代初期巴西的現代化過程的描述——「廢墟的建立」（Cunha 1976），拿來描述當代世界也很合適。我得到的說法是，療養院裡的人愈少，「他們要處理的麻煩愈少。」「現在我們有好幾棟大樓了，但人們可不能靠吃磚塊過活。」而且，「過了一段時間之後，這些建築就又會被拆毀。因為他們想要讓來訪者留下此地總在進行建設的印象。這樣才能幫助善款湧入。」

奧斯卡已經有段時間不再吃治療愛滋病的抗反轉錄病毒藥物，他為此感到自豪，重新開始上五旬節教派的教會也讓他自豪。「我理清想法了，現在我是名世俗牧師了。」他本來想開設一間類似生命療養院的機構，但被人打消了念頭。他也提出了充足了理由，說服生命療養院的行政主管付錢請他繼續營運醫療站——畢竟這真的是個沒人想做的工作。「他們不想知道這裡發生的事。」奧斯卡現在每個月能拿到最低薪資，還擁有住屋、生活用品及食物。「我怎麼可能在其他地方為家人和自己談到這種條件？」他的薪資其實就是某一位奶奶的養老金。「療養院有所有病患的福利卡。所以隊長把其中一張卡給我，說要是這個人死了，就從我照顧的人當中再找一個，拿她的福利津貼。」

我得到的說法是，生命療養院的主要管理階層利用此機構爬上政治階梯，現在都離這個地方都遠遠的：隊長成為警界的大人物，還有了蒸蒸日上的私人保安事業；療養院內缺席的社工，也就是他的妻子達爾娃，已經是代表魯凱奇政黨的市議員；魯凱奇本人則在前幾次選舉時成為最廣受支持的國會議員。

這個地方除了現在變成這副模樣，沒有投資也沒有願景。恢復區剩下的男人現在拒絕擔任志工，也不在醫療站裡幫忙。在這段過程中，奧斯卡已成為醫療站的站長，也是這個地方的社工、慈善家、牧師、藥師和司機——換句話說，他就是機構本身。他帶著他的妻子幫忙分發藥物。透過艾蘭卡爾的協助，他開始訓練新一批的上癮者，這些人沒去恢復區，而是在醫療站「進行復健」。

正如奧斯卡所說：「隊長有開放幾個地方讓我管理。檢傷現在是我在做。是我把男人帶進來，教導他們。我把自己見證過的一切告訴他們，包括我的人生如何改變，包括我嗑藥、坐牢，最後終於完成了照顧他人的使命。」奧斯卡正在將宗教建立為醫療站運作的基礎：他身邊親近的幫手也因為他而信了教，艾蘭卡爾就是一個例子，他也禁止大家抽菸，並把他的教會朋友帶來定期舉辦主日崇拜。

照護系統不連貫的問題仍然是常態。奧斯卡知道他新得到的工作人力終究會「恢復（健康）」，「再不到三個月，他們就不會在這裡了。」他也會為部分醫療站院民的家屬進行特殊安排。人們會多付他一點錢，希望他提供好一點的食物給自己的親戚（例如優格和水果），他因此能得到穩定的額外收入。你可以說，現在的生命療養院開始經營家族老人院的事業，就跟整座城市中隨處可見的老人院一樣。

至於卡塔莉娜，她的家人之後再也沒有聯繫她。但根據奧斯卡及艾蘭卡爾所述，「她抱怨的情況已經冷靜下來了。」他們堅持將她想住到其他地方的渴望簡化為孩子氣的耍賴：「這種情感賄賂的把戲對我們沒用。」奧斯卡接著對基因諮詢的結果發表意見。「醫生有用紙筆解釋給我們看。她的病況是不能逆轉的。弟弟們也有同樣的問題。她已經出現吞嚥困難了。我們有在餵她吃搗爛的食物泥。」

我堅持她的生活品質可以進一步獲得改善，奧斯卡聽了表示，如果情況允許，他會每週帶她去進行一次物理治療。我告訴他，經過神經科的評估之後，或許能找到一些緩解她肌肉疼痛的特定療法。奧斯卡則提到卡塔莉娜在基因學家辦公室外撞見弟媳的「美好巧合」。透過這樣的基因確診，歷史獲得改寫，我說。無論過去或現在，她表示雙腿有問題的說法終於得到了科學驗證，而家人也無法輕易把她當成瘋子打發掉了——畢竟現在她所看的醫生，跟治療家族中其他男人的醫生是同一位。

「該怎麼說呢，朱歐。我真心覺得你讓這個案子很有進展。在我看來，你是想深入問題的根源，這樣未來或許可能在疾病加速發展之前，就能預測到一些徵兆……再也沒有其他事可做了。這是很棒的研究，出色的研究，因為你能預測未來，或許其他人可以從中得到好處。」

既然卡塔莉娜的命運無從逆轉，而且現在已得到醫學上的驗證，奧斯卡問了我一個對他而言顯而易見，但對我來說無比殘暴的問題：「你還要繼續花錢幫她買特殊食物嗎？」

奧斯卡，我說，當然要呀。這是我們至少能做的事。我們必須維繫她的生命。我們是確認了她的病況無從逆轉，但這不代表卡塔莉娜最終的價值，我還告訴奧斯卡，在四月的基因諮詢之後，她會拿到確認得以領取殘障津貼的文件，而整個基因團隊也會幫忙。他保證會針對卡塔莉娜相關的這些計畫追蹤後續狀況，然後就去把她帶來藥房。

這次的探望非常令人傷心，我幾乎完全無法聽懂卡塔莉娜說的話。她點頭表示整體而言過得還可以。她回憶了自從我們上次見面以來發生的事：柯洛維斯回來了，她在新的三部字典中寫了大量相關文字；她和基因團隊的會面；和弟媳的巧遇；關節、子宮及屁股的疼痛，「一個痛連接到另一個痛」；另外還有持續想要身處他方的渴望。

「柯洛維斯在這裡時會給我維他命……我要你帶我去找弟弟。」她哭個不停。

卡塔莉娜接著告訴在旁邊聽我們說話的奧斯卡，說她想注射維他命來「變得更強壯」。

「她這個月來一直在要求這個。」奧斯卡用一種打發的語氣責備她：「我要你了解，我不能因為你想就給你藥。醫生說的藥才行，而必須帶你去醫院的是我。一定要是醫生開的藥才行。」

卡塔莉娜知道這種情況不會發生，所以直接透過這句話結束了話題，「我有活血。」

她接著轉移話題，表示她快要成為奶奶了，還談起她被從中移除的極度平凡的生活結構。

「母親心中總有容下另一個生命的位置。」卡塔莉娜告訴我，她認識那位即將成為母親的伊莉安，「從她小時候（就認識了）。」伊莉安之前是她女兒最好的朋友，小時候就跟雅莉珊卓還有安德森玩在一起。那個年輕女孩的爸媽是「純樸的好人。就跟那裡的其他人一樣，也在家做鞋子」。

卡塔莉娜的話題又從那個世界轉移到醫療世界，表示她想成為醫生，「去發現頭裡面發生的事，還有腦、四肢裡面……但那樣我就得念書了。」她始終知道這不可能痊癒，但也沒有因此停止說出尋求解方的盼望，「去治療許多有風濕的人。」

卡塔莉娜，你有某種幫助人的能力，那是大部分醫生沒有的能力。很少有人能夠用你的方式思考，而且你能使用字詞表達那些想法。

她聽了回答，「我知道。我是一位律法的裁判官。」

沒錯，卡塔莉娜，你是律法的裁判官。

「我有奮鬥的能力。我的記憶，記憶之書，就是我的文憑……你給了我筆記本，讓我書寫，我填奧斯卡現在一心只想在生命療養院附近的村子「蓋自己的屋子」。一包水泥和幾落磚頭就讓他成了世界上最快樂的人。

在回顧我們這些年來進行的工作，以及從中得到的體悟時，奧斯卡轉向卡塔莉娜說了，「我開始在你身上看到我自己。」卡塔莉娜回想起自己跟奧斯卡許多次的小爭執，「但生活就是這樣嘛。」他回答，「我們透過熟悉彼此來獲取經驗。」卡塔莉娜希望能離開輪椅，她說，然後開始哭。「我得去新漢堡，去拿我的文件。其他人沒辦法幫我拿……我想回家。」

我那天離開時，腦中迴盪的是奧斯卡說的話，「他們沒有當人的權利。他們想要的就是當人，而人們想要把這種可能性從一個人類身上奪走。」

接著卡塔莉娜說：「我屬於起源的一部分，不只是語言的起源，還是人的起源……我代表的是人的起源。」

*

九月十五日，奧斯卡打電話來說卡塔莉娜過世了。

跟她同房的女人告訴奧斯卡，卡塔莉娜在晚上呼喚了母親好幾次，然後就安靜了。隔天早上被發現時，她已經死了。

剛好就在那天早上，賈汀醫生致電奧斯卡追蹤卡塔莉娜的治療狀況，於是奧斯卡告訴了她這個消息。賈汀醫生非常確定卡塔莉娜不可能是因為馬查多－約瑟夫病的併發症過世，她要求進行驗屍。

驗屍結果發現卡塔莉娜是因為腸道出血而死（*trombose hemorrágica intestinal*）。這種病症會引發醫生口中的「急腹症」(acute abdomen)，並伴隨劇痛及高燒。「如果是這種狀況，她一定痛苦了好幾個小時，其間沒得到任何的協助及治療。噢，我的上帝，多悲傷呀。」賈汀醫生在得知結果時如此說道。

在打電話給我的那天早上，奧斯卡就跟家屬談過了，而他們決定不把卡塔莉娜埋在為窮人設置且沒有墓碑的臨時墓地；生命療養院內的大多院民都是這樣下葬的。「至少家人把屍體帶回家了。」奧斯卡說。

領養了卡塔莉娜小女兒的厄巴諾和塔瑪拉處理了在新漢堡市公共墓園的葬禮。所有家人都出席了，包括她的孩子、前夫、三個弟弟和他們的配偶、姻親，還有其他遠親。

卡塔莉娜被埋在她母親的墓地裡，就和她的遺骸葬在一起。

後記
Afterword

卡塔莉娜的埋葬之地，2011

戲碼的一部分。真正令我深刻感到困擾的，是這句話暗示卡塔莉娜及她的思想已被耗損殆盡，而這趟與她相遇後發自肺腑的民族誌旅程，及其觸發的相關事件，已經沒有任何足以帶來創見的重要性。

卡塔莉娜絕不會想就這樣入土為安，我告訴自己。她要是知道自己的故事能被更多人聽見，一定會很高興。不過這個無關緊要的時刻（或者說學院式的無對話）促使我更嚴謹地思考自己為何不停回顧——為什麼我必須而且還會繼續回顧——我們的談話內容，以及我在超過一年前因為卡塔莉娜的人生及被棄而開始處理的那些困難問題。

民族誌的主體能讓我們不停回到思想誕生的現場。

*

生命療養院艱困且多面向的現實，以及人們住在那裡根本上的曖昧本質，給了我一個機會，去發展針對社會性死亡機器的人性批判（這裡的人性不是抽象哲學上的，也不僅僅是心理學或經濟上的），而今日那些沒有生產力的多餘者就是被困在這樣的機器中。在卡塔莉娜走向生命療養院的終點前有很多交錯而過的道路——有許多明確的例證指出，只要在家庭動力、生物學、醫療及道德上稍微出現一點改變，卡塔莉娜就能走上不一樣的道路。她知道自己走的那條是「人生中產生的悲劇」。

卡塔莉娜宣稱自己已被當作「失敗的藥物治療」的結果。「沒有人要我成為生命中重要的人。」精神醫學理性跟日常生活緊密糾纏在一起，無論是在巴西、美國，或者是印度都一樣，並因此改變了人們的生活及渴望——這種形式的理性有時候有害地鞏固了人被排除的可能性，但有時候又容許新的願景及照護形式出現。人類學工作非常有資格去捕捉、理解這樣的張力，並讓我們更能逼近政治及道德經濟的樣貌，以及精神醫學分類及治療在一般大眾中布署時存在的各種不確定性——這樣的工作愈來愈常出現於診所之外，並進入了家戶之內。此外，這樣的不確定性也會在人們與科技建立孤立關係時發生。

家庭在接觸到公衛的藥療化治療手段，並想辦法管理他們既匱乏又微薄的資源的同時，已經學到如何以精神科醫生代理人的身分行動，也學到只要家中不受歡迎的成員不配合治療，就能藉此把他們擺脫掉。這種評估人的價值並決定誰值得活的家庭行動，不只將照護及漠視複合為一體，而且在和種種因素協同作用——性別歧視、市場剝削，以及一個和宣稱統治的人民愈來愈遠的國家——之後更是被放大了效果。

然而，儘管是對社會來說不再有價值的人生，也不全然意味身處其中的人活得不再有意義。即便在極度受到拒斥的情況之下，語言和渴望仍具有意義地持續著。在我們進行人類學工作的過程中，卡塔莉娜將她的被棄及瘋狂不再視為自然，她主張自己的歷史性，並排除萬能地為自己發明了一個新名字（卡琪妮）。透過她的書寫，她找到了人生中擁有另一次機會的可能性。只要過去的一切有可能走上另一條道路，此刻也就不再是無從避免的命運。

病症隨著時間誕生，也隨著時間消亡。儘管病症會帶來種種意外及痛苦的限制，卻也是患病者用來闡述自己與此刻世界，以及和他人之間獨特關係的資源。正如卡塔莉娜的文學作品中顯而易見的是，病症能作為一種不可或缺的輔具——一種將已知事物變成全新未知（或用不同方式去認知）的事物，而在這樣一場追求認可及照護的奇特旅程中，比起最終能得到的診斷，其中尋求的過程反而變得更為重要。

「死吧死亡，沒有再多的藥了。」卡塔莉娜的書寫，以及想要療癒自己，並希望終究能夠再次身而為人的努力，不但凸顯出疼痛，也凸顯出一種尋常的生命力，此生命力希望突破種種形式及受到排除的可能性，來定義出一種主體性，這種主體性既是有關閃躲與逃跑，也有關堅定的決心。「我會把籠子的門開著。你可以飛去任何你想去的地方。」

這些充滿想像及昇華力量的時刻能提供籠子的開口，但機會總是稍縱即逝。只是這樣的努力往往難以堅持下去，甚至最後無法改變物質上的種種限制，即便如此，卻也無法抹消掉那種奮力尋求連結的內在力量、奮鬥過程中所展現出的人類韌性，以及這些故事能將以下主題相關之種種理論複雜化的方式：結構性暴力的糾纏不清，以及權力和知識如何形塑人們對於自身處境及未來可能性的理解。

人類學家面臨的挑戰是即便在處境最黑暗的時刻，仍能找出描述及維繫人們期待感的權宜方式。這一切的張力不該癱瘓我們訴說故事的能力，我們該做的反而是找出表達的方式，好讓讀者能更接近眾人。

卡塔莉娜拒絕被分層後逐出存在，她期待能離開生命療養院，所以我也不願讓她及她的故事僅止於這本書。人的生命故事不是只有開始和結束。這些故事訴說的是改變：它們將現在跟過去連結在一起，也和可能的未來連結在一起，並在各個主體、繕寫者及讀者之間，建立持久的關係。

＊

「你什麼時候會回來？」卡塔莉娜總是這麼問。二〇〇五年八月，我在知道她已經不在的前提下回到巴西南部，心裡感覺很怪。我想為卡塔莉娜的墳製作碑石，所以決定去拜訪塔瑪拉和厄巴諾，也就是卡塔莉娜小女兒安娜的養父母。當時就是這對夫妻協助籌辦了卡塔莉娜在新漢堡市公共墓園內的葬禮。

我抵達時，安娜正安靜地在家裡開的餐廳幫忙。十三歲的她無論臉龐或眼神都有著卡塔莉娜的影子。負責說話的幾乎都是塔瑪拉。她猛烈抨擊卡塔莉娜的每個家族成員，說他們在葬禮時都表現得好「假」。只有前夫尼爾森透過主動表示承擔葬禮的部分費用表示了「尊重」。

卡塔莉娜死後，她的故事持續在人們口中變形的狀況相當驚人。她不再成為大家回憶中的「瘋女人」。無論是塔瑪拉，還是我之後在同一週見到的她的親戚，他們現在提到卡塔莉娜時，都是說她「受了很多苦」。她確實是受了很多苦，但這樣的說法並沒有處理使她的棘手處境更為惡化的種種日常實踐——其中最明顯的，就是隨著照護被視為一種技術性干預而來的冷漠疏離感，取代掉了關係性的實踐。確實，人生故事的情節永遠不可能是其主體的穩當資產。在那些活下去的人持續進行的道德工作中，這些人生故事也成為了其中的一部分。

八月的某天早上，塔瑪拉和我驅車前往墓園。我小時候曾跟外婆（Vó Minda）來過。我們會花一小時走上山丘，一次又一次地走，就為了把裝飾她兒子墓地的白色卵石洗乾淨，留下我們從後院摘的鮮花。墓園擴展後，現在已覆蓋了整座山丘，並俯瞰著底下那座也早已面目全非的城市。墓園已成為一個劫掠的地點。每座墳墓上稍微能換點錢的東西，無論是拼出亡者姓名的金屬字母，還是宗教符號，總之全被打劫一空。回憶的價值竟是如此啊，我對塔瑪拉說。她聳聳肩，不知該如何回應。我也不太確定這句話除了表達出一點哀悼之情，還能有什麼意義。

生命的故事永遠也是死亡的故事。只有我們能將這個故事想清楚，並透過將故事投射向未來，來幫助形塑故事的來生。[2]卡塔莉娜跟她母親的遺骸被埋在同一個墓穴內。我確認過了，有人為這個墓穴付費，所以未來她們的遺骸不會被丟到墓園旁的公共墳場。塔瑪拉之後會監督卡塔莉娜墓碑的製作，墓碑是大理石的，上面刻有卡塔莉娜的名字，還會放照片：卡塔莉娜在相片中露出一抹美麗的微笑，那是誰也無法奪走的微笑。

我還記得這張照片是何時拍的，也記得是在什麼情況下拍的。當時是二〇〇一年十二月，托本發現很難替卡塔莉娜拍人像照。她的頭老是動個不停，還想擺出模特兒的姿勢。托本要我請她盡可能保持不動，直視相機，「保持自然就好」，我也就這麼說了。接著我又補充，托本是個藝術家，希望能捕捉到你獨一無二的樣貌……也就是說，他在找到對方的靈魂前是不會罷休的。卡塔莉娜聽完回了我這句，「但要是到了最後，他只找到自己的靈魂呢？」接著，我們就看到她拉出那抹出現在托本照片中的微笑。

正如格林布拉特提醒我們的一樣，一名藝術家最了不起的天賦，在於堅持主張我們每個人所擁有的獨特性，之所以獨特，是因為我們每個人都已命定要在特定的時間及地點走過塵世一遭，有時候是孤身一人，有時候則會和另一個「無從取代的存有」刻劃出一個家，或者一段故事（Greenblatt 2009:8）。另外也在於面對時間的同時，留下關於人的奮鬥掙扎及無從挽回的失落，莎士比亞就曾在和一名年輕人說話時，優美地以文字捕捉了這種概念（第十五首十四行詩）（Shakespeare 2008）：

為了愛你，全力與歲月拚搏
它將你摧折，我再把你接活。

*

卡塔莉娜的墓碑，2011

究中，也會遭到明確的界線定義、加以泛稱，並被視為超定的存在。但民族誌允許它的對象——同時也允許自身——擁有其他的路徑及可能性。在我們重返之前那些相遇時刻，也就是那些形塑我們及我們生產出的人類處境相關知識的同時，我們也可以從自身的經驗中重新學習，去用不同的角度重溫那些經驗，並由衷地感謝那些幫助我們學習之人於核心存在的源源不絕的豐富性及神祕性。

你會想到讓李維-史陀得以寫出《憂鬱的熱帶》的發言：「時間，透過一種沒有預料的方式，擴展了生命及自我之間的地峽，」他一邊回憶一邊說道，「我必須先經歷二十年的遺忘，才能和早先的經驗建立親密的關係，在此之前，我已為此尋遍整個世界，卻不明白它的重要性，也不懂欣賞它的精髓。」（Lévi-Strauss 1992:44）

民族誌總是開始於社會性生活之中，我們的書寫也是——正如艾略特所說，我們總是「在路上」，而且「試著學習使用我們的文字」，並痛苦地意識到「所有嘗試都是一個全新的開始，也是一次不同種類的失敗……因此，每次的犯險投入都是一個新的開始，是一次針對難以言說之事物的突襲」（Eliot 1971:30–31）。

不停帶著關愛重返，持續不斷的好奇心，還有在一切未定的狀態下抱持把握，為了更接近人群和「經驗」所持續擁有的無限力量的意願，都是人類學在處理人的現實處境時不可或缺的基礎。

當然，要重返我們的民族誌現場及對象，或者重新去處理筆記、回憶和視覺檔案，無論就隱喻或直接意涵而言都有很多不同的方式。透過重新回顧之前的研究工作，我們或許能將更廣泛的學術戲碼帶入視野，在此戲碼中，民族誌的敘述及批判彼此層層交疊（正如拉比諾於二〇〇七年出版的開創性作品《摩洛哥的田野作業反思》一樣），又或者，我們會凸顯出攝影的潛能，也就是透過攝影所捕捉的獨特性，來對抗社會學研究將一切概論化的指令（正如拉比諾在二〇一一年的《附屬物》中探討的保羅．海門的案例）。

真正如同字面意涵地去回到民族誌的現場——更為誠實地說出我們的所見，或者修正之前錯誤的表現手法，並修正由我們的詮釋及文本所造就的痛苦（正如舍柏-休斯為她在二〇〇一年出版的《聖人、學者及思覺失調者》一書所做的），又或者去理解戰爭及無情的政治經濟是如何對一世代人造成影響（正如傑克森二〇〇四年那本筆鋒辛辣的作品《在獅子山》）——能導致一種獨特的縱向視角突現，這樣的視角所容許我們理解的見識，不只包括時間如何影響我們自身的理性及感性，還有（或許最重要的）世界是如何隨著一年年過去而有所改變。

這種直接意義上的重返，容許我們去追蹤、連結當時及此刻的各種肌理，並為檢視此刻所發生的一切打開了批判性的空間：宿命如何得以破除？如何傳遞下去？改變如何得以可能？以及是怎樣的維繫，導致這種無法容忍的處境變得牢不可破？

*

從市場觀點來看，巴西再次成為一個「未來的國家」。聯邦政府一直在玩弄人們對於市場開放性及減貧的需求：政府一邊策略性地從嚴格的市場管制中抽身，一邊擁護備受需求的社會政策，同時鞏固自身作為一個強國的地位。失業及收入不平等的指數一直在降低。不過儘管中產階級的比例據說有了戲劇化的擴張，批評者卻質疑這個充滿新花樣的巴西的永續性，並進一步指出，無論是國家的基礎建設，還是針對教育及健康領域的長期投資，都處於岌岌可危的狀態。而在此同時，公民對政治貪腐及高物價的怒火已在全國各地愈燒愈旺。

我持續感興趣的是，巴西的經濟繁榮及治國權術的改變，是如何對國內最邊緣的那群公民造成影響。這個國家在一九八八年頒布的民主憲法給予所有公民健康的權利，而在過去幾年來，我和巴西南部進行的一項合作研究，能幫助解釋現在為何很多人會為了得到醫療資源而控告國家——這個現象已被稱為**健康的司法化**。[3]

巴西有一個普及性健康照護系統，但現在許多病患去公共藥房時，卻會發現就連最基本的藥物都缺貨。這個國家也是世界上最大、成長最快速的藥療市場之一。無論是公立醫院還是私人診所的醫生都愈來愈常開立新藥（病患也會要求），其中有些藥物的好處甚至都還不明確。由於無法從地方主管單位取得所需藥物，也掏不出錢來買新藥，愈來愈多病患公民（patient-citizens）開始控告政府。人們在提到他們的醫療訴訟時，通常會使用「進入司法制度」（*entrar na justiça*）這個說法，直譯的話就是「進入正義程序」。

除了爬梳數以千計有關健康權的訴訟，我們的研究團隊也對阿雷格里港及其周遭地區的醫生、公共法律顧問、法官、政策制定者、病患及病患家屬進行了訪談。托本在二〇一一年八月跟我來到巴西，除了進行最後一次的田野研究，也為了一場攝影展，「權利及醫療的身體」。

我們發現人們為爭取健康權發起訴訟是非常普遍的現象，即便是非常貧窮的病患都能這麼做。政府的藥療計畫努力想達成原本擴大取得以及理性用藥的目標，而在此同時，窮人不想苦等醫療科技從上層階級透過涓滴效應的臨幸。他們借助公共法律扶助的力量，並利用訴訟門檻低的司法制度，要求政府對人民託付的權力及他們的醫療需求負起責任，而且立刻就要。這些人不完全受到國家及市場的支配，但這些地位曖昧的政治主體透過法律體系，去和科技社會中的限制及可能性進行協商，讓抽象的人權具體化。

我們在阿雷格里港進行這項計畫，托本和我也回到了生命療養院。

*

「歡迎回來。」向我們這麼說的是莫亞希，他說話很輕柔，過去十多年來都是掌管生命療養院日常運作的資深公民。「當自己家。」

所有建築物都被漆上天國般的藍色，由於一項持續性的衛生工作正在進行，總會有幾名志工在打掃各處的走廊和地面。奧斯瓦多隊長現在是一位經營私人法律服務事業的退休中校，還是負責營運這個機構，另外有兩名也是從軍中退休的兄弟會來幫他。其中一人順路走來確認我們的狀況，並堅稱「我們正在改善生命療養院的狀況；這裡正在一點一點變得更好」。

我們在熱得不尋常的八月天造訪了兩次，兩次都是莫亞希替我們導覽。「我們很常被督考。」他說。公共部是一個法律及政治勢力都在成長的民主辦公室，目前已經讓許多間檯面下的照護事業關門大吉。生命療養院現在已進入市府及國家官僚的管轄雷達範圍，因此在硬體及管理上都有長足的進步。在此同時，許多處境危殆且未受控管的遺棄區仍不停在周遭區域冒出頭來，而公共部的勢力仍不足以對它們造成影響。

復健區原本的結構是為了舉辦職能治療工作坊而設計，現在完全被翻修成某種護理之家，用來收容大約七十位被視為「殘障」的病患。白天時他們會被帶去一棟大棚屋，那裡有點像社區中心或集會場，他們會在那裡看電視、社交，並一起喝一種瑪黛茶，又或者就是呆坐著打發時間。無論何時，復健區都只會再另外收容十五名年輕男子；為了交換住房及伙食，他們得幫忙打理這個地方及其中的人。人數減至大約四十人的「精神病患」住在我以前和卡塔莉娜一起工作的舊醫療站。「我們把他們隔離開來，」莫亞希說，「有些院民只有臨床問題，但患有精神病的院民常入侵他們的空間。他們會製造麻煩，害事情變得一發不可收拾。」

醫療站的地面已鋪上水泥，也會進行常態性消毒及移除人類排泄物的工作。還留在那裡的大多是男人，他們有穿鞋，傷口也不再暴露在外或受到感染。「我們現在有辦法進行這類照護工作了。」莫亞希指出。醫療區沒有護理師。羅絲是一名穿著白色醫療手術服的志工，平日她是和一些復健區的男人一起幫忙維持這個地方。

托本的新照片反映出生命療養院跟著巴西一起改變的狀態。這裡不再那麼像遺棄區，而比較像臨時湊合起來的照護機構。但仍是一個社會及醫療處境非常棘手的所在。因此，生命療養院仍然是一個窗口，足以讓人窺見在這個世界第七大經濟體中逐漸轉變的各種人事、機構，及科技地景。在生命療養院，我們可以看到今日有關「生命」的概念逐漸成形的過程。

被棄者不再躺在骯髒的地面，而是蜷曲在單人床上。我們在一個小房間內發現一名臥床的男人，旁邊有張空椅子和一台電視。照護員稱他為「一個骨董」或「那種以前年代的人」，因為他從生命療養院於一九八〇年代中期開設之初就存活到現在。他被刪除了所有的特殊性，一動也不動，像顆人造礦石，沒有任何人的碰觸或聲音足以喚醒他的神采。就像某種社會性死亡的自然狀態，他被難以分辨差別的日日夜夜包裹起來，但仍然存在。

看到這個老男人時，我被深深地觸動了，彷彿又回到了書寫本書的原點。「生命療養院是用死亡的語言訴說的生命」是我針對這個地方隨手寫下的第一句話。我唯一擁有的就是僅僅針對眼前畫面所做的陳述，那是一個和任何事、任何人都沒有連結的人，而我知道自己沒有任何情緒或畫面，足以代理這個人的生命故事，於是就跟大部分人一樣，他的故事將不會有人知道。詩人梅洛・內托是這樣說的（2005:27, 31）：

空白的頁面
不會讓我做夢
它促使我理清思緒
執行詩歌任務
……
礦物
這本書，也是任何書，因為
被寫下的世界是礦物
礦物是寫下的文字中
冷淡的本質

*

「你會覺得醫療站現在比較空了，對嗎？這正是我們要的結果。」莫亞希的意思是，生命療養院沒有足以照顧精神病患的基礎設施。儘管地區精神服務機構的病患親友及社工對此地施加很大的壓

生命療養院的新接待區，2011

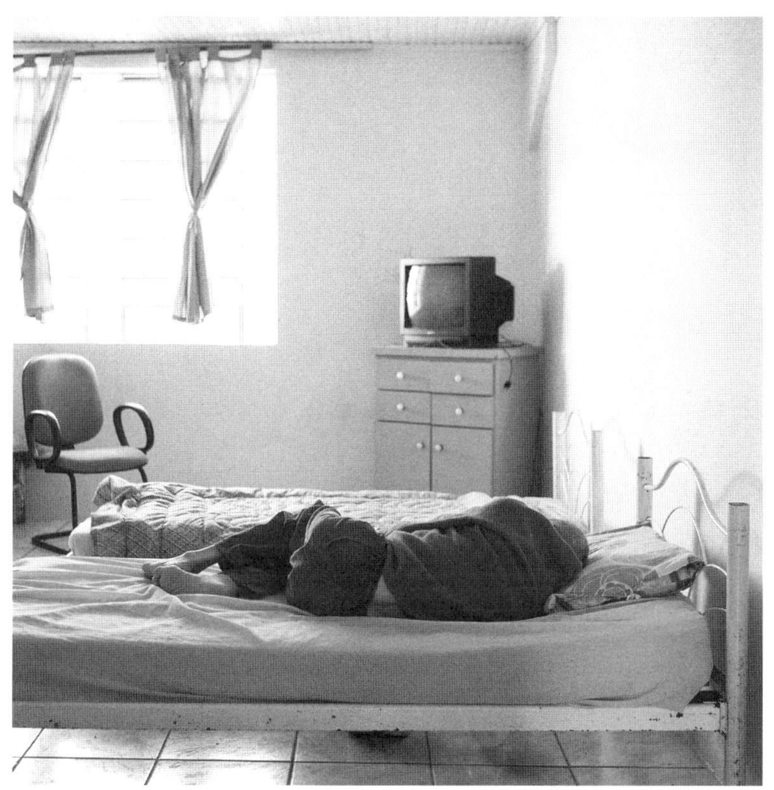

臥床的男人，生命療養院，2011

小牛，或者說是朱甌・波羅，生命療養院，2011

胡立歐，生命療養院，2011

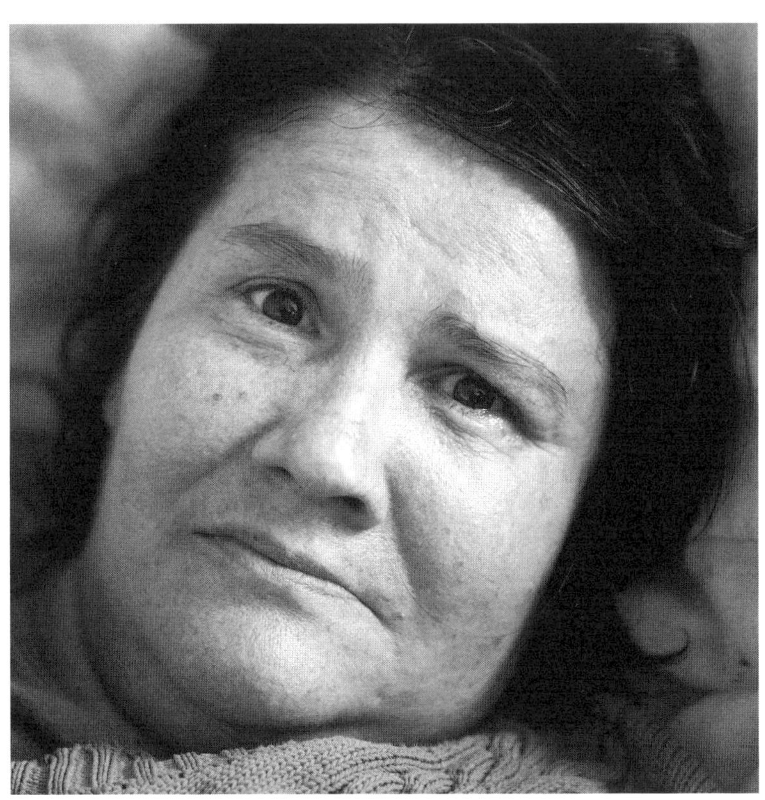

比爾瑪，生命療養院，2011

力，希望他們收容精神病患，生命療養院最終還是決定，目前只收容老人或是身體殘障的患者。

我打斷莫亞希，問坐在兩張緊鄰輪椅上的男子是否分別是小牛和小卡車（Caminhãozinho）。「沒錯。」我一聽，臉上就浮現一抹微笑。他們的智力嚴重受損，沒有人知道他們進療養院之前的生活。他們也是生命療養院創立之初的一分子，而且以一種奇特的方式融入我在此地的研究工作。我在書中曾寫道，會有院民非正式地領養小牛和小卡車，試圖藉此復健，並重新建立自己的公民身分，而在此過程中，這些被棄之人／動物／物體扮演了教學性的角色。

隨著巴西有了新的法規，情勢也有了驚人的發展，我得知這些被棄者已正式成為公民。某次公共部針對療養院進行審查時，官員要求所有定居此地院民的法律地位必須正規化。於是，小牛現在是朱甌．波羅．耐斯妥．索洛耶斯，而小卡車是山謬歐．洛皮斯。他們有了別人為他們創造的名字和出生日期，也被核發了社會保險卡及身分證。有了這些證件後，朱甌．波羅和山謬歐現在有權拿到殘障津貼，這些津貼會透過管道轉入機構。是的，即便是在生命療養院這種地方，社會包容的正式管道也正在落地生根，但當然，無論是公民權和照護，也仍然是跟賺錢有關的議題。「我們不可能只靠捐款維持生命療養院的營運。」莫亞希是這麼理解的。

我問起之前在醫療站認識的許多人，然後憂傷地得知其中不少人已經死了。我最親愛的伊拉夕在二〇一〇年初死於中風。莫亞希說，伊拉夕的姊妹之前搬到鄰近的城市居住，所以來看過他幾次，他因此覺得自己是世界上「最幸福的人了」。

在我進行研究工作期間，奧斯卡和艾蘭卡爾是療養院內的主要照護者，現在他們也過世了。曾經如此想在院外展開新生活的奧斯卡，最後卻回頭迷上了可卡因和快克。「看到他的生命逐漸消逝，實在令人心痛，」莫亞希說，「但他的妻子和孩子一直陪他到最後。」艾蘭卡爾和一名在生命療養院做慈善工作的女性結婚，到別的地方找了一份護理師助手的工作，但幾個月後就被診斷出某種晚期癌症。

進一步調查後，我發現對於生命療養院這類機構的需求——就是用來拋棄那些沒有生產力的人及多餘者的地方——不減反增。其中所有人都有類似的貧困或被家人拋棄的故事，而正是這種拋棄的現象，把窮人和中產階級聚集到這些不停出現的照護事業中。生命療養院現在有一名全職社工負責檢傷工作。根據莫亞希的說法，「她會評估生命療養院是否有接受患者的條件。」但現實狀況是，只有那些有退休金或殘障津貼，而且健康程度不能太差的人，才會被收容進來。

就像新來的胡立歐。「我在這個世界上孤身一人。」這名六十歲的男子說話時用最尊貴的姿勢坐在那張整潔的床上。他的第二任妻子過世了，成年後的孩子也「有他們自己的生活」，他接著說。胡立歐是一名退休的保險業務員，他說他試過了，但就是找不到一份新工作。有慢性病的他決定來生命療養院「保養自己的健康狀況」。不過要如何達到這個目標，他也不清楚。生命療養院仍沒有受過訓練的醫生或護理師，無論在醫療站或新的護理之家，都有好些過度被施以精神病藥物的人——就跟以前的狀況一樣。

我們走進女性寢室，一位名叫比爾瑪的院民打了手勢要我們過去。她沒辦法自己走路，莫亞希私下向我們坦承，三個月前是她的丈夫把她留在生命療養院。在床上的比爾瑪用語言追溯了自己身體一路以來的動態：「我離開家。雙腿斷了，我再也不能走了，我不能走。我搭廂型車來這裡。我結婚了。瓦米羅．路易斯．泰歐羅是我的丈夫。我們家只有我們倆和兩個孩子。女兒二十一歲，兒子十八歲。女兒有在工作和讀書，兒子在讀書。」沉默了一陣子後，她又主張了自己的名字，其中所指稱的關係卻已經不在了：「我是比爾瑪……比爾瑪．泰歐羅。」

比爾瑪的故事和卡塔莉娜的故事不可思議地相似。我一邊聽她說話，一邊彷彿又回到我在生命療養院的創世紀時刻，我指的不只是這個地方，還有這本書，我又回想起那些棘手難解的種種糾結，想起足以殺人的現實，想起希望將此現實繩之以法並向世人告發的渴望。

但要怎麼做到？

生命療養院就是命運的概念，已經內建在比爾瑪表達時間的方式中——「我目前已經在這裡超過兩年了」——而她的渴望完全被人丟在一邊，沒有任何人體來慰藉。「每天都有人來探望我，」她堅稱，「我丈夫……還有安琪拉，我的弟媳，她就住在葛羅利亞區。」但現實是從沒有人來探望過她。比爾瑪望進托本鏡頭內的雙眼有淚，她所說的故事中也有一個「前家」(ex-home)。「瓦米羅就在這。他在躲我，我知道。」

比爾瑪被留在生命療養院時，身上帶的只有幾件衣物，還有一份關於精神病處方的紀錄——另外還帶來生命療養院有機會領到殘障津貼的願景。莫亞希堅定地表示，整體而言，被家人留在這裡的人都需要全天候的照料，因此導致另一個家庭成員無法工作：「一旦這個人失去為家庭創造收入的可能性，她就失去了價值及感情，也等於失去了一切。」簡單來說，在今日的經濟體系中，一個不需要承擔照護重擔的家庭可以創造出更多收入。

我們在這裡看到的是，在協商照護的經濟條件時，其中的參與者也在定義何謂有意義的社會關係(Kleinman 2008, 2009; Mol 2008; Zelizer 2005)。照護作為一種道德實踐具有一種存在價值，而且是一種為善的工具，但也同時跟作惡的可能性緊緊綁在一起。照護的科技也可以是一種漠視的科技。之前卡塔莉娜遭遇的情況是如此，現在比爾瑪也一樣：有市場價值的人跟那些被丟著等死的人之間不但透過藥物彼此相連，也藉此跟政治體(political body)相連。將照護視為一種科技干預，而非一種關係實踐，後果就是極度需要幫助的人遭到遺棄，走向死亡，而這正是一種當代的邪惡。

這種疏離及漠然不全然是心理上的，也座落於社會及經濟中，而且是有人系統化地指示、執行這樣的疏離和冷漠，但事實上，人們痛苦呼求的是全然相反的反應。這種荒謬是歐威爾式的：社會給了某樣事物一個名字——「健康照護」——而其代表的正是與此事物之實際情況（社會遺棄／漠視）相反的狀態，而所有人也能因此撒手不管。

這種偽裝成照護的漠視改變了家庭及工作場域中的關係，重塑了社群價值及優先順序，也改變了各種經濟願景及人生機運。因此，地方的照護及漠視模式幫助闡明了一種更廣泛的社會過程，以及人類可能為善及作惡在根本上的可能性。民族誌可以和那些受漠然擺布之人的思想及渴望互動，並藉此強迫我們去探問（無論是在家、學術領域、醫療及政策中都一樣），在迫切需要努力照顧自己及照顧他人之間，重新想像出一種照護，並理清糾結的關係的同時，這些努力又如何能將人所擁有的這種潛能考慮進去。

*

托本和我幾天後又回到生命療養院。當時是清晨。有個大聲公正在播放簡吉爾．魯凱奇的廣播節目，其中包括了鄉村歌曲和地方新聞。魯凱奇這名政客現在已經退休了，但還是生命療養院最主要的贊助者，他也會幫忙為療養院募集善款。

我們今天想多花點時間待在醫療站。就在走向醫療站大門時，有名年輕人從門上的窗口往外望。「我的名字是多辛尤。」他說。那名字的字面意思就是「小小的神」。「我已經在這裡七年了。我想離開。請帶我走。」

多辛尤，生命療養院，2011

醫療站，生命療養院，2011

路易斯·卡羅斯和「徒步旅行者」，生命療養院，2011

不知名者，生命療養院，2011

守門人馬力歐讓我們進去，同時向我們列出自己遇到的所有困難：「我的骨頭有毛病，但沒藥可醫。我試了又試，但根本不可能找到專科醫生。」聽著我們對話的多辛尤突然插嘴：「我晚上會吃『好度』。什麼感覺都沒有。我什麼病都沒有，但他們還是給我吃藥。」

一位名叫法提瑪的女性向我們跑來。「你們好嗎？」她接著轉向多辛尤，已經走開的他正在跟其他男人共享報紙及菸草捲的菸：「來我這邊吧，我的愛。」她對他說。

馬力歐表示，法提瑪也被人稱為「處女」，還說她和多辛尤「一天到晚在約會跟親吻」。他又笑著補充說道，「但沒搞出什麼結果。」他指的是他們的關係沒有升高到「性」的程度。但他們彼此傳遞著欲望，我想，這對一個想要活著的人而言至關重要。

托本和我獲准在沒人陪伴的情況下四處晃蕩，這也讓我們更能接近這個地方——至少我們的感覺是如此。由於病患較少，內部監管的程度也不再那麼嚴謹，因此，人們為了撐過被遺棄的處境並彼此溝通，而創造出的各種物件、社會關係、語言及幻想，都能更清晰地呈現在我們眼前。

魯爾吉斯已經被移到護理之家那邊了，但她白天仍會回到醫療站。「法提瑪是我的女兒，」這名老婦人說，「她是個好女孩。她叫我母親……我有過孩子，但失去了他們。五個。全都沒了。」兩個女人要求我們為她們拍攝擁抱在一起的照片。

在接下來的對話中，魯爾吉斯說她來自維拉彼得波里斯，還試著要回想起家裡的住址，但只能想起一半：「我住在那裡，我知道……但忘了。」沉默。「我什麼時候能拿到這張照片？」

法提瑪摸著肚子跑回來說，「是女孩。我要生一個女孩了。」魯爾吉斯向我們解釋，法提瑪是「腦子裡懷孕了」。

惱羞成怒的法提瑪跑向多辛尤，他正站在醫療站中間的空曠地帶。他們抱在一起——這是個愛情戲的場面——附近踢足球的一群男人對此發出了歡呼及捉狹的評論。

生活的基本樣貌就是這樣，我想。人們彼此撩撥，開放空間容許別人做出反應，並將孤獨的例行公事複雜化，就跟我們所有人一樣。這些都是可以用來分析人的材料。

多辛尤想看托本為他們拍的照片。「是我。真的是我。」

除了社交生活及渴望的交流，醫療站內還有一種豐沛的寂靜。幾個男人隨處蜷縮著，彷彿雕像，就這樣待在漆著天國藍的建築邊緣。

有名一身黑的年輕男子站著不動。他的肩膀一高一低地歪斜著，臉面向著水泥地。這個人被稱為「瘋男」，可以確定的是，他的停滯樣貌在外人看來很精巧。他就像一隻神祕、龐大但永遠不會飛走的鳥。他不對任何嘗試與他接觸的舉動做出回應。那幾乎已經是無法解密的礦物狀態了，我心想。托本甚至無法瞥見那個男人的臉。

我們和這座人形雕像站在一起的時候，可以看見有兩個男人占據了醫療區角落的垃圾丟棄區。路易斯．卡羅斯蹲在一個內容貧乏的醫藥櫃旁。他用粗啞的聲音說，「這是我從垃圾堆中拿來的藥。它們過期了。它們沒用。我吃其他的藥。」

路易斯旁邊有名年輕的黑人男子稱自己為「徒步旅行者」(Andarilho)，他做了一個類似聖所的裝置，其中用了麵包屑、舊雜誌，還有木棍做的小提琴跟紙板。

「我把這些東西都留著，我照顧它們。」

你為什麼把它們留著？

「為了記得。」

記得什麼？

「記得以前的事情。」

那現在呢？

「現在我得重新做每件事，用我自己的方法。去把事情濃縮，才能把歷史重新體驗一遍。」

徒步旅行者抓了一本舊雜誌，翻了一些照片給托本看。從他口中飛出的文字支流是這樣的：「我是搭救護車來這裡。我的爸媽沒有錢，就是沒有資金，所以他們把我留在這裡。我認為他們已經死了。已經很久了。對我來說很久。這就是你所看到的問題。」

無言以對。我們只好再次回到醫療站的中央區域。

*

我想那個人應該是莉莉，我告訴托本：她之前是卡塔莉娜的室友；你在二〇〇一年拍過她。

雖然頭髮被剃光了，樣子也比實際年齡看起來更老，但沒錯，那就是莉莉，她正坐在一個體格很壯碩的男人隔壁。

嗨，莉莉。

「嗨。」

你記得我嗎？

「我不記得你了，先生。」

我們聊過很多次，就在**卡塔莉娜還活著的時候**。我當時沒戴眼鏡。（我拿下眼鏡。）

「啊……對，我想起來了，**卡塔莉娜還在的那時候**。」

這是托本，我的一個朋友。他也拍過你。你跟我們談過你的家人。

「是你帶我去銀行取款的嗎？」

不是，我說。很有可能是某位生命療養院的管理人員帶她去領津貼了。

莉莉接著把我介紹給佩德羅：「我現在跟這個男人結婚了。有個人陪在身邊真好，但他們不讓我們睡在一起……」

莉莉又說她一直「在生病……神經問題……我會記不住事情……我就不記得你」。

你有吃藥嗎？

「有，我有在吃紅藥丸，藍藥丸，還有小小的白藥丸，每天都吃。」

托本要求為這對夫妻拍照。

「但我沒錢付給你。」莉莉說，佩德羅聽了笑出來。

拍照期間，莉莉問我：「你結婚了嗎？」

結了。我妻子的名字是雅德利安娜。還有個兒子名叫安德烈。

「我也有個兒子。他就在那裡。」她指向正在幫助某名老男人坐上輪椅的志工。

我試圖轉移話題，希望談談我所認定的真實狀況，所以問了：你想念你的兒子嗎？

「現在他就住在附近，常來探望我。我的媳婦也會帶甜點來給我。」

我記得莉莉以前總會談起上教堂的事，而且會引用聖經的內容。所以問她生命療養院是否還有禮拜服務。

「沒有，他們現在不讓我們上教堂了……我以前會去神召會，也會去『上帝是愛』教會。我兩邊都會去。」

莉莉和佩德羅，生命療養院，2011

但你會禱告……

「沒錯，我禱告。我會想到上帝，但從未見過上帝。」

我不是很明白。

莉莉的話不帶任何隱喻：「我只見過十字架上的上帝之子。就在醫院裡他們給我的手冊裡。」醫院的名稱是「我們一切恩寵的聖母」(Our Mother of All Graces)。

對我恢復了一點信任感之後，莉莉提到在生命療養院的日常生活：「我甚至不知道我在這裡待了多久。生活有時候不錯，有時候不好。」她哀傷地談起志工進行的殘酷療程，但唯有她的「兒子」是例外。

她指的是兆爾吉。他是醫療站內的照護長，此刻也加入了我們的談話。他沒有聽見我們剛剛的對話內容，並向我們揭露了他對這位被棄者而言的實質及虛擬身分：「我就是那個總在跟她開玩笑的人。**我跟她說我是她兒子**。」

於是，經由卡塔莉娜還在及其後的那些時光，生命療養院的故事還在持續著。他們還在不停主張不被允許擁有的各種社會角色及連結，將自己跟語言創造出的各種關係固定在一起，好擁有至少最基本的人觀及身而為人的價值。

*

相對於強調數據研究的主體，以及哲學所扮演的各種角色，我們的民族誌主體是有未來的——而且我們會透過沒有預料到的方式，成為未來的其中一部分。❹重回生命療養院之旅結束後，托本和我去和羅拉・伯納許・賈汀醫生見面，我們討論到病患為了有機會使用新的基因療程，而必須提起訴訟所遭受的苦難。之前就是她幫忙確診了卡塔莉娜的馬查多-約瑟夫病，並在她死前提供了照護服務。

會面接近尾聲時，賈汀醫生提起卡塔莉娜的兒子安德森，他最近也去了她的診所，結果得到跟母親一樣的診斷。他已受邀登記參與某項治療的第一階段臨床試驗，基因團隊希望這能減緩病程的發展。

我們在新漢堡市郊最貧窮的區域找到了安德森、他的妻子，以及他們的兩個孩子，那裡距離我成長的地方並不遠。非常巧合的是，在跟卡塔莉娜的兒子見面時，我剛好受邀為本書的新版寫後記。回到當初的田野，重新打開文本，人類學家因此同時變得既衰老又年輕，而且還有機會去修正民族誌理論一開始於其中被概念化、雕琢，以及解讀的種種狹隘框架。

跟安德森及他的家人見面的經驗，也讓我更了解健康權在司法化之後不為人知的陰暗面。安德森在本地鋼鐵工廠的工作做不下去之後，只能靠每三個月就得重新確認資格的殘障津貼勉強度日。他的第一個孩子有嚴重的學習障礙，經過了一年的努力，他們卻還在等，不知何時才能給神經科醫生看診。他的女兒非常瘦小，顯然營養不良；她有臍疝氣，而他們也在試圖為她約手術時間時遇到困難。

他們的生活展現出的就是貧窮帶來的殘酷停滯樣貌。安德森和他的妻子似乎已經屈服於等待。他們的處境顯示出巴西窮人在公衛方面所面臨的廣泛現實：除非他們想辦法讓自己被看到，去要求自己的權利得到滿足，去強迫系統把他們當一回事，不然剩下的日子只能繼續在這種條件下孤立無援地生活，然後終於死去。

儘管處境艱難，在安德森位處偏僻的棚屋中，還是出現了一絲巴西消費社會的氣息。孩子們坐在沙發上打電動。安德森夢想著為孩子建一間有後院的屋子，好讓他們可以在後院玩，另外，他還想辦法弄來了一台老舊的福斯金龜車——儘管他沒有駕照。這些事物和渴望幫助他維持一種世俗感及價值

卡塔莉娜的兒子，2011

感，我心想，畢竟他正試圖努力逃離卡塔莉娜的命運。

「就是走下去。」他說。

*

「一切都是有故事的。」德勒茲在一篇優美的散文〈對電影有個想法〉中這麼指出（Deleuze 1998:15）。哲學家用概念來說故事。拍片的人則是用一格格動作及其時間的長短來說故事。至於人類學家，我會這樣說，是透過「人是如何成為人」的各種例子來講故事，其中包括人是如何學會活著、學會活下去，如何不去學會接受死亡，或者透過各種可能的方式抵抗死亡。我們故事中的角色是那些不被寫下來就會被遺忘的人，他們想要被呈現出來，想要成為母體的一部分，在此母體中，會有人聆聽他們、跟他們一起思考，並全盤考慮他們的困境。

透過「經驗燈籠」（empirical lantern），我們就能捕捉到一種持續的、竭力的且具有創造性的對話，而對話兩造的一邊是生命的可塑性，另一邊則是死亡的可塑性。我之所以說是**竭力的**，是因為人們總是努力想駕馭時間及意義，最後卻在面對一大堆不可能的選項時，發現再也不可能變得更好了；而當我說具有**創造性**時，指的則是他們排除萬難地渴望、嘗試，只希望能翻轉局面的過程。

在事件及生命故事發展的過程中，在個人及社群被糾纏入資源匱缺、科學及新的公共－私人倡議的起伏跌宕的同時，民族誌學者可以捕捉到更廣泛的體系崩壞或成形的樣貌，並處理當人們被這樣的體系以這種、那種，或完全沒有的方式治理的同時，最初出現的那些所有人都默認的地方性知識。將這些「人之田野」（peopled fields）公諸於世——它們始終處於即將消失的邊緣——我們所考量的，是讓更

大的結構及制度設計被看見，並讓它們產生的衝擊真正為人所知。❺

最後，是我們這些民族誌的對象，透過（並超越）與我們的關係，成為人類學思想真正的創意性泉源。重點不在於將與我們——或者歐洲白人男性哲學家——在田野中談話的對象，提升到知識論的權威（epistemological authority）的層次，而是為人們之間智力的平等辯護，並找到具有公共性及學術性的新方法，去駕馭從田野中啟動的，具有創意的概念性及關係性工作。

人類學無論是證據力還是理論貢獻，都跟我們如何為人們「生活的技藝」賦予形式緊密相關。我們一定要顧及人們的奮鬥過程，以及他們對自己及他人的願景——也就是他們的人生故事。這些故事能在主流理論及干預的手段中創造出孔洞，並藉此釋放出至關重要的多元性：這些故事始終處於動態、曖昧不明、內在充滿矛盾、無法化約為單一敘事、投射向未來、透過得到認可而有所轉變，也因此正是創造出另類世界的基礎。這是生活經驗的內在性，無論那經驗多麼邊緣、多麼晦澀難解，其中總是包含各種高尚及充滿創造力的形式。這些生命的衝動跟限制住它們的制度性力量相比，所帶有的人性不會更多，也不會更少，並且需要社會的認可及照護，才有辦法維繫下去，並取得政治上的價值。

那些小小的善意、照護的孤島、孤絕的時刻，或者在孤絕中，感覺生命及希望以某種方式持續下去而等待的過程，都不該只是民族誌紀錄中的註腳，而該是道德想像及另類政治得以可能開始存在的所在。我們一定要找出具有創意的方式，確保民族誌不會在我們針對實在性（actuality）的描述中死去。持續針對生活及世界的現實調整自己，人類學探索才會因此有了藝術的潛能，也就是喚醒人類受忽視的潛能，並擴展關於理解及想像的極限——去想像一種包含我們自己，但尚未到來的人群。

紀念卡塔莉娜

致謝詞

我想對生命療養院的人致上我最深的謝意，我感謝他們願意與我共度如此漫長的時光，也感謝他們為了本書誕生所提供的珍貴協助。我虧欠卡塔莉娜甚多。我真的很想讓卡塔莉娜看到我們共同努力的成果，想看到她從書頁中走出來，想要她的故事有個不同的結局。在想起她逝去的同時，我想提一下我的兒子安德烈，他現在三歲左右，最近在盯著色彩明亮的畫作《在亞爾的臥室》——畫中有空蕩蕩的椅子和床、牆上掛著各種圖畫、衣物和一片鏡子，另外還有一些用品放在往內打開的窗戶旁邊——當時所跟我們說的話。他突然問了：「梵谷去哪裡了？」沒想到他會有這麼一問，妻子雅德利安娜和我只好把問題丟回給他：「**你覺得**梵谷去哪了？」他接著找到一個非常棒的方式，去表達人事物持續存在於世上的可能性（至少我們是這麼看待他說的話）：「在這裡。」安德烈微笑，並在我們都面對著這幅藝術作品時，用手指著自己。我希望這本書有把卡塔莉娜的生命好好地呈現出來。

在生命療養院的院民當中，我也想特別感謝伊拉夕、印地亞、莉莉、奧斯馬和莎莎，我感謝他們向我分享了自己的故事，以及想要過著不一樣人生的盼望。我對這些人和卡塔莉娜想以真名在書中出現的渴望表示尊敬。至於其他提供消息的人和機構，則有為了顧及隱私及機密性而改名（除非有另外要求不改）。我非常感激生命療養院的管理階層及志工，感謝他們讓我記錄他們在機構中的工作情況及日常生活，以及隨之展開的批判性對話。我非常榮幸能對我稱為奧斯卡的這位志工，表達由衷的謝意。打從研究的一開始，他就大方參與其中，我非常珍惜他所給予我的種種洞見及善意。

生命療養院之外，我要感謝的人也很多——卡塔莉娜的親友歡迎我走進他們的家，和我分享他們的回憶和想法。各種地方及市立機構中的健康專業人士及人權運動者，都在帶領我理解生命療養院在更廣泛的政治、醫療及社會層面彼此層層交疊的狀態時，提供了非常珍貴的協助。卡塔莉娜住過的幾間醫療機構中的職員，都幫助我加快了檔案研究的工作，瑟吉歐實驗室也提供了技術上的支援。在新漢堡市的心理健康之家中，我很享受和健康專業人士相處及學習的時光，也非常欣賞他們擁有的社會意識及進行的工作。有許多健康專業人士、社會科學家，以及運動者共同協助這個研究成形，其中我想特別提起兩位：路易斯．吉利艾勒彌．史特雷比醫生和羅拉．伯納許．賈汀醫生。這兩人無論是在研究過程，還是在照顧卡塔莉娜方面，都扮演了舉足輕重的角色，我非常榮幸得以仰賴他們的智慧及友誼。

進行田野研究及寫作時，我在巴西南部的擴大家庭為我提供了支援。我要特別感謝我的母親諾米亞．契什奈兒．畢尤，我感謝她對我的幫助，以及她和我已故的父親佛南多．奧斯卡．畢尤所代表的價值觀及觀點。我感謝我的兄弟法斯托．亨利奇．畢尤，以及姊妹亞麗吉．瑪利娜．畢尤．費海斯，還有他們家人所提供的支持，也非常感激魯本．克什那、馬嘉利達．亞蘭、海吉娜．鄧殷還有帕特利納一家的協助。

我的運氣非常好，能和了不起的藝術家兼友人托本．埃斯可拉德一起執行這項計畫，也永遠對他為本書所奉獻的時間及創造力心懷感激。

許多傑出的導師為本書提供了知識基礎。我對拉比諾的敏銳及建議深表感激，也感謝他從一開始就參與了這項研究工作。舍柏-休斯的作品也為我提供了源源不絕的靈感，正是靠著她和拉比諾的協助，我才能找到自己在人類學領域的目標。我也感謝凱博文和古德的提供的指導及創見，以及他們在田野工作及寫作過程中的參與。達斯和費歇爾的作品也一直對我深具影響力，我非常感激他們的慷慨參與，以及投入的嚴謹精神。柯恩和潘多弗也協助促成了這趟調查之旅，我對他們表示感謝。坎伯爾的指導及友誼對我至關重要，他多次閱讀手稿，對我提出深具啟發性的意見，也大力支持我的工作，凡此種種，我都全心感激。

由於普林斯頓大學人類學系的歡快及知識刺激，大大豐富了我的工作及人生。我感謝我的同事詹姆斯．布恩、約翰．博納曼、伊莎貝兒．克拉克-迪西斯、西爾卓德．紀爾茲、卡羅．葛林浩斯、阿卜杜拉．海矛迪、芮納．萊德曼、亞蘭．曼、甘諾納．歐碧斯克立、蘭吉尼．歐碧斯克立、羅倫斯．洛森，還有卡洛琳．勞斯的支持，以及他們在討論過程中提供的批判意見。我們的主管卡蘿．贊加總是以無比的智慧及關愛待人，我為此深表感激，另外也感謝易莫林（音譯）及加布亞列．吉列諾凡的善意及幫助。

我特別開心過去幾年能跟許多優秀的研究生一起合作。其中有幾位提供的協助特別重要：里歐．C．柯曼、亞麗山德．艾德芒茲、克里斯多福．加爾許思、威廉．嘉里耶特、麥可．歐丹尼、尤金．萊荷、珍恩．惠馬許，還有潔西卡．祖考斯基。感謝你們。修習我的醫療人類學課程的大學生也有經手書中素材，他們非常認真地協助我找到把故事說好的方式。我特別感激馬修．哥歐柏格、安．凱利、史蒂芬．波特，還有艾咪．曹茲曼。

哈佛大學社會醫學及人類學系的國立精神衛生研究院提供的獎助金，讓我得以在一九九九及二〇〇〇年進行這項研究工作。其中的民族誌研究及攝影工作，則是靠著哈佛人類學系的克萊頓基金，以及普林斯頓大學的人文及社會科學研究委員會和拉丁美洲研究計畫才得以進行。在二〇〇二到〇三年身為普林斯頓高等研究院的一員，為這個計畫的完成帶來無價的幫助，此外我也要感謝社會科學院的教師、同事和職員。托本・埃斯可拉德也得到了哈蘇夫婦基金會為攝影領域提供的研究獎助金，並因此獲得了有力支援。

在研究進行的過程中，我透過討論及爭辯獲益良多，這些參與討論的機構包括哈佛大學的社會醫學系、麻省理工學院的科學、技術及社會研究計畫、芝加哥大學的人類學系、巴黎的社會科學高等學院、哈弗福德學院、約翰・霍普金斯大學的人類學系及婦女、性別及性學研究計畫，另外還有美國人類學協會的年度研討會議。多年來有許多學者參與這項研究，我對他們的知識強度及慷慨都留下了深刻印象，包括傑洛米・艾德曼、艾比嘉爾・貝恩-蘭斯、愛里恩・布魯西爾斯、羅伯特・德斯加萊、約瑟夫・杜米特、第迪爾・法辛、拉布森・弗雷塔斯、瑪莉-喬・杜法奇歐・古德、史蒂芬・格林布拉特、克萊拉・漢、艾爾伯特・O・賀茨曼、莎拉・賀茨曼、彼得・T・強森、法比歐・莫洛耶斯、西維亞爾・納薩爾、吉歐・吉爾伯托・諾爾、托爾・G・H・昂斯頓、克麗斯提娜・帕克斯森、考席克・桑德・拉哲恩、艾米麗・O・羅爾提、克勞德・羅森塔、艾斯利韓・桑拿爾、迪尼思・賽波兒、露西亞・席拉諾、伯頓・辛格、布里郭布提・森伊、麥可・瓦茲勒、蘇珊・威爾金森和哲森・威恩克勒。

本書第一部分的部分內容，以單篇文章形式於二〇〇一年發表在期刊《社會文本》第十九卷第三期的一三一~一四九頁；其他章節的部分內容也於二〇〇四年，以文章形式發表在《美國民族學家》期刊第三十一卷第四期的四七五~四九六頁。我很感激亞文德・拉札郭珀和維吉尼亞・多明格茲兩位編輯的指導，也感謝兩份期刊讀者提出的建議，另外也感謝琳達・佛爾曼。感謝哈潑柯林斯出版社允許我在書中引用切斯瓦夫・米沃什的詩作：〈這個〉（引用自Milosz's *New and Collected Poems, 1931-2001* [New York: Ecco, 2001], 663）。

我非常幸運能跟加州大學出版社的史坦．霍維茲合作，也感謝他對我的信任、鼓勵，以及在成書每個階段所給予的編輯建議。同樣地，我很感激眾多書籍審訂者給我的回饋及建議，也感謝瑪莉．席佛倫斯、馬麗．里諾德、藍迪．紐曼、希拉蕊．韓森和諾拉．伯爾哲所進行的傑出工作。

對雅德利安娜．帕特利納，我懷抱著無盡的感激與愛，她的傑出及關愛是本書得以誕生的關鍵，另外也感謝我的兒子安德烈．畢尤，感謝他所為我開創的一切可能性。

普林斯頓，二〇〇四年十二月

二〇一三年版致謝詞

我希望能對生命療養院的讀者表達我的謝意，感謝你們和卡塔莉娜及她的故事一起創造出各種「貼近的領域」(zone of proximity)，也感謝你們透過閱讀及討論，使本書在世界上的定位得以持續更新，也維持了其所具有的潛能及可能性。跟托本・埃斯可拉德、史蒂芬・格林布拉特、麥克・D・傑克森、第迪爾・法辛、麥克・M・J・費歇爾，以及朱歐・莫列拉・薩勒斯一起思考及寫作是非常愉快的事，我感謝他們針對此計畫及其他計畫的付出。我也很感謝彼得・洛克、艾米・莫蘭-湯瑪斯、拉馬・馬凱以及羅拉・伯納許・賈汀提供的絕佳洞見及一切協助。史坦・霍維茲和馬坎姆・李德一直是生命療養院的熱心支持者，我相當感激他們在本書編輯過程給予的指點。我也很感激潔西卡・摩爾、珊蒂・祖魯克和茱莉安娜・芙蘿嘉特所進行的傑出工作。至於雅德利安娜・帕特利納和安德烈・畢尤：再次感謝你們對我所代表的一切。

普林斯頓，二〇一三年六月

譯名對照

一畫

《一個科學事實的發生與發展》*Genesis and Development of a Scientific Fact*

二畫

《人的條件》*The Human Condition*
人文及社會科學研究委員會 Committee on Research in the Humanities and Social Sciences
人類學系 Department of Anthropology
力馬，阿爾圖 Lima, Artur

三畫

凡妮亞 Vania
凡德賴 Vanderlei
小醫生 Doutorzinho
川卡 Tranca
干斯卡奧醫院 Conceição Hospital

四畫

五旬節教派 Pentecostalism
公共部 Public Ministry
《分裂的城市》*Divided City*
厄巴諾先生 Seu Urbano
尤捷倪歐 Eugenio
巴巴 Bhabha, Homi
巴西衛生部 Ministerio da Saude
巴拉那州 Paraná
巴舍拉 Bachelard, Gaston
巴侯斯 Barros, Ricardo Paes
巴特勒 Butler, Judith
巴斯喬歐 Bastião
巴爾柏沙，派翠西亞 Barbosa, Patricia
巴賓斯基反射 Babinski sign
巴撒里亞，法蘭柯 Basaglia, Franco
心理社會照料中心 Centers for Psychosocial Attention, CAPS
心理健康之家 House of Mental Health, Casa de Saúde Mental
《心智生命》*The Life of the Mind*
比爾瑪 Vilma
毛爾，尼爾森 Maurer, Nilson
王愛華 Ong, Aihwa

五畫

丙咪嗪 imipramine
代伊斯特拉 Dijkstra, Rineke
冬眠靈 Amplictil
加州大學出版社 University of California Press
加爾許思，克里斯多福 Garces, Christopher
卡切琪 Catieki
卡切琪·伊奇妮 Catieki Ikeni
卡布林哈 Cobrinha
卡多索 Cardoso, Fernando Henrique
卡努杜斯 Canudos
卡里達迪精神病院 Caridade Psychiatric Hospital
卡里達迪醫院 Caridade Hospital

六畫

艾可索 Axel, Brian Keith
艾里伯托 Eriberto
艾略特 Eliot, T.S.
艾德芒茲，亞麗山德 Edmonds, Alexander
艾德曼，傑洛米 Adelman, Jeremy
艾蘭卡爾 Alencar
西利 Healy, David
西妥紐林 Citoneurin
西貝多 Ribeiro, Renato Janine
西貝魯，杰涅特 Ribeiro, Janete
西斯特 der Geest, Sjaak Van
西雷唐 Ceretā
西爾針 Sirgen

七畫

伯爾吉斯，尼爾頓 Borges, Nilton
伯爾哲，諾拉 Burger, Nola
伽塔利 Guattari, Felix
佛洛伊德 Freud, Sigmund
佛格森 Ferguson, A. E.
佛瑞拉 Ferreira, Mariana K. Leal
佛爾曼，琳達 Forman, Linda
〈作者是什麼？〉 What Is an Author?
克什那，魯本 Kirschner, Ruben
克佐爾達斯 Csordas, Thomas
克里格 Creager, Angela
克里斯汀 Christine
克里瑪 Klima, Alan
克拉克－迪西斯，伊莎貝兒 Clark-Deces, Isabelle
克拉邦扎諾 Crapanzano, Vincent
克萊頓基金 Crichton Fund
利馬，羅思 Lima, Rose
利奧堤娜 Leontina
努莎 Neusa
坎伯爾 Kimball, Robert
妥富腦 Tofranil
李賓 Leibing, Annette
李德，馬坎姆 Reed, Malcolm
李歐塔 Lyotard, Jean-Francois
杜瓦第 Duarte, Luiz Fernando Dias
杜米特，約瑟夫 Dumit, Joseph
杜亞齊，尤瑟 Duarte, José
杜特，歐立維歐 Dutra, Olívio
沙爾克阿達斯 Charqueadas
貝西，保羅 Bassi, Paulo
貝克 Becker, Anne
貝哈 Behar, Ruth
貝恩－蘭斯，艾比嘉爾 Bairn-Lance, Abigail
貝瑞特 Barrett, Robert J.
辛格，伯頓 Singer, Burton
辛格，彼得 Singer, Peter
邦芬鎮 Bonfim
里夫 Ryff, Carol
里卡多 Ricardo
里弗斯 Rivers, W. H. R.
里馬，荷西・安尼伯 Lima, José Aníbio
里諾德，馬麗 Renaud, Mary

八畫

亞拉摩 Alemão
亞法瑞斯 Alvarez, Sonia
亞柏克爾奇，狄尼絲 Albuquerque, Denise
亞斯寇巴 Escobar, Arturo
亞爾佛拉達 Alvorada
亞爾諾 Arno
亞德瑪爾 Ademar
亞諾馬米人 Yanomami
亞蘭，馬嘉利達 Arend, Margarida
亞鐸門 Edelman, Mark
佩利 Paley, Julia
佩拉諾 Peirano, Mariza G. S.
佩特利 Petry, Leopoldo
佩特森 Patterson, Orlando
佩卓羅 Pedro
佩德羅，朱甌 Pedro, João
《來自邊緣：歷史人類學及其未來》*From the Margins: Historical Anthropology and Its Futures*
依佤尼斯 Yunes, J.

九畫

〈活死人〉 Muselmann
派崔那 Petryna, Adriana
〈牲人〉 homo sacer
科爾 Cole, Jennifer
科學、技術及社會研究計畫 Program in Science, Technology, and Society
《科學新聞》 *Jornal da Ciência*
紀爾茲 Geertz, Clifford
紀爾茲，西爾卓德 Geertz, Hildred
美國人類學協會 American Anthropological Association
《美國民族學家》 *American Ethnologist*
耐斯妥．索洛耶斯，朱甌．波羅 Nestore Soares, João Paulo
胡卡奇，露易莎 Rückert, Luisa
胡司邱，法拉維亞 Ruschel, Flávia
胡立歐 Julio

十畫

哥歐柏格 Goldberg, Jairo
哥歐柏格，馬修 Goldberg, Matthew
唐澤拉克 Donzelot, Jacques
埃斯可拉德，托本 Eskerod, Torben
埃斯特洛夫 Estroff, Sue E.
《家庭情結》 *The Family Complexes*
島民角落 Rincão dos Ilhéus
席佛倫斯，瑪莉 Severance, Mary
席拉諾，露西亞 Serrano, Lucia
席爾瓦，伊娜西歐 Silva, Inácio
席爾瓦，派特里西亞 Silva, Patrícia
庫尼亞，歐幾里德．達 Cunha, Euclides da
庫賈氏病 Creutzfeldt-Jakob Disease
朗貝克 Lunbeck, Elizabeth
格拉西奧薩島 Graciosa
格林布拉特，史蒂芬 Greenblatt, Stephen
桑托阿方索 Santo Afonso
桑拿爾，艾斯利韓 Sanal, Aslihan
桑提諾 Centeno, Miguel Angel
桑塔格 Sontag, Susan
泰勒 Taylor, Charles
泰歇羅，瓦米羅．路易斯 Teixeira, Valmiro Luis
海矛迪，阿卜杜拉 Hammoudi, Abdellah
海門，保羅 Hyman, Paul
海莉娜，瑪麗亞 Helena, Maria
特蕾辛亞 Terezinha
特謝拉 Teixeira, S. F.
班雅明 Benjamin, Walter
〈症狀感〉 Sense of Symptoms
《真奇妙》 *Fantástico*
眠確當 Mogadon
祖考斯基，潔西卡 Zuchowski, Jessica
祖魯克，珊蒂 Drooker, Sandy
神召會 Assembly of God
納布可夫 Nabokov, Isabelle
納吉佛尼，內伊 Nadvorny, Nei
納薩爾，西維亞爾 Nassar, Sylvia
紐曼，藍迪 Neuman, Randy
茹雷馬 Jurema
馬力歐 Mario
馬查多-約瑟夫病 Machado-Joseph disease, MJD
馬淩諾斯基 Malinowski, Bronislaw
馬庫斯 Marcus, George
馬凱，拉馬 McKay, Ramah
馬賽羅 Marcelo
高夫曼 Goffman, Erving
高姆斯，卡塔莉娜 Gomes, Catarina
高姆斯，伊爾達 Gomes, Ilda
高姆斯，達利歐 Gomes, Dario

十一畫

健康及社會輔助部門 Division for Health and Social Assistance
健康照護系統 Sistema Único de Saúde, SUS
勒佛 Lovell, Anne M.
國立精神衛生研究院 National Institute of Mental Health
婦女、性別及性學研究計畫 Program for the Study of Women, Gender, and Sexuality

十二畫

雅維芒 Viamão
雅德拉卡 Addlakha, Renu
雅摩林，伊立內歐 Amorin, Irineu
雅贊布札，伊萊亞莎 Azambuja, Elias
〈集體性暗示的死亡意念對個體的生理效應〉The Physical Effect on the Individual of the Idea of Death Suggested by the Collectivity

十三畫

塔拉 Thara, Rangaswami
塔爾戈里亞 Thargelia
塔瑪拉女士 Dona Tamara
塞都 de Certeau, Michel
奧克斯 Ochs, Elinor
奧利維拉，潔西 Oliveira, Jaci
奧特納 Ortner, Sherry B.
奧斯卡 Oscar
奧斯瓦多隊長 Captain Osvaldo
奧塔彌爾 Altamir
《感官傳記》*Sensory Biographies*
新家園街 Pátria Nova Street
《新漢堡日報》*Jornal NH*
新漢堡市 Novo Hamburgo
楊，艾倫 Young, Allan
瑟吉歐實驗室 Laboratórios Serdil
瑟蕾 Sirlei
當眠多 Dalmadorm
《聖人、學者及思覺失調者》*Saints, Scholars, and Schizophrenics*
聖卡塔琳娜州 Santa Catarina
聖尼特 Sennett, Richard
聖利奧波爾杜 São Leopoldo
聖利奧波爾杜總僑居地 São Leopoldo General Colony
《聖保羅公民計畫》*Project São Paulo Citizen*
聖保羅精神病院 São Paulo Psychiatric Hospital
聖保羅醫院 São Paulo Hospital
聖洛倫索市 São Lourenço
聖荷西市 São José
聖塔卡莎醫院 Santa Casa Hospital
聖塔克拉拉療養院 Santa Clara House
聖塔路易沙 Santa Luisa
聖麗塔醫院 Santa Rita Hospital
葛利米頓 Glimiton
葛林浩斯，卡羅 Greenhouse, Carol J.
葛羅利亞 Glória
葛羅斯，瑪麗安娜 Gross, Mariane
葡萄牙－亞速爾群島 Portuguese-Azorean
補斯可胖 Buscopan
詹金斯 Jenkins, Janis Hunter
賈汀，羅拉・伯納許 Jardim, Laura Bannach
路奇亞諾 Luciano
路易斯 Luis
農業及商業部 Ministry of Agriculture and Commerce
達尼諾 Dagnino, Evelina
達利歐 Dario
達依安娜 Daiana
達席爾瓦，路伊斯・伊納西奧・魯拉 da Silva, Luiz Inácio Lula
達斯，維娜 Das, Veena
達斯，蘭尼德拉 Das, Ranendra
達斯頓 Daston, Lorraine
達爾娃，多娜 Dalva
《零點報》*Zero Hora*
雷夫 Lave, Jean
雷納多，朱甌 Renato, João

十四畫

嘉里耶特，威廉 Garriott, William
嘉瑪，卡切琪・伊奇妮 Gama, Catieki Ikeni
嘉瑪，卡琪娜 Gama, Katkina
嘉瑪，卡塔莉娜 Gama, Catarina
嘉瑪，柯洛維斯 Gama, Clóvis
《圖哈米：一個摩洛哥人的肖像》*Tuhami*
《對電影有個想法〉*Having an Idea in Cinema*
〈對戰爭及死亡時期的思考〉Thoughts for the Times on War and Death

十五畫

十六畫

十七畫

十八畫

舊埃斯坦西亞鎮 Estância Velha
薩吉歐 Sérgio
薩勒斯，朱歐・莫列拉 Salles, João Moreira
薩爾瓦多 Salvador

十九畫

懷特 Whyte, Susan Reynolds
羅洛 Lauro
羅眠樂 Rohypnol
羅森塔，克勞德 Rosental, Claude
羅絲 Rose
羅爾提，艾米麗・O Rorty, Amèlie O.
贊加，卡蘿 Zanca, Carol

二十畫

寶拉，安娜 Paula, Ana

二十一畫

露西亞 Lúcia
露茲 Lutz, Catherine
露爾汀哈 Lurdinha
《魔山》*Magic Mountain*

二十二畫

《權力的精神生活》*The Psychic Life of Power*

二十三畫

蘿絲 Rose, Nikolas

二十四畫

鹽酸異丙嗪 promethazine

參考書目
Bibliography

Abers, Rebecca. 2000. *Inventing Local Democracy: Grassroots Politics in Brazil.* Boulder: Lynne Rienner Publishers.

Adorno, Theodor. 1982. "Freudian Theory and the Pattern of Fascist Propaganda." In *The Essential Frankfurt School Reader,* edited by Andrew Arato and Eike Gebhardt, 118-137. New York: Continuum.

Agamben, Giorgio. 1998. *Homo Sacer: Sovereignty and Bare Life.* Stanford: Stanford University Press.

——. 1999. *Remnants of Auschwitz: The Witness and the Archive.* New York: Zone Books.

——. 2004. *The Open: Man and Animal.* Stanford: Stanford University Press. Almeida-Filho, Naomar de. 1998. "Becoming Modern after All These Years: Social Change and Mental Health in Latin America." *Culture, Medicine and Psychiatry* 22 (3): 285-316.

Alvarez, Sonia, Evelina Dagnino, and Arturo Escobar, eds. 1998. *Cultures of Politics/ Politics of Cultures: Re-Visioning Latin American Social Movements.* Boulder: Westview Press.

Amarante, Paulo. 1996. *O homem e a serpente: Outras histórias para a loucura e a psiquiatria.* Rio de Janeiro: Fiocruz.

Appadurai, Arjun. 1996. *Modernity at Large: Cultural Dimensions of Globalization.* Minneapolis: University of Minnesota Press.

Arendt, Hannah. 1958. *The Human Condition.* Chicago: University of Chicago Press.

——. 1978. *The Life of the Mind.* New York: Harcourt Brace.

Asad, Talal. 2003. *Formations of the Secular.* Stanford: Stanford University Press.

Axel, Brian Keith, ed. 2002. *From the Margins: Historical Anthropology and Its Futures.* Durham, N.C.: Duke University Press.

Bachelard, Gaston. 1994. *The Poetics of Space.* Boston: Beacon Press.

Bastian, Ernestine Maurer. 1986. "Internatos para pessoas idosas: Uma avaliação." *Revista Gaúcha de Enfermagem* 7 (1): 123-131.

Beck, Ulrich, and Ulf Erdmann Ziegler. 1997. *Eigenes Leben: Ausflüge in die unbekannte Gesellschaft, in der wir leben.* With photographs by Timm Rauter. Munich: Verlag C. H. Beck.

Behar, Ruth. 1993. *Translated Woman: Crossing the Border with Esperanza's Story.* Boston: Beacon Press.

Benedict, Ruth. 1959. "Anthropology and the Abnormal." In *An Anthropologist at Work: Writings of Ruth Benedict,* 262-283. Boston: Houghton Mifflin.

Benjamin, Walter. 1979. *One-Way Street, and Other Writing.* London: New Left Books.

Bermudez, Jorge. 1992. *Remédios, saúde ou indústria? A produção de medicamentos no Brasil.* Rio de Janeiro: Relume

Dumará.

——. 1995. *Indústria farmacêutica, estado e sociedade: Crítica da politica de medicamentos no Brasil.* São Paulo: Editora Hucitec e Sociedade Brasileira de Vigilância de Medicamentos.

Bhabha, Homi. 1994. "Interrogating Identity: Frantz Fanon and the Postcolonial Prerogative." In *The Location of Culture*, 40-65. New York: Routledge.

Biehl, João. 1995. "Life on Paper: A Trip through AIDS in Brazil." With Jessica Blatt. Study document. Rio de Janeiro: Instituto Superior de Estudos da Religião.

——. 1997. "Photography in the Field of the Unconscious." In *Ansigter*, by Torben Eskerod, 10-15. Copenhagen: Rhodos.

——. 1999a. "Jammerthal, the Valley of Lamentation: *Kultur*, War Trauma, and Subjectivity in 19th Century Brazil." *Journal of Latin American Cultural Studies* 8 (2): 171-198.

——. 1999b. *Other Life: AIDS, Biopolitics, and Subjectivity in Brazil's Zones of Social Abandonment.* Ann Arbor: UMI Dissertation Services.

——. 2001a. "Technology and Affect: HIV/AIDS Testing in Brazil." With Denise Coutinho and Ana Luzia Outeiro. *Culture, Medicine and Psychiatry* 25 (1): 87-129.

——. 2001b. "Vita: Life in a Zone of Social Abandonment." *Social Text* 19 (3): 131-149.

——. 2002a. "Biotechnology and the New Politics of Life and Death in Brazil: The AIDS Model." *Princeton Journal of Bioethics* 5: 59-74.

——. 2002b. "Cultura e poder no tempo dos mucker." *Jahrbuch 2002*, Institut Martius-Staden 49: 162-181.

——. 2004. "The Activist State: Global Pharmaceuticals, AIDS, and Citizenship in Brazil." *Social Text* 22 (3): 105-132.

Boltanski, Luc. 1999. *Suffering and Distance: Morality, Media, and Politics.* Cambridge: Cambridge University Press.

Borneman, John. 2001. "Caring and Being Cared For: Displacing Marriage, Kinship, Gender, and Sexuality." In *The Ethics of Kinship: Ethnographic Inquiries*, edited by James Faubion, 25-45. New York: Roman and Littlefield.

Bosi, Maria Lucia. 1994. "Cidadania, participação popular e saúde na visão dos profissionais do setor: Um estudo de caso na rede pública de serviços." *Cadernos de Saúde Pública* 10 (4): 446-456.

Bourdieu, Pierre, et al. 1999. *The Weight of the World: Social Suffering in Contemporary Societies.* Stanford: Stanford University Press.

Bourgois, Philippe. 1995. *In Search of Respect: Selling Crack in El Barrio.* Cambridge: Cambridge University Press.

Boutté, Marie I. 1990. "Waiting for the Family Legacy: The Experience of Being at Risk for Machado-Joseph Disease." *Social Science and Medicine* 30 (8): 839-847.

Butler, Judith. 1997. *The Psychic Life of Power.* Stanford: Stanford University Press.

——. 2002. *Antigone's Claim: Kinship between Life and Death.* New York: Columbia University Press.

Cadava, Eduardo. 1997. *Words of Light: Theses on the Photography of History.* Princeton: Princeton University Press.

Caldeira, Teresa. 2000. *City of Walls: Crime, Segregation, and Citizenship in São Paulo.* Berkeley: University of California Press.

——. 2002. "Paradox of Police Violence in Democratic Brazil." *Ethnography 3* (3): 235-263.

Cardoso, Fernando Henrique. 1998. "Notas sobre a reforma do estado." *Novos Estudos do CEBRAP 50:1-12.*

——. 1999. "Inaugural Address, 1995." In *The Brazil Reader: History, Culture, and Politics,* edited by Robert M.

Levine and John J. Crocitti, 280-288. Durham, N.C.: Duke University Press.

Caruth, Cathy. 1996. *Unclaimed Experience: Trauma, Narrative, and History.* Baltimore: Johns Hopkins University Press.

Chatterji, Roma. 1998. "An Ethnography of Dementia: A Case Study of an Alzheimer's Disease Patient in the Netherlands." *Culture, Medicine and Psychiatry* 22:355-382.

Cohen, Lawrence. 1998. *No Aging in India: Alzheimer's, the Bad Family, and Other Modern Things.* Berkeley: University of California Press.

——. 1999. "Where It Hurts: Indian Material for an Ethics of Organ Transplantation." Special issue, "Bioethics and Beyond," *Daedalus* 128 (4): 135-165.

——.2002. "The Other Kidney: Biopolitics beyond Recognition." In *Commodifying Bodies,* edited by Nancy Scheper-Hughes and Loïc Wacquant, 9-30. London: Sage.

Cole, Jennifer. 2001. *Forget Colonialism? Sacrifice and the Art of Memory in Madagascar.* Berkeley: University of California Press.

Collier, Jane Fishburne. 1997. *From Duty to Desire: Remaking Families in a Spanish Village.* Princeton: Princeton University Press.

Comaroff, Jean, and John Comaroff. 2000. "Millennial Capitalism: First Thoughts on a Second Coming." *Public Culture* 12 (2): 291-343.

Comaroff, John L., and Jean Comaroff. 1991. *Of Revelation and Revolution.* Vol. 1, *Christianity, Colonialism, and Consciousness in South Africa.* Chicago: University of Chicago Press.

——. 1997. *Of Revelation and Revolution.* Vol. 2, *The Dialectics of Modernity on a South African Frontier.* Chicago: University of Chicago Press.

Comissão de Direitos Humanos. 2000. *O livro azul.* Porto Alegre: Assembléia Legislativa to Estado do Rio Grande do Sul.

Constitution of the Federative Republic of Brazil. 1988. Available online at www.mercosul.co.kr/data/consti-brazil.htm.

Corin, Ellen. 1998. "The Thickness of Being: Intentional Worlds, Strategies of Identity, and Experience among Schizophrenics." *Psychiatry* 61: 133-146.

Corin, Ellen, and G. Lauzon. 1992. "Positive Withdrawal and the Quest for Meaning: The Reconstruction of Experience among Schizophrenics." *Psychiatry* 55(3): 266-278.

Corin, Ellen, R. Thara, and R. Padmavati. 2003. "Living through a Staggering World: The Play of Signifiers in Early Psychosis in South India." In *Schizophrenia, Culture, and Subjectivity: The Edge of Experience,* edited by Janis Hunter Jenkins and Robert John Barrett, 110-144. Cambridge: Cambridge University Press.

Cosendey, Marly Aparecida, J. A. Z. Bermudez, A. L. A. Reis, H. F. Silva, M. A. Oliveira, and V. L. Luiza. 2000. "Assistência farmacêutica na atenção básica de saúde: A experiência de três estados Brasileiros." *Cadernos de Saúde Pública* 16 (1): 171-182.

Coutinho, Paula. 1996. "Aspectos clínicos, história natural e epidemiologia na doença de Machado-Joseph." In *O teste preditivo da doença de Machado-Joseph,* edited by Jorge Sequeiros, 15-22. Porto: UnIGene.

Crapanzano, Vincent. 1980. *Tuhami: Portrait of a Moroccan.* Chicago: University of Chicago Press.

——. 2004. *Imaginative Horizons: An Essay in Literary-Philosophical Anthropology.* Chicago: University of Chicago

Press.

Creager, Angela, and William Chester Jordan, eds. 2002. *The Animal-Human Boundary: Historical Perspectives.* Rochester, N.Y.: University of Rochester Press.

Csordas, Thomas. 1994. *Embodiment and Experience.* London: Cambridge University Press.

——. 2002. *Body/ Meaning/ Healing.* New York: Palgrave.

Cunha, Euclides da. 1976. *Um paraíso perdido: Reunião dos ensaios amazônicos.* Petrópolis: Vozes.

Das, Veena. 1996. *Critical Events: An Anthropological Perspective on Contemporary India.* New Delhi: Oxford University Press.

——. 1997. "Language and Body: Transactions in the Construction of Pain." In *Social Suffering,* edited by Arthur Kleinman, Veena Das, and Margaret Lock, 67-91. Berkeley: University of California Press.

——. 1998. "Wittgenstein and Anthropology." *Annual Review of Anthropology* 27: 171-195.

——. 1999. "Public Good, Ethics, and Everyday Life: Beyond the Boundaries of Bioethics." Special issue, "Bioethics and Beyond," *Daedalus* 128 (4): 99-133.

——. 2000. "The Act of Witnessing: Violence, Poisonous Knowledge, and Subjectivity." In *Violence and Subjectivity,* edited by Veena Das, Arthur Kleinman, Mamphela Ramphele, and Pamela Reynolds, 205-225. Berkeley: University of California Press.

——. 2004. "Mental Illness, Skepticism, and Tracks of Other Lives." Manuscript.

Das, Veena, and Renu Addlakha. 2001. "Disability and Domestic Citizenship: Voice, Gender, and the Making of the Subject." *Public Culture* 13 (13): 511-531.

Das, Veena, and Ranendra K. Das. Forthcoming. "Pharmaceuticals in Urban Ecologies: The Register of the Local (India)." In *Global Pharmaceuticals: Ethics, Markets, Practices,* edited by Adriana Petryna, Andrew Lakoff, and Arthur Kleinman. Durham, N.C.: Duke University Press.

Das, Veena, and Arthur Kleinman. 2001. "Introduction." In *Remaking a World: Violence, Social Suffering, and Recovery,* edited by Veena Das, Arthur Kleinman, Margaret Lock, Mamphela Ramphele, and Pamela Reynolds, 1-30. Berkeley: University of California Press.

Das, Veena, Arthur Kleinman, Margaret Lock, Mamphela Ramphele, and Pamela Reynolds, eds. 2001. *Remaking a World: Violence, Social Suffering, and Recovery.* Berkeley: University of California Press.

Das, Veena, Arthur Kleinman, Mamphela Ramphele, and Pamela Reynolds, eds. 2000. *Violence and Subjectivity.* Berkeley: University of California Press.

Das, Veena, and Deborah Poole. 2004. *Anthropology in the Margins of the State.* Santa Fe: School of American Research Press.

Daston, Lorraine, and Katharine Park. 1998. *Wonders and the Order of Nature, 1150-1750.* New York: Zone Books.

De Certeau, Michel. 1988. *The Practice of Everyday Life.* Berkeley: University of California Press.

Décima Conferência Nacional de Saúde—SUS. 1996. Final Report: "Construindo um modelo de atenção à saúde para a qualidade de vida." Brasília. Available online at www.datasus.gov.br/cns/cns.htm.

Deleuze, Gilles. 1988. *Foucault.* Minneapolis: University of Minnesota Press.

——. 1995. *Negotiations.* New York: Columbia University Press.

Deleuze, Gilles, and Felix Guattari. 1983. *Anti-Oedipus: Capitalism and Schizophrenia.* Minneapolis: University of Minnesota Press.

——. 1987. *A Thousand Plateaus: Capitalism and Schizophrenia.* Minneapolis: University of Minnesota Press.

Derrida, Jacques. 1981. "Plato's Pharmacy." In *Dissemination,* 61-171. Chicago: University of Chicago Press.

——. 1998. " 'To Do Justice to Freud': The History of Madness in the Age of Psychoanalysis." In *Resistances to Psychoanalysis,* 70-118. Stanford: Stanford University Press.

Desjarlais, Robert. 1994. "Struggling Along: The Possibilities for Experience among the Homeless Mentally Ill." *American Anthropologist* 96 (4): 886-901.

——. 2003. *Sensory Biographies: Lives and Deaths among Nepal's Yolmo Buddhists.* Berkeley: University of California Press.

Devereux, George. 1967. *From Anxiety to Method in the Behavioral Sciences.* The Hague: Mouton.

Diário Oficial/ RS [Rio Grande do Sul]. 1992. Vol. 51, no.152. August 10.

Dijkstra, Rineke. 2001. *Portraits.* Boston: Institute of Contemporary Art.

Donzelot, Jacques. 1980. *The Policing of Families: Welfare versus State.* London: Hutchinson.

Duarte, Luiz Fernando Dias. 1986. *Da vida nervosa nas classes trabalhadoras urbanas.* Rio de Janeiro: Jorge Zahar.

Dumit, Joseph. 2004. *Picturing Personhood: Brain Scans and Biomedical Identity.* Princeton: Princeton University Press.

Edelman, Marc. 2001. "Social Movements: Changing Paradigms and Forms of Politics." *Annual Review of Anthropology* 30: 285-317.

Edmonds, Alexander. 2002. "New Bodies, New Markets: An Ethnography of Brazil's Beauty Industry." PhD diss., Department of Anthropology, Princeton University.

Eribon, Didier. 1996. *Michel Foucault e seus contemporâneos.* Rio de Janeiro: Jorge Zahar Editor.

Escorel, Sarah. 1999. *Vidas ao léu: Trajetórias da exclusão social.* Rio de Janeiro: Editora da Fiocruz.

Eskerod, Torben. 1997. *Ansigter.* Copenhagen: Rhodos.

——. 2001. *Register.* Copenhagen: Ny Carlsberg Glyptotek.

Estroff, Sue E. 1985. *Making It Crazy: An Ethnography of Psychiatric Clients in an American Community.* Berkeley: University of California Press.

Fabian, Johannes. 2000. *Out of Our Minds: Reason and Madness in the Exploration of Central Africa.* Berkeley: University of California Press.

Fanon, Frantz. 1963. *The Wretched of the Earth.* New York: Grove Press.

Farmer, Paul. 1999. *Infections and Inequalities: The Modern Plagues.* Berkeley: University of California Press.

——. 2002. *Pathologies of Power: Health, Human Rights, and the New War on the Poor.* Berkeley: University of California Press.

Fassin, Didier. 2001. "The Biopolitics of Otherness: Undocumented Foreigners and Racial Discrimination in French Public Debate." *Anthropology Today* 17(1): 3-7.

Felman, Shoshana. 1987. *Jacques Lacan and the Adventure of Insight: Psychoanalysis in Contemporary Culture.* Cambridge, Mass.: Harvard University Press.

Ferguson, A. E. 1981. "Commercial Pharmaceutical Medicine and Medicalization: A Case Study from El Salvador." *Culture, Medicine, and Psychiatry* 5 (2): 105-134.

Ferreira, Francisco, and Ricardo Paes de Barros. 1999. *The Slippery Slope: Explaining the Increase in Extreme Poverty in Urban Brazil, 1976-1996.* Washington, D.C.: World Bank.

Ferreira, Mariana K. Leal. 2003. "Atração fatal: Trabalho escravo e o uso de psicotróicos por povos indígenas de São Paulo." In *Tecnologias do corpo: Uma antropologia das medicinas no Brasil*, edited by Annete Leibing, 81-112. Rio de Janeiro: Nau Editora.

Ferreira de Mello, Ana Lúcia Schaefer. 2001. "Cuidado odontológico provido a pessoas idosas residentes em instituições geriátricas de pequeno porte em Porto Alegre, RS: A retórica, a prática e os resultados." Master's thesis, Programa de Pós-Graduação em Odontologia da Faculdade de Odontologia da Universidade Federal do Rio Grande do Sul, Porto Alegre.

Finkler, Kaja. 2001. "The Kin in the Gene: The Medicalization of Family and Kinship in American Society." *Current Anthropology* 42 (2): 235-263.

Fiori, José Luís. 2001. *Brasil no espaço*. Petrópolis: Vozes.

Fischer, Michael M. J. 1991. "The Uses of Life Histories." *Anthropology and Humanism Quarterly* 16 (1): 24-26.

——. 2003. *Emergent Forms of Life and the Anthropological Voice*. Durham, N.C.: Duke University Press.

——. Forthcoming. "Implicated, Caught in Between, Communicating with the Mildly Cognitively Impaired: Toward Generative Anthropological Figures." In *Technologies of Perception and the Cultures of Globalization*, edited by Arvind Rajagopal. Minneapolis: University of Minnesota Press.

Fleck, Ludwik. 1979. *Genesis and Development of a Scientific Fact*. Chicago: University of Chicago Press.

——. 1986. *Cognition and Fact: Materials on Ludwik Fleck*. Edited by Robert S. Cohen and Thomas Schnelle. Dordrecht: D. Reidel.

Fleury, Sonia. 1997. *Democracia e saúde: A luta do CEBES*. São Paulo: Lemos Editorial.

Fonseca, Claudia. 2000. "Child Circulation in Brazilian Favelas: A Local Practice in a Globalized World." *Anthropologie et Sociétés* 24 (3): 53-73.

——. 2002. "Anthropological Perspectives on Problematic Youth. " *Reviews in Anthropology* 31 (4): 351-368.

Foucault, Michel. 1972. *The Archaeology of Knowledge and the Discourse on Language*. New York: Harper Torchbooks.

——. 1979. *Discipline and Punish: The Birth of the Prison*. New York: Vintage Books.

——. 1980a. *The History of Sexuality*. Vol. 1, *An Introduction*. New York: Vintage Books.

——. 1980b. *Power/Knowledge: Selected Interviews and Other Writings, 1972-1977*. New York: Pantheon Books.

——. 1984. "What Is Enlightenment?" In *The Foucault Reader*, edited by Paul Rabinow, 3-29. New York: Pantheon Books.

——. 1992, *Genealogia del racismo*. Buenos Aires: Editorial Altamira.

——. 1997. "Psychiatric Power." In *Ethics: Subjectivity and Truth*, edited by Paul Rabinow, 39-50. New York: The New Press.

——. 1998. "What Is an Author?" In *Michel Foucault: Aesthetics, Method, and Epistemology*, edited by James Faubion, 205-222. New York: The New Press.

——. 2001. "Lives of Infamous Men." In *Power: Essential Works of Foucault, 1954-1984*, edited by James D. Faubion, vol. 3, 157-175. New York: Free Press.

——. 2003. *Abnormal: Lectures at the Collége de France, 1974-1975*. New York: Picador.

Franklin, Sarah, and Susan McKinnon, eds. 2001. *Relative Values: Reconfiguring Kinship Studies*. Durham, N.C.: Duke University Press.

Freire Costa, Jurandir. 1976. *História da psiquiatria no Brasil: Um corte ideológico*. Rio de Janeiro: Editora

Documentário.

——. 1994. *A Ética e o espelho da cultura.* Rio de Janeiro: Rocco.

——. 2000. "Playdoer pelos Irmãos." In *Função fraterna*, edited by Maria Rita Kehl, 7-30. Rio de Janeiro: Relume Dumará.

Freud, Sigmund, 1957a. "The Sense of Symptoms." In *The Standard Edition of the Complete Psychological Works of Sigmund Freud*, vol. 16, 1916-1917, edited by James Strachey, 257-272. London: Hogarth Press.

——. 1957b. "Thoughts for the Times on War and Death." In *The Standard Edition of the Complete Psychological Works of Sigmund Freud*, vol. 16, 1916-1917, edited by James Strachey, 275-300. London: Hogarth Press.

——. 1959a. *Group Psychology and the Analysis of the Ego.* New York: W. W. Norton. First published 1922.

——. 1959b. "The Loss of Reality in Neurosis and Psychosis." In *Collected Papers*, edited by Ernest Jones, vol. 2, 277-282. New York: Basic Books. First published 1924.

Frobel, Julius. 1858. *Die Deutsche auswanderung un ihre culturhistorische bedeutung.* Leipzig: Franz Wagner.

Galvão, Jane. 2000. *A AIDS no Brasil: A agenda de construção de uma epidemia.* São Paulo: Editora 34.

Geertz, Clifford. 1973. *The Interpretation of Cultures.* New York: Basic Books.

——. 2000a. "Common Sense as a Cultural System." In *Local Knowledge: Further Essays in Interpretive Anthropology*, 73-93. New York: Basic Books.

——. 2000b. "The World in Pieces: Culture and Politics at the End ofthe Century." In *Available Light: Anthropological Reflections on Philosophical Topics*, 218-263. Princeton: Princeton University Press.

——. 2001. "Life among the Anthros.", *New York Review of Books* 48, no. 2, February 8, 18-22.

Geest, Sjaak van der, Susan Reynolds Whyte, and Anita Hardon. 1996. "The Anthropology of Pharmaceuticals: A Biographical Approach." *Annual Review of Anthropology* 25: 153-178.

Girard, René. 1996. *The Girard Reader.* Edited by James G. Williams. New York: Crossroad.

Goffman, Erving. 1961. *Asylums: Essays on the Social Situation of Mental Patients and Other Inmates.* Garden City, N.Y.: Doubleday.

Goldberg, Jairo. 1994. *A clínica da psicose: Um projeto na rede pública.* Rio de Janeiro: Te Corá, Instituto Franco Basaglia.

Goldstein, Donna M. 2003. *Laughter Out of Place: Race, Class, Violence, and Sexuality in a Rio Shantytown.* Berkeley: University of California Press.

Good, Byron. 1994. *Medicine, Rationality, and Experience.* Cambridge: Cambridge University Press.

——. 2001. "Le sujet de la maladie mentale: Psychose, folie furieuse, et subjectivité en Indonesie." In *La pathologie mentale en mutation: Psychiatrie et société,* edited by Alain Ehrenberg and Anne M. Lovell, 163-195. Paris: Édition Odile Jacob.

Good, Mary-Jo Delvecchio, and Byron Good. 2000. "Clinical Narratives and the Study of Contemporary Doctor-Patient Relationships." In *The Handbook of Social Studies in Health and Medicine*, edited by Gary L. Albrecht, Ray Fitzpatrick, and Susan C. Scrimshaw, 243-258. London: Sage.

Greenhouse, Carol. 2002. "Citizenship, Agency, and the Dream of Time." In *Looking Back at Law's Century,* edited by Austin Sarat, Bryant Garth, and Robert A. Kagan, 184-205. Ithaca, N.Y.: Cornell University Press.

Greenhouse, Carol, Elizabeth Mertz, and Kay B. Warren, eds. 2002. *Ethnography in Unstable Places: Everyday Lives in Contexts of Dramatic Political Change.* Durham, N.C.: Duke University Press.

Guha, Ranajit, ed. 1997. *A Subaltern Studies Reader, 1986-1995*. Minneapolis: University of Minnesota Press.

Hacking, Ian. 1990. *The Taming of Chance*. Cambridge: Cambridge University Press.

——. 1998. *Mad Travelers: Reflections on the Reality of Transient Mental Illness*. Charlottesville: University of Virginia Press.

——. 1999. "Making Up People." In *The Science Studies Reader*, edited by Mario Biagioli, 161-171. New York: Routledge.

Hammoudi, Abdellah. 1993. *The Victim and Its Masks: An Essay on Sacrifice and Masquerade in the Maghreb*. Chicago: University of Chicago Press.

Haraway, Donna. 1989. *Primate Visions: Gender, Race, and Nature in the World of Modern Science*. New York: Routledge.

Harding, A. E., and Thomas Deufel, eds. 1993. *Inherited Ataxias*. New York: Raven Press.

Harrison, J. E. 1921. *Epilegomena to the Study of Greek Religion*. Cambridge: Cambridge University Press.

Healy, David. 1999. *The Antidepressant Era*. Cambridge, Mass.: Harvard University Press.

Hecht, Tobias. 1998. *At Home in the Street: Street Children of Northeast Brazil*. Cambridge: Cambridge University Press.

Hertz, Robert. 1960. *Death and the Right Hand*. Glencoe, N.Y.: Free Press.

Herzfeld, Michael. 2001. "Suffering and Disciplines." In *Anthropology: Theoretical Practice in Culture and Society*, 217-239. London: Blackwell.

Hoffman, Kelly, and Miguel Angel Centeno. 2003. "The Lopsided Continent: Inequality in Latin America." *Annual Review of Sociology* 29: 363-390.

Holland, Dorothy, and Jean Lave, eds. 2001. *History in Person: Enduring Struggles, Contentious Practice, Intimate Identities*. Santa Fe: School of American Research Press.

Jardim, Laura B. 2000. "Aspectos clínicos e moleculares da doença de Machado-Joseph no Rio Grande do Sul: Sua relação com as outras ataxias espinocerebelares autossômicas dominantes e uma hipótese sobre seus fatores modificadores." PhD diss., Programa de Pós-Graduação em Medicina, Clínica Médica, Universidade Federal do Rio Grande do Sul.

Jardim, L. B., M. L. Pereira, I. Silveira, A. Ferro, J. Sequeiros, and R. Giugliani. 2001a. "Machado-Joseph Disease in South Brazil: Clinical and Molecular Characterizations of Kindreds." *Acta Neurologica Scandinavica* 104: 224-231.

——. 2001b. "Neurological Findings in Machado-Joseph." *Archives of Neurology* 58: 899-904.

Jelin, Elizabeth. 1994. "The Politics of Memory: The Human Rights Movement and the Construction of Democracy in Argentina." *Latin American Perspectives* 21 (2): 38-58.

Jenkins, J. H. 1991. "Anthropology, Expressed Emotion, and Schizophrenia." *Ethos* 19(4): 387-431.

Jenkins, Janis H., and Robert J. Barrett, eds. 2003. *Schizophrenia, Culture, and Subjectivity: The Edge of Experience*. Cambridge: Cambridge University Press.

Jornal NH. 1988a. "Ala psiquiátrica: Verba pode ser liberada hoje." September 5.

——. 1988b. "Hospital psiquiátrico é prioridade para Helena." November 27.

——. 1989. "Saúde mental." September 16.

——. 1991. "Novo Hamburgo busca novas soluções para doente mental." May 28.

——. 1992a. "Governo quer acabar com manicômios." April 26.

——. 1992b. "Loucura é associada ao sucateamento social." May 11.

——. 1992c. "Novo Hamburgo é exemplo ... também no atendimento à saúde mental." June 27.

——. 1994a. "Cai a internação de doentes mentais." March 31.

——. 1994b. "Conferência de saúde possibilita intercâmbio." November 7.

——. 1994c. "Novo Hamburgo realiza serviço ambulatorial." May 18.

——. 1995a. "Posto atende até carências afetivas." June 11.

——. 1995b. "Santo Afonso/Vila Marte: Bairro é o segundo em dimensão e problemas." June 11.

——. 1997a. "Casa de Saúde concentra os remédios controlados." March 15.

——. 1997b. "Miséria está entre causas do desespero." April 4.

Kehl, Maria Rita, ed. 2000. *Função fraterna.* Rio de Janeiro: Relume Dumará.

Kleinman, Arthur. 1981. *Patients and Healers in the Context of Culture.* Berkeley: University of California Press.

——. 1988. *The Illness Narratives: Suffering, Healing, and the Human Condition.* New York: Basic Books.

——. 1999. "Experience and Its Moral Modes: Culture, Human Conditions, and Disorder." In *The Tanner Lectures on Human Values*, edited by Grethe B. Peterson, vol. 20, 357-420. Salt Lake City: University of Utah Press.

Kleinman, Arthur, and Anne Becker. 1998. "Sociosomatics: The Contributions of Anthropology to Psychosomatic Medicine." *Psychosomatic Medicine* 60 (4): 389-393.

Kleinman, Arthur, Veena Das, and Margaret Lock, eds. 1997. *Social Suffering.* Berkeley: University of California Press.

Kleinman, Arthur, and Joan Kleinman. 1985. "Somatization: The Interconnections in Chinese Society among Culture, Depressive Experiences, and the Meanings of Pain." In *Culture and Depression*, edited by Arthur Kleinman and Byron Good, 429-490. Berkeley: University of California Press.

——. 1997. "The Appeal of Experience; The Dismay of Images: Cultural Appropriations of Suffering in Our Times." In *Social Suffering*, edited by Arthur Kleinman, Veena Das, and Margaret Lock, 1-23. Berkeley: University of California Press.

Klima, Alan. 2002. *The Funeral Casino: Meditation, Massacre, and Exchange with the Dead in Thailand.* Princeton: Princeton University Press.

Kroeber, Theodora. 2002. *Ishi in Two Worlds: A Biography of the Last Wild Indian in North America.* With a new foreword by Karl Kroeber. Berkeley: University of California Press. First published 1961.

Lacan, Jacques. 1977. "On a Question Preliminary to Any Possible Treatment of Psychosis." In *Écrit: A Selection*, 179-225. New York: W. W. Norton.

——. 1978. *The Four Fundamental Concepts of Psychoanalysis.* New York: W. W. Norton.

——. 1979. "The Neurotic's Individual Myth." *Psychoanalytic Quarterly* 48 (3): 386-425.

——. 1980. "A Lacanian Psychosis: Interview by Jacques Lacan." In *Returning to Freud Clinical Psychoanalysis in the School of Lacan*, edited by Stuart Schneiderman, 19-41. New Haven: Yale University Press.

——. 1989a. *The Family Complexes.* New York: W. W. Norton.

——. 1989b. "Science and Truth." *Newsletter of the Freudian Field* 3: 4-29.

——. 1992. *The Seminar of Jacques Lacan. Book 7, The Ethics of Psychoanalysis, 1959-1960.* Edited by Jacques-Alain Miller. Translated with notes by Dennis Porter. New York: W. W. Norton.

——. 1993a. "On Mademoiselle B." *Revista da APPOA* 4 (9): 3-31.

——. 1993b. *The Seminar of Jacques Lacan. Book 3, The Psychoses, 1955-1956.* Edited by Jacques-Alain Miller. Translated with notes by Russell Grigg. New York: W. W. Norton.

——. 1994. *O seminário de Jacques Lacan. Livro 17, O avesso da psicanálise.* Rio de Janeiro: Zahar.

——. 1998. *The Seminar of Jacques Lacan. Book 20, On Feminine Sexuality: The Limits of Love and Knowledge, 1972-1973.* Edited by Jacques-Alain Miller. Translated with notes by Bruce Fink. New York: W. W. Norton.

——. n.d. "O sinthoma" (Seminar 23, 1975-1976). Manuscript.

Laing, R. D. 1967. *The Politics of Experience.* New York: Ballantine Books.

Lamont, Michéle. 2000. *The Dignity of Working Men: Morality and the Boundaries of Race, Class, and Immigration.* New York: Russell Sage Foundation; Cambridge, Mass.: Harvard University Press.

Lamounier, Bolívar, and Rubens Figueiredo, eds. 2002. *A era FHC: Um balanço.* São Paulo: Cultura Editora Associados.

Laurell, Asa Cristina, ed. 1995. *Estado e políticas sociais no neoliberalismo.* São Paulo: Editora Cortez.

Leibing, Annete, ed. 1997. *The Medical Anthropologies in Brazil.* Berlin: VWB.

——, ed. 2003. *Tecnologias do corpo: Uma antropologia das medicinas no Brasil.* Rio de Janeiro: Nau Editora.

Le Marchant, A. 1923. *Greek Religion to the Time of Hesiod.* Manchester, U.K.: Sherratt and Hughes.

Lock, Margaret. 2002. *Twice Dead: Organ Transplants and the Reinvention of Death.* Berkeley: University of California Press.

Loraux, Nicole. 2002. *The Divided City: On Memory and Forgetting in Ancient Athens.* New York: Zone Books.

Luhrman, Tanya. 2000. *Of Two Minds: The Growing Disorder in American Psychiatry.* New York: Alfred A. Knopf.

Luiza, Vera Lucia. 1999. "Aquisição de medicamentos no setor público: O binômio qualidade-custo." *Cadernos de Saúde Pública* 15 (4): 769-776.

Lunbeck, Elizabeth. 1994. *The Psychiatric Persuasion: Knowledge, Gender, and Power in Mordern America.* Princeton: Princeton University Press.

Lutz, Catherine. 1985. "Depression and the Translation of Emotional World." In *Culture and Depression,* edited by Arthur Kleinman and Byron Good, 63-100. Berkeley: University of California Press.

Lyotard, Jean-François. 1991. *The Inhuman.* Stanford: Stanford University Press.

Malinowski, Bronislaw. 2001. *Sex and Repression in Savage Society.* New York: Routledge.

Mann, Thomas. 1996. *The Magic Mountain.* New York: Vintage Books.

Marcus, George E. 1998. *Ethnography through Thick and Thin.* Princeton: Princeton University Press.

Martin, Emily. 1988. *The Woman in the Body.* Boston: Beacon Press.

Mattingly, Cheryl. 1998. *Healing Dramas and Clinical Plots: The Narrative Structure of Experience.* Cambridge: Cambridge University Press.

Mauss, Marcel. 1979. "The Physical Effect on the Individual of the Idea of Death Suggested by the Collectivity"; "The Notion of Body Techniques." In *Sociology and Psychology: Essays,* 35-56; 95-119. London: Routledge and Kegan Paul.

Mbembe, Achille. 2003. "Necropolitics." *Public Culture* 15 (1): 11-40.

Melman, Charles. 1991. *Estrutura lacaniana das psicoses.* Porto Alegre: Artes Médicas.

Mendes, Maralucia. 2000. "As doenças nervosas e a família no vale dos sinos." Report. Novo Hamburgo: Secretaria Municipal de Saúde.

Milosz, Czeslaw. 1991. *Beginning with My Streets: Essays and Recollections.* New York: Farrar, Straus and Giroux.

——. 2001. *New and Collected Poems, 1931-2001.* New York: Ecco.

Ministério da Saúde. 1997. *Farmácia básica: Programa 1997/98.* Brasília: Ministério da Saúde.

——. 1999. *Política nacional de medicamentos.* Brasília: Ministério da Saúde.

Moraes, Fábio Alexandre. 2000. "Abrindo a porta da casa dos loucos." Master's thesis, Programa de Pós-Graduação em Psicologia Social e Institucional do Instituto de Psicologia da Universidade Federal do Rio Grande do Sul, Porto Alegre.

Nabokov, Isabelle. 2000. *Religion against the Self: An Ethnography of Tamil Rituals.* Oxford: Oxford University Press.

Nichter, Mark, and N. Vuckovic. 1994. "Agenda for an Anthropology of Pharmaceutical Practice." *Social Science and Medicine* 39 (11): 1509-1525.

Nietzsche, Friedrich. 1955. *The Use and Abuse of History.* New York: Macmillan. Obeyesekere, Gananath. 1990. *The Work of Culture: Symbolic Transformation in Psychoanalysis and Anthropology.* Chicago: University of Chicago Press.

Ochs, Elinor, and Lisa Capps. 1996. "Narrating the Self." *Annual Review of Anthropology* 25: 9-43.

O'Dougherty, Maureen. 2002. *Consumption Intensified: The Politics of Middle-Class. Daily Life in Brazil.* Durham, N. C.: Duke University Press.

Oliveira, J., and S. F. Teixeira. 1986. *(Im) Previdência social: 60 anos de história da previdência no Brasil.* Rio de Janeiro: Vozes.

Ong, Aihwa. 1988. "The Production of Possession: Spirits and the Multinational Corporation in Malaysia." *American Ethnologist* 15 (1): 28-42.

——. 1996. "Cultural Citizenship as Subject-Making." *Current Anthropology* 37 (5): 737-762.

Ortner, Sherry B. 2003. *New Jersey Dreaming: Capital, Culture, and the Class of '58.* Durham, N.C: Duke University Press.

Paley, Julia. 2001. *Marketing Democracy: Power and Social Movements in Post-Dictatorship Chile.* Berkeley: University of California Press.

Pandolfo, Stefania. 1997. *Impasse of the Angels: Scenes from a Moroccan Space of Memory.* Chicago: University of Chicago Press.

Panourgiá, Neni. 1995. *Fragments of Death, Fables of Identity: An Athenian Anthropography.* Madison: University of Wisconsin Press.

Patterson, Orlando. 1982. *Slavery and Social Death.* Cambridge, Mass: Harvard University Press.

Paúl, Constança, Ignacio Martin, Maria do Rosário Silva, Mário Silva, Paula Coutinho, and Jorge Sequeiros. 1999. "Living with Machado-Joseph Disease in a Small Rural Community of the Tagus Valley." *Community Genetics* 2:190-195.

Peirano, Mariza G. S. 1998. "When Anthropology Is at Home: The Different Contexts of a Single Discipline." *Annual Review of Anthropology* 27:105-128.

Petry, Leopoldo. 1944. *O município de Novo Hamburgo.* Porto Alegre: A Nação.

Petryna, Adriana. 2002. *Life Exposed: Biological Citizens after Chernobyl.* Princeton: Princeton University Press.

Pont, Raul, and Adair Barcelos, eds. 2000. *Porto Alegre: Uma cidade que conquista.* Porto Alegre: Artes e Ofícios.

Povinelli, Elizabeth. 2002. *The Cunning of Recognition: Indigenous Alterity and the Making of Australian*

Multiculturalism. Durham, N.C: Duke University Press.

Rabinow, Paul. 1996a. *Essays in the Anthropology of Reason.* Princeton: Princeton University Press.

——. 1996b. *Making PCR: A Story of Biotechnology.* Chicago: University of Chicago Press.

——. 1997. "Introduction: The History of Systems of Thought." In *Ethics: Subjectivity and Truth: The Essential Works of Michel Foucault, 1954-1984,* vol. 1, by Michel Foucault, edited by Paul Rabinow, xi-xlii. New York: The New Press.

——. 1999. *French DNA: Trouble in Purgatory.* Chicago: University of Chicago Press.

——. 2003. *Anthropos Today: Reflections on Modern Equipment.* Princeton: Princeton University Press.

Raffles, Hugh. 2002. *In Amazonia: A Natural History.* Princeton: Princeton University Press.

Rapp, Rayna. 1999. *Testing Women, Testing the Fetus: The Social Impact of Amniocentesis in America.* New York: Routledge.

Rheinberger, Hans-Jörg. 1997. *Toward a History of Epistemic Things: Synthesizing Proteins in the Test Tube.* Stanford: Stanford University Press.

Ribeiro, Renato Janine. 2000. *A sociedade contra o social: O alto custo do vida pública no Brasil.* São Paulo: Companhia das Letras.

Rivers, W. H. R. 1922. "Freud's Psychology of the Unconscious." In *Instinct and the Unconscious,* 159-169. Cambridge: Cambridge University Press.

——. 1923. "Affect in the Dream." In *Conflict and Dream,* 65-82. London: Kegan Paul.

Rose, Nikolas. 1996. "The Death of the Social? Refiguring the Territory of Government." *Economy and Society* 25 (3): 327-356.

——. 1998. *Inventing Ourselves: Psychology, Power, and Personhood.* Cambridge: Cambridge University Press.

——. 2001. "Society, Madness, and Control." In *Care ofthe Mentally Disordered Offender in the Community,* edited by Alec Buchanan, 3-25. Oxford: Oxford University Press.

Rosen, Lawrence. 2003. *The Culture of Islam: Changing Aspects of Contemporary Muslim Life.* Chicago: University of Chicago Press.

Ruff, Thomas. 2001. *Fotografien 1979-Heute.* Cologne: König.

Russo, Jane, and João Ferreira Silva Filho, eds. 1993. *Duzentos anos de psiquiatria.* Rio de Janeiro: Relume Dumará.

Ryff, Carol D., and Burton H. Singer, eds. 2001. *Emotions, Social Relationships, and Health.* New York: Oxford University Press.

Scheper-Hughes, Nancy. 1992. *Death without Weeping: The Violence of Everyday Life in Brazil.* Berkeley: University of California Press.

——. 2000. "The Global Traffic in Human Organs." *Current Anthropology* 41 (2): 191-211.

——. 2001. *Saints, Scholars, and Schizophrenics: Mental Illness in Rural Ireland.* 20th anniv. ed., updated and expanded. Berkeley: University of California Press.

Scheper-Hughes, Nancy, and Philippe Bourgois. 2004. "Introduction: Making Sense of Violence." In *Violence in War and Peace: An Anthology,* edited by Nancy Scheper-Hughes and Philippe Bourgois, 1-31. Oxford: Blackwell.

Scheper-Hughes, Nancy, and Margaret Lock. 1987. "The Mindful Body: A Prolegomenon to Future Work in Medical Anthropology." *Medical Anthropology Quarterly* 1 (1): 6-41.

Scheper-Hughes, Nancy, and Anne M. Lovell, eds. 1987. *Psychiatry Inside Out: Selected Writings of Franco Basaglia.*

New York: Columbia University Press.

Sequeiros, Jorge, ed. 1996. *O teste preditivo da doença de Machado-Joseph.* Porto: UnIGene.

Sequeiros, Jorge, and Paula Coutinho. 1993. "Epidemiology and Clinical Aspects of Machado-Joseph Disease." In *Advances in Neurology,* vol. 61, edited by A. E. Harding and Thomas Deufel, 139-153. New York: Raven Press.

Sherman, Cindy. 1997. *Cindy Sherman Retrospective.* Chicago: Museum of Contemporary Art.

Shostak, Marjorie. 1981. *Nisa: The Life and Words of a !Kung Woman.* Cambridge, Mass.: Harvard University Press.

Singer, Peter. 1975. *Animal Liberation: A New Ethics for Our Treatment of Animals.* New York: Random House.

Sociedade Brasileira para o Progresso da Ciência. 1998. *Jornal da Ciência.* São Paulo, November 20.

Sontag, Susan. 1977. *On Photography.* New York: Farrar, Straus and Giroux.

——. 2003. *Regarding the Pain of Others.* New York: Farrar, Straus and Giroux.

Souza, João Cardoso de Menezes. 1875. *Theses sobre colonização do Brazil—Projecto de solução às questões sociaes, que se prendem a este difficil problema—Relatorio apresentado ao Ministerio da Agriculture, Commercio e Obras Publicas.* Rio de Janeiro: Typographia Nacional.

Steiner, George. 2001. *Grammars of Creation.* New Haven: Yale University Press.

Stoler, Ann L. 2002. *Carnal Knowledge and Imperial Power: Race and the Intimate in Colonial Rule.* Berkeley: University of California Press.

Strathern, Marilyn. 1992. *After Nature: English Kinship in the Late Twentieth Century.* Cambridge: Cambridge University Press.

Strong, Thomas. 2002. "Kinship between Judith Butler and Anthropology? A Review Essay." *Ethnos* 67 (3): 401-418.

Struth, Thomas. 1994. *Strangers and Friends: Photographs 1986-1992.* Cambridge, Mass.: MIT Press.

Taussig, Michael. 1986. *Shamanism, Colonialism, and the Wild Man: A Study of Terror and Healing.* Chicago: University of Chicago Press.

——. 1991. "Reification and the Consciousness of the Patient." In *The Nervous System,* 83-110. New York: Routledge.

Taylor, C. 1989. *Sources of the Self: The Making of the Modern Identity.* Cambridge, Mass.: Harvard University Press.

Tenorio, F. 2002. "A reforma psiquiátrica brasileira, da década de 1980 aos dias atuais: História e conceito." *Histórias, Ciências, Saúde-Manguinhos* 9 (1): 25-59.

Tierney, Patrick. 2000. *Darkness in El Dorado: How Scientists and Journalists Devastated the Amazon.* New York: W. W. Norton.

Vinicius, M., ed. 2001. *A instituição sinistra: Mortes violentas em hospitais psiquiátricos no Brasil.* Brasília: Conselho Federal de Psicologia.

Wacquant, Loïc. 2004. *Body and Soul: Notebooks of an Apprentice Boxer.* Oxford: Oxford University Press.

Weber, Max. 1946. *From Max Weber: Essays in Sociology.* New York: Oxford University Press.

Williams, Brackette F. 1989. "Anthropology and the Race to Nation across Ethnic Terrain." *Annual Review of Anthropology 18: 401-444.*

Wilson, Elizabeth. 2004. *Psychosomatic.* Durham, N.C.: Duke University Press.

Wilson, Richard A. 2000. "Reconciliation and Revenge in Post-Apartheid South Africa: Rethinking Legal Pluralism and Human Rights." *Current Anthropology* 41 (1): 75-98.

Young, Allan. 1995. *The Harmony of Illusions: Inventing Post-Traumatic Stress Disorder.* Princeton: Princeton University Press.

Yunes, J. 1999. "Promoting Essential Drugs, Rational Drug Use, and Generics: Brazil's National Drug Policy Leads the Way." *Essential Drugs Monitor* 27: 22-23.

Zelizer, Viviana A. 2005. "Circuits within Capitalism." In *The Economic Sociology of Capitalism*, edited by Victor Nee and Richard Swedburg. Princeton: Princeton University Press.

Zero Hora. 1991. "Nem as famílias querem cuidar dos doentes mentais." May 2.

Žižek, Slavoj. 1999. *The Ticklish Subject: The Absent Centre of Political Ontology*. New York: Verso.

補充書目

Supplementary Bibliography

Biehl, João, Joseph J. Amon, Mariana P. Socal, and Adriana Petryna. 2012. "Between the Court and the Clinic: Lawsuits for Medicines and the Right to Health in Brazil." *Health and Human Rights: An International Journal* 14(1): 1-17.

Biehl, João, and Adriana Petryna, eds. 2013. *When People Come First: Critical Studies in Global Health*. Princeton: Princeton University Press.

Cabral de Melo Neto, João. 2005. *Education by Stone: Selected Poems*. Translated by Richard Zenith. New York: Archipelago.

Deleuze, Gilles. 1998. "Having an Idea in Cinema." Translated by Eleanor Kaufman. In *Deleuze and Guattari: New Mappings in Politics, Philosophy, and Culture*, edited by Eleanor Kaufman and Kevin Jon Heller, 14-19. Minneapolis: University of Minnesota Press.

Eliot, T. S. 1971. *Four Quartets*. New York: Harcourt Brace.

Greenblatt, Stephen. 2009. "All in War with Time for Love of You: Torben Eskerod's Faces." In *Campo Verano*, by Torben Eskerod, 5-9. Heildelberg: Kehrer Verlag.

——. 2012. "Shakespeare and the Shape of a Life: The End of Life Stories" and "Shakespeare and the Shape of a Life: The Uses of Life Stories." Tanner Lectures in Human Values presented at Princeton's University Center for Human Values, March 15 and 16.

Jackson, Michael D. 2004. *In Sierra Leone*. Durham, N.C.: Duke University Press.

Kleinman, Arthur. 2008. "Catastrophe and Caregiving: The Failure of Medicine as an Art." *Lancet* 371 (9606): 22-23.

——. 2009. "Caregiving: The Odyssey of Becoming More Human." *Lancet* 373 (9660): 292-293.

Lévi-Strauss, Claude. 1992. *Tristes Tropiques*. Translated by John Weightman and Doreen Weightman. New York: Penguin.

Mol, Anemarie. 2008. *The Logic of Care: Health and the Problem of Patient Choice*. New York: Routledge.

Rabinow, Paul. 2007. *Reflections on Fieldwork in Morocco*. 2nd ed. Berkeley: University of California Press.

——. 2011. *The Accompaniment: Assembling the Contemporary.* Chicago: University of Chicago Press.

Shakespeare, William. 2008. Sonnet 15. In *The Oxford Shakespeare: The Complete Sonnets and Poems,* edited by Colin Burrow. Oxford: Oxford University Press.

Zelizer, Viviana. 2005. *The Purchase of Intimacy.* Princeton: Princeton University Press.

註釋
Notes

序 「死一般地活著；外表死了，內裡活著。」
Introduction: "Dead Alive, Dead Outside, Alive Inside"

❶ 根據估計，五千萬巴西人每天只能賺不到一美金。若要進一步檢視巴西貧富不均的官方數據，請見網站：www.ibge.gov.br.。另外可見費雷拉和巴侯斯1999年針對巴西都會貧窮現象進行的概況研究（Ferreira and Barros 1999）。

❷ 參見牟斯針對「總體性事實」（total fact）（Mauss 1979: 53）進行研究的呼籲，其中考量了在特定背景下，於社會及精神–器質領域之間出現的複雜互動，並檢視這些互動如何對道德造成危害。也可參見塞都針對日常實踐的著作，其中包含它們的進行程序、曖昧性及創造力（Certeau 1988）。
也可參見凱博文於檀納講座（*Tanner Lectures*, Kleinman 1999）的發言，以及他針對「地方性道德世界」所進行的人類學討論。

❸ 圍繞著單一主體之生命史所建構的著名民族誌作品，包括休斯塔克（Shostak 1981）、貝哈（Behar 1993），以及克拉邦扎諾以心理分析的手法所描繪的《圖哈米：一個摩洛哥人的肖像》（Crapanzano 1980）。如果是針對某一類人的生命史探討，可見費歇爾（Fischer 1991）、布赫札（Bourgois 1995）、潘納吉雅（Panourgiá 1995），以及潘多弗（Pandolfo 1997）。也可參見德斯加萊近期的著作《感官傳記》（Desjarlais 2003）。
若想看「在自家」進行的人類學討論，可參見佩拉諾及達斯的著作（Peirano 1998; Das 1996）。

❹ 根據舍柏–休斯所稱，民族誌的挑戰在於辨識出「從根柢上製造出疾病及死亡的政治經濟秩序」，並且聆聽、蒐集，記錄下「國家幾乎不覺得值得計算」的那些人口的生命史（Scheper-Hughes 1992:30）。

❺ 達斯指出，「對維根斯坦而言……哲學問題的開端，在於失落及身處不熟悉處境的感受，而哲學答案的本質則在於找到回去的道路。」（Das 1998:171）

❻ 正如馬庫斯指出，「生命史透過一連串個體所敘述的經驗，揭露多種社會脈絡之並置，而這樣的經驗可能會在結構研究或類似的過程中被遮蓋住。」（Marcus 1998:94）追索這些生命史的情節，可以幫助我們辨識出在地經驗的多點特性，並因此捕捉到一個地區的部分命運。見德弗羅針對

互為主體性（intersubjectivity）和社會科學方法的討論（Devereux 1967）。

❼ 若想參閱以人類學為基礎、並利用儀式及宗教理論來針對自我及經驗所進行的記述，可見海矛迪（Hammoudi 1993）、克佐爾達斯（Csordas 1994; 2002）、納布可夫（Nabokov 2000）。此外，奧克斯及卡普斯1996年的著作回顧了將「自我」之概念連結到敘事實踐的大量文獻（Ochs and Capps 1996），而德斯加萊及查特吉則分別在1994年及1998年的研究中，討論在詮釋精神病患的生活及話語時，這類概念能被運用到什麼地步（Desjarlais 1994; Chatterji 1998）。參見阿帕杜拉針對媒體、移民及自我形塑的相關討論（Appadurai 1996）。參見潘多弗和科爾分別於1997年及2001年針對後殖民脈絡中有關記憶實踐的討論（Pandolfo 1997; Cole 2001）。另外，有段關於「現代自我」且深具影響力的敘述能在泰勒1989年的著作中找到（Taylor 1989）（然而，若要閱讀受傅柯啟發而對這段歷史進行的再詮釋，可參看蘿絲1998年的著作〔Rose 1998〕）。最近有兩部民族誌文集聚焦於當代條件（第一部編者為葛林浩斯、梅茨和華倫，出版時間為2002年〔Greenhouse, Mertz and Warren 2002〕；第二部作者為荷蘭，編者為雷夫，出版時間為2001年〔Holland 2001〕），並檢視在面臨危機及社會劇烈變動之脈絡下的自觀及認同。華康德則在2004年的著作詳細論述了身體作為工具及知識載體的議題（Wacquant 2004）。

❽ 關於殖民主義及其餘波的文獻數量實在太龐大，無法在一個註腳中進行全面性的概述，不過關於人類學及歷史間界線的重要分析，可見約翰及卡瑪洛夫1991年及1997年的著作（Comaroff, John and Jean 1991; 1997），以及史托勒2002年的著作（Stoler 2002）；也可見艾可索2002年編纂的《來自邊緣：歷史人類學及其未來》（Axel ed. 2002）。古哈1997年編輯的讀本是一本針對底層研究很好用的入門作品（Guha ed. 1997）。參見巴巴1994年針對法農及後殖民特權的著作（Bhabha 1994）。

❾ 1924年，佛洛伊德寫了一篇短論文，其中指出精神病的爆發是自我（ego）與所處環境的關係出現衝突的結果——「現實」因此面臨了遺失及受取代的兩種危機。在精神病當中，有兩個可被辨認的階段，他指出：首先是自我被從現實扯離，人「因為願望的現實狀態而嚴重受挫，那是一種似乎難以承擔的挫敗」；再來，是試圖利用現實中的失落，去創造出「一種新的現實，而且採取一種不接受抗議的王者姿態，以重現之前所拋下的類似現實」（Freud 1959b:279）。精神病所造就的那個幻想世界，是依照無意識中眾多的衝動模式，所構築起來的結果，佛洛伊德主張，患者也是試圖藉由這個幻想世界，去取代掉原本的外在現實。

在這樣的解釋中，「**現實就是現實**」（reality as such）的地位沒有受到質疑。而這正是我和佛洛伊德在理解精神病之取徑上的最主要差別：他對被視為「現實」的一切不帶批判。對比於佛洛依德在戰時作為一個公民所產生的洞見，他描繪了「一個逐漸變得陌生的世界」（Freud 1957b:275），這種缺乏批判力的態度非常驚人。難道放棄針對現實可塑性的批判——包括其中體制及真相的結構，以及與其對應之心理調適過程——是佛洛伊德為了捍衛自身以精神官能症為主的治療概念及技術之科學地位，所願意付出的代價嗎？

哲學家德勒茲和伽塔利就是這麼想的，而且非常往心裡去：「思覺失調症患者怎麼可能被視為適應不良、與現實隔絕，而且和生活切斷連繫的可憐蟲？……佛洛伊德不喜歡思覺失調症患者。

他不喜歡他們抗拒被伊底帕斯化的傾向，而且多多少少把他們當成動物在治療。他說他們會把文字誤認為事物，說他們沒有感情、自戀、切斷與生活的連繫，也沒有移情能力；他們和哲學家相似——『帶有一種不討喜的相似性』。」（Deleuze and Guattari 1983:17, 23）確實，佛洛伊德為他的論文〈精神官能症與精神病中現實感的喪失〉作結時，就是將精神病託付給未來研究心靈的科學家：「闡釋精神病的不同機制……是尚未有人承擔起的特殊精神醫學任務。」（Freud 1959b:280）參見潘乃德1959年針對人類學及異常的討論（Benedict 1959）。

❿ 參見費爾曼1987年的著作（Felman 1987:156）。

⓫ 拉岡在其一部標題為《家庭情結》（Lacan 1989a）的早期臨床專著中，闡述了個人主體性是如何受到社會結構形塑而來。也可參見拉岡1979年的著作（Lacan 1979）。關於拉岡和傅柯作品中有關真相生產、主體性及倫理的討論，請見畢尤2001年和1999年的著作（Biehl 2001a; 1999a）。

⓬ 哲學家哈金延續傅柯的觀點，認為主體的組成是在知識及權力機制之內，以及將主體交纏其中且足以生產出個體經驗可能的倫理樣板之內所組成，而在此同時，主體也是由以上之機制及樣板所組成。哈金認為是科學及技術的變動影響了「人們被組裝而成」的過程（Hacking 1990:3; 1999）。此外，哈金也指出，不同的範疇及統計計數造就了全新的分類手法，導致身處不同分類的人必須藉此考量自己的處境，以及他們得以選擇的各種行動（Hacking 1990:194）。不同階級的人得用不同方式存在於這個被正常化的世界，而這個過程也會帶來糟糕的後果，受到波及的包括我們看待他人，以及思考自身可能性及潛能的方法（Hacking 1990:6）。另外也可參見哈金於1998年針對「短暫性精神疾病」（transient mental illnesses）的研究（Hacking 1998），以及蘿絲在2001年的研究（Rose 2001）。

⓭ 關於思覺失調的人類學研究，請見柯林（Corin 1998）；柯林和勞森（Corin and Lauzon 1992）；柯林、塔拉，以及普馬德提的研究（Corin, Thara and Padmavati 1992）；詹金斯（Jenkins 1991）；詹金斯和貝瑞特的研究（Jenkins and Barrett 2003）。舉例來說，柯林就討論過精神病患在脫離現實的「正向退縮」（positive withdrawal）中重建各種文化及社會框架的方法。

⓮ 除非有另外註明，不然非英文之資料來源都是由作者本人翻譯成英文。

⓯ 在《魔山》中，湯瑪斯．曼寫道：「若想針對超越自我的奮鬥及作為尋求終極、明確的意義，並因此無論以何種方式，進行有意識或下意識的提問時，時光卻都報以空洞的沉默——那尤其對比較誠實的人而言，會逐漸使他變得無所作為；之後，那效應甚至可能循著道德及心靈的途徑，擴散至一個人的生理及生物的生活中。」

⓰ 關於卡多索政府的總體回顧，請參見拉莫尼爾和費格列多2002年的研究（Lamounier and Figueiredo 2002）。

⓱ 在1990年代初期，面對全新生物科學知識及生物技術的發展，人類學家跟上腳步，開始探問有關這些知識及科技於各方面的運用狀況，以及和新舊權力關係形式、倫理模式之間的互動關係（Rabinow 1999; Rapp 1999; Strathern 1992）。舉例來說，拉比諾於1996年的研究指出傳統社會領域的解體，並提到以透過科技直接重構生命之可能性為中心，突現出了全新形式的認同及道德思

考；他將此稱為生物社會性（biosociality）（Rabinow 1996a）。近期的人類學家著作，包括達斯（Das 1997; 1999）、凱博文（Kleinman 1999）、楊（Young 1995）、舍柏－休斯（Scheper-Hughes 2000）、勞克（Lock 2002）、柯恩（Cohen 1998），還有派崔那（Petryna 2002），都展示出醫療及技術干預如何影響——有時是好的影響，有時是壞的——疾病的成因及發展進程。像是帶有抗藥性的肺結核及愛滋病這類異常的出現及傳播，也跟貧窮以及社會和技術不平等的情況密切相關。這些都是「權力的病理學」（Farmer 2002），且受到生物、社會、技術及政經機制的中介影響。具體的生物現象因而和屬於更廣泛脈絡的各種環境條件交纏在一起。而個體生命的各種可能性就是在這個複雜的網絡中成形。

⓲ 參見杜瓦第1986年針對巴西都會窮人「神經緊張」（nervousness）的研究，以及他有關身體－道德發展的討論（Duarte 1986）。也可參見舍柏－休斯在2001年的研究，其中探討了1970年代的愛爾蘭農村由於國內經濟變動，而對家庭關係及心理疾病造成的衝擊（Scheper-Hughes 2001）；另外還有舍柏－休斯和勞克於1987年以「心靈的身體」（mindful body）為主題做的研究（Scheper-Hughes and Lock 1987）。

關於以巴西的身體、健康及醫療為主題的人類學回顧，請見李賓編纂的作品（Leibing 1997; 2003）。

第一部　生命

PART ONE　VITA

❶ 關於不同脈絡下跨學科闡述的「社會性受苦」（social suffering）的概念，可參閱三本選集：凱博文、達斯和勞克在1997年、達斯等人在2000年以及2001年所編選的選集（Kleinmen, Das and Lock 1997; Das 2000; 2001）。也可見由布赫迪厄等人於1999年以社會性受苦為主題編的選集（Bourdieu 1999），以及赫茲菲爾德於2001年針對受苦人類學的批判（Herzfeld 2001）。

❷ 關於動物的象徵主義，可見紀爾茲關於峇里人鬥雞的文章。彼得・辛格也曾著書討論動物及倫理的主題（Singer 1975）。若想了解歷史及當代針對科學中人類／動物界線的爭論，可見哈拉維（Haraway 1989）、達斯頓和帕克（Daston and Park 1998）、克里格和喬丹（Creager and Jordan 2002）的著作。阿岡本也曾在2004年探討了人類與動物之間的關係（Agamben 2004）。

❸ 關於人類權利及暴力的人類學，請見傑林（Jelin 1994）、威爾森（Wilson 2000）、舍柏－休斯和布赫札（Scheper-Hughes and Bourgois 2004）。也可見李歐塔1991年論「非人」（inhuman）（Lyotard 1991）。

❹ 參見唐澤拉克1980年有關家庭作為政府之工具及目標的論述（Donzelot 1980）。至於更多近年來有關家庭及親屬關係的實踐轉型，還有對其詮釋的轉變，請見由富蘭克林及麥金儂於2001年編纂的選集文章（Franklin and McKinnon 2001）；也可見菲因克勒於2001年的論述（Finkler 2001）。

至於家庭經濟及「現代主體性」，請見寇立爾於1997年及奧特納於2003年的著作（Collier 1997;

Ortner 2003);關於親屬關係及照護的主題,請見博納曼2001年的著作(Borneman 2001)。巴特勒在《安蒂岡妮的宣言》中,透過一種哲學模式去處理有關親屬及歸屬感的議題(Butler 2002),而史壯則透過親屬研究的人類學傳統去解讀巴特勒的作品(Strong 2002)。

❺ 托本·埃斯可拉德(曾在1997年及2001年出版攝影集)參與了一個藝術家組織,其中包括史托斯(Struth 1994)、拉福(Ruff 2001)還有代伊斯特拉(Dijkstra 2001),這些藝術家無視近年只是解構表象的攝影潮流(例如雪曼〔Sherman 1997〕)。史托斯在1994年的作品中引用了聖尼特的話,表示這批藝術家致力於挑戰的是「恢復我們與實體事物之間的連繫」(Struth 1994:91)。

❻ 關於班雅明及攝影,可見桑塔格於1977年出版的著作,以及卡達瓦於1997年出版的著作(Sontag 1977; Cadava 1997)。

❼ 關於1930年代以來巴西福利政策的回顧,可見奧利維拉和特謝拉1986年出版的著述(Oliveira and Teixeira 1986)。關於對於巴西政府發展的現行社會政策的批判性回顧,請見勞列兒(Laurell 1995)、菲歐利(Fiori 2001)、拉莫尼爾和費格列多(Lamounier and Figueiredo 2002)。另外可透過霍夫曼和桑提諾2003年合著的作品認識有關拉丁美洲持續存在的社會不平等現象(Hoffman and Centeno 2003)。

❽ 至於同時在其他拉丁美洲國家的發展情況,請見佩利(Paley 2001),以及亞法瑞斯、達尼諾和亞斯寇巴(Alvarez, Dagnino amd Escobar 1998)。亞鐸門於2001年的研究針對社會運動的人類學文獻進行了更為廣泛的回顧(Edelman 2001)。

❾ 參見傅柯於1974到1975年在法蘭西學院的演講集(Michel Foucaultt's College de France Lectures)中主題為「不正常」(abnormal)的一冊(Foucaultt 2003)。關於反精神醫學的爭論及運動總覽,請見連恩(Laing 1967)、舍柏-休斯和勒佛(Scheper-Hughes and Lovell 1987)。針對美國及西歐精神醫學的詮釋,請見高夫曼(Goffman 1961)、朗貝克(Lunbeck 1994)、魯爾曼(Luhrmann 2000)、蘿絲(Rose 1998; 2001)。也可參見埃斯特洛夫重要的民族誌作品《整瘋》(Estroff 1985)。寇斯塔也曾於1976年在巴西提出對精神醫學的詮釋(Costa 1976)。關於精神疾病及精神藥品的新式分類學,及其帶有的臨床及社會性意涵,請見楊(Young 1995)、西利(Healy 1999)。關於想像科技及關於人觀的全新體系,請見杜米特的研究(Dumit 2004)。

❿ 漢娜·鄂蘭在《人的條件》中指出,當代世界中取代掉政治行動的,是主要聚焦於自然生命管控的行動。技藝人(homo faber)已被勞動人(homo laboran)取代,而勞動人是一種攸關生理存在及大眾消費的存有。這樣的情況發生在基督社會結構中:關於生命神聖的基本信念留存下來,透過科學及科技受到了徹底的改造。「唯一有可能永垂不朽的事物,而且是跟古代的政治體及中世紀的個體生命一樣永垂不朽的,就只有生命本身,也就是說,人類各種族有可能永恆存在的這個生命過程。」(Arendt 1958:321)

這些見地輾轉進入了傅柯關於生命政治(biopolitics)的概念中,在反思自然生命如何被視為現代政治的客體時,這些概念也非常有幫助:「如果舊有的主權權力由『殺害誰』及『讓誰活下來』所組成,新的權力將由『賦予誰生命』及『讓誰死去』所組成……新的權力不會取消掉原本的權

力，但會滲入、穿越其中並改變之。」(Foucault 1992:172)生命政治的政權不再聚焦於對身體的監禁及規訓(Foucault 1979)，而是操作人口的概念，視之為一個生物學的問題，當人類努力對抗死亡並追求生產性時，這個政權也作為物種的一部分，與人類共同合作。「現代人是一種動物，其政治使他的存在成為一種具有疑義的生命體。」(Foucault 1980a:143)

不過，生命權力無法涵蓋其中所有動員的生命，而且以鄂蘭的話來說，「牽涉其中」的還包含大量「佚失的人類經驗」(Arendt 1958:321)。人類學研究顯示出生命政治運作的多元性及參差不齊(Petryna 2002; Rabinow 1999; Rapp 1999)。生物條件的「治理化」(governmentalization)也必須了解成跟「死亡經驗」是在一條連續線上(Biehl 1999b, 2004; Cohen 2002; Fassin 2001; Scheper-Hughes 2000)。請見達斯及波爾針對國家邊緣地帶之生命政治進行的比較性討論：「邊緣地帶的不確定性不只容許抵抗形式出現，更重要的是，將國家作為公民整體之邊緣的策略因此變得可行。」(Das and Poole 2004:30)另外也可參見蘿絲於1996年重新描繪新自由主義形式治理的研究(Rose 1996)。

⓫ 請見畢尤於2004年的論述(Biehl 2004)。派崔那在2002年的著作中記錄了在烏克蘭的政治及經濟轉型期間，人們要求被認定為車諾比受害者時所遭遇的苦難，而在其中創造出了「生物公民身分」(biological citizenship)這個詞彙(Petryna 2002)。

⓬ 哲學家阿岡本追隨鄂蘭及傅柯的腳步，表示西方民主中治理權的原初元素「不是單純的自然生命，而是**暴露在死亡中的生命**」(Agamben 1998:24)。「禁制(ban)在本質上是將某事物交付給事物本身管制的一種權力，也就是說，那是一種維繫自身和某種預設為非關係(nonrelational)之事物的關係。已遭禁制者一方面被交付到自身的孤絕(separateness)，在此同時，也屈從於將其遺棄之人的處置——遭到禁制就是同時受到排除及包容，也是同時遭到移除及捕獲。」(109-110)

關於奴役及社會性死亡，請見佩特森(Patterson 1982)；關於殖民主義及死亡的政治，請見托席格(Taussig 1986)；關於死亡政治(necropolitics)，請見姆邊貝(Mbembe 2003)。至於政治暴力及記憶，請見克里瑪(Klima 2002)。

⓭ 達斯和雅德拉卡表示，所謂家庭領域，「一旦由傳統上預設的私人領域移除開來，就會成為一種不同的公民身分可能被促動的領域——這種公民身分不是基於形成彼此連繫的社群，而是基於透過話語權建構的公眾的概念。那麼，我們所呈現的家庭領域，永遠都可能隨時變成政治場域。」(Das and Addlakha 2001:512)

可見葛林浩斯對於「實證公民身分」(Greenhouse 2002)及王愛華針對「文化公民身分」(Ong 1996)的討論。

⓮ 柯恩2002年的研究(Cohen 2002，也可見Cohen 1999)提及「生物利用度」(bioavailability)的現象，在這種現象中，有些特定的身體，大多是窮人及女性的身體，常會被利用來進行像是器官移植之類促進他人生命的手術。這種身體受到標記的現象，不只可能透過新科技而成立，也可能因為道德在與新的政經及社會現實交會時被形鑄出的樣貌而成立。

第二部　卡塔莉娜及她的字母
PART TWO　CATARINA AND THE ALPHABET

❶ 見漢娜．鄂蘭在《心智生命》（1978）有關思考及倫理的討論。

❷ 見拉岡對於精神病的語言學處理（Lacan 1993a）；也見潘多弗1997年的研究（Pandolfo 1997）。關於夢境和情感的討論，請見里弗斯1922及1923年的著作（Rivers 1922; 1923）。

❸ 見阿岡本針對集中營經驗中「主題化及去主體化」的討論（Agamben 1999）。在我跟生命療養院內的人合作的過程中，我不覺得他們被完全剝奪了主體地做出反應的能力。我開始將他們複雜的主體性視為民族誌上的另類「哲學人物」，正如阿岡本在嘗試解釋當代倫理學時所闡述的那些人一樣，可參考他1998年提出的〈牲人〉和1999年的〈活死人〉。另外可見卡露斯1996年的著作（Caruth 1996）。

❹ 根據達斯的文章指出，精神疾病必須放在人們「拒絕接受規範性正常」的脈絡下來理解：「我提出的想法是，疾病存在於各種關係的網絡中，存在於針對體制出現的動態中，此外，其病狀努力想找到足以在其中建立各種全新規範的環境。」（Das 2004:25）
針對「心身（症）」（psychosomatic）的主題，可見凱博文和貝克1998年的研究（Kleinman and Becker 1998），和威爾森2004年的研究（Wilson 2004）。另外可見露茲1985年的研究（Lutz 1985）。

❺ 維娜．達斯和蘭尼德拉．達斯在德里數個貧窮街區針對症狀管理進行的縱向研究中發現，疾病普遍被概念化為「關係測試場」以及「一種拿生命來做的實驗」。個體在「地方各種照護生態體系」中針對健康進行的協商，重新鑄造了疾病分類、親屬關係的質地，以及社會性排除及接納的模式（Das and Das forthcoming）。

第三部　醫療檔案
PART THREE　THE MEDICAL ARCHIVE

❶ 直到1992年，在南大河州的精神醫療改革法案通過之前，病患都必須要簽署同意表格。遇到極端案例時，醫生本身若想要求病患住院，也得寫信給公共部。

❷ 詳見哥歐柏格文集中的文章：「正是這類處境建構出所有人都會面臨的個體化（individuation）模式。對於外界觀察者而言，所有病患的臉都一樣模糊、沒表情，他們的舉止都相同，而且擁有同樣疾病。我們要問的是，如果沒有一種由機構生產出來的調節性疾病，去把每位病患豐富的表現力掩蓋掉，情況會是如何呢？」（Goldberg 1994:51）

❸ 以下針對國家及地區性的精神醫療改革努力的描述，都取自摩洛耶斯2000年發表的研究（Moraes 2000）。

❹ 參見《官方日誌／南大河州》1992年1月號（*Diário Oficial/RS* [*Rio Grande do Sul*] 1992:1）。

❺ 詳見柯恩1998年的研究，其中討論了在印度家戶中，神經精神診斷學如何以新的「人的科技」的姿態運作（Cohen 1998）。

❻ 詳見哥歐柏格研究文集中皮塔的文章（Pitta 1994:155）。總結來說，以下就是心理社會照料中心服務最根本的原則：弱化生化藥物的權威地位；照護的重點從身體的控制轉為對時間性（temporality）及主體性的控制；將疾病跟勞動體制連結在一起；「瘋狂」的去汙名化並培養對差異的尊重；重鑄家庭關係；以及發明出所謂的「生活可能性」。

❼ 針對巴西精神病院中的橫死案例，請見《險惡的機構》（Vinicius 2001）。

❽ 目前巴西是世界上八大藥物市場之一（Bermudez 1992, 1995）。1998年，大約有一萬五千種藥物被賣到這個國家，營業額高達一百一十一億美元（Luiza 1999; Cosendey et al.2000）。也可見巴西衛生部1997、1999年的報告（Ministério da Saúde 1997, 1999），或是依伍尼斯1999年的研究（Yunes 1999）。

針對藥物及藥療實作人類學的回顧，請見西斯特、懷特和哈爾登（Geest, Whyte and Hardon 1996），以及尼赫塔和穆寇維克（Nichter and Vuckovic 1994）。另外可見佛格森1981年針對藥療醫學及醫療化的研究（Ferguson 1981）。針對巴西藥物的社會性生命的研究，請見李賓於2003年編纂的作品（Leibing 2003），以及佛瑞拉於2003年發表的研究（Ferreira 2003）。

❾ 哈金在他以「構造人」（making up people）為主題的研究中，使用了弗萊克「思維風格」的概念（Hacking 1999）。可參考艾倫・楊1995年的研究著作（Young 1995）。

❿ 正如梅爾門所說：「人們不再聽其他人說什麼，只聽自己習慣聽到的。」（Melman 1991:62）

⓫ 請見拉比諾針對「配置」（dispositive）概念的討論（Rabinow 1996a）。

⓬ 心理健康之家目前位於新漢堡市中心。卡塔莉娜之前接受治療的地點則是位於新家園街上的健康之家總部，但在兩場火災和一場水災後，此總部已於1996年關閉（Moraes 2000）。

⓭ 針對「戰爭機器」（war machine）的主題，請見德勒茲和伽塔利（Deleuze and Guattari 1987）。

⓮ 在某份1875年的報告中，農業及商業部稱讚聖利奧波爾杜是個模範聚落，若一個國家想將經濟及社會現代化，就該將這個聚落複製到各地：「在那裡，日耳曼人一直為了帝國工作……巴西人民一定要受到歐洲的進步血脈，以及關於進步的智慧和狂熱的進一步啟發……隨著奴隸制度終結，以及一批足以帶來生產力的免費勞動力的誕生，一場有益的道德革命正在國內成形。在此刻這個巨大的實驗室中……國家強而有力的手必須持續施展作用。」（Souza 1875:420）對於在殖民併吞領土上不太成功的德國人而言，這些十九世紀建於南美及非洲的聚落，成為一種用來實驗不同種類文化及經濟帝國主義的測試場所（Frobel 1858; Williams 1989; Fabian 2000）。透過培育這些跟宗主國算是獨立無涉的「飛地」中的德國社群，德國人開設了一些特定的場所進口原物料及食物，同時創造得以出口消費性商品、技術，及其他投資行動的市場。

⓯ 這段針對歷史的簡短描繪，取自我從新漢堡市內某些長者口中蒐集的口述內容。

⓰ 1970年代中期，市府官員創立了一個健康及社會輔助部門，目標是處理勞工窮人所面臨的愈來愈多的問題：缺乏合宜的住屋、衛生環境、失業、酗酒等等。跟往常一樣，這個部門沒什麼真正的干預功能，基本上只具門面功效（Moraes 2000）。

第四部　家庭
PART FOUR　THE FAMILY

❶ 若想閱讀有關共濟失調醫療研究的一般性介紹，請見哈定和戴爾斐（Harding and Deufel 1993）。

第五部　生物學及倫理
PART FIVE　BIOLOGY AND ETHICS

❶ 請見拉比諾有關發行聚合酶連鎖反應（polymerase chain reaction, PCR）技術的論述（Rabinow 1996b）。PCR提供了一種放大少量DNA且極端敏感的技術，並能將任何DNA片段生產出數量無限的複本。這項技術在偵測遺傳疾病方面相當有用。

❷ 里夫和伯頓·辛格2001年的研究中，探索了生活經驗累積「磨損」(wears and tears)的各種方式——也就是「身體適應負荷」(allostatic load)——是如何影響了疾病-健康的結果（Ryff and Singer 2001）。

❸ 關於「生物社會性」(biosociality)的主題，請見拉比諾的研究著作（Rabinow 1996a）。關於生物社會性及檢測技術對社會及倫理造成的衝擊，請見銳普（Rapp 1999）。關於生物科技及結構暴力的討論，請見法默爾（Farmer 2002）。

第六部　字典
PART SIX　THE DICTIONARY

❶ 根據拉比諾所言：「對於人（anthropos）的各種形式的觀察、命名與分析是某一種人類學的言說（logos）。如何以最佳方式去思考這些形式的任意性、偶然性及其強而有力的效應，造就了那種人類學所必須面臨的挑戰，而這樣的過程被理解為德語的Wissenschaft，也就是科學。將自己置放於彼此競爭的各種信念的關係之中（這些言說鑲嵌於其中的方式，正如同鑲嵌於各種問題化的過程、機器及拼裝體中），就等於深陷人類學的各種問題中。」(Rabinow 2003:30)

❷ 請見克拉邦扎諾針對「想像的視野」(imaginative horizons)所進行的討論（Crapanzano 2004）。

後記
Afterword

❶ 我非常感謝傑克森提出了這樣的獨到見解及構想。

❷ 我非常感謝格林布拉特提出了這樣的獨到見解及構想。我在書寫卡塔莉娜的故事時，參考了他的近期著作（Greenblatt 2012）。

❸ 請見http://joaobiehl.net/global-health-research/right-to-health-litigation/。以及朱歐在2012年作為共同

作者發表的研究（Biehl et al. 2012）。

❹ 我非常感謝薩勒斯提出了這樣的獨到見解及構想。

❺ 請見畢尤和派崔那在2013年針對民族誌在全球健康領域中作為「經驗燈籠」(empirical lantern）的討論。

左岸 | 人類學298

卡塔莉娜

關於生命療養院，以及人們如何被遺棄的故事

VITA: Life in a Zone of Social Abandonment

作　　者　朱歐・畢尤（João Biehl）
攝　　影　托本・埃斯可拉德（Torben Eskerod）
譯　　者　葉佳怡

總 編 輯　黃秀如
責任編輯　孫德齡
企畫行銷　蔡竣宇
校　　對　張彤華
封面設計　陳恩安
內文排版　宸遠彩藝

社　　長　郭重興
發行人暨出版總監　曾大福
出　　版　左岸文化／遠足文化事業股份有限公司
發　　行　遠足文化事業股份有限公司
23141新北市新店區民權路108-2號9樓
電　　話　02-2218-1417
傳　　真　02-2218-8057
客服專線　0800-221-029
E-Mail　rivegauche2002@gmail.com
左岸臉書　https://www.facebook.com/RiveGauchePublishingHouse/
團購專線　讀書共和國業務部　02-22181417分機1124、1135

法律顧問　華洋法律事務所　蘇文生律師
印　　刷　成陽印刷股份有限公司
初　　版　2019年10月
定　　價　650元
ISBN　978-986-98006-2-4

國家圖書館出版品預行編目資料

卡塔莉娜：關於生命療養院，以及人們如何被遺棄的故事
朱歐．畢尤（João Biehl）作；葉佳怡譯
-- 初版. -- 新北市：左岸文化出版：遠足文化發行 2019.10
576面；16x23公分. --（左岸人類學；298）
譯自：Vita : life in a zone of social abandonment

ISBN 978-986-98006-2-4（平裝）

1. 療養院 2.邊緣團體 3.巴西阿雷格里港

548.49571 108014226